Inhalt

Hinweise für die Benutzer

Alphabetische Reihenfolge

Die Stichwörter sind streng alphabetisch geordnet. Zu beachten ist, dass im Deutschen die Umlaute **ä**, **ö**, **ü** wie **a**, **o**, **u** behandelt werden.
Im spanischen Alphabet folgt **ñ** als eigener Buchstabe auf **n**; dagegen zählen **ch** und **ll** nicht mehr als eigene Buchstaben und sind entsprechend bei **c** und **l** eingeordnet.

Die Schreibung der deutschen Wörter richtet sich nach den gültigen amtlichen Regeln und DUDEN-Empfehlungen der neuen deutschen Rechtschreibung, gültig seit dem 1.8.2006.

Die Tilde ersetzt das Stichwort innerhalb eines Wörterbucheintrags:

> **suerte** *f* **por** ~ (= por suerte)
> **tener mala** ~ (= tener mala suerte)

Bei Personenbezeichnungen ist die regelmäßige weibliche Form wie folgt angegeben:

colaborador *m*, **-a** *f* Mitarbeiter *m*, -in *f*
(= colaboradora bzw. Mitarbeiterin)
Katalane *m*, **-in** *f* catalán *m*, catalana *f*
(= Katalanin bzw. catalana)

Das grammatische Geschlecht der Substantive ist bei den Übersetzungen nur dann angegeben, wenn es nicht mit dem des Stichworts übereinstimmt:

frambuesa *f* Himbeere
Ärmel *m* manga *f*

Beginnt ein weibliches spanisches Stichwort mit **a**- oder **ha**-, lautet der Artikel in der Einzahl *el* bzw. *un*. In diesen Fällen ist stets ein (*el*) angegeben:

agua *f* (*el*) Wasser *n* (= el agua, *aber:* las aguas)

Bei schwierig auszusprechenden Lauten in spanischen Wörtern stehen Aussprachehilfen in eckigen Klammern (vgl. auch die Aussprachehinweise im Anschluss):

chaqueta [tʃake-] *f* Jacke, Jackett *n*
fingir [-ŋx-] vorspiegeln, so tun, als ob

Erläuternde Hinweise in *kursiver Schrift* und Sachgebietsangaben in verkleinerten Großbuchstaben (AUTO, MED, TECH usw.) erleichtern die Wahl der richtigen Übersetzung.

Angaben zur Sprachebene stehen bei Ausdrücken, die von der Standardsprache abweichen. Hierbei steht *fig* für den figürlichen Gebrauch, *umg* für umgangsprachlich und *vulg* für vulgär.

Die Aussprache des Spanischen

Vokale

Die Vokale **a**, **e**, **i**, **o**, **u** werden weder sehr lang noch sehr kurz gesprochen.
In der Verbindung **-gue-** (z. B. **guerra**) und **-gui-** (z. B. **águila**) wird das **u** nicht gesprochen: es kennzeichnet nur, dass das **g** nicht wie **ch** ausgesprochen wird. Soll das **u** ausgesprochen werden, so erhält es zwei Punkte (z. B. **cigüeña**), dies darf aber keinesfalls mit dem deutschen Umlaut **ü** verwechselt werden.
Der Doppellaut **eu** darf nicht wie deutsch **oi**, sondern muss **e-u** ausgesprochen werden (etwa wie im *Museum*).

Konsonanten

b zu Beginn des Sprechens, nach Pausen sowie nach *m*, *n* wie deutsches *b* in „Biber": **un <u>b</u>uen biólogo**; sonst bes. im Wortinneren weicher als das deutsche *b*.

c vor *a*, *o* und *u* und vor Konsonanten wie *k*: **laca**, **taco**, **creer**; vor *e* und *i* ähnlich wie engl. *th* in „think“: **cero**, **cita**. In weiten Teilen Südspaniens und Lateinamerikas wird *c* vor *e* und *i* wie *s* ausgesprochen.

ch wie *tsch* in „rutschen“: **mucho**, **chico**.

d am Ende eines Wortes fast unhörbar: **usted**, **ciudad**; sonst wie deutsches *d* in „Dorf“. Im Wortinneren meist weicher gesprochen.

g vor *a*, *o*, *u* und Konsonanten wie deutsches *g* in „gut“: **gato**, **gusto**, **grande**;
vor *e* und *i* wie *ch* in „Dach“: **gente**, **girar**.
Im Wortinneren meist weicher gesprochen.

h ist immer stumm: **helado**.

j wie *ch* in „Dach“: **rojo**, **jerez**.

ll etwa wie *li* in „Familie“, wobei das *l* kaum zu hören ist: **calle**, **llorar**, **lluvia**.

ñ wie frz. *gn* in „Champagner“: **baño**, **caña**.

qu wie deutsches *k*: **queso**, **quitar**.

r einfach gerolltes Zungen-*r*: **madre**, **pero**;
am Wortanfang stark gerollt: **rojo**, **rueda**.

rr stark gerolltes *r*: **perro**, **jarra**.

s stimmlos wie *s* in „Messer“: **casa**, **sábado**.

v wie spanisches *b* (siehe dort): **vino**.

x vor Vokalen wie *gs*: **examen**;
vor Konsonanten wie *s*: **extranjero**.

y wie *j*: **ayer**, **yo**.
Am Ende des Wortes und alleinstehend wie *i*: **rey**, **hoy**, **y**.

z wie engl. *th* in „think“: **raza**, **zona**, **azul**.

Die nicht aufgeführten Buchstaben unterscheiden sich in der Lautung nicht wesentlich vom Deutschen.

Betonung

Betont werden die spanischen Wörter in der Regel auf der vorletzten Silbe, sofern das Wort auf Vokal, auf *n* oder auf *s* endet: **grupo**, **orden**, **menos**. Die Betonung liegt jedoch auf der letzten Silbe, wenn das spanische Wort auf einen Konsonanten außer *n* oder *s* endet: **hablar**, **español**. Ausnahmen von diesen beiden Regeln tragen einen Akzent: **aquí**, **típico**.

Lautschriftzeichen

Vokale

[ĭ] unbetonter Teil der Doppellaute mit *i*:
cien [θĭen]
[ŭ] unbetonter Teil der Doppellaute mit *u*:
juicio [xŭiθĭo]

Konsonanten

[x] wie *ch* in „Dach“: **ajo** [axo]
[ʎ] wie *li* in „Familie“, wobei das l kaum zu hören ist: **llamar** [ʎa'mar]
[ɲ] wie *gn* in „Champagner“: **baño** [baɲo]
[θ] Lispellaut ähnlich wie engl. *th* in „thing“: **centro** [θentro]
[tʃ] wie *tsch* in „rutschen“: **mucho** [mutʃo]

Spanisch – Deutsch

A

a an, auf, bei, nach, zu; **a la derecha** (nach) rechts; **a las diez** um zehn
abadejo [-xo] M Kabeljau
abadía F Abtei
abajo [-xo] unten; hinunter
abandonar verlassen
abanico M Fächer
abdomen M Unterleib
abedul M Birke *f*
abeja [-xa] F Biene
abertura F Öffnung
abeto M Tanne *f*
abierto offen, geöffnet
abogado M, **-a** F Anwalt *m*, Anwältin *f*
abonado M Abonnent; **abonarse a** *etw* abonnieren
abrazar [-θ-] umarmen; **abrazo** M Umarmung *f*; **un abrazo** *Briefschluss* herzliche Grüße
abrelatas M Dosenöffner
abreviar abkürzen; **abreviatura** F Abkürzung
abrigo M Mantel; *fig* Obdach *n*; Schutz

abril M April
abrir (er)öffnen
abrochar [-tʃ-] zumachen; **abrocharse el cinturón** sich anschnallen
ABS M ABS *n* (Antiblockiersystem)
absoluto absolut; **en absoluto** keineswegs
abstenerse sich enthalten, absehen (**de** von)
abuela F Großmutter; **abuelo** M Großvater; **abuelos** MPL Großeltern *pl*
aburrido langweilig; gelangweilt; **aburrirse** sich langweilen
abusar de *etw, j-n* missbrauchen; **abuso** M Missbrauch
acá hier(her); **ven acá** komm her
acabar beenden; enden, aufhören; **acabar de hacer** soeben getan haben
academia F Akademie; Fach-, Privatschule
acampar kampieren; zelten
acantilado steil; *m* Steilküste *f*
ácaro M Milbe *m*
acaso vielleicht; **por si acaso** für alle Fälle
accesible [-θ-] zugänglich; **acceso** M Zugang; Zufahrt *f*; **acceso a Internet** Internetanschluss, Internetzugang; **accesorios** MPL Zubehör *n*; *Mode* Accessoires *npl*
accidente [-θ-] M Unfall; Zufall; **accidente de tráfico** Verkehrsunfall
acción [-θ-] F Handlung, Tat; Aktie
aceite [aθ-] M Öl *n*; **aceite de motor** Motoröl *n*; **aceite de oliva** Olivenöl *n*

aceituna [aθ-] F Olive
acelerador [aθ-] M Gaspedal *n*; **acelerar** beschleunigen
acelga [aθ-] F Mangold *m*
acento [aθ-] M Akzent
aceptar [aθ-] annehmen
acera [aθ-] F Geh-, Bürgersteig *m*
acerca [aθ-] **de** bezüglich, über
acercarse [aθ-] sich nähern
acero [aθ-] M Stahl
acertar [aθ-] erraten; *Ziel* treffen
ácido [aθ-] sauer; *m* Säure *f*
aclarar erläutern; *Wäsche* spülen; **aclararse** *Wetter* aufklaren
aclimatarse sich akklimatisieren, sich eingewöhnen
acoger [-x-] aufnehmen, empfangen; **acogida** [-x-] F Aufnahme, Empfang *m*
acompañante [-ɲ-] M/F Begleiter *m*, -in *f*; Reiseleiter *m*, -in *f*; Beifahrer *m*, -in *f*; **acompañar** begleiten
aconsejar [-x-] raten, beraten
acontecer [-θ-] sich ereignen; **acontecimiento** [-θ-] M Ereignis *n*
acordar vereinbaren; **acordarse** sich erinnern (**de** *an*)
acortar kürzen
acostarse sich hinlegen
acostumbrado gewohnt; **acostumbrarse a** sich gewöhnen *an*

acreedor M Gläubiger
acta F (*el*) Protokoll *n*; **actas** *fpl* Akten
actitud F Haltung
actividad F Tätigkeit; **activo** aktiv
acto M Handlung *f*, Tat *f*; THEAT Akt
actor M, **actriz** [-θ] F Schauspieler *m*, -in *f*
actual aktuell; gegenwärtig; **actualidad** F Gegenwart
acuarela F Aquarell *n*
acuático Wasser…
acueducto M Aquädukt
acuerdo M Übereinkunft *f*; **¡de acuerdo!** einverstanden!
acusado M Angeklagte; **acusar** anklagen, beschuldigen; **acusarrecibo** den Empfang bestätigen
adaptador M Adapter, Zwischenstecker
adecuado geeignet, angemessen
adelantado fortgeschritten; **ir adelantado** *Uhr* vorgehen; **por adelantado** im Voraus
adelantamiento M Überholen *n*; **adelantar** vorankommen; überholen; *Uhr* vorgehen; **adelante** voran, vorwärts; **¡adelante!** herein!
adelgazar [-θ-] abnehmen
además außerdem
adicionar [-θ-] addieren; hinzufügen
adiós M Lebewohl *n*; **¡adiós!** Auf Wiedersehen!
adivinar (er)raten; **adivino** M, **-a** F Wahrsager *m*, -in *f*
administración [-θ-] F Verwaltung; **administrador** M, **-a** F Verwalter *m*, -in *f*

admirable ausgezeichnet; **admiración** [-θ-] F Bewunderung; Staunen *n*; **admirar** bewundern; **admirarse** sich wundern
admisión F Zulassung, Annahme; **admitir** zulassen, gestatten; zugeben
adonde wohin; **¿adónde?** wohin?
adornar schmücken; **adorno** M Schmuck
adquirir [-ki-] erwerben; **adquisición** [-kisiθ-] F Anschaffung; Erwerb *m*
aduana F Zoll *m*; **aduanero** Zoll...; *m*, **-a** *f* Zollbeamte(r) *m*, -in *f*
adulto erwachsen; *m* Erwachsene(r)
adversario M Gegner
advertencia [-θĭa] F Warnung; Hinweis *m*; **advertir** bemerken; warnen
Adviento M Advent
aéreo Luft..., Flug...
aerobús M Airbus; **aerodeslizador** [-θ-] M Luftkissenboot *n*; **aerodinámico** aerodynamisch; **aerolínea** F Fluggesellschaft; **aeropuerto** M Flughafen; **aeropuertode destino** Zielflughafen
afectuoso herzlich
afeitar rasieren; **afeite** M Rasur *f*
afición [-θ-] F Liebhaberei; Hobby *n*; **aficionado** M Liebhaber, Amateur; Fan
afiliado M Mitglied *n*
afirmación [-θ-] F Bestätigung; **afirmar** bestätigen; behaupten
afluencia [-θĭa] F Zufluss *m*; Andrang *m*;

afluente M Nebenfluss
afortunadamente glücklicherweise; **afortunado** glücklich
África F Afrika *n*; **africano** afrikanisch; *m*, **-a** *f* Afrikaner *m*, -in *f*
afuera (dr)außen; hinaus; **afueras** *fpl* Randgebiete *npl*
agarrar packen, ergreifen
agasajar [-x-] bewirten; freundlich aufnehmen
agencia [axenθĭa] F Agentur, Büro *n*; Stelle; **agencia de transportes** Spedition; **agencia de viajes** Reisebüro *n*
agente [ax-] M/F Agent *m*, -in *f*, Vertreter *m*, -in *f*; **agente de policía** Polizist *m*, -in *f*; **agente de transportes** Spediteur
ágil [ax-] flink, behände
agitado [ax-] erregt; *Meer* stürmisch; **agitar** schwenken, schütteln; *fig* erregen
aglomeración [-θ-] F Anhäufung; (städtischer) Ballungsraum *m*
agosto M August; **en agosto** im August
agotado erschöpft; ausverkauft; **agotarse** *Vorräte* zu Ende gehen
agradable angenehm; **agradar** gefallen
agradecer [-θ-] danken; **agradecido** [-θ-] dankbar; **agradecimiento** M Dank; Dankbarkeit *f*
agravar verschlimmern
agresión F Angriff *m*, Überfall *m*
agrícola landwirtschaftlich
agricultor M, **-a** F Landwirt *m*, -in *f*; **agricultu-**

ra F Landwirtschaft
agridulce [-θe] süßsauer
agua F (*el*) Wasser *n*; **agua bendita** Weihwasser *n*; **agua del grifo** Leitungswasser *n*; **agua dentífrica** Mundwasser *n*; **agua mineral** Mineralwasser *n*; **agua potable** Trinkwasser *n*
aguacate M Avocado *f*
aguacero [-θ-] M Wolkenbruch
aguantar ertragen, aushalten
aguardiente M Schnaps
aguas FPL Gewässer *npl*; **aguas abajo, arriba** stromabwärts, -aufwärts
agudo spitz; *Ton* hoch
águila [agila] F (*el*) Adler *m*
aguja [-xa] F (Näh)Nadel; (Uhr)Zeiger *m*; (Eisenbahn)Weiche
agujero [-x-] M Loch *n*; **agujero de ozono** Ozonloch *n*
agujetas [-x-] FPL Muskelkater *m*
ahí dort; **por ahí** dort (herum)
ahogarse ertrinken
ahora jetzt; nun; **ahora bien** also; **ahora mismo** sofort
ahorrar (er)sparen; *fig* (ver)schonen
ahorro M Sparen *n*; Ersparnis *f*
ahumado geräuchert
airbag M Airbag; **airbag lateral** Seitenairbag
aire M Luft *f*; Wind; Melodie *f*; Miene *f*; **aire acondicionado** Klimaanlage *f*; **al aire libre** im Freien
airear lüften

aislado vereinzelt; entlegen; **aislamiento** M Isolierung *f*; **aislar** isolieren; absondern
ajedrez [axedreθ] M Schach *n*
ajeno [ax-] fremd
ajiaceite [axiaθ-] M Knoblauchsoße *f*
ajo [axo] M Knoblauch
ajustado [ax-] eng anliegend; **ajustar** einrichten; TECH einstellen
al (a + el) dem, den
ala F (*el*) Flügel *m*; **ala delta** Drachenflieger *m*
alacrán M Skorpion
alameda F Allee
alarma F Alarm *m*; **alarma por ozono** Ozonalarm *m*; **alarmar** alarmieren; **alarmarse** sich beunruhigen
albañil [-ɲ-] M, **-a** F Maurer *m*, -in *f*
albaricoque [-ke] M Aprikose *f*
albergue [-ge] M Herberge *f*; Unterkunft *f*; **albergue juvenil** Jugendherberge *f*
albóndiga F Fleischklößchen *n*
albornoz [-θ] M Bademantel
alcachofa [-tʃ-] F Artischocke
alcalde M, **alcaldesa** F Bürgermeister *m*, -in *f*
alcance [-θe] M Bereich; Reichweite *f*; **alcanzar** [-θ-] erreichen; einholen
alcaparras FPL Kapern
alcázar [-θ-] M Festung *f*
alcohol M Alkohol; **prueba** *f* **de alcohol** Alkoholtest *m*
alcoholemia F Blutalkohol *m*; **alcohólico** alko-

holisch; *m* Alkoholiker; **bebidas** *fpl* **alcohólicas** Spirituosen *pl*
aldea F Dorf *n*; **aldeano** dörflich
alegrar (er)freuen; **alegrarse** sich freuen (**de** über); **alegre** froh, fröhlich; **alegría** F Freude
alejar [-x-] entfernen; **alejarse** sich entfernen
alemán deutsch; *m*, **alemana** *f* Deutsche(r) *m/f(m)*; **Alemania** F Deutschland *n*; **Alemania del Norte, Sur** Nord-, Süddeutschland *n*
alergia [-xĭa] F Allergie
alérgico allergisch (**a** gegen); *m*, **-a** *f* Allergiker(in) *m(f)*
alerta wachsam; *f* Alarm *m*
aleta F Flosse; Kotflügel *m*
alfabeto M Alphabet *n*
alfarería F Töpferei; **alfarero** M, **alfarera** F Töpfer *m*, -in *f*
alfil M *Schach* Läufer
alfiler M Steck-, Schmucknadel *f*
alfombra F Teppich *m*
alfombrilla F: **alfombrilla de ratón** Mauspad *m*
alga F (*el*) Alge; **alga marina** (See)Tang *m*
algo etwas; ein wenig
algodón M Baumwolle *f*; **algodón (hidrófilo)** (Verbands)Watte *f*
alguien [-gĭen] jemand
algún, **alguno** M irgendein; **algún día** eines Tages; **algunos** einige
alhaja [-xa] F Juwel *n*
aliado verbündet; alliiert; **alianza** [-θa] F Allianz,

Bund *m*; Ehering *m*
aliento M Atem; Hauch
alimentación [-θ-] F Ernährung; **alimentar** ernähren; **alimenticio** [-θĭo] Nahrungs…; **alimento** M Nahrung *f*; **alimentos** MPL Nahrungsmittel *npl*
aliviar erleichtern; lindern; **alivio** M Erleichterung *f*
allá [aʎa] dort(hin)
allegado [aʎ-] nahestehend; verwandt
allí [aʎi] da(hin), dort(hin)
alma F (*el*) Seele; Gemüt *n*
almacén [-θ-] M Lager *n*; **grandes almacenes** *mpl* Kauf-, Warenhaus *n*; **almacenar** COMPUT (ab)-speichern
almeja [-xa] F Venusmuschel
almendra F BOT Mandel
almíbar M Sirup
almohada F (Kopf)Kissen *n*; **almohadilla** [-ʎa] F Sitzkissen *n*
almorzar [-θ-] zu Mittag essen
almuerzo M Mittagessen *n*; zweites Frühstück
alojamiento [-x-] M Unterkunft *f*; **alojarse** unterkommen
alpargata F Leinenschuh *m*
alpinismo M Bergsteigen *n*; **alpinista** M/F Bergsteiger *m*, -in *f*; **alpino** Berg…, Alpen…
alquilar [-ki-] (ver)mieten; **alquiler** [-ki-] M Miete *f*; Vermietung *f*; Leihgebühr *f*; **alquiler de bicicletas** Fahrradverleih; **alquiler de coches** Autover-

mietung *f*, -verleih
alrededor ringsherum; **alrededores** MPL Umgebung *f*
alta F Entlassungs-, Anmeldungsformular *m*; **dar de alta** *einen Kranken* gesundschreiben; **darse de alta** sich anmelden
altar M Altar; **altar mayor** Hochaltar
altavoz [-θ] M Lautsprecher
alterar (ver)ändern; **alterarse** *Milch* sauer werden
alternativa F Alternative; **alternativo** alternativ
altiplanicie [-θĭe] F Hochebene; **altitud** F Höhe (-nlage)
alto hoch; *Person* groß; *sprechen* laut; *m* Höhe *f*; Anhöhe *f*; Halt; **¡alto!** halt!, stopp!
altura F Höhe
alubia F weiße Bohne
alud M Lawine *f*
alumbrado M Beleuchtung *f*; **alumbramiento** M Beleuchtung *f*
aluminio M Aluminium *n*
alumno M, **-a** F Schüler *m*, -in *f*
alza [-θa] F (*el*) (Preis)Steigerung; Hausse; **alzacristales** M Fensterheber; **alzar** (hoch)heben
ama F (*el*) Herrin; **ama de casa** Hausfrau
amabilidad F Liebenswürdigkeit; **amable** liebenswürdig
amanecer [-θ-] Tag werden
amante M/F Geliebte
amar lieben

amargo bitter; *m* Magenbitter
amarillo [-ʎo] gelb
amazona [-θ-] F Amazone; Reiterin
ambición [-θ-] F Ehrgeiz *m*; **ambicioso** ehrgeizig, anspruchsvoll
ambiental Umwelt...; **ambiente** M Milieu *n*; Umgebung *f*; *fig* Atmosphäre *f*; **medio** *m* **ambiente** Umwelt *f*
ambos beide
ambulancia [-θĭa] F Krankenwagen *m*; **ambulante** umherziehend, Wander...
amenaza [-θa] F Drohung; **amenazar** (be)drohen
ameno lieblich; unterhaltsam
América F Amerika *n*; **América Central** Mittelamerika *n*; **América del Sur, del Norte** Süd-, Nordamerika *n*; **América Latina** Lateinamerika *n*; **americana** F (Latein)Amerikanerin; Jackett *n*; **americano** (latein)amerikanisch; *m* (Latein)Amerikaner
amiga F Freundin; **amigable** freundschaftlich
amígdala F ANAT Mandel
amigdalitis F Mandelentzündung
amigo M Freund
amistad F Freundschaft; **amistades** FPL Freundeskreis *mpl*; **amistoso** freundschaftlich
amnistía F Amnestie
amo M Herr; Besitzer; Wirt
amor M Liebe *f*; **amoroso** verliebt; zärtlich
amortiguador M Stoßdämpfer

amparar schützen; **amparo** M Schutz
amperio M Ampere *n*
ampliación [-θ-] F Ausdehnung; Vergrößerung; **ampliación de la UE** EU-Erweiterung; **ampliar** ausdehnen; vergrößern; **amplificador** M Verstärker; **amplio** weit; geräumig
ampolla [-ʎa] F (Haut)Blase; Ampulle
amueblado möbliert
analgésico [-x-] M Schmerzmittel *n*
análisis M Analyse *f*; Untersuchung *f*; **analizar** [-θ-] analysieren
ancho [-tʃo] breit; weit; *m* Breite *f*; **ancho de vía** Spurweite *f*
anchoa [-tʃ-] F Anchovis, Sardelle
anciano [-θ-] alt; *m* Greis
ancla F (*el*) (Schiffs)Anker *m*
anda: **¡anda!** sieh mal an!, so was!
Andalucía [-θia] F Andalusien *n*
andaluz [-θ] andalusisch; *m*, **-a** *f* Andalusier *m*, -in *f*
andar *zu Fuß* gehen; **andar bien** sich gut fühlen
andén M Bahnsteig
Andes MPL Anden *pl*
anestesia F Betäubung; Narkose
anexo beiliegend; *m Brief* Anlage *f*; Seitengebäude *n*; Filiale *f*
anfiteatro M Amphitheater *n*
anfitrión M, **anfitriona** F Gastgeber *m*, -in *f*
ángel [-x-] M Engel; **ángel de la guarda** Schutzengel

angina(s) [-x-] *f(pl)* Angina *f*
angosto eng, schmal
anguila [-gi-] F Aal *m*
ángulo M Winkel; Ecke *f*
angustia F Angst
anhelar sehnlichst wünschen, ersehnen; **anhelo** M Sehnsucht *f*
anillo [-ʎo] M Ring; **anillo de boda** Ehe-, Trauring
animación F Lebhaftigkeit; Animation; **animador** M, **-a** F Conférencier *m*; Animateur *m*, -in *f*
animal tierisch; *m* Tier *n*
animar beleben; aufmuntern; **animarse** Mut fassen
ánimo M Geist; Gemüt *n*; Mut
anís M Anis; Anislikör; **anísado** M Anisschnaps; **anísete** M Anislikör
aniversario M Jahrestag
ano M After
anoche [-tʃe] gestern Abend, gestern Nacht; **antes de anoche** vorgestern Abend, vorgestern Nacht
anónimo anonym; **sociedad** *f* **anónima** Aktiengesellschaft
anorak M Anorak
ansia F *(el)* Begierde; Sehnsucht
antaño [-ɲo] ehemals
ante[1] M Wildleder *n*
ante[2] vor; angesichts; **anteanoche** [-tʃe] vorgestern Abend, vorgestern Nacht; **anteayer** vorgestern
antecesor [-θ-] M Vorgänger

antemano: **de antemano** im Voraus
antena F Antenne
anteojos [-x-] MPL Fernglas n
anterior frühere, vorhergehend
antes vorher, früher; ehemals; **cuanto antes** so bald wie möglich; **poco antes** kurz zuvor
antibiótico M Antibiotikum n
antibloqueo [-keo]: **sistema** M **antibloqueo (de frenos)** Antiblockiersystem n
anticiclón [-θ-] M Hoch(druckgebiet) n
anticipación [-θipaθ-] F Vorausnahme, Vorauszahlung; **anticipado** Voraus...; **por anticipado** im Voraus
anticonceptivo [-θ-] M (Empfängnis)Verhütungsmittel n
anticongelante [-x-] M Frostschutz(mittel) m(n)
anticuado veraltet; **anticuario** M Antiquitätenhändler
antiglobalista M/F, **antiglobalizador** M, **-a** F Globalisierungsgegner m, -in f
antigüedad [-gue-] F Altertum n; **antigüedades** *fpl* Antiquitäten
antiguo alt, antik; ehemalig
antipático unsympathisch
antirrobo Diebstahlschutz...; **(dispositivo) antirrobo** *m* Diebstahlschutz; Lenkradschloss n
antorcha [-tʃa] F Fackel
anual jährlich
anublado bewölkt
anulación [-θ-] F Annullierung, **anular** annullie-

ren; streichen
anunciar [-θ-] ankündigen, bekannt geben; inserieren; **anuncio** M Anzeige *f*, Inserat *n*; **anuncio luminoso** Leuchtreklame *f*
anzuelo [-θ-] M Angelhaken
añadir [aɲ-] hinzufügen
año [aɲo] M Jahr *n*; **año de construcción** Baujahr *n*; **año escolar** Schuljahr *n*; **Año Nuevo** Neujahr *n*; **¿cuántos años tiene?** wie alt sind Sie?
añoranza [aɲoranθa] F Sehnsucht; Heimweh *n*
apacible [-θ-] ruhig; *Wetter* mild
apagar ausschalten; *Durst* löschen; *Geräusch* dämpfen; **apagarse** *Licht* ausgehen; *Motor* aussetzen; **apagón** M Stromausfall
aparador M Büfett *n*, Anrichte *f*
aparato M Apparat, Gerät *n*; **aparato ortodóncico** Zahnspange *f*
aparcamiento M Parkplatz; Parken *n*; **aparcamiento subterráneo** Tiefgarage *f*
aparcar parken
aparecer [-θ-] erscheinen; **aparente** anscheinend; **aparición** [-θ-] F Erscheinung; Erscheinen *n*; **apariencia** [-θĭa] F Anschein *m*, Schein *m*
apartado abgelegen; entfernt; **apartadode correos** *m* Postschließfach *n*
apartamento M Appartement *n*; Ferienwohnung *f*
apartar absondern; trennen; **aparte** beiseite; *m im Text* Absatz
apasionado leidenschaftlich; **apasionarse** sich

begeistern (**por** für)
apático teilnahmslos, gleichgültig
apearse ab-, aussteigen
apellido [-ʎ-] M Zu-, Nachname
apenas kaum
apéndice [-θe] M Anhang; Blinddarm
apendicitis [-θ-] F Blinddarmentzündung
aperitivo M Aperitif; kleine Vorspeise
apertura F Eröffnung
apetecer [-θ-] Lust haben auf
apetito M Appetit; **apetitoso** appetitlich
apio M Sellerie
aplaudir applaudieren, klatschen; **aplauso** M Beifall, Applaus
aplazar [-θ-] aufschieben
aplicable anwendbar; **aplicación** [-θ-] F Anwendung; Fleiß *m*; COMPUT App; **aplicado** fleißig; **aplicar** verwenden; *Salbe* auftragen (**a** auf)
apoderar bevollmächtigen
apodo M Spitzname
apoplejía [-x-] F Apoplexie; (**ataque** *m* **de**) **apoplejía** Schlaganfall *m*
apostar wetten (**por** auf)
apoyar stützen; anlehnen (**contra** auf); unterstützen; **apoyo** M Stütze *f*
apreciar [-θ-] (ab-, hoch)schätzen; **aprecio** M (Wert)Schätzung *f*
apremio M Druck; Mahnung *f*
aprender (er)lernen; **aprendiz** [-θ] M, **aprendiza** F [-θa] Auszubildende(r) *m/f(m)* Lehrling *m*;

aprendizaje [-θaxe] M Lehrzeit *f*; Lehre *f*
apresurar drängen; beschleunigen; **apresurarse** sich beeilen
apretar drücken; *Schraube* anziehen
aprobación [-θ-] F Billigung; Genehmigung; **aprobado** bewährt; *Prüfung* bestanden; **aprobar** billigen, gutheißen; *Prüfung* bestehen
apropiado geeignet, passend; **apropiarse de** sich *etw* aneignen
aprovechar [-tʃ-] benutzen; Nutzen ziehen; **aprovecharse de** *etw* ausnützen; **¡que aproveche!** guten Appetit!
aproximadamente etwa, ungefähr; **aproximar** nähern
apto fähig, befähigt (**para** zu)
apuesta F Wette; Einsatz *m*
apuntar notieren, aufschreiben; zielen; **apunte** M Notiz *f*
apurar aufbrauchen, erschöpfen; austrinken; *fig* drängen; **apurarse** sich Sorgen machen
apuro M Notlage *f*, Klemme *f umg*
aquel [akel] M, **aquella** [-ʎa] F, **aquello** N jene(-r, -s); der (die, das) dort
aquí [aki] hier(her); **aquí cerca** (hier) in der Nähe; **por aquí** hier (herum)
árabe arabisch; *m/f* Araber *m*, -in *f*
arancel [-θ-] M Zolltarif; **arancelario** Zoll…
arándano M Heidelbeere *f*; **arándano encarnado** *od* **rojo** Preiselbeere *f*
araña [-ɲa] F Spinne; Kronleuchter *m*; **arañar**

(zer)kratzen; **arañazo** [-ɲaθo] M Kratzer
arbitraje [-xe] M Schiedsspruch; **arbitrar** schlichten
árbitro M Schiedsrichter m
árbol M Baum; TECH Welle f; **árbol de cardán** Kardanwelle f
arbusto M Strauch, Busch
arca F (el) Kasten m, Truhe
arcada F Bogengang m, Arkade
arce [-θe] M Ahorn
arcén [-θ-] M Rand-, Seitenstreifen
arco M Bogen; **arco iris** Regenbogen; **arco de triunfo** Triumphbogen
arder brennen
ardiente glühend, heiß
ardilla [-ʎa] F Eichhörnchen n
ardor M Glut f; fig Eifer; **ardor (de estómago)** Sodbrennen n
área F (el) Gelände n, Areal n; Ar n; **área de servicio** Raststätte; **área de penalty** Strafraum m
arena F Sand m; **arenoso** sandig
arenque [-ke] M Hering
Argelia [-x-] F Algerien n; **argelino** [-x-] algerisch; m, **-a** f Algerier m, -in f
Argentina [-x-] F Argentinien n; **argentino** [-x-] argentinisch; m, **-a** f Argentinier m, -in f
argumento M Argument n; Flm Handlung f
árido dürr; trocken
arma F (el) Waffe; **arma de fuego** Feuerwaffe
armada F Kriegsflotte; **armado** bewaffnet; **ar-**

mador M Reeder; **armadura** F (Ritter)Rüstung; **armamento** M Rüstung *f*, Aufrüstung *f*
armario M Schrank; **armario empotrado** Einbauschrank; **armario ropero** Kleiderschrank
armas FPL Wappen *n*
armazón [-θ-] M Gerüst *n*
armonía F Harmonie
armónica F Mundharmonika; **armónico** harmonisch
aro M Ring, Reif(en)
aroma M Aroma *n*, Duft
arpón M Harpune *f*
arqueología [-keolox-] F Archäologie; **arqueólogo** M, **-óloga** F Archäologe *m*, -in *f*
arquitecto [-ki-] M, **-a** F Architekt *m*, -in *f*; **arquitectura** F Architektur
arrabal M Vorstadt *f*
arrancar anfahren; starten; anspringen; *Pflanze etc* ab-, ausreißen; *Zahn* ziehen; **arrancar el motor** den Motor anlassen; **arranque** [-ke] M AUTO Anlasser; Start
arrastrar schleifen, ziehen; **arrastrarse** kriechen
arrecife [-θ-] M Felsenriff *n*
arreglado geregelt; ordentlich; **arreglar** regeln; reparieren; *Uhr* stellen; *Rechnung* begleichen; **arreglarse** sich zurechtmachen; sich einigen; **arreglárselas** zurechtkommen, es schaffen
arreglo M Regelung *f*; Reparatur *f*
arrendar pachten; verpachten
arrepentido reuig; **arrepentirse de** *etw* bereu-

atascado verstopft; **atascarse** sich verstopfen; stecken bleiben; **la puerta se atascó** die Tür klemmt; **atasco** M Stau
atención [-θ-] F Aufmerksamkeit; **atención al cliente** Kundenservice *m*; **¡atención!** Achtung!, Vorsicht!; **atender** beachten; betreuen; *Kunden* bedienen
atenerse a sich halten *an*
atentado M Attentat *n*; **atentado suicida** Selbstmordanschlag
atentamente *Brief* mit freundlichen Grüßen; **atento** aufmerksam
atenuación [-θ-] F Milderung
aterrar¹ erschrecken; *fig* niederschmettern
aterrar² landen; **aterrizaje** [-θaxe] M Landung *f*; **aterrizaje forzoso** Notlandung *f*; **aterrizar** landen
atestado M Bescheinigung *f*; Unfallprotokoll *n der Polizei*
ático M Dachgeschoss *n*
atlántico atlantisch; (**océano** *m*) **Atlántico** *m* Atlantik
atlas M Atlas
atleta M/F Leichtathlet *m*, -in *f*
atletismo M (Leicht)Athletik *f*
atmósfera F Atmosphäre
atolondrado durcheinander
atómico Atom..., atomar
atomizador [-θ-] M Zerstäuber
átomo M Atom *n*

asno M Esel
asociación [-θïaθ-] F Vereinigung, Verein *m*
asomar zeigen; hinausstrecken; **¡no asomarse!** nicht hinauslehnen!
asombrar in Erstaunen versetzen; **asombrarse** staunen, sich wundern
asombro M Erstaunen *n*; **asombroso** erstaunlich
aspecto M Anblick; Aussehen *n*
áspero rau; herb
aspirador M Staubsauger; **aspirar** einatmen; ansaugen; **aspirar a** trachten *nach*
aspirina® F Aspirin® *n*
asqueroso [-ke-] ekelhaft
asta F *(el)* Fahnenstange; (Stier)Horn *n*
astillero M Werft *f*
astrología [-x-] F Astrologie; **astrólogo** M, **-a** F Astrologe *m*, -in *f*
astronauta M/F Astronaut *m*, -in *f*; **astronomía** F Astronomie
astuto schlau, gerissen
Asunción [-θ-] F Mariä Himmelfahrt
asunto M Angelegenheit; *f*
asustadizo [-θo] schreckhaft; **asustar** erschrecken
atajo [-xo] M *Weg* Abkürzung *f*
atalaya F Aussichtsturm *m*; Wachturm *m*
ataque [-ke] M Angriff; MED Anfall
atardecer [-θ-] dämmern, Abend werden; **al atardecer** gegen Abend

atónito bestürzt, verblüfft
atormentar foltern; quälen
atracadero M Anlegeplatz, -stelle f; **atracar** überfallen; *Schiff* anlegen
atracción [-θ-] F Anziehung(skraft); Sehenswürdigkeit
atraco M (Raub)Überfall
atractivo attraktiv, anziehend; *m* (Lieb)Reiz
atraer anziehen, anlocken
atranco M *Leitung* Verstopfung *f*
atrás hinten; zurück; **hacia atrás** rückwärts; **por atrás** von hinten
atrasado rückständig; **ir atrasado** *Uhr* nachgehen; **atrasar** verzögern; aufschieben; *Uhr* zurückstellen; **atrasarse** sich verspäten; **atraso** M Rückschritt; Rückstand; Verspätung *f*
atravesar durchqueren, überqueren
atreverse wagen (a zu); **atrevido** gewagt; kühn
atrio M Vorhalle *f*
atrocidad [-θ-] F Gräuel *m*
atropellar [-ʎ-] überfahren, anfahren
atún M Thunfisch
aturdido kopflos, verwirrt
audacia [-θĭa] F Kühnheit; **audaz** [-θ] kühn, verwegen
audiencia [-θĭa] F Audienz; Gericht(shof) *n(m)*; Zuhörer *mpl*
audioguía M Audioguide
auditorio M Zuhörer(schaft) *mpl (f)*; (Konzert)Saal
aula F (*el*) Hörsaal *m*; Klassenzimmer *n*
aumentar vermehren; vergrößern; erhöhen; zu-

nehmen; *Preise* steigen; **aumento** M Vermehrung *f*; Vergrößerung *f*; Erhöhung *f*
aún noch (immer); **aún cuando** selbst wenn
aunque [-ke] obwohl, obgleich
auricular M Kopfhörer; (Telefon)Hörer
ausencia [-θĭa] F Abwesenheit; **ausente** abwesend
austral südlich
Australia F Australien *n*; **australiano** australisch
Austria F Österreich *n*; **austríaco** österreichisch; *m*, **-a** *f* Österreicher *m*, -in *f*

auto M Auto *n*
autoadhesivo selbstklebend
autobús M (Auto)Bus; **autobús interurbano** Überlandbus; **autocar** M Reisebus
autocaravana F Wohnmobil *n*
autoescuela F Fahrschule
autoestopista M/F Tramper *m*, -in *f*
auto-expreso M Autoreisezug
autógrafo M Autogramm *n*
automático automatisch
automóvil M Kraftfahrzeug *n*; **automovilismo** M Auto-, Kraftfahrsport; **automovilista** M/F Kraft-, Autofahrer *m*, -in *f*
autónomo autonom
autopista F Autobahn
autor M, **-a** F Urheber *m*, -in *f*, Verfasser *m*, -in *f*, Autor *m*, -in *f*

autoridad F Autorität; Behörde; **autorización** [-θaθ-] F Genehmigung; Bevollmächtigung; **autorizar** genehmigen; bevollmächtigen
autorradio M,F Autoradio n
autoservicio [-θĭo] M Selbstbedienung f
autostop M: **hacer autostop** trampen, per Anhalter fahren
autostopista M/F Anhalter m, -in f
autotrén M Autoreisezug
autovía F Schnellstraße
auxiliar helfen; Hilfs…; *m/f* Helfer *m*, -in *f*; **auxiliar de vuelo** Flugbegleiter *m*, -in *f*
auxilio M Beistand; Hilfe *f*; **auxilio en carretera** Pannenhilfe *f*; Straßenwacht *f*; **primeros auxilios** *mpl* Erste Hilfe
avalancha [-tʃa] F Lawine
avance [-θe] M Vorrücken n; Vorschuss; (Programm)Vorschau *f*; **avanzar** [-θ-] vorwärtsgehen, vorankommen
avaro geizig; *m* Geizhals
ave F *(el)* Vogel *m*
AVE ABK M **(Alta Velocidad Española)** *span. Hochgeschwindigkeitszug* ≈ ICE
avellana [-ʎ-] F Haselnuss
avena F Hafer *m*
avenida F Allee; Hochwasser *n*
aventura F Abenteuer *n*; **aventurero** abenteuerlich; *m* Abenteurer
avergonzar [-θ-] beschämen; **avergonzarse** sich schämen

vería F Panne; Schaden *m*; *Schiff* Havarie; **avería del motor** Motorschaden *m*
averiguar untersuchen
aviación [-θ-] F Flugwesen *n*; Fliegen *n*; **aviador** M Flieger
ávido gierig
avión M Flugzeug *n*; **avión chárter** Charterflugzeug *n*; **avión de línea** Linienmaschine *f*; **por avión** mit Luftpost
avisador M Melder; Botenjunge; **avisador de incendios** Feuermelder
avisar benachrichtigen, verständigen; melden; **aviso** M Nachricht *f*; Warnung *f*; **aviso de tempestad** Sturmwarnung *f*
avispa F Wespe
ayer gestern
ayuda F Hilfe; **ayudar** helfen
ayunar fasten; **en ayunas** nüchtern
ayuntamiento M Rathaus *n*; Gemeinderat *m*
azafata [aθ-] F Stewardess; Hostess
azafrán [aθ-] M Safran
azar [aθ-] M Zufall; **al azar** aufs Geratewohl
azotea [aθ-] F Dachterrasse
azúcar [aθ-] M Zucker; **azúcar de caña** Rohrzucker; **azúcar en terrones** Würfelzucker
azufre [aθ-] M Schwefel
azul [aθ-] blau
azulejo [aθulexo] M Kachel *f*

B

babor M Backbord *n*
baca F Dachgepäckträger *m*
bacalao M Kabeljau; Stockfisch
bache [-tʃe] M Schlagloch *n*; Luftloch *n*
bachillerato [-tʃiʎ-] M Abitur *n*
bahía F Bucht
bailador M, **bailadora** F Tänzer *m*, -in *f*; **bailar** tanzen; **bailarín** M, **bailarina** F Balletttänzer *m*, -in *f*; **baile** M Tanz; Ball; **bailete** M Ballett *n*
bajada [-x-] F Abstieg *m*
bajamar [-x-] F Ebbe
bajar [-x-] hinuntergehen; niedriger werden; herunterholen, herunterbringen; IT herunterladen; **bajar de** aussteigen aus; **bajar las luces** *Auto* abblenden
bajo [-x-] klein; niedrig; *sprechen* leise; *Ton* tief; *m* Bass
bala F (Gewehr)Kugel; Ballen *m*
balance [-θe] M Bilanz *f*
balanza [-θa] F Waage
balbucear [-θ-] stammeln
balcón M Balkon
balde M Eimer; **de balde** unentgeltlich; **en balde** vergeblich

ballena [-ʎ-] F Wal *m*
balneario M Bade-, Kurort
balón M Ball
baloncesto [-θ-] M Korbball; **balonmano** M Handball; **balonvolea** M Volleyball
Báltico, **(mar) Báltico** M Ostsee *f*
bambú M Bambus
banca F Schemel *m*; *a.* WIRTSCH Bank; Bankwesen *n*; Spielbank; **banca telefónica** Telefonbanking *n*
bancario Bank...; **banco** M *a.* WIRTSCH Bank *f*
banda F Band *n*; (Musik)Kapelle
bandeja [-xa] F Tablett *n*
bandera F Fahne
banderilla [-ʎa] F *Stierkampf* Banderilla; **banderillero** M Banderillero
bandido M Bandit, Räuber
banquero [-ke-] M Bankier, Banker
banqueta [-ke-] F Schemel *m*; **banquete** M Bankett *n*, Festessen *n*
bañador [-ɲ-] M Badeanzug; Badehose *f*; **bañar(se)** baden; **bañera** F Badewanne; **bañera de hidromasaje** Whirlpool; **bañista** M/F Badegast *m*; **baño** M Bad *n*; Badezimmer *n*
baptisterio M Taufkapelle *f*
bar M (Steh)Kneipe *f*, Imbissstube *f*; **bar americano** Bar *f*
baraja [-xa] F Kartenspiel *n*
baranda F Geländer *n*; *Billard* Bande
baratillo [-ʎo] M Trödel; Trödelmarkt; **barato** billig

barba F Bart *m*
barbacoa F Barbecue *n*; Holzkohlengrill *m*; Grillfest *n*
barbaridad F Barbarei; **¡qué barbaridad!** unglaublich!
barbilla [-ʎa] F Kinn *n*
barca F Kahn *m*
barco M Schiff *n*; Boot *n*; **barco de remos** Ruderboot *n*; **barco de vela** Segelboot *n*; **barco pesquero** Fischerboot *n*
barman M Barkeeper
barquillo [-kiʎo] M Waffel *f*
barra F Stange; Theke, Bar; **barra de labios** Lippenstift *m*
barrer kehren, fegen
barrera F Schranke; **sin barreras (arquitectónicas)** barrierefrei
barriada F (Stadt)Viertel *n*
barril M Fass *n*
barrio M (Stadt)Viertel *n*
barro M Schlamm; **barro cocido** Terrakotta *f*
base F Grundlage; Stützpunkt *m*
bastante genügend, genug; ziemlich; **bastar** genügen, (aus)reichen
bastón M Stock
basura F Müll *m*, Abfall *m*; **basura orgánica** F Biomüll *m*
bata F Morgenrock *m*; Kittel *m*
batalla [-ʎa] F Schlacht
batería F Batterie; **batería de cocina** Küchenge-

schirr *n*
batido M Mixgetränk *n*; **batidor** M Schneebesen; **batidora** F Mixer *m*
batir schlagen
bautizar [-θ-] taufen; **bautizo** M Taufe *f*
baya F Beere
bebé M Baby *n*
bebedor M Trinker; **beber** trinken; **beberse** austrinken; **bebida** F Getränk *n*
belga belgisch; *m,f* Belgier(in) *m(f)*; **Bélgica** [-x-] F Belgien *n*
belleza [-ʎeθa] F Schönheit; **bello** schön
bendecir [-θ-] segnen; **bendito** gesegnet
beneficio [-θĭo] M Gewinn, Nutzen
berenjena [-x-] F Aubergine
berza [-θa] F Kohl *m*, Kraut *n*
besar küssen; **beso** M Kuss
bestia F Tier *n*; *fig* Dummkopf *m*
besugo M See-, Meerbrasse *f*
betún M Schuhcreme *f*
biberón M Saugflasche *f*
Biblia F Bibel
biblioteca F Bibliothek; Bücherei
bicho [-tʃo] M (kleines) Tier *n*; Insekt *n*; **bichos** *mpl* Ungeziefer *n*
bici [-θi] F *umg*, **bicicleta** F (Fahr)Rad *n*; **ir en bici** Rad fahren; **bicicleta de trekking** Trekkingrad
bidón M Kanister; **bidón de gasolina** Benzinkanister
bien gut; *m* Gute *n*; Wohl *n*; **bien hecho** *Steak*

durchgebraten; **está bien** in Ordnung; **estoy bien** es geht mir gut
bienes MPL Besitz *m*
bienestar M Wohlbefinden *n*; Wohlstand
bienvenida F Begrüßung; **dar la bienvenida** willkommen heißen
bienvenido willkommen
bifurcación [-θ-] F Gabelung
bigote M Schnurrbart
bigudíes MPL Lockenwickler
bilingüe [-gue] zweisprachig
billar [-ʎ-] M Billard *n*
billete [-ʎ-] M Fahrkarte *f*, Ticket *n*; Eintrittskarte *f*; **billete (de banco)** Banknote *f*; **billete electrónico** E-Ticket *n*; **billete de ida** einfache Fahrkarte; **billete de lotería** Lotterielos *n*; **billete para un día** Tageskarte *f*
biocarburante M Biosprit
bis MUS da capo; **casa 5 bis** Haus 5a
bisabuela F Urgroßmutter; **bisabuelo** M Urgroßvater
bisiesto: **año** M **bisiesto** Schaltjahr *n*
bisnieta F Urenkelin; **bisnieto** M Urenkel
bistec M (Beef)Steak *n*; **bistec de solomillo** Filetsteak *n*
bisutería F Modeschmuck *m*
bizcar [-θ-] schielen
bizcocho [-θkotʃo] M Zwieback; trockenes Gebäck
blanco weiß; *m* Weiß *n*; *fig* Ziel *n*, Zielscheibe *f*

blando weich; zart
bloque [-ke] M Block
blusa F Kittel *m*; Bluse
bobina F Spule, Rolle
bobo dumm, albern
boca F Mund *m*; Maul *n*; Mündung; (Tunnel)Eingang *m*; **bocacalle** [-ʎe] F Straßeneinmündung
bocadillo [-ʎo] M belegtes Brot; **bocadillo de jamón, atún** *etc* Schinkensandwich, Thiunfischsandwich *etc*
bochorno [-tʃ-] M Schwüle *f*
bocina [-θ-] F Hupe
boda F Hochzeit; **bodas** *fpl* **de plata, oro** silberne, goldene Hochzeit
bodega F (Wein)Keller *m*; Weinstube; Weinhandlung; Kellerei; Laderaum *m*; **bodegón** M (Wein)-Schenke *f*
bogavante M Hummer
boina F Baskenmütze
bola F Kugel; **bolera** F Kegelbahn
boletín M *amtlicher* Bericht; **boletín meteorológico** Wetterbericht
boleto M Fahrkarte *f*
bolígrafo M Kugelschreiber, Kuli
Bolivia F Bolivien *n*; **boliviano** bolivianisch; *m*, **-a** *f* Bolivianer *m*, -in *f*
bollo [-ʎo] M Milchbrötchen *n*; Hefegebäck *n*
bolo M *Spiel* Kegel
bolsa F Beutel *m*; Tüte; Geldbeutel *m*; WIRTSCH Börse; **bolsa de aseo** Kulturbeutel *m*; **bolsa de hie-**

lo Eisbeutel *m*; **bolsa isotérmica** Kühltasche; **bolsa de plástico** Plastiktüte
bolsillo [-ʎo] M Tasche *f in Kleidung*
bolsita F **bolsita de té** Teebeutel *m*
bolso M Handtasche *f*
bomba F Pumpe; Bombe; **bomba de aire** *od* **de inflar** Luftpumpe
bombero M Feuerwehrmann; **bomberos** *mpl* Feuerwehr *f*
bombilla [-ʎa] F Glühbirne
bombón M Praline *f*
bombona F Gasflasche; Glasballon *m*
bondad F Güte
bonito hübsch, nett; *m* Bonito (*Art Thunfisch*)
bono M Gutschein, Bon; **bonobús** M Bus-Zehnerkarte *f*; **bonométro** U-Bahn-Zehnerkarte *f*
boquerones [-ke-] MPL Sardellen *fpl*
borda F Reling
bordado M Stickerei *f*; Sticken *n*
borde M Rand; Ufer *n*
bordo M Bord; **a bordo** an Bord
borracho [-tʃo] betrunken
borrasca F (Sturm)Tief *n*; **borrascoso** stürmisch
borroso unscharf, verschwommen
bosque [-ke] M Wald
bosquejo [-kexo] M Skizze *f*
bostezar [-θ-] gähnen
bota F Stiefel *m*; Lederflasche
bote M Boot *n*; Dose *f*, Büchse *f*; **bote de remos** Ruderboot *n*; **bote neumático** Schlauchboot *n*;

bote salvavidas Rettungsboot *n*
botella [-ʎa] F Flasche
botijo [-xo] M Wasserkrug
botiquín [-kin] M Verbandskasten; Reiseapotheke *f*
botón M Knopf; Druckknopf
botones M Laufbursche; *Hotel* Page
boxeador M Boxer; **bóxers** MFL Boxershorts
braga(s) F(PL) (Damen)Slip *m*
brasa F Kohlenglut; Holzkohlengrill *m* **brasero** M Kohlenbecken *n*
Brasil M Brasilien *n*; **brasileño** brasilianisch; *m*, **-a** *f* Brasilianer *m*, -in *f*
bravo mutig; *Tier* wild; *Küste* steil
brazalete [-θ-] M Armband *n*
brazo M Arm
brécoles MPL Brokkoli *pl*
bregar schuften
breve kurz; **en breve** bald, demnächst
brigada F Brigade; **brigada (de investigación) criminal** Kriminalpolizei
brillante [-ʎ-] glänzend; *m* Brillant; **brillar** glänzen; strahlen; **brillo** M Glanz
brinco M Sprung, Satz
brindar *beim Trinken* anstoßen
brocha [-tʃa] F Pinsel *m*; **brocha de afeitar** Rasierpinsel *m*
broche M Brosche *f*
broma F Scherz *m*, Spaß *m*
bronceado [-θ-] braun (gebrannt); *m* (Sonnen)-

Bräune *f*; **bronceador** M Sonnenschutzmittel *n*
brújula [-x-] F Kompass *m*
bruma F Nebel *m*
brusco plötzlich
bruto brutal, roh
bucear [-θ-] tauchen
bucle M Locke *f*
budín M Pudding
buen gut; **buenaventura** F Glück *n*
bueno gut; **¡bueno!** na schön!
buey M Ochse
bufanda F Schal *m*; Halstuch *n*
bufet M Büfett *n*; **bufet frío** kaltes Büfett
bufete M Anwaltskanzlei *f*; Büfett *n*
buitre M Geier
bujía [-x-] F Zündkerze
Bulgaria F Bulgarien *n*; **búlgaro** bulgarisch
bullicio [-ʎiθĭo] M Lärm, Tumult
bulto M Gepäckstück *n*; Bündel *n*
buñuelo [-ɲ-] M Ölgebäck *n*
buque [-ke] M Schiff *n*; **buque petrolero** Öltanker
burla F Spott *m*; Neckerei; **burladero** M Schutzwand *f für die Stierkämpfer*
burlarse sich lustig machen (**de** über)
burrito M *gerollte, gefüllte* Weizentortilla *f*
burro M Esel
busca F Suche
buscar suchen; **ir a buscar** abholen
butaca F Lehnstuhl *m*, Sessel *m*; THEAT Parkettplatz *m*

buzo [-θo] M Taucher
buzón [-θ-] M Briefkasten; **buzón electrónico** *m* Mailbox *f*

C

C. ABK (**Calle**) Str. (Straße)
caballa [-ʎa] F Makrele
caballero [-ʎ-] M Reiter; Herr; **caballeroso** ritterlich
caballitos [-ʎ-] MPL Karussell *n*
caballo [-ʎo] M Pferd *n*; *Schach* Springer; *Karten* ≈ Dame *f*; **caballo de carreras** Rennpferd *n*; **ir a caballo** reiten
cabaña [-ɲa] F Hütte
cabaré M, **cabaret** M Nachtklub; **cabaré (literario)** Kabarett *n*
cabecear [-θ-] *Kopf* schütteln; *Schiff* stampfen; **cabecera** F Kopfende *n*
cabello [-ʎo] M Haar *n*
cabelludo (lang)haarig
caber Platz haben, hineinpassen
cabeza [-θa] F Kopf *m*; *fig* Verstand *m*; **cabezal** M Kopfstütze *f*
cabina F Kabine; **cabina telefónica** Telefonzelle
cable M Kabel *n*; **cable de arranque** Starthilfeka-

bel *n*; **cable de encendido** Zündkabel *n*; **cable para remolcar** Abschleppseil *n*
cabo M Ende *n*, Endstück *n*; Kap *n*; Leine *f* Tau *n*
cabra F Ziege; **cabra montés** Steinbock *m*
cacahuete M Erdnuss *f*
cacao M Kakao
cacería [-θ-] F Jagd
cacharro [-tʃ-] M (Ton)Topf; **cacharros** *mpl* Küchengeräte *npl*
cacto M, **cactus** M Kaktus
cada jede; **cada cual** (ein) jeder; **cada día** täglich; **cada dos días** alle zwei Tage; **cada uno** (ein) jeder
cadena F Kette; **cadena antideslizante** Schneekette
cadera F Hüfte
caducado *Pass etc* abgelaufen; **caducar** verfallen; *Pass etc* ablaufen; **caducidad** F Verfall *m*; *Pass etc* Gültigkeitsende *n*
caer fallen; **caerse** fallen, stürzen
café M Kaffee; Café *n*; **café con leche** Milchkaffee; **café cortado** kleiner Kaffee *mit wenig Milch*; **café instantáneo** Pulverkaffee; **café solo** Espresso
cafetera F Kaffeekanne; **cafetería** F Imbissstube, Cafeteria
caída F Fall *m*; Sturz *m*; **caída de piedras** Steinschlag *m*
caja [-xa] F Kiste; Schachtel, Karton *m*; Packung; Kasse; **caja de ahorros** Sparkasse; **caja de cambios** Getriebe *n*; **caja de enfermedad** Krankenkasse; **caja fuerte** Tresor *m*, Safe *m*; **caja tonta** *umg* Glotze

cajero [-x-] M, **-a** F Kassierer *m*, -in *f*; **cajero automático** Geldautomat
cajetilla [-xetiʎa] F Päckchen *n*, Schachtel
cajón [-x-] M Kiste *f*; Schublade *f*
cal F Kalk *m*
cala F kleine Bucht
calabacínes [-θ-] MPL Zucchini *pl*; **calabaza** [-θa] F Kürbis *m*
calamar M Tintenfisch
calambre M (Muskel)Krampf
calcetín [-θ-] M Socke *f*
calculadora F Rechner *m*; **calculadora de bolsillo** Taschenrechner *m*; **calcular** (be)rechnen
cálculo M Rechnen *n*; (Be)Rechnung *f*; MED Stein; **cálculo biliar** Gallenstein
caldera F Kessel *m*
caldo M Brühe *f*, klare Suppe *f*
calefacción [-θ-] F Heizung; **calefacción central** Zentralheizung
calendario M Kalender
calentador M Heizgerät *n*; Wärmflasche *f*; Boiler
calentar (er)wärmen; erhitzen; *Räume* heizen; **calentura** F Fieber *n*
calidad F Qualität; Eigenschaft
cálido warm; *Klima* heiß
caliente warm; heiß
calificación [-θ-] F Qualifizierung; Bezeichnung; **calificado** qualifiziert; **calificar** bewerten; bezeichnen (**de** als)
callado [-ʎ-] schweigsam

callar [-ʎ-] (ver)schweigen; **callarse** schweigen, still sein
calle [-ʎe] F Straße; **calle comercial** Einkaufsstraße; **calle de dirección única** Einbahnstraße; **calle de prioridad** Vorfahrtsstraße; **calle lateral** Seitenstraße; **calle transversal** Querstraße; **callejero** [-ʎex-] M Straßenverzeichnis *n*; **callejón** [-ʎex-] M Gasse *f*; **callejón sin salida** Sackgasse *f*
callos [-ʎ-] MPL Hühneraugen *npl*; Kaldaunen *fpl*, Kutteln *fpl*
calma F Ruhe, Stille; Windstille; **calmante** M Beruhigungsmittel *n*; **calmar** *Schmerz* stillen; **calmarse** sich beruhigen
calor M Wärme *f*; Hitze *f*; **hace calor** es ist warm; **tengo calor** mir ist heiß
caluroso warm; heiß; *fig* herzlich
calva F Glatze; **calvero** M Lichtung *f*; **calvo** kahl (-köpfig)
calzada [-θ-] F Fahrbahn
calzado [-θ-] M Schuhe *mpl*; **calzador** M Schuhanzieher
calzar *Schuhe* anziehen; **calzo el número 40** ich habe Schuhgröße 40
calzoncillos [-θonθiʎ-] MPL (Herren)Unterhose *f*
cama F Bett *n*; **cama de matrimonio** Doppelbett *n*; **cama de niño** Kinderbett *n*; **cama individual** Einzelbett *n*; **cama plegable** Klappbett *n*
cámara F Kammer; Kamera, Fotoapparat *m*; **cámara de aire** (Reifen)Schlauch *m*; **cámara de vídeo** Videokamera; **cámara digital** Digitalkamera;

cámara réflex Spiegelreflexkamera; **a cámara lenta** in Zeitlupe
camarada M Kamerad
camarero M, **-a** F Kellner *m*, -in *f*; (Schiffs)Steward *m*, -ess *f*
camarones MPL Garnelen *fpl*
camarote M Kajüte *f*, Kabine *f*; **camarote individual** Einzelkabine; **camarote doble** Zweibettkabine
cambiable auswechselbar
cambiar (aus-, um)tauschen, wechseln; ändern; sich (ver)ändern; **cambiar de** umsteigen; **cambiar de domicilio** umziehen; **cambiarse** sich umziehen
cambio M (Ver)Änderung *f*; Umtausch; Wechsel; Umsteigen *n*; Geldwechsel; Wechselgeld *n*; Wechselkurs; **cambio de aceite** Ölwechsel; **cambio automático** AUTO Automatik *f*; **cambio de marcha** *od* **velocidad** Gangschaltung *f*; **cambio de neumáticos** Reifenwechsel
camilla [-ʎa] F Tragbahre
caminar wandern; gehen
camino M Weg; **camino de herradura** Reitweg; **en el camino** unterwegs; **camino vecinal** Feldweg
camión M Last(kraft)wagen, Lkw
camionero M, **-a** F Lkw-Fahrer *m*, -in *f*; **camioneta** F Lieferwagen *m*
camisa F Hemd *n*; **camisa de noche** Nachthemd *n*
camiseta F Unterhemd *n*; T-Shirt *n*; **camisón** M Nachthemd *n*
campamento M Lager *n*; Campingplatz

campana F Glocke; **campanario** M Glocken-, Kirchturm
campaña [-ɲa] F Kampagne
campeón M SPORT Meister
campeonato M Meisterschaft *f*
campesino ländlich; bäuerlich; *m*, **-a** *f* Bauer *m*, Bäuerin *f*
camping M Camping(platz) *n*; **hacer camping** campen
campista M/F Camper *m*, -in *f*
campo M Feld *n*; Land *n*; **campo de deportes** Sportplatz; **campo de fútbol** Fußballplatz
Canadá M Kanada *n*; **canadiano** kanadisch; *m*, **-a** *f* Kanadier *m*, -in *f*
canal M Kanal (*a.* TV)
Canarias FPL Kanarische Inseln
canasta F Henkelkorb *m*; Canasta *n*
canceladora [-θ-] F: **canceladora de billetes** Fahrscheinentwerter *m*
cancelar streichen, annullieren
cáncer [-θ-] M MED Krebs
canciller [-θiʎ-] M Kanzler *m*, -in *f*
canción [-θ-] F Gesang *m*; Lied *n*; **canción popular** Volkslied *n*
candado M Vorhängeschloss *n*
candela F Kerze; **candelero** M Leuchter
candidato M Kandidat
cándido naiv, treuherzig
canela F Zimt *m*
cangrejo [-xo] M (Fluss)Krebs

canguro M/F Babysitter, -in
canilla [-ʎa] F Schienbein *n*
canje [-xe] M Austausch; Umtausch
cano *Haar* grau, weiß
canoa F Kanu *n*, Paddelboot *n*
cansado müde; langweilig
cansar müde machen; **cansarse** müde werden; sich langweilen
cantante M/F Sänger *m*, -in *f*; **cantaor** M Flamencosänger; **cantar** singen
cántaro M Krug
cantatriz [-θ] F Konzertsängerin
cantautor M, **-a** F Liedermacher *m*, -in *f*
cantidad F Anzahl, Menge; *Geld* Summe
cantina F Weinkeller *m*; (Bahnhofs)Kantine
canto¹ M Gesang; Lied *n*
canto² M Kante *f*
caña [-ɲa] F (Schilf)Rohr *n*; Zuckerrohrschnaps *m*; Glas *n* Bier; **caña de azúcar** Zuckerrohr *n*; **caña de pescar** Angelrute
cáñamo [-ɲ-] M Hanf
cañería [-ɲ-] F Gas-, Wasserleitung
cañón [-ɲ-] M Kanone *f*, Geschütz *n*; Gewehrlauf; **cañón de proyección** COMPUT Beamer
caoba F Mahagoni *n*
capa F Umhang *m*, Cape *n*; Schicht
capaz [-θ] fähig, imstande (**de** zu)
capea F Amateurstierkampf *m* mit Jungstieren
capilla [-ʎa] F Kapelle
capital hauptsächlich; *f* Hauptstadt; *m* Kapital *n*

capitán M Kapitän; *Militär* Hauptmann
capó M Motorhaube *f*
capota F AUTO Verdeck *n*
capricho [-tʃo] M Laune *f*
cara F Gesicht *n*; Miene; Vorderseite
carabinero M Grenzpolizist
caracol M Schnecke *f*
carácter M Charakter; (Druck)Buchstabe
carajillo [-xiʎo] M *Kaffee mit einem Schuss Kognak od Anisschnaps*
caramelo M Bonbon *m,n*; **caramelo de palo** Lutscher
caravana F Karawane; Wohnwagen *m*; Wagenkolonne
carbón M Kohle *f*
carburador M AUTO Vergaser
carburante M Treibstoff
cárcel [-θ-] F Gefängnis *n*
cardenal M Kardinal; blauer Fleck
cardíaco Herz...; herzkrank; *m* herzstärkendes Mittel
careta F Maske
carga F Ladung; Last; **cargador** M Ladegerät *n*; **cargamento** M Fracht *f*; **cargar** (be)laden; belasten
cargo M Amt *n*, Stellung *f*
caricia [-θi̯a] F Liebkosung
caridad F Wohltätigkeit
caries F Karies
cariño [-ɲo] M Zuneigung *f*; **cariñoso** zärtlich,

liebevoll
carnaval M Karneval, Fasching
carne F Fleisch *n*; **carne de gallina** *fig* Gänsehaut; **carne picada** Hackfleisch *n*
carné, **carnet** M Ausweis; **carné de alberguista** Jugendherbergsausweis; **carné de conducir** Führerschein; **carné de identidad** Personalausweis; **carné de socio** Mitgliedsausweis
carnero M Hammel; Widder
carnicería [-θ-] F Fleischerei; **carnicero** M, **-a** F Fleischer *m*, -in *f*
caro teuer; lieb
carpa F Karpfen *m*; Zirkuszelt *n*
carpintería F Schreinerei; **carpintero** M, **-a** F Schreiner *m*, -in *f*
carrera F Lauf *m*; Rennen *n*; Laufbahn, Beruf *m*; Laufmasche; **carrera ciclista** Radrennen *n*
carrete M Spule *f*, Rolle *f*; FOTO (Roll)Film
carretera F Landstraße; **carretera de circunvalación** Umgehungsstraße; **carretera nacional** Nationalstraße
carril M Fahrspur *f*; **carril para vehículos lentos** Kriechspur *f*; **carril bici** Radweg
carro M Karren; **carrocería** [-θ-] F Karosserie
carta F Brief *m*; Speise-, Spielkarte; **carta certificada** Einschreiben *n*; **carta con valores declarados** Wertbrief *m*; **carta urgente** Eilbrief *m*; **carta verde** AUTO grüne Versicherungskarte
cartel M Plakat *n*, Anschlag(zettel); **cartelera** F Plakatsäule; Anschlagbrett *n*; Tagesprogramm *n*

in Zeitungen
cartera F Brieftasche; Aktentasche; **carterista** M Taschendieb; **cartero** M, **-a** F Briefträger *m*, -in *f*
cartilla [-ʎa] F Fibel; Sparbuch *n*
cartón M Pappe *f*; Karton; Packung *f*; (Zigaretten)-Stange *f*
casa F Haus *n*; Wohnung; **casa de cambio** Wechselstube; **casa de huéspedes** (Familien)Pension; **casa rural** Landhaus *n*; **a casa** nach Hause; **en casa** zu Hause
casado verheiratet; **casamiento** M Heirat *f*; **casarse** heiraten (**con alg** j-n)
cascada F Wasserfall *m*
cascanueces [-θ-] M Nussknacker
cáscara F Schale
casco M Helm; Scherbe *f*; Splitter; **casco antiguo** Altstadt *f*; **casco azul** Blauhelm; **casco protector** Schutzhelm
caserío M Gehöft *n*; **casero** hausgemacht; *Küche* gutbürgerlich
caseta F (Bade)Kabine
casete M,F MUS Kassette *f*; Kassettenrekorder *m*
casi fast
casilla [-ʎa] F *Schach* Feld *n*; *Tabelle* Spalte
casino M Kasino *n*; **casino de juego** Spielkasino *n*
caso M Fall; Angelegenheit *f*; **en caso de que** falls
castaña [-ɲa] F Kastanie; **castaño** (kastanien)-braun; *m* Kastanienbaum; **castañuelas** FPL Kastagnetten

castellano [-ʎ-] kastilisch; spanisch; **en castellano** auf Spanisch
castigar bestrafen; **castigo** M Strafe *f*
Castilla [-ʎa] F Kastilien *n*; **Castilla la Nueva** Neukastilien *n*; **Castilla la Vieja** Altkastilien *n*
castillo [-ʎo] M Burg *f*; Schloss *n*
casualidad F Zufall *m*; **por casualidad** zufällig
cata F Probieren *n*, Kosten *n*; **cata de vinos** Weinprobe
catalán katalanisch; *m*, **catalana** *f* Katalane *m*, -in *f*
catálogo M Katalog
Cataluña [-ɲa] F Katalonien *n*
catarata F Wasserfall *m*; MED grauer Star
catarro M Katarrh; Erkältung *f*
catástrofe F Katastrophe
catastrófico katastrophal
catedral F Kathedrale, Dom *m*
catedrático M, **-a** F Professor *m*, -in *f*
categoría F Kategorie, Rang *m*
católico katholisch; *m* Katholik
catorce [-θe] vierzehn
caucho [-tʃo] M Kautschuk, Gummi
caudillo [-ʎo] M Anführer
causa F Grund *m*, Ursache; *fig* (Rechts)Sache; **a causa de** wegen
causar verursachen
cautela F Vorsicht
cautivar gefangen nehmen; *fig* fesseln; **cautivo** gefangen

cava M spanischer Sekt
caverna F Höhle
caviar M Kaviar
caza [-θa] F Jagd; Wild(bret) *n*; **ir de caza** auf die Jagd gehen
cazador [-θ-] M Jäger; **cazadora** F Jägerin; (Wind)Jacke
cazar jagen
cazuela [-θ-] F Tontopf *m*; GASTR geschmortes Gericht *n*
CD M CD *f*
CD-ROM M CD-ROM *f*
cebada [θ-] F Gerste
cebolla [θeboʎa] F Zwiebel; **cebollino** M Schnittlauch
cebra [θ-] F Zebra *n*; **paso** *m* **cebra** Zebrastreifen
ceder [θ-] abtreten; nachgeben; **ceda el paso** Vorfahrt beachten
cegar [θ-] blenden; blind werden
ceja [θexa] F (Augen)Braue
celda [θ-] F *Raum* Zelle
celebrar [θ-] feiern; feierlich begehen; sich freuen über; **celebrarse** stattfinden
célebre berühmt
celeste [θ-] himmlisch, Himmels...; **celestial** himmlisch
celo [θ-] M Eifer
celos [θ-] MPL Eifersucht *f*
celosía [θ-] F Jalousie; **celoso** [θ-] eifersüchtig
célula [θ-] F BIOL, TECH Zelle

cementerio [θ-] M Friedhof; **cementerio civil** Friedhof für Nichtkatholiken
cemento [θ-] M Zement
cena [θ-] F Abendessen *n*; **la (Santa) Cena** das (heilige) Abendmahl
cenar [θ-] zu Abend essen
cenicero [θeniθ-] M Aschenbecher; **ceniza** [-θa] F Asche
centavo [θ-] M Cent
centella [θenteʎa] F Funke *m*; **centellear** funkeln, flimmern
centena [θ-] F Hundert *n*; **centenario** M Hundertjahrfeier *f*
centeno [θ-] M Roggen
centígrado [θ-] M: **grado centígrado** Celsiusgrad
centímetro [θ-] M Zentimeter
céntimo [θ-] M **céntimo (de euro)** Cent
central [θ-] zentral; *f* Zentrale; **central eléctrica** Kraftwerk *n*; **central nuclear** Kernkraftwerk *n*
centralita [θ-] F Telefonzentrale
céntrico [θ-] Zentral...; zentral gelegen
centro [θ-] M Zentrum *n*, Mittelpunkt; **centro (de la) ciudad** Zentrum *n*, Innenstadt *f*; **centro comercial** Einkaufszentrum *n*; **Centroamérica** [θ-] F Mittelamerika *n*
ceñido [θeɲ-] eng anliegend
cepa [θ-] F Rebstock *m*
cepillar [θepiʎ-] bürsten; hobeln; **cepillo** [θepiʎ-] M Bürste *f*; Hobel; REL Opferstock; **cepillo**

de dientes Zahnbürste *f*
cepo [θ-] M Parkkralle *f*
cera [θ-] F Wachs *n*
cerámica [θ-] F Keramik; Töpferware; **cerámico** keramisch, Keramik…
cerca [θ-] nah(e); *f* Zaun *m*; **cerca de** bei; ungefähr
cercanía [θ-] F Nähe; **cercanías** FPL Umgebung *f*; **tren** *m* **de cercaníasnías** Nahverkehrszug; **cercano** nahe
cerdo [θ-] M Schwein *n*
cereales [θ-] MPL Getreide *n*; Cornflakes *pl*
cerebro [θ-] M Gehirn *n*; *fig* Verstand
cereza [θereθa] F Kirsche
cerilla [θeriʎa] F Streichholz *n*
cero [θ-] M Null *f*
cerrado [θ-] geschlossen; **cerradura** F Tür)-Schloss *n*; **cerradura de seguridad** Sicherheitsschloss *n*
cerrajero [θerrax-] M, **-a** F Schlosser *m*, -in *f*
cerrar [θ-] (ver-, ab)schließen; IT herunterfahren
cerro [θ-] M Anhöhe *f*, Hügel
certamen [θ-] M Wettbewerb
certidumbre [θ-] F Gewissheit, Sicherheit
certificado [θ-] *Brief* eingeschrieben; *m* Bescheinigung *f*; Zeugnis *n*; **certificado de vacuna** Impfpass; **certificado facultativo** *od* **médico** (ärztliches) Attest
certificar [θ-] bescheinigen; *Brief* einschreiben (lassen)
cervecería [θerbeθ-] F Bierbrauerei; Bierlokal *n*

cerveza [θerbeθa] F Bier *n*; **cerveza de barril** Fassbier *n*; **cerveza negra** dunkles Bier; **cerveza rubia** helles Bier
cesar [θ-] aufhören (**de** zu)
césped [θ-] M Rasen
cesta [θ-] F Korb *m*; **cesto** M großer Korb
chacolí [tʃ-] M leichter Landwein
chalé [tʃ-], **chalet** M Land-, Ferienhaus *n*
chaleco [tʃ-] M Weste *f*; **chaleco reflectante** Warnweste *f*; **chaleco salvavidas** Schwimmweste f
champán [tʃ-], **champaña** [-ɲa] M Champagner
champiñón [tʃampiɲ-] M Champignon
champú [tʃ-] M Shampoo *n*
chanclas [tʃ-] FPL **chanclas de baño** Badeschuhe *mpl*
chanfaina [tʃ-] F Lungen-, Leberragout *n*
chapa [tʃ-] F Blech *n*
chaparrón [tʃ-] M Wolkenbruch
chapurrear [tʃ-] radebrechen
chaqueta [tʃake-] F Jacke; Jackett *n*; **chaqueta de punto** Strickjacke
chaquetón [tʃake-] M (lange) Jacke
charlar [tʃ-] plaudern; schwatzen; **charlar por internet** chatten
charlotada [tʃ-] F *Stierkampf mit Clowns als Stierkämpfern*
chárter [tʃ-] Charter…; **vuelo** *m* **chárter** Charterflug
chasis [tʃ-] M Fahrgestell *n*
chatear [tʃ-] *Internet* chatten

chato [tʃ-] stumpfnasig; flach; *m umg* kleines Glas Wein
chaval [tʃ-] M Junge *m*; **chavala** F Mädchen *n*
check-in [tʃ-] M Check-in; **check-in en línea** Online-Check-in
checo tschechisch; *m*, **-a** *f* Tscheche *m*, -in *f*
cheque [tʃeke] M Scheck; **cheque cruzado** Verrechnungsscheck; **cheque de viaje** Reisescheck; **cheque postal** Postscheck
Chequia F Tschechien *n*
chica [tʃ-] F Mädchen *n*
chicharrones [tʃitʃ-] MPL Grieben *fpl*
chichón [tʃitʃ-] M Beule *f am Kopf*
chicle [tʃ-] M Kaugummi
chico [tʃ-] klein; *m* Junge
chiflado [tʃ-] *umg* verrückt
Chile M Chile *n*; **chileno** chilenisch; *m*, **-a** *f* Chilene *m*, Chilenin *f*
chillar [tʃiʎ-] kreischen, schreien
chillón [tʃiʎ-] *Farbe* grell
chimenea [tʃ-] F Kamin *m*; Schornstein *m*
China F China *n*
chinche [tʃintʃe] F Wanze (*a. fig umg*); Reißzwecke; **chincheta** F Reißzwecke
chinés chinesisch; *m*, **chinesa** *f* Chinese *m*, Chinesin *f*
chipirones [tʃ-] MPL GASTR *kleine* Tintenfische
chiringuito [tʃ-] M Snackbar *f* (*im Freien*); Imbissbude *f*
chisme [tʃ-] M Klatsch, Gerede *n*; **chismes** *pl umg*

Zeug *n*, Kram *m*
chiste [tʃ-] M Witz; Scherz
chocar [tʃ-] zusammenstoßen; prallen (**contra** gegen)
chocolate [tʃ-] M *a. Getränk* Schokolade *f*; *umg* Shit, Haschisch *n*
chófer [tʃ-] M Fahrer, Chauffeur
choque [tʃoke] M Zusammenstoß; Schock; **choque en cadena** Massenkarambolage *f*
chorizo [tʃoriθo] M Paprikawurst *f*; *umg* Dieb
chorro [tʃ-] M (Wasser)Strahl; (Blut)Strom
choza [tʃoθa] F Hütte
chubasco [tʃ-] M Platzregen
chucrut [tʃ-] M Sauerkraut *n*
chuleta [tʃ-] F Kotelett *n*; **chuleta de cerdo** Schweinskotelett *n*
chulo [tʃ-] M angeberisch; frech; *umg* hübsch; Angeber; Zuhälter; *Stierkampf* Gehilfe
chupada [tʃ-] F Zug *m beim Rauchen*; **chupar** lutschen; **chupete** M Schnuller
churrigueresco [tʃurrige-]: **estilo** M **churrigueresco** spanischer Barockstil
churros [tʃ-] MPL Ölkringel
chutar [tʃ-] *Fußball* schießen
ciática [θ-] F Ischias *m,f*
ciberbar, **cibercafé** [θ-] M Internetcafé *n*
cicatriz [θikatriθ] F Narbe
ciclismo [θ-] M Radsport; **ciclista** M/F Radfahrer *m*, -in *f*
ciclomotor [θ-] M Moped *n*

ciclón [θ-] M Wirbelsturm, Zyklon
ciego [θ-] blind; *fig* verblendet; *m* Blinde(r)
cielo [θ-] M Himmel
cien [θĭen] hundert
ciencia [θĭenθĭa] F Wissenschaft; **ciencia-ficción** Science-Fiction
científico [θ-] wissenschaftlich; *m* Wissenschaftler
ciento [θ-] hundert; **el cinco por ciento** fünf Prozent
cierre [θ-] M Schluss, Schließen *n*; Schließung *f*; Verschluss
cierto [θ-] gewiss, sicher
cifra [θ-] F Ziffer, Zahl
cigala [θ-] F Kaisergranat *m*, kleine Languste
cigarra [θ-] F Zikade
cigarrillo [θigarriʎo] M Zigarette *f*
cigarro [θ-] M Zigarre *f*; *umg* Zigarette
cigüeña [θigueɲa] F Storch *m*; **cigüeñal** [θigueɲal] M Kurbelwelle *f*
cilindrada [θ-] F Hubraum *m*; **cilindro** M Zylinder
cima [θ-] F Gipfel *m*; Wipfel *m*
cinco [θ-] fünf
cincuenta [θ-] fünfzig
cine [θ-] M Kino *n*
cinta [θ-] F Band *n*; Streifen *m*; **cinta adhesiva** Klebeband *n*; **cinta de equipajes** Gepäckband *n*; **cinta métrica** Maßband *n*; **cinta transportadora** Förderband *n*; Rollband *n*

cintura [θ-] F Taille; **cinturón** [θ-] M Gürtel; Gurt; **cinturón de seguridad** Sicherheitsgurt
circo [θ-] M Zirkus
circuito [θ-] M Stromkreis; SPORT Rennstrecke *f*; **circuito natural** Trimm-dich-Pfad
circulación [θirkulaθ-] F Kreislauf *m*, Umlauf *m*; (Straßen)Verkehr *m*; **circular** kreisförmig; AUTO verkehren; *f* Rundschreiben *n*; **¡circulen!** weitergehen!
círculo [θ-] M *a. fig* Kreis; *Flugzeug* Warteschleife *f*
circunstancias [θirkunstanθĭas] FPL Umstände *mpl*, Lage *f*
circunvalación [θirkumbalaθĭon] F, *a.* **carretera** F **de circunvalación** Umgehungsstraße
ciruela [θ-] F Pflaume; **ciruela pasa** Back-, Dörrpflaume
cirugía [θirux-] F Chirurgie; **cirujano** [-x-] M, **-a** F Chirurg *m*, -in *f*
cisne [θ-] M Schwan
cita [θ-] F Verabredung; Termin *m*; Zitat *n*
citar [θ-] zitieren; JUR vorladen; **citarse** sich verabreden
cítricos [θ-] MPL Zitrusfrüchte *fpl*
ciudad [θ-] F Stadt; **ciudadano** M städtisch; Bürger; Städter; **ciudadela** F Zitadelle
civil [θ-] zivil, Zivil...; bürgerlich, Bürger...
civilización [-θaθ-] F Zivilisation; **civilizado** [-θ-] zivilisiert; gebildet
clandestino heimlich, verstohlen
clara F lichte Stelle; **clara de huevo** Eiweiß *n*

clarete M Rosé(wein)
claro klar; hell; *Haar* dünn
clase F Klasse; Unterricht *m*; *fig* Art; **clase económica** Economyclass; **clase turista** Touristenklasse; **(de) primera, segunda clase** erste(r), zweite(r) Klasse
clásico klassisch
claustro M Kreuzgang
cláusula F Klausel
clavar nageln; *fig umg* neppen
clave F *fig* Schlüssel *m*; **clave bancaria** Bankleitzahl
clavel M Nelke *f*
clavícula F Schlüsselbein *n*
clavija [-xa] F Stift *m*, Bolzen *m*; ELEK Stecker *m*
clavo M Nagel; (Gewürz)Nelke *f*
claxon M Hupe *f*
clemente gnädig, gütig
clérigo M Geistliche(r), Priester
clero M Klerus
clic M Klicken *n*; **hacer clic sobre** anklicken, klicken auf
cliente M/F Kunde *m*, Kundin *f*; Klient *m*, -in *f*, Patient *m*, -in *f*
clima M Klima *n*;; **cambio** *m* **del clima** Klimawandel **protección** *f* **del clima** Klimaschutz *m*; **climatizado** [-θ-] klimatisiert, mit Klimaanlage
clínica F Klinik
clip M Clip; Büroklammer *f*
club M Klub; Verein

cobarde feige; gemein; *m* Feigling
cobertura F **no tengo cobertura** ich habe kein Netz
cobrador M, **-a** F Schaffner *m*, -in *f*; Kassierer *m*, -in *f*
cobrar kassieren; *Scheck* einlösen; *Geld* abheben; *Geld* verdienen
cobre M Kupfer *n*
cocaína F Kokain *n*
cocer [-θ-] kochen; backen
coche [-tʃe] M Wagen; Auto *n*; Waggon; **coche-cama** *m* Schlafwagen; **coche-comedor** *m* Speisewagen; **coche de alquiler** Leih-, Mietwagen; **coche de caballos** Kutsche *f*; **coche-literas** Liegewagen; **coche-restaurante** Speisewagen; **ir en coche** mit dem Wagen fahren
cochinillo [-tʃiniʎo] M Spanferkel *n*
cocido [-θ-] gekocht; *m* Eintopf(gericht) *m*(*n*)
cocina F Küche; Herd *m*; **cocinero** M, **-a** F Koch *m*, Köchin *f*
coco M Kokosnuss *f*
cocodrilo M Krokodil *n*
cóctel M Cocktail
coctelera F Mixbecher *m*
código M Gesetzbuch *n*; **código bancário** Bankleitzahl *f*; **código de la circulación** Straßenverkehrsordnung *f*; **código postal** Postleitzahl *f*; **código secreto** Geheimzahl *f*
codo M Ellbogen
codorniz [-θ] F Wachtel

coger [-x-] nehmen; anfassen; *Blumen* pflücken; *bei Tisch* zugreifen; *Krankheit* sich holen; **cogerse el dedo** sich den Finger einklemmen
cohete M Rakete *f*
coincidencia [-θidenθĭa] F Zusammentreffen *n von Umständen*; Gleichzeitigkeit; Zufall *m*
cojín [-x-] M Kissen *n*
cojinete [-x-] M TECH Lager *n*
cojo [-xo] hinkend, lahm; *Möbel* wackelig
col F Kohl *m*, Kraut *n*; **col de Bruselas** Rosenkohl *m*
cola¹ F Schwanz *m*; **cola (de espera)** (Warte)-Schlange; **a la cola** hinten, am Ende; **hacer cola** Schlange stehen
cola² F Leim *m*
cola³ F *Getränk* Cola *f*
colaboración [-θ-] F Mitarbeit; **colaborador** M, **-a** F Mitarbeiter *m*, -in *f*; **colaborar** mitarbeiten
colación [-θ-] F Imbiss *m*
colador M Sieb *n*
colchón M Matratze *f*; **colchón neumático** Luftmatratze *f*
colección [-θ-] F Sammlung
coleccionar [-θ-] sammeln
colega M/F Kollege *m*, -in *f*
colegio [-x-] M Schule *f*; (Berufs)Verband
cólera F Zorn *m*; *m* MED Cholera *f*
colgador M Kleiderbügel, -haken; **colgante** M *Schmuck* Anhänger; **colgar** hängen (**de** an); an-,

aufhängen; TEL auflegen
colibacilos [-θ-] MPL Kolibakterien *fpl*
cólico M Kolik *f*
coliflor F Blumenkohl *m*
colina F Hügel *m*, Anhöhe
colinabo M Kohlrabi
colisión F Zusammenstoß *m*; **colisión en cadena** Massenkarambolage
collar [-ʎ-] M (Hals)Kette *f*; Halsband *n* (*a. für Hunde*)
colmillo [-ʎo] M Eckzahn; Stoßzahn
colmo M Übermaß *n*; *fig* Gipfel
colocación [-θ-] F Anstellung; Aufstellung; (Geld)Anlage; **colocar** auf-, hinstellen, legen
Colombia F Kolumbien *n*; **colombiano** kolumbianisch; *m*, **-a** *f* Kolumbianer *m*, -in *f*
colonia F Kolonie; Siedlung; **colonizar** [-θ-] besiedeln; kolonisieren
color M Farbe *f*; **de color** farbig; **colorado** farbig; rot
columna F Säule; Kolonne; **columna vertebral** Wirbelsäule
columpio M Schaukel *f*
colza [-θa] F Raps *m*
comadre F Klatschbase; **comadrona** F Hebamme
comandante M Kommandant; (Flug)Kapitän; Major
comarca F Gegend
combate M Kampf; **combatir** (be)kämpfen

combinación [-θ-] F Kombination; Unterrock *m*
combustible M Brennstoff; **combustión** F Verbrennung
comedia F Komödie, Lustspiel *n*; **comediante** M, **-ta** F Schauspieler *m*, -in *f*

comedor M Esszimmer *n*; Speisesaal
comentario M Kommentar
comenzar [-θ-] anfangen, beginnen (a zu)
comer essen; zu Mittag essen; *Tiere* fressen; **comerse** aufessen
comercial [-θ-] Handels..., geschäftlich; **comerciante** M/F Kaufmann *m*, -frau *f*; **comercio** M Handel; Laden, Geschäft *n*
comestible essbar; **comestibles** MPL Lebensmittel *npl*
cometa M Komet; *f* (Papier)Drachen *m*
cometer *Handlung* begehen
comezón [-θ-] F Juckreiz *m*
comida F Essen *n*; Mittagessen *n*; **comida basura** Junkfood *n*
comienzo [-θo] M Anfang, Beginn
comisaría F Polizeirevier *n*; **comisario** M, **-a** F Kommissar *m*, -in *f*
comisión F Auftrag *m*; Kommission; Provision
como wie; so wie; *in der Eigenschaft* als; **como si** als ob
cómo wie?; **¿cómo está usted?** wie geht es Ihnen?
comodidad F Bequemlichkeit
cómodo bequem

compacto kompakt
compañero [-ɲ-] M, **-a** F Begleiter *m*, -in *f*, Kollege *m*, -in *f*, Kamerad *m*, -in *f*; Genosse *m*, -in *f*; **compañero de vida** Lebenspartner *m*, -in *f*
compañía [-ɲ-] F Begleitung; Gesellschaft; THEAT Ensemble *n*; **compañía aérea** Fluggesellschaft; **compañía de seguros** Versicherungsgesellschaft
comparación [-θ-] F Vergleich *m*; **comparar** vergleichen
compartimiento M Abteil *n*
compás M Zirkel; Kompass; MUS Takt
compatriota M/F Landsmann *m*, -männin *f*
compensación [-θ-] F Ausgleich *m*; Entschädigung; **compensar** ausgleichen; entschädigen
competencia [-θĭa] F Konkurrenz, Wettbewerb *m*; Zuständigkeit; **competente** zuständig; sachkundig
complaciente [-θ-] gefällig
completo vollständig; *Plätze* besetzt
complicado kompliziert
componer zusammensetzen; komponieren; **componerse de** bestehen aus
comportamiento M Benehmen *n*; **comportarse** sich benehmen
composición [-θ-] F Zusammensetzung; MUS Komposition; **compositor** M, **compositora** F Komponist *m*, -in *f*
compota F Kompott *n*
compra F Kauf *m*; Einkauf *m*; **ir de compras** einkaufen gehen

comprador M Käufer; **comprar** kaufen; einkaufen
comprender verstehen, begreifen; beinhalten; **comprensión** F Verständnis *n*
compresa F MED Kompresse, Umschlag *m*; **compresa higiénica** Damenbinde
comprimido M Tablette *f*
comprobante M Beleg; **comprobar** feststellen; über-, nachprüfen
comprometerse sich verpflichten; **compromiso** M Verpflichtung *f*; Verabredung *f*
compuesto zusammengesetzt
computador M, **-a** F Computer *m*; **computar** berechnen
común allgemein; gemeinsam; **en común** zusammen
comunicación [-θ-] F Kommunikation; Mitteilung; Verbindung; **comunicar** mitteilen; verbinden; **está comunicando** es ist besetzt
comunidad F Gemeinschaft
comunión F REL Abendmahl *n*; Kommunion
con mit; **con este tiempo** bei diesem Wetter
concebir [-θ-] empfangen; begreifen; *Gedanken* fassen
conceder [-θ-] gewähren; zugestehen; zugeben; *Rechte etc* verleihen
concejo [-θexo] M Gemeinde-, Stadtrat
concentración [-θentraθ-] F Konzentration; **concentrar** konzentrieren
concepción [-θepθ-] F Empfängnis; *fig* Auffas-

sung; **concepto** M Begriff; Auffassung *f*
concerniente [-θ-]: **concerniente a** hinsichtlich, betreffend
concertar [-θ-] vereinbaren; *Geschäft etc* abschließen
concha [-tʃa] F Muschel(schale)
conciencia [-θĭenθĭa] F Gewissen *n*; Bewusstsein *n*; **concienzudo** [-θĭenθ-] gewissenhaft
concierto [-θ-] M Konzert *n*; Übereinkunft *f*
conciliación [-θilĭaθ-] F Versöhnung
concluir (ab)schließen; enden; folgern; **conclusión** F Schluss(folgerung) *m*; Abschluss *m*
concordancia [-θĭa] F Übereinstimmung; **concordar** übereinstimmen
concurrencia [-θĭa] F Zulauf *m*; Publikum *n*; **concurrente** M Teilnehmer; Besucher
concurrido gut besucht; **concurrir** zusammenkommen; teilnehmen
concurso M Wettbewerb; Zulauf
condecoración [-θ-] F Orden *m*
condena F Verurteilung; Strafe; **condenación** [-θ-] F Verurteilung; REL Verdammnis; **condenar** verurteilen (a zu); verdammen
condición [-θ-] F Bedingung
condimentar würzen; **condimento** M Würze *f*, Gewürz *n*
conducción [-θ-] F AUTO Lenken *n*; TECH Leitung
conducir [-θ-] führen; lenken; *Auto* fahren; **conducirse** sich verhalten
conducta F Betragen *n*, Verhalten *n*; **conduc-**

tor M Fahrer; (Strom)Leiter; **conductora** F Fahrerin
conectado eingeloggt, online; **conectar** anschließen; einschalten; verbinden; **conectarse** sich einloggen
conejo [-xo] M Kaninchen *n*
conexión F *a.* BAHN Verbindung, Anschluss *m*; TECH Schaltung; **conexión USB** USB-Anschluss *m*
confección [-θ-] F Anfertigung; Konfektion
conferencia [-θïa] F Konferenz; Vortrag *m*; TEL Gespräch *n*; **conferencia de cobro revertido** R-Gespräch *n*; **conferencia internacional** Auslandsgespräch *n*; **conferencia interurbana** Ferngespräch *n*; **conferencia urbana** Ortsgespräch *n*
confesar gestehen; zugeben; **confesarse** beichten (**con** bei); **confesión** F Geständnis *n*; (Glaubens)Bekenntnis *n*; Beichte; **confesionario** M Beichtstuhl; **confesor** M Beichtvater
confianza [-θa] F Vertrauen *n*; **de confianza** zuverlässig; **confiar** vertrauen (**en** auf); anvertrauen
confirmación [-θ-] F Bestätigung; **confirmación de reserva** Buchungsbestätigung
confirmar bestätigen
confite M Konfekt *n*; **confitura** F Konfitüre, Eingemachte(s) *n*
conforme übereinstimmend; **conforme a** gemäß, entsprechend
conformidad F Übereinstimmung; Einwilligung
confort M Komfort
confortable komfortabel

confundir verwechseln; verwirren **confundirse** in Verwirrung geraten; sich täuschen; sich schämen
confusión F Verwirrung; Verwechslung
congelado [-x-] tiefgefroren; **congelador** M Gefrierfach *n*; Gefrierschrank; **congelar** einfrieren; tiefkühlen
congestión [-x-] F Stauung
congratulación [-θ-] F Glückwunsch *m*; **congratular** beglückwünschen
congregar(se) (sich) versammeln; **congreso** M Kongress; Tagung *f*; **Congreso de Diputados** Abgeordnetenkammer *f*
conjetura [-x-] F Vermutung
conjuntivitis [-x-] F Bindehautentzündung
conjunto [-x-] M Ganze(s) *n*; MUS Band *f*, Ensemble *n*
conmemoración [-θ-] F Gedenken *n*; Gedenkfeier
conmigo mit mir; bei mir
conmoción [-θ-] F Erdstoß *m*; Erschütterung; **conmoción cerebral** Gehirnerschütterung
conmutador M TECH Schalter
cono M Kegel; BOT Zapfen
conocer [-θ-] kennen; kennenlernen; **conocido** [-θ-] bekannt; *m* Bekannte(r); **conocimiento** M Kenntnis *f*; Bewusstsein *n*; Bekanntschaft *f*; **sin conocimiento** bewusstlos
conquista [-ki-] F Eroberung; **conquistador** M Eroberer; **conquistar** erobern

consciente [-θ-] bewusst
consecuencia [-θĭa] F Folge
consecutivo aufeinanderfolgend
conseguir [-gir] erreichen, erlangen; fertigbringen; bekommen
consejero [-x-] M Berater, Ratgeber; **consejo** M Rat (*a. Gremium*)
consentimiento M Einwilligung *f*; **consentir** erlauben; einwilligen
conserje [-xe] M Hausmeister; Portier
conserva F Konserve; **conservador** konservativ; **conservante** M Konservierungsstoff; **conservar** erhalten; aufbewahren; *Obst, Gemüse* konservieren, einmachen; **consérvese en frío** kühl aufbewahren
considerable beträchtlich; **consideración** [-θ-] F Rücksicht; Berücksichtigung; **considerar** erwägen; **considerarcomo** halten für, betrachten als
consigna F Gepäckaufbewahrung; **consigna automática** Schließfach *n*; **consignar** *Gepäck* zur Aufbewahrung geben
consigo mit sich; bei sich
consiguiente [-gĭen-] folgend; entsprechend
consistente dauerhaft; fest; **consistir en** beruhen auf; bestehen aus
consolar trösten
consolidar befestigen
consomé M klare Brühe
constancia [-θĭa] F Ausdauer, **constante** be-

ständig
constar feststehen; bestehen (**de** aus)
constipado erkältet; *m* Schnupfen
constitución [-θ-] F Beschaffenheit; POL, MED Verfassung; **constituir** bilden; errichten
construcción [-θ-] F Bau *m*; Konstruktion; **constructor** M Erbauer
construir erbauen; errichten
consuelo M Trost
consulado M Konsulat *n*
consulta F Beratung; (**horas** *fpl* **de**) **consulta** Sprechstunde *f*
consultar um Rat fragen; nachschlagen in; **consultorio** M Beratungsstelle *f*; Sprechzimmer *n*
consumado vollkommen
consumición [-θ-] F Verzehr *m*; **consumidor** M Verbraucher; **consumir** verbrauchen; verzehren; **consumo** M Verbrauch
contabilidad F Buchhaltung; **contable** M/F Buchhalter *m*, -in *f*
contacto M Kontakt, Verbindung *f*
contador M TECH Zähler; **contador de corriente** Stromzähler
contagiar(se) [-x-] (sich) anstecken; **contagioso** ansteckend
contaminación [-θ-] F Verseuchung; **contaminación ambiental** *od* **del medio ambiente** Umweltverschmutzung
contaminante umweltschädlich; **contaminantes** MPL Schadstoffe

contar zählen; erzählen; **contar con** rechnen mit, zählen auf
contenedor M Container; **contenedor de vidrio** Glascontainer
contener enthalten; **contenerse** sich beherrschen; **contenido** M Inhalt
contento zufrieden; froh
contestación [-θ-] F Antwort; **contestador** M **contestador (automático)** Anrufbeantworter; **contestar** antworten; beantworten
contigo mit dir; bei dir
continente M Kontinent, Erdteil; Festland *n*
continuación [-θ-] F Fortsetzung; **continuar** fortsetzen, fortfahren; **continuo** ständig, fortwährend
contra gegen
contrabando M Schmuggel; Schmuggelware *f*
contradecir [-θ-] widersprechen
contraer zusammenziehen; *Vertrag* abschließen
contrario entgegengesetzt; *m* Gegner; **al contrario** im Gegenteil; **lo contrario** das Gegenteil
contraseña [-ɲa] F Kennzeichen *n*; Garderoben-, Kontrollmarke
contrato M Vertrag
contravención [-θ-] F Zuwiderhandlung; JUR Übertretung; **contravenir a** zuwiderhandeln
contraventana F Fensterladen *m*
contribución [-θ-] F Beitrag *m*; Steuer; **contribuir** beitragen (a zu); mitwirken; **contribuyente** M/F Steuerzahler *m*, -in *f*

control M Kontrolle *f*; **controlador** M Kontrolleur; **controlador aéreo** Fluglotse; **controlar** kontrollieren, prüfen
contusión F Quetschung, Prellung
convalecencia [-θenθĭa] F Genesung
convencer [-θ-] überzeugen; überreden; **convencido** [-θ-] überzeugt
convenido vereinbart, abgemacht; **conveniente** angebracht; angemessen
convento M Kloster *n*
conversación [-θ-] F Unterhaltung, Gespräch *n*; **conversar** sich unterhalten
convertir umwandeln; REL bekehren (a zu); **convertirse en** sich verwandeln in, werden zu
convicción [-θ-] F Überzeugung
convidado eingeladen; *m* Gast; **convidar** einladen; **convite** M Einladung *f*
conyugal ehelich
coñac [-ɲ-] M Kognak
cooperación [-θ-] F Mitarbeit; **cooperar** mitarbeiten, mitwirken; **cooperativa** F Genossenschaft
copa F (Stiel)Glas *n*; Pokal *m*, Cup *m*; (Baum)Krone; **tomar una copa** ein Glas trinken
copia F Kopie; FOTO Abzug *m*
copiar abschreiben, kopieren
copioso reichlich
copo M Flocke *f*; **copos** *mpl* **de avena** Haferflocken *fpl*
coral[1] M Koralle *f*

coral² F Choral *m*; Chor *m*
corazón [-θ-] M Herz *n*; *fig* Mut
corbata F Krawatte, Schlips *m*
corcho [-tʃo] M Kork; Korken
corcova F Buckel *m*
cordada F Seilschaft
cordel M Schnur *f*, Bindfaden
cordero M Lamm *n*
cordial herzlich
cordillera [-ʎ-] F Gebirgskette
cordón M Schnur *f*, Band *n*; Schnürsenkel
cordura F Verstand *m*, Umsicht
córnea F *Auge* Hornhaut
córner M Eckball
coro M ARCH, MUS Chor
corona F Krone (*a. Zahn*); Kranz *m*
corpulento beleibt
Corpus M Fronleichnam
corral M Gehege *n*, Pferch; Korral
correa F Riemen *m*; **correa trapezoidal** Keilriemen *m*
corrección [-θ-] F Korrektur; Richtigkeit; **correcto** fehlerfrei, korrekt
corredor M Läufer; Rennfahrer; Makler; Flur, Korridor
corregir [-x-] korrigieren; tadeln
correo M Post® *f*; **correo aéreo** Luftpost *f*; **correo basura** COMPUT Spam *n*; **correo electrónico, correo-e** E-Mail *f*; **mandar un correo electrónico** mailen; **correos** Postamt *n*

correr laufen, rennen; fließen; **correr prisa** dringend sein, eilig sein
correspondencia [-θïa] F Briefwechsel *m*; (Bahn)Anschluss *m*; **corresponder** a übereinstimmen *mit*, entsprechen; **correspondiente** entsprechend; **corresponsal** M/F Geschäftsfreund *m*, -in *f*; Korrespondent *m*, -in *f*
corrida F Lauf *m*; **corrida de toros** Stierkampf *m*
corriente laufend; fließend; üblich, allgemein; *f* Strömung; Strom *m*; **corriente alterna** Wechselstrom *m*; **corriente continua** Gleichstrom *m*; **corriente de aire** Luftzug *m*
corromperse verfaulen
corrupción [-θ-] F Fäulnis; Verdorbenheit; Korruption
cortado M kleiner Kaffee *mit etwas Milch*; **cortadura** F Schnittwunde
cortar schneiden; *Strom etc* absperren; *Spielkarten* abheben; **cortarse el pelo** sich die Haare schneiden (lassen)
corte M Schnitt; Schneiden *n*; Schnittwunde *f*; *Strom etc* Sperre *f*; *f* (Königs)Hof *m*
cortejo [-xo] M Festzug
cortés höflich
cortesía F Höflichkeit
corteza [-θa] F Baumrinde; Kruste
cortina F Vorhang *m*
corto kurz; klein; *fig* beschränkt; **corto de vista** kurzsichtig; **cortocircuito** [-θ-] M Kurzschluss; **cortometraje** [-xe] M Kurzfilm

corzo [-θo] M Reh *n*
cosa F Ding *n*, Sache; **alguna cosa** etwas
cosecha [-tʃa] F Ernte
coser nähen; annähen
costa F Küste
costado M Seite *f*; **dolor** *m* **de costado** Seitenstechen *n*
costar kosten; **costar caro** teuer sein
Costa Rica F Costa Rica *n*
costarricense [-θ-] costa-ricanisch; *m/f* Costa-Ricaner *m*, -in *f*
coste M Preis; Kosten *pl*
costilla [-ʎa] F Rippe; GASTR Rippchen *n*
costoso kostspielig
costra F Rinde, Kruste; MED Schorf *m*
costumbre F Brauch *m*; Gewohnheit
costura F Naht; Nähen *n*
cotidiano täglich; alltäglich
cráneo M Schädel
cráter M Krater
creación [-θ-] F Erschaffung; Gründung; **creador** schöpferisch; *m* Schöpfer; **crear** (er)schaffen
crecer [-θ-] wachsen; zunehmen; anschwellen; **crecida** [-θ-] F Hochwasser *n*
crédito M Kredit; *fig* Ansehen *n*; **dar crédito** glauben
creer glauben; meinen; **¡ya lo creo!** und ob!, allerdings!
crema F Creme; Sahne; Cremesuppe; **crema bronceadora** Sonnencreme; **crema hidratante** Feuch-

tigkeitscreme; **crema para el cutis** Gesichtscreme
cremallera [-ʎ-] F Reißverschluss *m*
crepúsculo M Dämmerung *f*
creyente M/F REL Gläubige
cría F Zucht; (Tier)Junge *n*
criadillas [-ʎ-] FPL GASTR Hoden
criado M, **-a** F Diener *m*, -in *f*; **bien criado** wohlerzogen; **criador** M Züchter
criar erzeugen; züchten; **criarse** aufwachsen
criatura F Kreatur; *umg* Kind *n*
crimen M Verbrechen *n*; **criminal** verbrecherisch; *m/f* Verbrecher *m*, -in *f*
crisis F Krise
cristal M Kristall *m,n*; Glas *n*; Fensterscheibe *f*; **cristalería** F Glaswaren *fpl*; Glashütte
cristiano christlich; *m* Christ
Cristo M Christus
crítica F Kritik; **crítico** kritisch; *m* Kritiker
Croacia F Kroatien *n*; **croata** kroatisch; *m/f* Kroate *m*, Kroatin *f*
croissant M Hörnchen *n*
crónica F Chronik; Bericht *m*
crónico chronisch
cronómetro M *sp* Stoppuhr *f*
croqueta [-ke-] F Krokette
croquis [-kis] M Skizze *f*
cruasán M Hörnchen *n*, Croissant *n*
cruce [-θe] M Kreuzung *f*; **crucero** M Kreuzfahrt *f*, Seereise *f*; Kreuzer
crucificar [-θ-] kreuzigen; **crucifijo** [-xo] M Kru-

zifix *n*; **crucigrama** [-θ-] M Kreuzworträtsel *n*
crudo roh; *Früchte* unreif
cruel grausam
crujiente [-x-] knirschend; GASTR knusprig; **crujir** knistern; knirschen
crustáceos [-θ-] MPL Schalertiere *npl*
cruz [-θ] F Kreuz *n*; **Cruz Roja** Rotes Kreuz; **cruzar** [-θ-] kreuzen; *Straße* überqueren
cuaderno M Heft *n*; Notizbuch *n*
cuadra F Pferdestall *m*; LAT Häuserblock *m*
cuadrado quadratisch, Quadrat...; *m* Quadrat *n*
cuadro M Viereck *n*; Gemälde *n*; Tabelle *f*, Aufstellung *f*; *Fahrrad* Rahmen; *Stoff* Karo *n*; **de cuadros** kariert
cuajar [-x-] gerinnen; *fig* klappen; in Erfüllung gehen
cual: **el cual, la cual, lo cual** der, die, das; welche(-r, -s)
cuál welche(-r, -s)?
cualquier irgendein; jede beliebige
cuando wann; *zeitlich* wenn, als; **cuando quiera** jederzeit; **de cuando en cuando** dann und wann
cuándo wann?
cuanto so viel wie, alles was; **cuanto antes** so bald wie möglich; **en cuanto a** bezüglich, hinsichtlich; was ... anbetrifft
cuánto wie viel? **¿cuánto tiempo?** wie lange? **¿a cuántos estamos?** den Wievielten haben wir heute?
cuarenta vierzig

cuarentena F Quarantäne
cuaresma F Fasten(zeit) *n(f)*
cuartel M Viertel *n*; Kaserne
cuarto M Viertel *n*; Zimmer *n*; **cuarto de aseo** Waschraum; **cuarto de baño** Badezimmer *n*; **cuarto de hora** Viertelstunde *f*; **cuarto de huéspedes** *privates* Pensionszimmer *n*
cuatro vier
Cuba F Kuba *n*; **cubalibre**, **cubata** M *Cola f mit Rum*; **cubano** kubanisch; *m*, **-a** *f* Kubaner *m*, -in *f*
cubierta F Decke; Buchdeckel *m*; *Schiff* Deck *n*; **cubierta de paseo** Promenadendeck *n*; **cubierta superior** Oberdeck *n*
cubierto bedeckt; *m* Besteck *n*; Gedeck *n*
cubito M (kleiner) Würfel; **cubito de caldo** Suppenwürfel; **cubito de hielo** Eiswürfel
cubo M Würfel; Eimer; (Rad)Nabe *f*
cubrecama M Bettdecke *f*
cubrir zu-, bedecken
cucaracha [-tʃa] F Kakerlak *m*
cuchara [-tʃ-] F Löffel *m*; **cucharada** F *Mengenangabe* Löffel *m*; **cucharilla** [-ʎa] F, **cucharita** F Kaffee-, Teelöffel *m*
cuchillo [-tʃiʎo] M Messer *n*
cuello [-ʎo] M Hals; Kragen; **cuello cisne** Rollkragen
cuenca F tiefes Tal; (Fluss)Becken *n*
cuenta F Rechnen *n*; Rechnung; Konto *n*; **cuenta bancaria** Bankkonto *n*; **cuenta de usuario** User Account *m*; **cuenta corriente** Girokonto *n*; **cuenta-**

kilómetros M Kilometerzähler; **cuentarrevoluciones** [-θ-] M Tourenzähler, Drehzahlmesser
cuento M Erzählung *f*; Märchen *n*
cuerda F Schnur; Seil *n*; Saite
cuerno M Horn *n* (*a.* MUS)
cuero M Haut *f*; Leder *n*; **en cueros** nackt
cuerpo M Körper; Oberteil *n*; **cuerpo de bomberos** Feuerwehr *f*
cuesta F (Ab)Hang *m*; Anhöhe; Steigung
cuestión F Frage; **cuestionario** M Fragebogen
cueva F Höhle; Keller *m*
cuidado M Vorsicht *f*; Sorgfalt *f*; Pflege *f*; **cuidado con la pintura** frisch gestrichen
cuidadoso sorgfältig; **cuidar** pflegen; versorgen; **cuidarse de** sich hüten vor
culata F AUTO Zylinderkopf *m*
culebra F Schlange
culo M *umg* Hintern; Boden *einer Flasche*
culpa F Schuld; Verschulden *n*; **culpable** schuldig
cultivar an-, bebauen
culto gebildet; *m* Kult; **culto (divino)** Gottesdienst
cultura F Kultur; Bildung; **culturismo** M Bodybuilding *n*
cumbre F Gipfel *m* (*a.* POL)
cumpleaños [-ɲ-] M Geburtstag
cumplido vollkommen; *m* Kompliment *n*; **cumplir** ausführen; erfüllen; **cumplir treinta años** dreißig Jahre (alt) werden
cuna F Wiege

cuneta F Seiten-, Straßengraben *m*
cuñada [-ɲ-] F Schwägerin; **cuñado** M Schwager
cuota F Quote; Beitrag *m*
cura¹ M Pfarrer
cura² F Kur; **curable** heilbar
curar heilen; (ärztlich) behandeln; **curar(se)** gesund werden
curiosidad F Neugierde; Sehenswürdigkeit; **curioso** neugierig; merkwürdig
cursar *Fach* studieren
cursi kitschig, geschmacklos
cursillo [-ʎo] M Kurs, Lehrgang; **cursillo de verano** Ferienkurs
curso M Lauf, Verlauf; Schul-, Hochschuljahr *n*; Kurs, Lehrgang
cursor M Cursor
curva F Kurve
custodia F Aufbewahrung, Obhut
cuyo M dessen, deren
cúyo wessen?

D

dado¹ M (Spiel)Würfel
dado²: **dado que** da, weil

dama F Dame; **jugar a las damas** Dame spielen
danés dänisch; *m*, **danesa** F Däne *m*, Dänin *f*
danza [-θa] F Tanz(kunst) *m*(F); **danzar** tanzen
dañado [-ɲ-] verdorben; beschädigt; **dañar** [-ɲ-] schaden; schädigen; **dañarse** Schaden leiden
daño [-ɲ-] M Schaden; Verlust; Verletzung *f*; **hacer daño** wehtun
dar geben; schenken; *Schrei* ausstoßen; *Spaziergang* machen; *Angst* einjagen; **dar a la calle** *Fenster* zur Straße hinausgehen; **dar igual** *j-m* gleichgültig sein; **dar la enhorabuena** gratulieren; **dar las gracias** danken; **darse prisa** sich beeilen
dátil M Dattel *f*
dato M Angabe *f*; **datos** *pl* Daten *pl*; **datos personales** Personalien *pl*
de von; aus; **de dos a tres** von zwei bis drei; **de frío** vor Kälte; **de noche** nachts; **de oro** aus Gold, golden
debajo [-xo] unten, darunter; **debajo de** unter
debate M Debatte *f*, Besprechung *f*; **debatir** besprechen
deber schulden; verdanken; müssen, sollen; *m* Pflicht *f*, Schuldigkeit *f*; **deberse** sich gehören
debido gebührend; **debido a** infolge, wegen
débil schwach
debilidad F Schwäche
década F Dekade; Jahrzehnt *n*
decadencia [-θĭa] F Verfall *m*; Niedergang *m*; **decadente** dekadent
decena [-θ-] F **una decena** etwa zehn

decencia [-θenθĭa] F Anstand *m*
decenio [-θ-] M Jahrzehnt *n*
decente [-θ-] anständig
decepción [-θepθ-] F Enttäuschung
decidido [-θ-] entschlossen; **decidir** entscheiden; **decidirse** sich entschließen (**a** zu)
decir [-θ-] sagen; **es decir** das heißt
decisión [-θ-] F Entscheidung; Entschluss *m*; **decisivo** entscheidend
declaración [-θ-] F Erklärung; Aussage; **declaración de aduana** Zollerklärung
declarar erklären; aussagen; verzollen; **declararse** sich erklären; sich zeigen; *Feuer* ausbrechen
declive M Abhang; Gefälle *n*; **en declive** abschüssig
decoración [-θ-] F Ausschmückung; **decorado** M Dekoration *f*; Bühnenbild *n*; **decorar** (aus)-schmücken
decoro M Anstand, Schicklichkeit *f*; **decoroso** anständig; sittsam
decrecer [-θ-] abnehmen, sinken
decreto M Erlass
dédalo M Labyrinth *n*, Irrgarten
dedicar widmen, zueignen; **dedicarse a** sich widmen; *beruflich* machen
dedo M Finger; **dedo del pie** Zeh(e *f*); **dedo del corazón** Mittelfinger
deducción [-θ-] F Folgerung; Abzug *m*; **deducir** [-θ-] folgern; abziehen
defecto M Mangel, Fehler; **defectuoso** man-

gel-, fehlerhaft
defender verteidigen; **defenderse** durch-, zurechtkommen; **defensa** F Verteidigung; *m sp* Verteidiger; **defensor** M JUR Verteidiger
deficiencia [-θĭenθĭa] F Mangel *m*
definición [-θ-] F Definition; **definitivo** endgültig
defraudación [-θ-] F Unterschlagung; **defraudar** betrügen
defunción [-θ-] F Tod(esfall) *m*
degustación [-θ-] F Kosten *n*, Probe; **degustar** kosten, probieren
dejar [-x-] (zurück)lassen; überlassen, leihen; *Gepäck* abgeben; *Nachricht* hinterlassen; **dejar pasar** vorbeilassen; **(no) dejar de** (nicht) aufhören zu; **dejarse** sich gehen lassen
del **(de + el)** von, von dem
delantal M Schürze *f*
delante vorn, voran; **delante de** vor
delantera F Vorderseite, -teil *n*; Vordersitze *mpl*; **delantero** Vorder...; *m* SPORT Stürmer
delatar anzeigen, denunzieren
delegación [-θ-] F Abordnung; **Delegación de Hacienda** Finanzamt *n*
delegado M Abgeordnete(r)
deletrear buchstabieren
delgado dünn, fein; schlank
deliberar beraten
delicado zart, fein; heikel
delicia [-θĭa] F Vergnügen *n*, Lust; Köstlichkeit;

delicioso köstlich
delincuencia [-θĭa] F Kriminalität
delirante irreredend; *Beifall* stürmisch; **delirio** M Delirium *n*; *umg* Leidenschaft *f*
delito M Vergehen *n*
demanda F Forderung; WIRTSCH Nachfrage; JUR Klage
demás: **lo demás** das Übrige; **los demás** die anderen, die Übrigen; **por lo demás** im Übrigen
demasiado (all)zu; zu viel, zu sehr
demente geisteskrank
democracia [-θĭa] F Demokratie
demonio M Dämon; Teufel
demora F Verzögerung
demostración [-θ-] F Beweis *m*; Darlegung; **demostrar** beweisen; darlegen
denegación [-θ-] F Verweigerung
densidad F Dichte
denso dicht; dickflüssig
dentadura F Gebiss *n*
dentífrica: **pasta** F **dentífrica** Zahnpasta
dentista M/F Zahnarzt *m*, -ärztin *f*
dentro darin, (dr)innen; **dentro de** in(nerhalb von)
denuncia [-θĭa] F Anzeige; **denunciar** anzeigen; *Vertrag* kündigen
departamento M Abteilung *f*; BAHN Abteil *n*; **departamento de comestibles** Lebensmittelabteilung *f*
dependencia [-θĭa] F Abhängigkeit; **depender** abhängen (**de** von); **dependiente** abhängig; *m*,

-ta *f* Angestellte; Verkäuferin
deplorable bedauerlich
deporte M Sport; **deportista** M/F Sportler *m*, -in *f*; **deportivo** Sport…; sportlich
depósito M Depot *n*, Lager *n*; Pfand *n*; **depósito de equipaje** Gepäckaufbewahrung *f*; **depósito de gasolina** Benzintank
depresión F Senke; WIRTSCH, MED Depression; **depresión atmosférica** Tief *n*
deprisa schnell
derecha [-tʃa] F rechte Hand, POL Rechte; **a la derecha** (nach) rechts
derecho rechte; gerade; aufrecht; *m* Recht *n*; **(todo) derecho** (immer) geradeaus; **derechos** *mpl* Gebühren *fpl*; Zoll *m*; Steuer *f*
derrapar AUTO schleudern
derrota F Niederlage; Kurs *m*
derrumbarse einstürzen
desacostumbrado ungewohnt; ungewöhnlich
desacuerdo M Meinungsverschiedenheit *f*
desafío M Herausforderung *f*
desagradable unangenehm
desagüe [-gue] M Abfluss
desaliento M Mutlosigkeit *f*
desamparado hilflos, verlassen
desanimado mutlos; wenig besucht
desapacible [-θ-] *Wetter* unfreundlich
desaparecer [-θ-] verschwinden
desapercibido [-θ-] unbemerkt; unvorbereitet
desaprobar missbilligen

desarmar abrüsten; entwaffnen; **desarme** M Abrüstung *f*
desarrollar [-ʎ-] entrollen; *fig* entwickeln; **desarrollo** [-ʎo] M Entwicklung *f*
desaseado unsauber; schlampig
desastre M Katastrophe *f*
desatento unaufmerksam
desayunar frühstücken; **desayuno** M Frühstück *n*
desbordar über die Ufer treten
descafeinado entkoffeiniert
descansar ausruhen; sich erholen; **descanso** M Ruhe *f*; Rast *f*; Erholung *f*
descapotable M AUTO Cabrio *n*
descargado *Batterie* leer; **descargar** ab-, entladen; ausladen
descaro M Unverschämtheit *f*
descender [-θ-] hinuntergehen; aussteigen; abstammen (**de** von); **descenso** M Abstieg; Rückgang; Abhang; *Ski* Abfahrt *f*
descolgar abhängen; TEL abnehmen
desconcertar [-θ-] verblüffen
desconectar ab-, ausschalten; **desconectarse** IT sich ausloggen
desconfiado misstrauisch; **desconfiar de** *j-m* misstrauen
descongelar [-x-] auftauen; abtauen
desconocido [-θ-] unbekannt
descontar abziehen
descontento unzufrieden; *m* Unzufriedenheit *f*

descorchar [-tʃ-] entkorken
descortés unhöflich
describir beschreiben; **descripción** [-θ-] F Beschreibung
descubridor M Entdecker; **descubrimiento** M Entdeckung *f*; **descubrir** entdecken; finden
descuidado achtlos, nachlässig; **descuidar** vernachlässigen; **descuido** M Nachlässigkeit *f*
desde seit, von … an; **desde hace un mes** seit einem Monat; **desde luego** natürlich, selbstverständlich; **desde que** seit(dem)
desdén M Verachtung *f*
desdicha [-tʃa] F Unglück *n*
desear wünschen
desechar [-tʃ-] wegwerfen; **desechos** MPL Abfall *m*
desembalar auspacken
desembarcadero M Landungsbrücke *f* Anlegeplatz; **desembarcar** an Land gehen; *Flugzeug* auschecken; **desembarco** M Ausschiffung *f*
desembocadura F (Fluss)Mündung; **desembocar** münden
desempeñar [-ɲ-] *Pflicht* erfüllen; *Rolle* spielen
desempleado arbeitslos; *m* Arbeitslose(r); **desempleo** M Arbeitslosigkeit *f*
desenlace [-θe] M Ausgang, Lösung *f*
desenvolver auswickeln; *fig* entfalten; **desenvuelto** ungezwungen
deseo M Wunsch; Verlangen *n*
desesperado hoffnungslos; verzweifelt; **deses-**

perar(se) verzweifeln
desfavorable ungünstig
desfiladero M Engpass; Hohlweg; **desfile** M Vorbeimarsch; Parade *f*; **desfile de modelos** Modenschau *f*
desgana F Unlust *m*; **a desgana** ungern
desgastado abgenützt; abgetragen
desgracia [-θĭa] F Unglück *n*; **desgraciadamente** leider, unglücklicherweise
deshabitado unbewohnt
deshacer [-θ-] zerlegen; auspacken
deshielo M Tauwetter *n*
desierto verlassen, öde; *m* Wüste *f*
desigual ungleich, verschieden
desilusionado enttäuscht
desinfectante M Desinfektionsmittel *n*
desmayado ohnmächtig; **desmayarse** ohnmächtig werden; **desmayo** M Ohnmacht *f*; Schwächeanfall *m*
desnivel M Höhenunterschied, Gefälle *n*
desnudarse sich ausziehen; **desnudismo** M Freikörperkultur *f*, FKK *f*; **desnudo** nackt; *m Malerei* Akt
desodorante M Deo(dorant) *n*
desorden M Unordnung *f*
despachar [-tʃ-] erledigen, ausführen; abfertigen; absenden
despacho M Geschäftszimmer *n*, Büro *n*; Abfertigung *f*; **despacho de billetes** Fahrkartenschalter
despectivo verächtlich

despedida F Abschied *m*; **despedir** verabschieden; entlassen; **despedirse** sich verabschieden
despegar (los)lösen; *Flugzeug* abheben, starten; **despegue** [-ge] M Abheben *n*, Start
despejado [-x-] wolkenlos
despeñadero [-ɲ-] M Abgrund; Steilhang
despertador M Wecker; **despertar** wecken; **despertarse** aufwachen
despido M Entlassung *f*
despierto munter, wach
despilfarro M Verschwendung *f*
despistado geistesabwesend; zerstreut
desplomarse einstürzen; zusammenbrechen
despojar [-x-] berauben
despreciar [-θ-] verachten; **desprecio** M Verachtung *f*
desprendimiento M Loslösen; Erdrutsch
después darauf, nachher; später, dann; **después de** nach
destajo [-xo] M Akkordarbeit *f*; **a destajo** im Akkord
destapar abdecken; öffnen; **destape** M Entblößung *f*; Striptease
destinar bestimmen; **destinatario** M Empfänger; **destino** M Schicksal *n*; Bestimmung(sort) *f(m)*, Ziel *n*
destornillador [-ʎ-] M Schraubenzieher
destrozar [-θ-] zerstören; zerreißen
destrucción [-θ-] F Zerstörung; **destruir** zerstören

desventaja [-xa] F Nachteil *m*
desventura F Unglück *n*; **desventurado** unglücklich
desvergonzado [-θ-] unverschämt
desviación [-θ-] F Abweichung; Umleitung
detalle [-ʎe] M Detail *n*
detención [-θ-] F Verhaftung; **detener** an-, aufhalten; verhaften; **detenerse** stehen bleiben
detergente [-x-] M Waschpulver *n*; Reinigungs-, Spülmittel *n*
deteriorar beschädigen
determinado bestimmt, entschlossen; **determinar** bestimmen, festsetzen
detrás hinten; **detrás de** hinter, nach; **por detrás** von hinten
deuda F Schuld
devaluación [-θ-] F Abwertung
devastación [-θ-] F Verwüstung
devoción [-θ-] F Andacht; Frömmigkeit; **devocionario** M Gebetbuch *n*
devolución [-θ-] F Rückgabe; Rückerstattung
devolver zurückgeben; rückerstatten; *Besuch* erwidern
devoto ergeben; fromm
día M Tag; **día de los difuntos** Allerseelen *n*; **día festivo** Feiertag; **día laborable** Werktag; **¡buenos días!** guten Morgen!, guten Tag!; **quince días** vierzehn Tage, zwei Wochen
diabetes F Diabetes *m*; **diabético** zuckerkrank; *m* Diabetiker

diablo M Teufel
diafragma M Zwerchfell *n*; Diaphragma; FOTO Blende *f*
diagnóstico M Diagnose *f*
dialecto M Dialekt, Mundart *f*
diálogo M Dialog
diamante M Diamant
diámetro M Durchmesser
diapositiva F Dia(positiv) *n*
diario täglich; Tages…; *m* Tagebuch *n*; Zeitung *f*
diarrea F Durchfall *m*
dibujante [-x-] M Zeichner; **dibujar** zeichnen; **dibujo** M Zeichnen *n*; Zeichnung *f*; Muster *n*; (Reifen)Profil *n*; **dibujos** *mpl* **animados** Zeichentrickfilm *m*
diccionario [-θ-] M Wörterbuch *n*
dicha [-tʃa] F Glück *n*; **dichoso** glücklich; *umg* verflixt
diciembre [-θ-] M Dezember
dictado M Diktat *n*; **dictadura** F Diktatur
dictar diktieren; *Vortrag* halten
diecinueve [dĭeθ-] neunzehn; **dieciocho** [dĭeθiotʃo] achtzehn; **dieciséis** sechzehn; **diecisiete** siebzehn
diente M Zahn; (Knoblauch)Zehe *f*
diesel: **motor** M **diesel** Dieselmotor
diestro M geschickt; *m* Torero
dieta F Diät; Schonkost
diez [dĭeθ] zehn
diferencia [-θĭa] F Unterschied *m*; Streit *m*; **dife-**

rencial M Differenzial *n*; **diferente** verschieden, unterschiedlich; anders
difícil [-θ-] schwer, schwierig; **dificultad** F Schwierigkeit
diga (*v.* **decir**) TEL **¡diga!** *od* **¡dígame!** hallo! *Angerufener*
digestión [-x-] F Verdauung; **digestivo** verdauungsfördernd; *m* Magenbitter
digital [-x-] digital, Digital...
digno würdig; **digno de verse** sehenswert
dilapidación [-θ-] F Verschwendung
diminuto winzig
Dinamarca F Dänemark *n*
dínamo F Dynamo *m*; Lichtmaschine
dinero M Geld *n*; **dinero suelto** Kleingeld
Dios M Gott; **dios** Gott(heit *f*); **¡por Dios!** um Gottes willen!
dique [-ke] M Damm, Deich
dirección [-θ-] F Leitung; Richtung; Anschrift, Adresse; AUTO Lenkung, Steuerung; **dirección asistida** Servolenkung; **dirección electrónica** E-Mail-Adresse; **dirección en Internet** Internetadresse
directo direkt; *Zug* durchgehend; **en directo** live
director M, **-a** F Direktor *m*, -in *f*; Leiter *m*, -in *f*; Regisseur *m*, -in *f*; **director de orquesta** Dirigent *m*, -in *f*
dirigir [-x-] leiten; adressieren (**a** an); **dirigirse a** sich wenden an; **dirigirse hacia** sich wenden nach, zugehen auf

disco M Scheibe *f*; (Schall)Platte *f*; (Verkehrs)Ampel *f*; TEL Wählscheibe *f*; Diskus; **disco duro** Festplatte *f*; **disco intervertebral** MED Bandscheibe *f*
discoteca F Diskothek
discreción [-θ-] F Verstand *m*; Takt *m*; **a discreción** nach Belieben; **discreto** klug; diskret
disculpa F Entschuldigung; **disculpar** entschuldigen
discurso M Rede *f*
discusión F Diskussion; **discutir** diskutieren
disfraz [-θ] M Verkleidung *f*
disfrutar de genießen; sich erfreuen
disgustar verstimmen; **disgustarse** sich ärgern; **disgusto** M Ärger, Verdruss
disimular verhehlen, verheimlichen
disipar verschwenden
dislocación [-θ-] F Verrenkung
disminuir verkleinern; zurückgehen
disolver auflösen
disparador M *Gewehr* Abzug; FOTO Auslöser; **disparador automático** Selbstauslöser; **disparar** (ab)feuern; schießen; FOTO knipsen *umg*
disparate M Unsinn
dispensar befreien (**de** von); entschuldigen
dispensario M Ambulanz *f*
disponer anordnen; verfügen (**de** über); **disposición** [-θ-] F Anordnung; Verfassung; **dispositivo** M Vorrichtung *f*
dispuesto bereit (**a** zu); **bien dispuesto** gut gelaunt; **mal dispuesto** schlecht gelaunt

disputar streiten, zanken
disquete M Diskette *f*
distancia [-θĭa] F Entfernung, Abstand *m*
distensión F Zerrung
distinguido [-gi-] ausgezeichnet; vornehm; **distinguir** unterscheiden; *fig* auszeichnen
distinto verschieden
distorsión F Verstauchung
distracción [-θ-] F Zerstreuung; **distraer** zerstreuen, unterhalten; **distraerse** sich vergnügen
distribuidor M Verteiler; **distribuidor (automático)** Automat; **distribuidor de encendido** Zündverteiler
distrito M Bezirk
diverso verschieden
divertido lustig, unterhaltsam; **divertir** ablenken, aufheitern; **divertirse** sich amüsieren, sich vergnügen
dividir (ver-, auf)teilen
divino göttlich, himmlisch
divisa F Kennzeichen *n*, Abzeichen *n*; Devise; **divisas** PL Devisen
divorciado [-θ-] geschieden; **divorciarse** sich scheiden lassen; **divorcio** M Scheidung *f*
divulgación [-θ-] F Verbreitung
DNI ABK M **(documento nacional de identidad)** *Personalausweis*
doblar verdoppeln; biegen, falten; **doblar la esquina** um die Ecke biegen
doble doppelt, Doppel…; *m* Doppelte *n*; **doble**

circulación Gegenverkehr *m*
doce [-θe] zwölf; **docena** F Dutzend *n*
doctor M, **-a** F Doktor; Arzt *m*, Ärztin *f*
documentación [-θ-] F Dokumente *npl*; (Ausweis)Papiere *pl*; **documental** M Dokumentarfilm; **documento** M Urkunde *f*, Dokument *n*; **documentos de viaje** Reisedokumente *npl*
doler schmerzen, wehtun
dolor M Schmerz; **dolor de muelas** Zahnschmerzen *mpl*
doloroso schmerzhaft
domiciliado [-θ-] wohnhaft (**en** in); **domicilio** M Wohnort, -sitz
dominar *a. Sprache* beherrschen
domingo M Sonntag; **Domingo de Ramos** Palmsonntag
don¹ M Gabe *f*
don² *Anrede, mit Vornamen* Herr
donde wo; **a donde** wohin; **de donde** woher; **para donde** wohin; **¿dónde?** wo?; **¿de dónde?** woher?, von wo?
doña [-ɲa] F *Anrede, mit Vornamen* Frau
dorada F Goldbrasse; **dorado** golden, vergoldet
dormir schlafen; **dormirse** einschlafen
dormitorio M Schlafzimmer *n*
dorso M Rücken; Rückseite *f*
dos zwei
dra. ABK (**derecha**) *rechts*
droga F Droge
DSL ABK F (**línea de suscriptor digital**) TEL DSL *n*

ducha [-tʃa] F Dusche
ducharse (sich) duschen
duda F Zweifel *m*
dudar zweifeln; bezweifeln
dudoso zweifelhaft
dueño [-ɲo] M Eigentümer; Wirt
dulce [-θe] süß; *m* Süßigkeit *f*; **dulces** MPL Süßspeisen *fpl*
durable dauerhaft; **duración** [-θ-] F Dauer; **duradero** dauerhaft, haltbar
durante während
dureza [-θa] F Härte
duro hart
DVD M DVD *f*; DVD-Player; DVD-Rekorder

E

e und
ebanista M/F Möbel-, Kunsttischler *m*, -in *f*
ebrio betrunken
echar [-tʃ-] werfen; wegwerfen; hinauswerfen; eingießen; *Brief* einwerfen; *Benzin* tanken; **echar a** anfangen zu; **echar de menos** vermissen; **echarse** sich hinlegen
eclesiástico kirchlich; *m* Geistliche(r)
eclipse M (Mond-, Sonnen)Finsternis *f*

eco M Echo *n*
ecología [-x-] F Ökologie; **ecológico** Umwelt...; **ecologista** Umweltschutz...; *m/f* Umweltschützer *m*, -in *f*
economía F Wirtschaft **económico** Wirtschafts..., wirtschaftlich; sparsam; preiswert
ecuador M Äquator
Ecuador M Ecuador *n*
ecuatoriano ecuadorianisch; *m*, **-a** *f* Ecuadorianer *m*, -in *f*
ecuestre Reiter...; **estatua** *f* **ecuestre** Reiterstandbild *n*
edad F Alter *n*; Zeitalter *n*; **Edad Media** Mittelalter *n*
edición [-θ-] F Ausgabe; Auflage
edificar (er)bauen; **edificio** [-θĭo] M Gebäude *n*; Bau(werk) *m(n)*
editar *Buch* herausgeben; **editor** M, **editora** F Herausgeber *m*, -in *f*; Verleger *m*, -in *f*; **editorial** M Leitartikel; *f* Verlag *m*
educación [-θ-] F Erziehung; Ausbildung; **educar** erziehen
EE.UU. ABK MPL (**Estados Unidos de América**) USA
efectivo tatsächlich, wirklich; **en efectivo** (in) bar; **efecto** M Wirkung *f*; Ergebnis *n*; **en efecto** in der Tat
efectuar bewirken; ausführen
eficacia [-θĭa] F Wirksamkeit; **eficaz** [-θ] wirksam; **eficiente** [-θ-] wirksam; *Person* tüchtig
egípcio [-x-] ägyptisch; *m*, **-a** *f* Ägypter *m*, -in *f*;

Egipto [-x-] M Ägypten *n*
egoísta egoistisch; *m/f* Egoist *m*, -in *f*
eje [exe] M Achse *f*; **eje delantero/trasero** Vorder-/Hinterachse *f*
ejemplar [ex-] vorbildlich; *m* Exemplar *n*; **ejemplo** M Beispiel *n*; Vorbild *n*; **por ejemplo** zum Beispiel
ejercer [exerθ-] ausüben; praktizieren; **ejercicio** [-θiθïo] M Übung *f*; Training *n*
ejército [exerθ-] M Heer *n*
el der, die, das; **el que** (der,) der
él er
elaborar verarbeiten; ausarbeiten
elástico elastisch; *m* Gummiband *n*
elección [-θ-] F Wahl; Auswahl; **elector** M, **electora** F Wähler *m*, -in *f*
electricidad [-θ-] F Elektrizität; **electricista** M/F Elektriker *m*, -in *f*
eléctrico elektrisch
electrodomésticos MPL Elektrogeräte *npl*
electrónico elektronisch
elegir [-x-] wählen; aussuchen
elemental elementar; **elemento** M Element *n*; **elementos** *mpl* Grundbegriffe
elepé M LP *f*, Langspielplatte *f*
elevado hoch
elevalunas M Fensterheber
elevar (empor)heben; erheben; erhöhen, steigern; **elevarse a** betragen, sich belaufen auf
eliminatoria F Vorrunde; Ausscheidungskampf

m
ella [eʎa] sie
ello es; **con ello** damit; **para ello** dafür; **por ello** darum
elogiar [-x-] loben; **elogio** M Lob *n*
El Salvador M El Salvador *n*
embajada [-x-] F Botschaft; **embajador** M, **-a** F Botschafter *m*, -in *f*
embalaje [-xe] M Verpackung *f*; **embalar** (ein-, ver)packen
embalse M Stausee
embarazada [-θ-] schwanger; **embarazo** [-θo] M Schwangerschaft *f*; Hindernis *n*
embarcación [-θ-] F Einschiffung; Schiff *n*; **embarcadero** M Landungssteg; Anlegeplatz; **embarcarse** sich einschiffen
embargo M Beschlagnahme *f*; Embargo *n*; **sin embargo** trotzdem
embate M Brandung *f*; Windstoß
embellecer [-ʎeθ-] verschönern
émbolo M Kolben
embolsar einstecken
emboquillado [-kiʎ-] M Filterzigarette *f*
emborracharse [-tʃ-] sich betrinken
embotellamiento [-ʎ-] M Flaschenabfüllung *f*; Verkehrsstau
embriagarse sich betrinken
embrollar [-ʎ-] verwirren; *fig* verwickeln (**en** in)
embuste M Betrug
embutidos MPL Wurstwaren *fpl*

emigración [-θ-] F Auswanderung; **emigrado** ausgewandert; *m* Emigrant
emigrante M/F Auswanderer *m*, -in *f*
eminente hervorragend
emisión F TV Sendung; *Banknoten* Ausgabe; **emisora** F Sender *m*; **emitir** TV ausstrahlen, senden; *Urteil* abgeben
emoción [-θ-] F Emotion, Rührung
empalmar verbinden; *Zug* Anschluss haben (**con** an); **empalme** M Anschluss
empanada F gefüllte Teigpastete; **empanado** paniert
empañado [-ɲ-] trübe; *Scheibe* beschlagen
empaquetar [-ke-] ein-, verpacken
emparedado M Sandwich *n*
empaste M (Zahn)Plombe *f*
empate M Unentschieden *n*
empeñar [-ɲ-] verpfänden; **empeñarse** Schulden machen; beharren (**en** auf)
empeorar verschlimmern
emperador M, **emperatriz** [-θ] F Kaiser *m*, -in *f*
empezar [-θ-] anfangen (**a** zu)
emplasto M MED Pflaster *n*
empleado M, **-a** F Angestellte(r) *m*/*f*(*m*); **emplear** an-, verwenden; **empleo** M Gebrauch, An-, Verwendung *f*; (Arbeits)Stelle *f*
empresa F Unternehmen *n*
empréstito M Anleihe *f*
empujar [-x-] schieben; stoßen; **empuje** M Stoß

empuñadura [-ɲ-] F (Hand)Griff *m*
en in; an, auf, zu; **en español** auf Spanisch; **en la calle** auf der Straße; **en 2010** im Jahr 2010
enaguas FPL Unterrock *m*
enamorado verliebt; **enamorarse** sich verlieben (**de** in)
enano M Zwerg
encajar [-x-] einfügen; passen; *umg* einkassieren; *umg* andrehen
encantado entzückt; erfreut; **encantador** bezaubernd; *m* Zauberer; **encantar** bezaubern; entzücken; **encanto** M Zauber
encapotarse *Himmel* sich bedecken
encarecer [-θ-] verteuern; teu(r)er werden; *fig* warm empfehlen
encargado M Beauftragte(r); **encargar** beauftragen (**de** mit); **encargarse de** *etw* übernehmen
encargo M Auftrag
encarnado rot; fleischfarben
encendedor [-θ-] M Feuerzeug *n*; Anzünder; **encendedor de gas** Gasfeuerzeug *n*; Gasanzünder
encender anzünden; einschalten; **encenderse** sich entzünden; **encendido** M AUTO Zündung *f*
encerrar [-θ-] einschließen
enchilada [-tʃ-] F *kleine, gerollte u. belegte* Weizentortilla *f*
enchufar [-tʃ-] anschließen; **enchufe** M Steckdose *f*; Stecker; *fig umg* Vitamin B, gute Beziehungen *fpl*
encías [-θ-] FPL Zahnfleisch *n*

encima [-θ-] oben(auf); darauf; darüber; außerdem; **encima de** auf, über
encinta [-θ-] schwanger
encogerse [-x-] *Stoff* einlaufen
encontrar treffen, begegnen; finden; **encontrarse** sich begegnen; sich befinden
encuentro M Begegnung *f*; Zusammenstoß
encuesta F Umfrage, Befragung
encurtidos MPL Mixed Pickles *pl*
endibia F Chicorée *m,f*
enebro M Wacholder
eneldo M Dill
enemigo feindlich; *m* Feind
enemistad F Feindschaft
energía [-x-] F Energie; **energía nuclear** Kernenergie
enérgico [-x-] energisch
enero M Januar
enfadado verärgert, böse; **enfadarse** sich ärgern (**con** über); **enfado** M Ärger
enfático nachdrücklich
enfermedad F Krankheit; **enfermero** M, **-a** F Krankenpfleger *m*, -schwester *f*; **enfermo** krank; *m* Kranke(r)
enfocador M FOTO Sucher; **enfocar** FOTO einstellen; **enfoque** [-ke] M FOTO, *fig* Einstellung *f*
enfrente gegenüber
enfriar (ab)kühlen
enfurecido [-θ-] wütend
engañar [-ɲ-] betrügen; täuschen; **engañarse**

sich irren
engaño [-ɲ-] M Betrug; Täuschung *f*
engordar mästen; dick machen; dick werden
engrasar einfetten, (ab)schmieren; **engrase** M Abschmieren *n*; Schmiermittel *n*
engreído eingebildet
enhorabuena F Glückwunsch *m*; **dar la enhorabuena** gratulieren
enigma M Rätsel *n*; **enigmático** rätselhaft
enjuagar [-x-] (aus)spülen
enlace [-θe] M Verbindung *f*; Anschluss
enlazar [-θ-] verbinden; *Zug* Anschluss haben (**con** an)
enmendar berichtigen; verbessern
enmohecerse [-θ-] (ver)schimmeln; rosten
enojado [-x-] verärgert
enojo [-xo] M Ärger, Unwille
enorme enorm, riesig, ungeheuer
enrarecido [-θ-] verdorben, schlecht
enronquecer(se) [-keθ-] heiser werden
ensaimada F *Blätterteiggebäck* N
ensalada F Salat *m*
ensaladilla [-ʎa-] F: **ensaladilla rusa** Kartoffelsalat *m* mit Gemüse
ensanche [-tʃe] M Ausbau, Erweiterung *f*
ensayar versuchen; proben; **ensayo** M Versuch; Probe *f*
ensenada F Bucht
enseñanza [-ɲanθa] F Unterricht *m*; Bildungswesen *n*; **enseñar** lehren, unterrichten; zeigen

enseres MPL Gerätschaften *fpl*, Sachen *fpl*; **enseres domésticos** Haushaltsgeräte *npl*
ensordecedor [-θ-] ohrenbetäubend; **ensordecer** taub werden
ensuciar [-θ-] beschmutzen, schmutzig machen
ensueño [-ɲo] M Traum; **de ensueño** *fig* traumhaft, Traum...
entablillar [-ʎ-] MED schienen
entallado [-ʎ-] *Kleidung* tailliert
entender begreifen, verstehen; **entendido** bewandert (**en** in)
enterar informieren (**de** über); **enterarse de** *etw* erfahren
entero ganz; vollständig
enterrar begraben; vergraben
entidad F Wesen *n*; Firma; Körperschaft
entierro M Beerdigung *f*
entoldado M Sonnendach *n*; Festzelt *n*
entonces [-θ-] damals; dann; **desde entonces** seitdem
entrada F Eingang *m*; Einreise; Eintritt *m*; Eintrittskarte; Vorspeise; **entrar** eintreten; einreisen; *Zug* einfahren; *Schiff* einlaufen; **entrar en la red** sich einloggen
entre zwischen
entrecot M Rumpsteak *n*
entrega F Übergabe; Lieferung; **entregade equipajes** Gepäckannahme, -ausgabe; **entregar** über-, abgeben, aushändigen; liefern
entremés M Zwischenspiel *n*; Vorspeise *f*

entremeterse sich einmischen
entrenador M, **-a** F Trainer *m*, -in *f*; **entrenarse** trainieren
entrepuente M Zwischendeck *n*
entretanto inzwischen, unterdessen
entretener aufhalten; TECH warten; **entretenerse** sich die Zeit vertreiben; **entretenimiento** M Zeitvertreib; TECH Instandhaltung *f*, Wartung *f*
entrevista F Besprechung; Interview *n*; **entrevistar** interviewen; **entrevistarse** zusammenkommen; sich besprechen
entusiasmar begeistern (**con, por** für); **entusiasmo** M Begeisterung *f*
envase M Verpackung *f*; Gefäß *n*, Behälter; **envase no recuperable** *od* **perdido** Einweg-, Wegwerfpackung *f*
envenenamiento M Vergiftung *f*
enviar (ab)schicken, (ab)senden
envidia F Neid *m*; **envidiar** beneiden
envío M Sendung *f*
envoltura F Hülle; Packung; **envolver** einwickeln; einpacken
epidemia F Epidemie, Seuche
Epifanía F Dreikönigsfest *n*
episcopal bischöflich
episodio M Episode *f*; TV Folge *f*
época F Epoche, Zeitraum *m*
equilibrar [eki-] ins Gleichgewicht bringen; *Reifen* auswuchten; **equilibrio** M Gleichgewicht *n*

equipaje [ekipaxe] M Gepäck *n*; **equipaje de mano** Handgepäck *n*; **equipaje franco** *od* **libre** Freigepäck *n*
equipo [eki-] M Mannschaft *f*; Team *n*; Ausrüstung *f*; TECH Anlage *f*; **equipo estéreo** Stereoanlage *f*
equitación [ekitaθ-] F Reiten *n*
equivaler [eki-]: **equivaler a** gleichwertig sein, gleichkommen
equivocación [ekibokaθ-] F Missverständnis *n*; Irrtum *m*; **equivocado** irrig; **equivocar** verwechseln; **equivocarse** sich irren; **equivocarse de camino** sich verirren
equívoco [eki-] zweideutig
era F Zeitalter *n*
erizarse [-θ-] *Haare* sich sträuben
erizo [-θo] M Igel; **erizo de mar** Seeigel
ermita F Wallfahrtskapelle; Einsiedelei; **ermitaño** M Einsiedler; Einsiedlerkrebs
erotismo M Erotik *f*
erróneo irrig; **error** M Fehler; Irrtum
ertzaina M/F Polizist *m*, -in *f im Baskenland*; **Ertzaintza** F Polizei *im Baskenland*
erupción [-θ-] F (Vulkan)Ausbruch *m*; MED Ausschlag *m*
esa, **ésa** diese
esbelto schlank
esbozo [-θo] M Entwurf, Skizze *f*
escabeche [-tʃe] F Marinade; **en escabeche** mariniert

escafandra F Taucheranzug *m*
escala F Skala; Maßstab *m*; Leiter; FLUG Zwischenlandung; **hacer escala en** zwischenlanden in; *Hafen* anlaufen
escalar ersteigen; einbrechen in; **escalera** F Leiter; Treppe; **escalera automática** Rolltreppe
escalofrío M Schau(d)er; **escalofríos** MPL Schüttelfrost *m*
escalón M (Treppen)Stufe *f*; (Leiter)Sprosse *f*
escalopa F, **escalope** M Schnitzel *n*
escama F Schuppe
escándalo M Skandal; Tumult, Lärm; **escandaloso** skandalös
escanear (ein)scannen
escáner M Scanner
escaño [-ɲo] M Bank *f*; POL Sitz
escapar(se) entwischen, ausreißen; sich davonmachen
escaparate M Schaufenster *n*
escape M undichte Stelle *Gas* Entweichen *n*; AUTO Auspuff
escarabajo [-xo] M Käfer
escarola F Endivie
escarpado abschüssig
escasez [-θ] F Knappheit; **escasez de agua** Wassermangel *m*, -knappheit
escaso selten; knapp
escayola F Gips *m*
escena [-θ-] F Szene; Bühne **dirección** *f* **de escena** Regie

escepticismo [-θeptiθ-] M Skepsis *f*
escéptico [-θ-] skeptisch
esclarecer [-θ-] erleuchten; *fig* aufklären; dämmern, hell werden
esclusa F Schleuse
escoba F Besen *m*; Schrubber *m*; **escobilla** [-ʎa] F Bürste; **escobillas** FPL AUTO Scheibenwischerblätter *npl*
escocer [-θ-] jucken, brennen
escoger [-x-] aussuchen, wählen
escolar Schul...; *m/f* Schüler *m*, -in *f*
escollo [-ʎo] M Klippe *f*, Riff *n*
escombros MPL Schutt *m*
esconder verbergen; verstecken; **escondite** M Versteck *n*
escopeta F Flinte
escorpión M Skorpion
escorzonera [-θ-] F Schwarzwurzel
escotado *Kleid* ausgeschnitten; **escote** M Ausschnitt, Dekolleté *n*
escozor [-θ-] M Brennen *n*, Jucken *n*
escribir schreiben; **escrito** geschrieben; *m* Schreiben *n*; Schriftstück *n*; **por escrito** schriftlich; **escritor** M, **escritora** F Schriftsteller *m*, -in *f*; **escritorio** M Schreibtisch; **escritura** F Schrift
escrúpulo M Skrupel
escrupuloso gewissenhaft
escrutinio M Wahl *f*
escuchar [-tʃ-] (an-, zu)hören; **escuchar la radio** Radio hören

escudo M Schild; Wappen *n*
escuela F Schule; **escuela primaria** Grundschule
escultor M, **-a** F Bildhauer *m*, -in *f*; **escultura** F Bildhauerkunst; Skulptur
escupir spucken; ausspucken
escúter M Motorroller
ese, **ése** dieser (da)
esencia [-θĭa] F Essenz; Wesen *n*; **esencial** wesentlich
esfera F Kugel; Zifferblatt *n*; Sphäre
esforzarse [-θ-] sich anstrengen; sich bemühen (**en** bei; **por** zu)
esfuerzo [-θo] M Anstrengung *f*; Mühe *f*, Bemühung *f*
esgrima F Fechten *n*, Fechtkunst
esguince [-ginθe] M Verstauchung *f*
esmalte M Email *n*; **esmalte de uñas** Nagellack
esmerado gewissenhaft; sorgfältig
esmeralda F Smaragd *m*
esmoquin [-kin] M Smoking
eso dies (da); **¡eso es!** jawohl!, ganz richtig!; **por eso** deshalb, deswegen
esófago M Speiseröhre *f*
espacial [-θ-] (Welt)Raum...; **espacio** M Raum; Zwischenraum; Weltraum; TV Sendung *f*; Sendereihe *f*; **espacio de memoria** COMPUT Speicherplatz
espada F Degen *m*; Schwert *n*; *m* Matador; **pez** *m* **espada** Schwertfisch
espagueti [-ge-] M Spaghetti *pl*
espalda F Rücken *m*; Schulter *f*

espanto M Schreck(en); Entsetzen *n*
España [-ɲa] F Spanien *n*; **español** [-ɲ-] spanisch; *m*, **-a** *f* Spanier *m*, -in *f*; **en español** auf Spanisch
esparadrapo M Heftpflaster *n*
espárrago M Spargel
espasmo M Krampf
especia [-θĭa] F Gewürz *n*
especial [-θ-] Sonder..., speziell; **especialidad** F Spezialität; **especialista** M/F Spezialist *m*, -in *f*; **especialmente** besonders, vor allem
especie [-θĭe] F Art, Sorte
espectáculo M Vorstellung *f*; Veranstaltung *f*; **espectador** M Zuschauer
espejo [-xo] M Spiegel; **espejo retrovisor** Rückspiegel
espera F Warten *n*; Erwartung; **sala** *f* **de espera** Wartezimmer *n*, -saal *m*
esperanza [-θa] F Hoffnung; **esperar** warten, erwarten; hoffen
espeso dick, dicht; dickflüssig
espina F Dorn *m*, Stachel *m*; Gräte; **espina dorsal** Rückgrat *n*
espiral F Spirale
espíritu M Geist; Seele *f*
espiritual geistig
espléndido prächtig; freigebig
esponja [-xa] F Schwamm *m*
espontáneo freiwillig; spontan
esposa F Ehefrau; **esposas** FPL Handschellen; **es-**

poso M Ehemann
espuma F Schaum *m*; **espumoso** schaumig, Schaum…
esqueleto [-ke-] M Skelett *n*
esquí [-ki] M Ski; Skilauf; **esquí acuático** Wasserski; **esquí de fondo** Langlauf
esquiador [-ki-] M, **-a** F Skiläufer *m*, -in *f*; **esquiar** [-ki-] Ski laufen
esquina [-ki-] F Ecke; Straßenecke
estable stabil; beständig; **establecer** [-θ-] errichten, (be)gründen; festlegen; **establecimiento** [-θ-] M Festlegung *f*; Unternehmen *n*; Anstalt *f*
estación [-θ-] F Jahreszeit; Saison; Bahnhof *m*; **estación climática** Luftkurort *m*; **estación de metro** U-Bahn-Station; **estación de servicio** Tankstelle; **estación termal** Thermalbad *n*; **estación terminal** *od* **término** Endstation
estacionamiento [-θ-] M Parken *n*; **estacionar** parken
estadio M Stadion *n*
estado M Zustand; Staat; **estado civil** Familienstand; **estadounidense** (US-)amerikanisch
estafa F Betrug *m*; Abzocke *umg*; **estafador** M Betrüger; **estafar** betrügen
estallar [-ʎ-] platzen, explodieren; knallen; *Krieg* ausbrechen; **estallido** M Knall; *fig* Ausbruch
estampa F Bild *n*, (Farben)Druck *m*; **estampilla** [-ʎa] F Stempel *m*
estancar *Wasser* stauen
estancia [-θĭa] F Aufenthalt *m*

estanco M *staatlicher* Tabak- und Briefmarkenladen
estanque [-ke] M Teich, Weiher
estantería F Regal *n*, Ständer *m*
estar sein; sich befinden, anwesend sein; *Kleidungsstück* passen, stehen; gerade *etw* tun; **estar de viaje** verreist sein; **estar echado** *Person* liegen; **estar situado** *Ort* liegen; **estar hablando por teléfono** gerade telefonieren
estatua F Statue, Standbild *n*
este[1] M Osten
este[2], **éste** dieser
estera F (Fuß)Matte
estéreo, **estereofónico** Stereo...
estéril unfruchtbar; steril
estilo M Stil
estilográfica F Füllfederhalter *m*
estimado geehrt; geschätzt; **estimar** schätzen, (hoch) achten
estirar strecken, ziehen
estival Sommer..., sommerlich
esto dies
estofado geschmort, gedünstet; *m* Schmorbraten
estomacal Magen...;**estómago** M Magen
estorbar (be)hindern, stören
estornudar niesen
estrechar [-tʃ-] verengen; *Hand* drücken; **estrecho** eng; schmal; *m* Meerenge *f*; Engpass
estrella [-ʎa] F Stern *m*; (Film)Star *m*; **estrellamar** F Seestern *m*

estrellar [-ʎar] zerschlagen; **estrellarse contra** fahren gegen *Hindernis*
estremecer [-θ-] erschüttern; **estremecerse** (er)zittern
estrenar einweihen; **estreno** M erstmalige Benutzung; Premiere *f*
estreñimiento [-ɲ-] M MED Verstopfung *f*
estrés M Stress
estribo M Steigbügel; Trittbrett *n*
estribor M Steuerbord *n*
estricto streng; strikt
estrofa F Strophe
estropeado beschädigt, kaputt; **estropear** beschädigen; **estropearse** verderben; kaputtgehen
estuche [-tʃe] M Etui *n*; **estuche de aseo** Kulturbeutel
estudiante M/F Student *m*, -in *f*; **estudiar** studieren; lernen; **estudio** M Studie *f*; Atelier *n*, Studio *n*; Einzimmerappartement *n*; **estudios** MPL Studium *n*
estufa F Ofen *m*
estupendo großartig, toll *umg*
estúpido dumm; stumpfsinnig
eternidad F Ewigkeit; **eterno** ewig
etiqueta [-ke-] F Etikett *n*; Preisschild *n*
euro M Euro
eurocheque [-tʃeke] M Euroscheck
Europa F Europa *n*
europeo europäisch; *m*, **-a** *f* Europäer *m*, -in *f*
euskera, **eusquera** [-ke-] baskisch

evacuación [-θ-] F Räumung
evacuar räumen
evadir vermeiden; **evadirse** flüchten, entfliehen
evaporarse verdunsten, verdampfen
evidente offensichtlich, klar
evolución [-θ-] F Entwicklung
exacto genau, richtig
exageración [-xeraθ-] F Übertreibung; **exagerar** übertreiben
examen M Prüfung *f*; Untersuchung *f*; **examinar** prüfen; untersuchen; **examinarse** Prüfung ablegen
exantema M MED Ausschlag
exasperación [-θ-] F Verzweiflung
excavación [-θ-] F Ausgrabung; **excavadora** F Bagger *m*; **excavar** ausgraben; baggern
excedente [-θ-] überschüssig; *m* Überschuss
excelente [-θ-] ausgezeichnet
excepción [-θepθ-] F Ausnahme; **excepcionalmente** ausnahmsweise; **excepto** ausgenommen, außer; **exceptuar** ausnehmen
excesivo [-θ-] übermäßig, maßlos; *Preis* überhöht
exceso [-θ-] M Übermaß *n*; **exceso de equipaje** Übergepäck *n*; **exceso de velocidad** Geschwindigkeitsüberschreitung *f*; **excesos** *mpl* Ausschreitungen *fpl*
excitar [-θ-] anregen; erregen
exclamación [-θ-] F Ausruf *m*; **exclamar** ausrufen
excluir ausschließen

exclusivo ausschließlich
excursión F Ausflug *m*; **excursionista** M/F Ausflügler *m*, -in *f*
excusa F Entschuldigung; **excusar** entschuldigen
exento: **exento de** frei von; **exento de derechos** zollfrei
exhibición [-θ-] F Ausstellung; Schau, Vorführung; **exhibir** ausstellen; vorführen
exigencia [-xenθĭa] F Forderung; Anforderung; **exigente** anspruchsvoll
exigir [-xir] verlangen, fordern; erfordern
existencia [-θĭa] F Existenz, Dasein *n*; **existencias** FPL WIRTSCH Bestände *mpl*
existir bestehen; vorhanden sein
éxito M Erfolg; Ausgang, Ergebnis *n*
expectación [-θ-] F Erwartung
expedición [-θ-] F Versand *m*; Abfertigung; Expedition; **expedir** absenden; abfertigen; *Dokument* ausstellen
expendedor M Verkäufer; **máquina** *f* **expendedora** Automat *m*
expendeduría F Verkaufsstelle; Tabakwarenladen *m*
expender ausgeben; verkaufen
experiencia [-θĭa] F Erfahrung; Versuch *m*
experto sachverständig, erfahren; *m* Sachverständige(r), Fachmann
expirar *Frist* ablaufen
explicación [-θ-] F Erklärung; **explicar** erklä-

ren; *Vorlesung* halten
exploración [-θ-] F Erforschung; MED Untersuchung; **explorador** M Forscher; Pfadfinder
explosión F Explosion; Sprengung; **explosivo** M Sprengstoff
explotación [-θ-] F Ausbeutung; *Bergbau* Abbau *m*; **explotar** ausbeuten; explodieren
exponer ausstellen; FOTO belichten; **exponerse a** sich aussetzen *einer Gefahr etc*
exportación [-θ-] F Ausfuhr; **exportar** ausführen
exposición [-θ-] F Ausstellung; FOTO Belichtung; **exposímetro** M Belichtungsmesser
expresar ausdrücken, äußern; **expresión** F Ausdruck *m*
exprimidor M, **-a** F Saftpresse *f*
exprimir *Früchte* auspressen
expulsado M Vertriebene(r); **expulsar** ausstoßen; ausweisen
exquisito [-ki-] erlesen, köstlich
extender ausbreiten; *Dokumente* ausfertigen; **extenderse** sich erstrecken (**sobre** über)
extensión F Ausdehnung
exterior äußere, Außen...; Auslands...; *m* Äußere *n*; Ausland *n*
externo äußerlich; äußere
extinguir [-gir] (aus)löschen; tilgen; **extinguirse** erlöschen
extintor M Löscher; **extintor de incendios** Feuerlöscher

extra außergewöhnlich; Sonder..., Extra...; *m* (Lohn)Zulage *f*; **horas** *fpl* **extra** Überstunden
extraer (heraus)ziehen; *Zahn* ziehen
extranjero [-x-] ausländisch; *m* Ausland *n*; *m*, **-ra** *f* Ausländer *m*, -in *f*
extrañar [-ɲ-] wundern; **extraño** seltsam, merkwürdig; fremd
extraordinario außergewöhnlich
extraviar *Gegenstand* verlegen; **extraviarse** abhanden kommen; sich verirren
extremamente äußerst; **extremar** übertreiben
extremidad F äußerstes Ende; **extremidades** FPL Gliedmaßen
extremo äußerste, extrem; radikal; *m* (äußerstes) Ende *n*; Extrem *n*

F

fabada F *asturischer Eintopf* M
fábrica F Fabrik; Mauerwerk *n*
fachada [-tʃ-] F Fassade
fácil [-θ-] leicht, einfach
facilidad [-θ-] F Leichtigkeit; Begabung; **facilidades** FPL Erleichterungen
facilitar erleichtern; ver-, beschaffen
factura F WIRTSCH Rechnung; **facturar** *Rech-*

nung ausstellen; *Gepäck* aufgeben
facultad F Fähigkeit; Befugnis; Fakultät; **facultativo** wahlfrei; *Gutachten etc* ärztlich; *m* Arzt; Fachmann
faisán M Fasan
falda F (Damen)Rock *m*; **falda-pantalón** Hosenrock *m*
fallecer [-ʎeθ-] sterben
fallo [-ʎo] M Versagen *n*; JUR Urteil *n*
falsificación [-θ-] F Fälschung
falso falsch; unwahr
falta F Fehler *m*; Mangel *m*, Fehlen *n*; **hacer falta** nötig sein; **me hace falta** ich brauche; **faltar** fehlen
fama F Ruf *m*, Ruhm *m*; **de fama mundial** weltberühmt
familia F Familie; **familiar** Familien...; familiär; bekannt, geläufig; *m* Verwandte(r)
famoso berühmt
fango M Schlamm
fantasía F Fantasie
fantástico fantastisch
farmacéutico [-θ-] M Apotheker; **farmacia** [-θĭa] F Apotheke
faro M Leuchtturm; AUTO Scheinwerfer; **faro antiniebla** Nebelscheinwerfer
fase F Phase, Stadium *n*
fastidiar ärgern; lästig sein; **fastidio** M Ärger
fatal verhängnisvoll; schlimm
fatiga F Ermüdung; Strapaze; **fatigar** ermüden,

anstrengen
favor M Gunst *f*; Gefallen, Gefälligkeit *f*; **¡por favor!** bitte!
favorable günstig, vorteilhaft
fax M Fax *n*; **mandar un fax** faxen
fe F Glaube *m*; Urkunde, Schein *m*
febrero M Februar
febril fieberhaft
fecha [-tʃa] F Datum *n*; Tag *m*; **fecha de caducidad** Verfallsdatum *n*; **fecha de nacimiento** Geburtsdatum *n*
fechar [-tʃ-] datieren
fecundo fruchtbar
federal Bundes…
felicidad [-θ-] F Glück *n*; **¡muchas felicidades!** herzlichen Glückwunsch!
felicitación [-θitaθ-] F Glückwunsch *m*; **felicitar** gratulieren
feliz [-θ] glücklich
femenino weiblich
feo hässlich
feria F Jahrmarkt *m*; Volksfest *n*; Messe
férreo eisern
ferretería F Eisenwarenhandlung
ferrocarril M Eisenbahn *f*; **ferroviario** Eisenbahn…
ferry M (Auto-, Eisenbahn)Fähre *f*
fértil fruchtbar; **fertilidad** F Fruchtbarkeit
festejar [-x-] feiern; festlich bewirten; **festejo** M Festlichkeit *f*

festival M Festspiele *npl*, Festival *n*; **festividad** F Fest(lichkeit) *n(f)*
fiambres MPL Aufschnitt *m*; kaltes Büfett
fianza [-θa] F Bürgschaft, Kaution
fiarse fiarse de sich verlassen auf, trauen
fibra F Faser, Fiber; **fibra artificial** Kunstfaser
ficha [-tʃa] F Spielmarke, -stein *m*; Karteikarte; Formular *n*; *im Hotel* Meldezettel *m*; **fichero** [-tʃ-] M IT Datei *f*
fidelidad F Treue
fideos MPL Fadennudeln *fpl*
fiebre F Fieber *n*; **fiebre del heno** Heuschnupfen *m*
fiel treu; zuverlässig; **los fieles** die Gläubigen
fiera F Raubtier *n*
fiesta F Fest *n*; Party; Feiertag *m*; **fiesta mayor** Patronatsfest *n*, Kirchweih; **fiesta nacional** Nationalfeiertag *m*; **fiesta popular** Volksfest *n*
figura F Figur, Gestalt; **figurar en** stehen in, eingetragen sein in; **figurarse** sich etw vorstellen
fijación [-xaθ-] F Befestigung; *Ski* Bindung
fijador [-x-] M, **fijapelo** M (Haar)Festiger
fijar [-x-] befestigen; festsetzen, festlegen; *Plakate* ankleben; **fijarse en** achten auf
fijo [-x-] fest, unbeweglich
fila F Reihe; **en doble fila** in zweiter Reihe *parken*
filete M Filet *n*; (Fleisch)Scheibe *f*
filial kindlich; *f* Tochtergesellschaft
film(e) M Film
filtro M Filter; **filtro de correo basura** *od* **de spam**

Spamfilter
fin M Ende *n*, Schluss; Zweck, Ziel *n*; **fin de semana** Wochenende *n*; **a fin de um** zu; **a fines de mayo** Ende Mai; **en fin** na ja, nun ja; **por fin** endlich, zuletzt
final End..., Schluss...; abschließend; *m* Ende *n*; *f* *sp* Endspiel *n*, Finale *n*
financiar [-θ-] finanzieren
finca F Grundstück *n*; (Land)Gut *n*
fingir [-ŋx-] vorspiegeln, so tun als ob
finlandés finnisch; *m*, **finlandesa** *f* Finne *m*, Finnin *f*; **Finlandia** F Finnland *n*
fino fein; dünn; *m* trockener Sherry
firma F Unterschrift; Firma; **firmante** M/F Unterzeichner *m*, -in *f*; **firmar** unterschreiben
firme fest; **tierra** *f* **firme** Festland *n*
fiscal M/F Staatsanwalt *m*, -anwältin *f*
física F Physik; **físico** physisch, körperlich; physikalisch; *m* Physiker
flaco mager; schwach
flamante nagelneu
flamenco flämisch; *m* *Tanz* Flamenco; BIOL **Flamingo**
flan M (Karamell)Pudding
flash M FOTO Blitz(licht *n*)
flecha [-tʃa] F Pfeil *m*
flequillo [-kiʎo] M *Frisur* Pony
flete M Fracht *f*
flexible flexibel; *m* Kabel *n*
flojo [-xo] schwach

flor F Blume; Blüte; **florero** M Vase *f*
floristería F Blumengeschäft *n*
flotador M TECH Schwimmer; **flotar** treiben, schwimmen; schweben
fluido flüssig
flujo [-xo] M Fließen *n*; Flut *f*
fluvial Fluss...
FM ABK (**Frecuencia Modulada**) UKW
foca F Seehund *m*; Robbe
fogón M Küchenherd
folleto [-ʎ-] M Prospekt; Broschüre *f*
fomentar fördern
fonda F Gasthaus *n*, -hof *m*
fondista M/F Gastwirt *m*, -in *f*
fondo M Boden; Hintergrund; **fondos** MPL Vermögen *n*
fontanero M Installateur, Klempner
footing M Joggen *n*
forastero auswärtig, (orts)fremd; *m* Fremde(r)
forjar [-x-] schmieden
forma F Form; **de forma que** sodass
formación [-θ-] F (Aus)Bildung
formal förmlich; solide, anständig; **formar** formen; bilden
formatear formatieren
formidable furchtbar; *umg* uper
formular formulieren; **formulario** M Formular *n*
forro M Futter *n in Kleidung*
fortalecer [-θ-] kräftigen; **fortaleza** [-θa] F Fes-

tung
fortuito zufällig; **fortuna** F Glück *n*, Schicksal *n*; Vermögen *n*
forzar [-θ-] zwingen (a zu); *Tür* aufbrechen
fosa F Grab *n*
fósforo M Phosphor; Streichholz *n*
foto F Foto *n*; **fotocopia** F Fotokopie; **fotografía** F Fotografie; **fotografiar** fotografieren
fotógrafo M Fotograf; **fotómetro** M Belichtungsmesser
fracasar scheitern, misslingen; **fracaso** M Misserfolg, Scheitern *n*
fractura F (Knochen)Bruch *m*
frágil [-x-] zerbrechlich
fraile M Mönch
frambuesa F Himbeere
francamente offen; frei
francés [-θ-] französisch; *m*, **francesa** *f* Franzose *m*, Französin *f*; **Francia** [-θĭa] F Frankreich *n*
franco frei, offen; *m* **franco (suizo)** (Schweizer) Franken
franja [-xa] F Franse; Streifen
franquear [-ke-] frankieren; **franqueo** M Porto *n*; **franquicia** [-kiθĭa] F Porto-, Zollfreiheit
frase F Satz *m*
fraternal brüderlich
fraude M Betrug
frecuencia [-θĭa] F Häufigkeit; **frecuentado** gut besucht; **frecuente** häufig
fregadero M Spüle *f*; **fregar** scheuern; *Geschirr*

(ab)spülen
freír braten, backen; frittieren
frenar bremsen
freno M Bremse *f*; **freno de alarma** Notbremse *f*; **freno de disco** Scheibenbremse *f*
frente[1] F Stirn; Vorderseite; **frente a** gegenüber; unmittelbar vor; **de frente** von vorn
frente[2] M Front *f a. Wetter*
fresa F Erdbeere
fresco frisch, kühl; *fig* frech; *m* Kühle *f*; **frescura** F Frische; *fig* Frechheit
fricción [-θ-] F Einreibung; Reibung
frigorífico M Kühlschrank
frío kalt; *m* Kälte *f*; **hace frío** es ist kalt; **tengo frío** mir ist kalt, ich friere
frito gebraten, gebacken; frittiert
frontera F Grenze; **fronterizo** [-θo] angrenzend; Grenz…
frotar ab-, einreiben; frottieren
fruta F Obst *n*; Frucht; **frutería** F Obstgeschäft *n*; **fruto** M Frucht *f*
fuego M Feuer *n*; **fuegos** *mpl* **artificiales** Feuerwerk *n*
fuente F Brunnen *m*; Quelle; Schüssel
fuera (dr)außen; auswärts; hinaus; **fuera de** außerhalb von; außer; **fuera de eso** außerdem
fueraborda M Außenborder
fuerte kräftig; stark; **fuerza** [-θa] F Kraft, Stärke; **fuerzas** *fpl* **armadas** Streitkräfte
fuga F Flucht; **fugarse** fliehen

fulana F Frau Soundso, Frau X; *umg* Nutte; **fulano** M Herr Soundso, Herr X; Kerl
fumador M, **-a** F Raucher *m*, -in *f*; **no fumadores** *mpl* Nichtraucher
fumar rauchen; **fumar** *m* **pasivamente** Passivrauchen *n*; **fumar en pipa** Pfeife rauchen
función [-θ-] F Funktion; Amt *n*, Tätigkeit; THEAT Vorstellung
funcionar funktionieren, gehen; **no funciona** außer Betrieb
funcionario M Beamte(r)
funda F Futteral *n*; Bezug *m*
fundación [-θ-] F Stiftung
fundamental grundlegend wesentlich; **fundamento** M Grundlage *f*
fundar gründen
fundirse schmelzen; *Sicherung* durchbrennen
fúnebre Trauer..., Grab...
funeral M Trauerfeier *f*; **funeraria** F Bestattungsinstitut *n*
funicular M Drahtseilbahn *f*
furgón M Gepäckwagen; Kastenwagen; **furgoneta** F Lieferwagen *m*
furia F Wut; **furioso** wütend
furtivo heimlich; **cazador** *m* **furtivo** Wilderer
fusible M TECH Sicherung *f*
fútbol M Fußball
futbolín M Tischfußball
futbolista M/F Fußballspieler *m*, -in *f*
futuro zukünftig; *m* Zukunft *f*

G

gabinete M Kabinett *n*
gafas FPL Brille *f*; **gafas de sol** Sonnenbrille; **gafas protectoras** Schutzbrille
gaita F Dudelsack *m*
galápago M Schildkröte *f*
galería F Galerie; Gang *m*
gallego [-ʎ-] galicisch; *m*, **-a** *f* Galicier *m*, -in *f*
galleta [-ʎ-] F Keks *m*
gallina [-ʎ-] F Huhn *n*, Henne; **gallinero** M Hühnerstall; THEAT Olymp
gallo M Hahn; *Fisch* Rotzunge *f*
gama F Tonleiter; *fig* Bereich *m*
gamberro M Halbstarke(r), Rowdy
gamuza [-θa] F Gämse; Wild-, Wasch-, Fensterleder *n*
gana F Lust; **ganas** *fpl* Appetit *m*; Lust *f*; **tener ganas de** Lust haben zu
ganado M Vieh *n*
ganar gewinnen; verdienen
gancho [-tʃo] M Haken
gandula F Liegestuhl *m*
ganga F Schnäppchen *n umg*
ganso M Gans *f*
garaje [-xe] M Garage *f*; **garaje subterráneo** Tief-

garage *f*
garantía F Garantie; **garantizar** [-θ-] garantieren
garganta F Kehle, Hals; Schlucht
gárgaras FPL Gurgeln *n*; **hacer gárgaras** gurgeln
garra F Klaue, Kralle
garrafa F Karaffe
garrapata F Zecke
gas M Gas *n*; **gas de escape** Abgas *n*; *Mineralwasser* **con gas** mit Kohlensäure, **sin gas** ohne Kohlensäure
gasa F (Verband)Mull *m*; Gaze
gaseosa F süße Zitronenlimonade
gas-oil M, **gasóleo** M Diesel(öl) *n*
gasolina F Benzin *n*; **echar gasolina** (auf)tanken; **gasolinera** F Tankstelle; Motorboot *n*; **gasolinero** M Tankwart
gastado abgenützt; abgetragen; **gastar** abnützen; verbrauchen; *Geld* ausgeben; **gasto** M Ausgabe *f*; Aufwand; **gastos** MPL Kosten *pl*
gato M Katze *f*; Kater; AUTO Wagenheber
gaviota F Möwe
gazpacho [-θpatʃo] M *kalte Tomatensuppe mit Paprikaschoten, Zwiebeln, Knoblauch, Öl*
gemelo [x-] Zwillings...; *m* Zwilling; **gemelos** *mpl* Zwillinge; Opernglas *n*; Manschettenknöpfe
general [x-] allgemein; *m* General; **en general, por lo general** im Allgemeinen
generalidad [x-] F Allgemeinheit
género [x-] M Gattung *f*; Art *f*; Geschlecht *n*; **gé-**

neros *mpl* **de punto** Strickwaren *fpl*
generoso [x-] großzügig; freigebig
genial [x-] genial, geistreich
genio [x-] M Genie *n*; Wesen *n*
gente [x-] F Leute *pl*, Volk *n*
gentileza [-θa] F Höflichkeit
gentío [x-] M Menschenmenge *f*; Gedränge *n*
genuino [x-] echt
gerencia [xerenθĭa] F Geschäftsführung; **gerente** M/F Geschäftsführer *m*, -in *f*
germen [x-] M Keim; *fig* Ursprung
gestión [x-] F Formalität; Betreibung; **hacer gestiones** Schritte unternehmen
gesto [x-] M Geste *f*; Miene *f*
gigante [x-] M Riese; **gigantesco** gigantisch, riesig
gigote [x-] M *Hackfleischgericht* N
gimnasia [x-] F Gymnastik, Turnen *n*; **gimnasio** M Turnhalle *f*; **gimnasta** [x-] M/F Turner *m*, -in *f*
ginebra [x-] F Gin *m*
ginecólogo [x-] M, **ginecóloga** F Frauenarzt *m*, -ärztin *f*
gira [x-] F Rundreise, -fahrt; Tournee
girar [x-] drehen; sich drehen, kreisen; *Geld* überweisen; **girar a la derecha** nach rechts abbiegen
girasol M Sonnenblume *f*
giratorio drehbar, Dreh...
giro M Drehung *f*, Wendung *f*; **giro obligatorio** Kreisverkehr; **giro postal** Postanweisung *f*
gitano [x-] M span. Zigeuner *dt. abwertend*, span.

Rom
glacial [-θ-] eisig, Eis...; **glaciar** M Gletscher
glándula F Drüse
global global, Pauschal...
globalización [-θ-] F Globalisierung
globo M Kugel *f*; Globus; Luftballon
gloria F Ruhm *m*; Heiligenschein *m*
glorieta F Laube; *kleiner* Platz *m*
gluten M **sin gluten** glutenfrei
gobernar regieren; steuern
gobierno M Regierung *f*
goce [-θe] M Genuss
gol M *Fußball* Tor *n*
golf M *sp* Golf *n*
golfo M GEOG Golf; *umg* Ganove
golondrina F Schwalbe
golosina F Nascherei; Leckerbissen *m*
golpe M Stoß, Schlag; **golpear** schlagen, stoßen; *Motor* nageln
goma F Gummi *m,n*; **goma de borrar** Radiergummi *m*; **goma espuma** Schaumgummi *m*
gordo dick, fett; **el (premio) gordo** das große Los
gorra F (Schild)Kappe, Mütze
gorrión M Spatz, Sperling
gorro M runde Mütze; **gorro de baño** Badekappe *f*
gota F Tropfen *m*
gotear tropfen, tröpfeln
gótico gotisch; *m* **(estilo) gótico** Gotik *f*
gozar [-θ-] genießen; sich erfreuen (**de** an); **gozo** M Freude *f*, Genuss

grabación [-θ-] F TECH Aufnahme; **grabadora** F COMPUT Brenner *m*; **grabadora de CD, DVD** CD-Brenner *m*, DVD-Brenner *m*, DVD-Rekorder *m*; **grabar** TECH aufnehmen, aufzeichnen
gracia [-θĭa] F Anmut; Gnade; **¡gracias!** danke!; **gracias a** dank, aufgrund von; **dar las gracias** danken
grada F (Treppen)Stufe; Sitzreihe; **grado** M Grad; Rang
gramo M Gramm *n*
gran groß
granada F Granatapfel *m*; Granate
Gran Bretaña F Großbritannien *n*
grande groß; erwachsen; bedeutend; *m* Grande
granizado [-θ-] M Getränk *n mit zerstoßenem Eis*; **granizo** M Hagel
granja [-xa] F Guts-, Bauernhof *m*; Milchbar
grano M Korn *n*; Kaffeebohne *f*
grasa F Fett *n*; **graso** fett
gratén: **al gratén** gratiniert
gratitud F Dankbarkeit
grato angenehm
gratuito unentgeltlich, gratis
grave schwer, ernst; **gravedad** F Schwere
gravilla [-ʎa] F Kies *m*; Rollsplitt *m*
Grecia [-θĭa] F Griechenland *n*; **griego** griechisch; *m*, **-a** *f* Grieche *m*, -in *f*
grifo M (Wasser)Hahn
gripe F Grippe; **gripe aviar** Vogelgrippe; **gripe intestinal** Darmgrippe; **gripe porcina** Schweinegrip-

pe
gris grau
gritar schreien, rufen; **grito** M Schrei, Ruf
grosella [-ʎa] F Johannisbeere; **grosella espinosa** Stachelbeere
grosero grob, flegelhaft; unhöflich
grúa F Kran *m*; Abschleppwagen *m*; **servicio** *m* **de grúa** Abschleppdienst
grueso dick; **mar** *f* **gruesa** schwere See
gruñir [-ɲ-] grunzen; knurren; brummen
grupo M Gruppe *f*; **grupo sanguíneo** Blutgruppe *f*
gruta F Grotte
guacamole M Avocadocreme *f*
guante M Handschuh; **guantera** F Handschuhfach *n*
guapo hübsch
guarda M/F Wärter *m*, -in *f*, Wächter *m*, -in *f*
guardabarros M Kotflügel
guardameta M/F Torhüter *m*, -in *f*
guardar (auf)bewahren, aufheben; behalten; COMPUT (ab)speichern; **guardarse de** sich hüten vor; **guardarropa** M Garderobe *f*
guardería F Kinderkrippe
guardia F Wache; Garde; **Guardia** *f* **Civil** Guardia Civil
guarida F Unterschlupf *m*; *Tier* Bau *m*, Höhle
guasa F Scherz *m*
Guatemala F Guatemala *n*; **guatemalteco** guatemaltekisch; *m*, **-a** *f* Guatemalteke *m*, -in *f*
guateque [-ke] M Party *f*

guerra [ge-] F Krieg *m*; **guerra civil** Bürgerkrieg *m*
guía[1] [gia] M/F Reiseleiter *m*, -in *f*; Fremdenführer *m*, -in *f*
guía[2] F *Buch* Reiseführer; **guía** *f* **guía telefónica** Telefonbuch *n*
guiar [gi-] führen
guiñar [giɲ-] blinzeln; **guiñar los ojos** zwinkern
guión [gi-] M Bindestrich; Drehbuch *n*
guisado [gi-] M Schmorfleisch *n*; *Art* Ragout *n*
guisante [gi-] M Erbse *f*
guisar [gi-] kochen; **guiso** M Gericht *n*, Speise *f*
guitarra [gi-] F Gitarre
gusano M Wurm; **gusano de seda** Seidenraupe *f*
gustar schmecken; gefallen; gern tun; **me gusta esquiar** ich laufe gern Ski
gusto M Geschmack; Vergnügen *n*; **con mucho gusto** sehr gern

H

haba F (*el*) dicke Bohne
haber *Hilfsverb* haben, sein
habichuela [-tʃ-] F Bohne
hábil geschickt; fähig
habilidad F Gewandtheit; Fähigkeit
habitable bewohnbar

habitación [-θ-] F (Hotel)Zimmer *n*, **habitación doble** Doppelzimmer *n*; **habitación individual** Einzelzimmer *n*
habitante M Einwohner; **habitar** (be)wohnen
habitual gewohnt, üblich; **habituar** gewöhnen (a an); **habitud** F Gewohnheit
habla F (*el*) Sprache; Mundart; **de habla alemana** deutschsprachig
hablar sprechen, reden
hace [aθe] vor; **hace poco** vor Kurzem; **hace un mes** vor einem Monat; **desde hace un mes** seit einem Monat
hacer machen, tun; (an)fertigen; **hace calor** es ist warm; **hace viento** es ist windig; **hacer surf** surfen
hacerse werden
hacha [atʃa] F (*el*) Axt; *fig umg* Ass *n*, Kanone
hacia [aθĭa] gegen, in Richtung auf; **hacia atrás** rückwärts, nach hinten; **hacia las siete** gegen sieben Uhr
hacienda [aθ-] F Landgut *n*; Vermögen *n*
halagar schmeicheln; **halago** M Schmeichelei *f*
hall M Hotelhalle *f*
hallar [aʎ-] finden; vorfinden; **hallarse** sich befinden, sein
hallazgo [aʎaθ-] M Fund
hamaca F Hängematte; Liegestuhl *m*
hambre F (*el*) Hunger *m*; **tener hambre** hungrig sein, Hunger haben
hambriento hungrig
Hamburgo F Hamburg *n*; **hamburguesa**

[-ge-] F GASTR Hamburger *m*
hardware M Hardware *f*
harina F Mehl *n*
harto satt; **harto de** überdrüssig
hasta bis; sogar, selbst; **¡hasta luego!** bis gleich!, Auf Wiedersehen!; **hasta que** bis (dass)
hay (*Form von* **haber**) es gibt; es ist, es sind; **hay que** man muss, es ist nötig zu; **¡no hay de qué!** keine Ursache!, bitte!
haya¹ F (*el*) Buche
haya² VERBFORM VON **hacer**
hebilla [-ʎa] F Schnalle
hecho [etʃo] fertig; vollendet; *m* Tat *f*; Tatsache *f*; **hecho a mano** handgemacht; GASTR **bien hecho** durchgebraten; **de hecho** tatsächlich
hectárea F Hektar *m*
helada F Frost *m*; Reif *m*; **helado** gefroren; eisig; *m* (Speise)Eis *n*; **helar** gefrieren lassen; **helarse** ge-, zufrieren; **helero** M Gletscher
hélice [-θe] F Propeller *m*; (Schiffs)Schraube
helicóptero M Hubschrauber
hematoma M Bluterguss
hembra F ZOOL Weibchen *n*
hemisferio M (Erd)Halbkugel *f*
hemorragia [-xĭa] F Blutung; **hemorroides** FPL Hämorriden
hendidura F Schlitz *m*; Spalte
heredar (be)erben; **heredero** erblich; *m* Erbe
herencia [-θĭa] F Erbe *n*, Erbschaft
herida F Verletzung, Wunde; **herido** verletzt; *m*

Verletzte(r); **herir** verletzen
hermana F Schwester; **hermano** M Bruder; **hermanos** MPL Geschwister *pl*; Gebrüder *pl*
hermoso schön; **hermosura** F Schönheit
hernia F MED (Leisten)Bruch *m*
héroe M Held
heroína F Heldin; Heroin *n*
herrador M (Huf)Schmied; **herradura** F Hufeisen *n*; **herramienta** F Werkzeug *n*
herrero M Schmied
herrumbre F Rost *m*
hervidor M Kocher
hervir sieden; aufkochen
híbrido Hybrid...; **coche** *m* **híbrido** Hybridauto *n*
hidalgo M Edelmann
hidroala M Tragflügelboot *n*
hidrofobia F Wasserscheu; Tollwut
hielo M Eis *n*; **hielo resbaladizo** Glatteis
hierba F Gras *n*; **hierbas** FPL Kräuter *npl*
hierro M Eisen *n*
hígado M Leber *f*
higiene [ix-] F Hygiene; Gesundheitswesen *n*
higiénico [ix-] hygienisch
higo M Feige *f*
hija [ixa] F Tochter; **hijo** [ixo] M Sohn; **hijos** *mpl* Kinder *npl*
hilo M Faden, Garn *n*; Leinen *n*; feiner Draht
himno M Hymne *f*
hincha [-tʃa] M *umg* Fan, Freak
hinchable [-tʃ-] aufblasbar; **hinchado** ge-

schwollen; **hinchar** aufblasen; aufpumpen; **hincharse** anschwellen; **hinchazón** [-tʃaθ-] F Schwellung
hinojo [-xo] M Fenchel
hipo M Schluckauf
hipódromo M Pferderennbahn *f*
hispano, **hispánico** spanisch
historia F Geschichte; **histórico** geschichtlich
hockey M Hockey *n*; **hockey sobre hielo** Eishockey *n*
hogar M Herd; Heim *n*; Haushalt; **hoguera** [oge-] F Scheiterhaufen *m*; Lagerfeuer *n*
hoja [oxa] F Blatt *n*; Klinge; **hoja de afeitar** Rasierklinge; **hoja de instrucciones** Merkblatt *n*
hojalata [ox-] F Blech *n*
hojaldre [ox-] M Blätterteig
hola: **¡hola!** hallo!, Tag!
holgado geräumig; bequem; müßig; **holgazán** [-θ-] faul; *m* Faulpelz
hollín [oʎ-] M Ruß
hombre M Mann; Mensch
hombro M Schulter *f*
homosexual homosexuell; **relación** *f* **homosexual** gleichgeschlechtliche Beziehung; **matrimonio** *m* **homosexual** gleichgeschlechtliche Ehe, Homoehe *f*
hondo tief; **plato** *m* **hondo** Suppenteller
Honduras F Honduras *n*; **hondureño** honduranisch; *m*, **-a** *f* Honduraner *m*, -in *f*
honesto ehrbar; anständig

hongo M BOT Pilz
honor M Ehre *f*
honorarios MPL Honorar *n*
honra F Ehre; **honrado** ehrlich; rechtschaffen; **honroso** ehrenvoll
hora F Stunde; Uhr(zeit); **hora de apertura** Öffnungszeit; **hora de cierre** Sperrstunde; Ladenschlusszeit; **hora de salida** Abfahrts-, Abflugzeit; **hora local** Ortszeit; **horas** *fpl* **de consulta** Sprechstunde *f*; **horas** *fpl* **punta** Stoßzeit *f*, -verkehr *m*; **¿qué hora es?** wie spät ist es?
horario M Stundenzeiger; Fahrplan; Zeitplan; **horario comercial** *od* **de apertura** Ladenöffnungszeit *f*; **horario de verano** Sommerzeit *f*, -fahrplan; **horario de visita** Besuchszeit *f*
horca F Galgen *m*; Heugabel
horchata [-tʃ-] F Erdmandelmilch
hormiga F Ameise
hormigón M Beton; **hormigón armado** Stahlbeton
hormona F Hormon *n*
hornillo [-ʎo] M kleiner Kocher; **horno** M Backofen; Bratröhre *f*; **alto horno** Hochofen
horquilla [-kiʎa] F Haarnadel
horrible schrecklich
horror M Abscheu; Entsetzen *n*
hortalizas [-θ-] FPL Gemüse *n*; Grünzeug *n*; **horticultor** M **-a** F Gemüse-, Obstgärtner *m*, -in *f*
hospedaje [-xe] M Unterkunft *f*; **hospedarse** unterkommen, absteigen *im Hotel*

hospital M Krankenhaus *n*; **hospitalario** gastfreundlich; **hospitalidad** F Gastfreundschaft, Gastlichkeit
hostal M Wirtshaus *n*; *Kategorie unter* Hotel *n*
hostil feindlich
hotel M Hotel *n*; **hotel de lujo** Luxushotel *n*; **hotelero** M Hotelier
hoy heute; **hoy en día** heutzutage
hoyuelo M Grübchen *n*
hueco hohl; locker; *m* Loch *n*
huelga F Streik *m*; **huelga de advertencia** Warnstreik *m*; **huelga de celo** Bummelstreik *m*
huella [-ʎa] F Spur
huerta F Obst- und Gemüseland *n*; **huerto** M Obst-, Gemüsegarten
hueso M Knochen; (Obst)Kern
huésped M Gast
huevas FPL Rogen *m*
huevera F Eierbecher *m*
huevo M Ei *n*; **huevo al plato** *od* **frito** Spiegelei *n*; **huevo pasado por agua** gekochtes Ei; **huevos** *mpl* **revueltos** Rührei(er) *n(pl)*
huida F Flucht; **huir** fliehen
hule M Wachstuch *n*
humanidad F Menschheit; Menschlichkeit; **humano** menschlich, human
húmedo feucht
humilde bescheiden; **humillar** [-ʎ-] demütigen
humo M Rauch
humor M Laune *f*; Humor

nen draufmachen
jueves [x-] M Donnerstag; **Jueves Santo** Gründonnerstag
juez [xŭeθ] M, **-a** F Richter *m*, -in *f*
jugador [x-] M Spieler
jugar [x-] spielen; **jugar al tenis** Tennis spielen
jugo [x-] M Saft
juguete [xuge-] M Spielzeug *n*
juicio [xŭiθĭo] M Urteilskraft *f*, Verstand; Meinung *f*; JUR Prozess
julio [x-] M Juli
junio [x-] M Juni
junta [x-] F Versammlung; TECH Dichtung; **juntar** versammeln; verbinden; *Hände* falten; **junto** [x-] a zusammen *mit*; neben, bei
jurado [x-] beeidigt; *m* Geschworene(r); Jury *f*; **juramento** M Eid; Fluch; **jurar** schwören; fluchen
jurídico [x-] juristisch; Rechts…
jurista [x-] M/F Jurist *m*, -in *f*
justicia [xustiθĭa] F Gerechtigeit; Justiz; **justificar** rechtfertigen
justo [x-] gerecht; richtig; *Kleidung* eng
juvenil [x-] jugendlich, Jugend…
juventud [x-] F Jugend
juzgado [xuθ-] M Gericht *n*
juzgar [xuθ-] (be)urteilen; richten

ten
jardinería [x-] F Gärtnerei; **jardinero** M, **-a** F Gärtner *m*, -in *f*
jarra [x-] F Krug *m*; **jarro** [x-] M Krug, Kanne *f*
jefe [x-] M, **jefa** F Chef *m*, -in *f*; Leiter *m*, -in *f*
jengibre [xenx-] M Ingwer
jerez [xereθ] M Sherry
jerga [x-] F Slang *m*, Jargon *m*
jeringa [x-] F (Injektions)Spritze
jersey [x-] M Pullover
jinete [x-] M Reiter
jornada [x-] F Tagereise; Arbeitstag *m*, -zeit; **jornal** M Tagelohn
joven [x-] jung; *m* junger Mann; *f* junge Frau, junges Mädchen *n*; **jóvenes** *mpl* Jugendliche *pl*
joyero [x-] M Juwelier; Schmuckschatulle *f*, -kästchen *n*
jubilado [x-] im Ruhestand; *m* Pensionierte(r); Rentner; **jubilarse** [x-] in Pension *bzw* in Rente gehen
júbilo [x-] M Jubel
judería [x-] F *historisches* Judenviertel *n*; **judía** [x-] F Jüdin; BOT Bohne; **judías** *fpl* **verdes** grüne Bohnen
judicial [xudiθ-] gerichtlich; richterlich; **policía** *f* **judicial** Kriminalpolizei
judío [x-] jüdisch; *m* Jude
juego [x-] M Spiel *n*; Satz, Garnitur *f*; **juego de café** Kaffeeservice *n*
juerga [x-] F Gaudi; **correrse una juerga** *umg* ei-

hundimiento M Einsturz; **hundir** versenken; zerstören; **hundirse** (ver)sinken
húngaro ungarisch; *m*, **-a** *f* Ungar *m*, -in *f*; **Hungria** F Ungarn *n*
huracán M Orkan
hurtar stehlen; **hurto** M Diebstahl
huso M Spindel *f*; **huso horario** Zeitzone *f*

I

ibérico iberisch; **Península** *f* **-a** Pyrenäenhalbinsel
ibero iberisch; *m*, **-a** *f* Iberer *m*, -in *f*
ictericia [-θĭa] F Gelbsucht
ida F Hinweg *m*; Hinreise, Hinfahrt; Hinflug *m*; **ida y vuelta** hin und zurück
idea F Idee, Gedanke *m*; Einfall *m*; **no tengo idea** ich habe keine Ahnung
ideal ideal; *m* Ideal *n*, Vorbild *n*
idílico idyllisch
idioma M Sprache *f*; **idioma nacional** Landessprache *f*
idiota blöd(sinnig), dämlich; *m* Idiot
idóneo geeignet, passend
iglesia F Kirche
ignición [-θ-] F Zündung
ignorancia [-θĭa] F Unwissenheit; **ignorante**

unwissend; **ignorar** nicht wissen, nicht kennen; ignorieren

igual gleich; gleich(gültig); **(me) da igual** das ist (mir) gleich; **igualmente** ebenfalls, gleichfalls

ilegal illegal, ungesetzlich

ilegible [-x-] unleserlich

ilegítimo [-x-] ungesetzlich; unehelich

ileso unverletzt

ilícito [-θ-] unerlaubt

ilimitado unbeschränkt

iluminación [-θ-] F (Fest)Beleuchtung; **iluminar** beleuchten

ilusión F Illusion; Vorfreude; **me hace mucha ilusión** ich freue mich sehr darauf

ilustración [-θ-] F Bildung; Illustration; **ilustrado** illustriert; gebildet; **ilustrar** erläutern; bebildern; **ilustre** berühmt

imagen [-x-] F Bild(nis) *n*; **imaginación** [-xinaθ-] F Fantasie; **imaginar** ersinnen; **imaginarse** sich vorstellen

imán M Magnet

imbécil [-θ-] dumm; *m* Dummkopf

imitar nachahmen, -machen

impaciencia [-θienθia] F Ungeduld; **impaciente** ungeduldig

impar *Zahl* ungerade

imparcial [-θ-] unparteiisch

impecable tadellos

impedido körperbehindert; **impedir** (ver)hindern, behindern

impenetrable undurchdringlich
impensado unerwartet
imperar (vor)herrschen
imperdible M Sicherheitsnadel *f*
imperdonable unverzeihlich
imperial kaiserlich; *f Bus* Oberdeck *n*; **imperio** M (Kaiser)Reich *n*
impermeable wasserdicht; *m* Regenmantel
impertinente unverschämt
imponente imposant; **imponerse** sich durchsetzen
importación [-θ-] F Einfuhr; **importador** M Importeur
importancia [-θi̯a] F Wichtigkeit, Bedeutung; **importante** wichtig, bedeutend
importar importieren, einführen; wichtig sein; *Summe* betragen; **no importa** das macht nichts
importe M Betrag
imposible unmöglich
impotencia [-θi̯a] F Machtlosigkeit; MED Impotenz; **impotente** machtlos, MED impotent
imprenta F Druckerei; Druck *m*
impresión F Druck *m*; Eindruck *m*; **impresionar** beeindrucken
impreso gedruckt; *m* Drucksache *f*; Formular *n*; **impresora** F Drucker *m*; **impresora láser** *f* Laserdrucker *m*
imprevisto unvorhergesehen
imprimir drucken
improvisación [-θ-] F Improvisation; **improvi-**

so unerwartet
imprudente unklug, unüberlegt
impuesto M Steuer *f*, Abgabe *f*; **impuesto sobre el valor añadido** Mehrwertsteuer *f*
impulsar antreiben; **impulsión** F Antrieb *m*; **impulso** M Stoß; Anregung *f*
impune straflos
inadecuado ungeeignet, unangemessen
inadmisible unzulässig
inadvertencia [-θĭa] F Unachtsamkeit
inalterable unveränderlich
inaudito unerhört
inauguración [-θ-] F Einweihung; Eröffnung; **inaugurar** einweihen; eröffnen
incapacidad [-θ-] F Unfähigkeit
incapaz [-θ] unfähig (**de** zu)
incendiar [-θ-] anzünden, in Brand setzen; **incendio** M Brand, Feuer *n*
incertidumbre [-θ-] F Ungewissheit; Unsicherheit
incidente [-θ-] M Zwischenfall
incienso [-θ-] M Weihrauch
incierto [-θ-] ungewiss, unsicher
incisivo [-θ-] einschneidend; **diente incisivo** *m* Schneidezahn
incitar [-θ-] anreizen (**a** zu)
inclinación [-θ-] F Neigung; **inclinado** geneigt, schräg
incluido beiliegend; inklusive, inbegriffen; **todo incluido** alles inklusive

incluso eingeschlossen; sogar
incomodar belästigen; **incomodarse** sich ärgern; sich mühen
incómodo unbequem
incomparable unvergleichlich
incompetente unfähig; unzuständig
incompleto unvollständig
incomprensible unbegreiflich
incomunicado isoliert
inconcebible [-θ-] unfassbar
inconsciente [-θ-] unbewusst
inconveniente unpassend; *m* Hindernis *n*; Nachteil
increíble unglaublich
incremento M Zunahme *f*; Erhöhung *f*
inculpar beschuldigen
inculto ungebildet
incurable unheilbar; *fig* unverbesserlich
indecente [-θ-] unanständig
indefenso wehrlos
indemnización [-θaθ-] F Schadenersatz *m*; Entschädigung; **indemnizar** entschädigen (**de** für)
independencia [-θĭa] F Unabhängigkeit; **independiente** unabhängig (**de** von)
India F Indien *n*; **indiano** M *reich gewordener spanischer Amerikaheimkehrer*
indicación [-θ-] F Angabe, Hinweis *m*; **indicador** M Anzeiger; Wegweiser; **indicar** zeigen; angeben
índice [-θe] M Anzeichen *n*; Zeigefinger; Inhalts-

verzeichnis *n*; Index
indicio [-θĭo] M Anzeichen *n*
indiferente gleichgültig
indígena [-x-] einheimisch; *m/f* Einheimische(r) *m/f(m)*
indigestión [-x-] F Verdauungsstörung; Magenverstimmung; **indigesto** unverdaulich
indignación [-θ-] F Entrüstung, Empörung; **indignarse** sich entrüsten; **indigno** unwürdig (**de** einer Sache)
indio indisch; *Amerika* indianisch; *m*, **-a** *f* Inder *m*, -in *f*; *Amerika* Indianer *m*, -in *f*
indirecta F Anspielung; **indirecto** indirekt
indiscutible unbestreitbar
indispensable unerlässlich
indispuesto unpässlich, unwohl
individual individuell; Einzel...; **individuo** M Person *f*; Individuum *n*
índole F Art, Natur
Indonesia F Indonesien *n*
indulgencia [-xenθĭa] F Nachsicht; REL Ablass *m*; **indultar** begnadigen; **indulto** M Begnadigung *f*
indumentaria F Kleidung
industria F Industrie; Gewerbe *n*; **industrial** industriell, Industrie...; *m/f* Industrielle(r) *m/f(m)*; Gewerbetreibende(r) *m/f(m)*
ineficacia [-θĭa] F Unwirksamkeit
inesperado unerwartet
inevitable unvermeidlich
inexperiencia [-θĭa] F Unerfahrenheit

inexplicable unerklärlich
infalible unfehlbar
infancia [-θĭa] F Kindheit; **infantil** kindlich, Kinder…; kindisch
infarto M Infarkt
infección [-θ-] F Infektion; **infeccioso** ansteckend
infeliz [-θ] unglücklich
inferior untere, Unter…; niedere; **inferior a** geringer als
infiel treulos; REL ungläubig
infiernillo [-ʎo] M (Spiritus)Kocher; **infierno** M Hölle *f*
infinidad F Unendlichkeit; **infinito** endlos, grenzenlos
inflación [-θ-] F Inflation
inflamable entzündlich, feuergefährlich; **inflamación** [-θ-] F Entzündung
inflar aufblasen; aufpumpen
influencia [-θĭa] F Einfluss *m*; **influir** beeinflussen; Einfluss haben (**en** auf); **influjo** [-xo] M Einfluss
información [-θ-] F Information, Auskunft; Nachricht; **informar** informieren, benachrichtigen (**sobre** *od* **de** über); **informarse** sich informieren; sich erkundigen (**de** nach)
informática F Informatik, EDV
informe M Bericht; Auskunft *f*
infracción [-θ-] F strafbare Handlung, Verstoß *m*
infusión F Aufguss *m*; Kräutertee *m*; **infusión de**

menta Pfefferminztee *m*
ingeniero [-x-] M Ingenieur *m*
ingenio [-x-] M Geist, Witz; Genie *n*
ingenuo [-x-] treuherzig, naiv
Inglaterra F England *n*
ingle F ANAT Leiste(ngegend)
inglés englisch; *m*, **inglesa** *f* Engländer *m*, -in *f*
ingratitud F Undankbarkeit; **ingrato** undankbar; unangenehm
ingrediente M Zutat *f*; Bestandteil
ingresar eintreten (**en** in); eingeliefert werden; *Geld* eingehen; **ingreso** M Eintritt; Einlieferung *f*; **ingresos** MPL Einnahmen *fpl*
inhabitado unbewohnt
inhumano unmenschlich
inicial [-θ-] Anfangs...; Anfangsbuchstabe; **inicializar** [-θĭaliθ-] IT hochfahren; **iniciar** [-θ-] anfangen; einführen (**en** in)
inimaginable [-x-] unvorstellbar
injuria [-x-] F Beleidigung; **injurioso** beleidigend
injusticia [-xustiθĭa] F Ungerechtigkeit; **injusto** ungerecht
inmediatamente sofort, unverzüglich; **inmediato** unmittelbar
inmejorable [-x-] unübertrefflich
inmigración [-θ-] F Einwanderung
inminente nahe bevorstehend; drohend
inmoral unmoralisch
inmortal unsterblich

inmóvil unbeweglich
inmueble M Gebäude *n*
inmuebles MPL Immobilien *pl*
inmune immun (**contra** gegen)
inmunodeficiencia [-θĭenθĭa] F Immunschwäche
innovación [-θ-] F Neuerung
inocencia [-θenθĭa] F Unschuld; **inocente** unschuldig; einfältig, naiv
inodoro geruchlos
inofensivo harmlos
inolvidable unvergesslich
inoportuno ungelegen
inoxidable rostfrei
inquietar [-kĭe-] beunruhigen; **inquieto** unruhig
inquilino [-ki-] M Mieter
insano ungesund; wahnsinnig
inscribir einschreiben; **inscribirse** sich anmelden; sich einschreiben
inscripción [-θ-] F Inschrift; Anmeldung
insecticida [-θ-] M Insektenschutzmittel *n*; **insecto** M Insekt *n*
inseguridad F Unsicherheit; **inseguro** unsicher; *Wetter* unbeständig
insensible unempfindlich, gefühllos (**a** gegen)
insignificante geringfügig
insinuar andeuten
insípido fade, geschmacklos
insistir bestehen, beharren (**en** auf)
insolación [-θ-] F Sonnenstich *m*

insolente unverschämt, frech
insólito ungewöhnlich; ungewohnt
insolvente zahlungsunfähig
insomnio M Schlaflosigkeit *f*
insoportable unerträglich
inspección [-θ-] F Kontrolle, Überprüfung; **inspección técnica de vehículos** *etwa* TÜV *m*
inspirar einatmen; *fig* inspirieren
instalación [-θ-] F Anlage; **instalar** einrichten, installieren
instantánea F Schnappschuss *m*; **instantáneo** augenblicklich; *Kaffee* löslich; **instante** M Augenblick; **al instante** sofort
instigar anstiften (**a** zu)
instinto M Instinkt, Trieb
institución [-θ-] F Institution; Einrichtung, Anstalt; **instituto** M Institut *n*; Gymnasium *n*
instrucción [-θ-] F Unterricht *m*; Bildung; Anweisung; JUR Untersuchung; **instrucciones** *fpl* **para el uso** Gebrauchsanweisung *f* **instructivo** lehrreich; **instruido** gebildet; **instruir** unterrichten; schulen
instrumento M Instrument *n*
insuficiente [-θ-] ungenügend
insulina F Insulin *n*
insultar beleidigen; beschimpfen; **insulto** M Beleidigung
insuperable unübertrefflich; unüberwindlich
intachable [-tʃ-] tadellos
integrar integrieren; bilden; **integridad** F Voll-

ständigkeit; Redlichkeit
íntegro vollständig; redlich
intelectual geistig, intellektuell; *m* Intellektuelle(r)
inteligencia [-xenθĭa] F Intelligenz, Verstand *m*; **inteligente** intelligent, klug
intención [-θ-] F Absicht
intensidad F Stärke; **intenso** stark, intensiv
intentar versuchen
intercambio M Austausch
interceder [-θ-] sich verwenden (**por** für)
interceptar [-θ-] *Post etc* abfangen
intercultural interkulturell
interés M Interesse *n*; Zins
interesado interessiert; beteiligt; eigennützig; **interesante** interessant; **interesar** interessieren
interior innere; Innen...; *m* Innere *n*; Inland *n*
interlocutor M Gesprächspartner
intermitente M AUTO Blinker; **luz** *f* **intermitente** Blinklicht *n*
internacional [-θ-] international
internauta M Internetsurfer
internet M Internet *n*
internista M/F Internist *m*, -in *f*
interno innere, innerlich
interpretar deuten, auslegen; dolmetschen; THEAT spielen
intérprete M/F Dolmetscher *m*, -in *f*; **hacer de intérprete** dolmetschen

interrogar aus-, befragen; **interrogatorio** M Verhör *n*
interrumpir unterbrechen
interruptor M TECH Schalter
intersección [-θ-] F Kreuzung
intervención [-θ-] F Vermittlung, Eingreifen *n*; MED Eingriff *m*; **intervenir** vermitteln, eingreifen; operieren
interviú F Interview *n*
intestino M Darm
íntimo intim, vertraut; *Freund* eng
intolerante unduldsam, intolerant
intoxicación [-θ-] F Vergiftung; **intoxicación alimenticia** Lebensmittelvergiftung
intranquilo [-ki-] unruhig
intransigente [-x-] unnachgiebig; unduldsam
intransitable unwegsam
intriga F Intrige
introducción [-θ-] F Einführung; Einleitung; **introducir** einführen
inundación [-θ-] F Überschwemmung
inútil nutzlos; unnötig; unbrauchbar
inválido invalide; ungültig; *m* Invalide(r)
invariable unveränderlich
invasión F Invasion; Eindringen *n*
invencible [-θ-] unbesiegbar
inventar erfinden; **invento** M Erfindung *f*
invernadero M Treibhaus *n*; **invernal** winterlich, Winter…
inversión F Umkehrung; WIRTSCH Investition, An-

lage; **inverso** umgekehrt; **invertir** umkehren; WIRTSCH investieren
invierno M Winter
invisible unsichtbar
invitación [-θ-] F Einladung; **invitado** M Gast; **invitar** einladen (a zu); auffordern (a zu)
ir gehen; fahren; reisen; *Weg* führen; *Farbe, Kleidung* stehen; **ir a** im Begriff sein zu; **ir a buscar** (ab)holen; **ir a caballo** reiten; **ir a pie** zu Fuß gehen; **ir en avión** fliegen; **ir en coche** (mit dem Auto) fahren; **ir bien** *Gesundheit* gut gehen; **ir por** holen (gehen); **irse** weggehen, -fahren
ira F Zorn *m*, Wut
Irak, **Iraq** M Irak;
Irán M Iran; **iraní** iranisch; *m/f* Iraner(in)
iraquí irakisch; *m/f* Iraker(in)
iris M BOT, ANAT Iris *f*
Irlanda F Irland *n*; **irlandés** irisch; *m*., **irlandesa** *f* Ire *m*, Irin *f*
ironía F Ironie; **irónico** ironisch
irradiación [-θ-] (Aus)Strahlung; MED Bestrahlung
irregular unregelmäßig
irresponsable unverantwortlich
irrevocable unwiderruflich
irrigación [-θ-] F Bewässerung; MED Spülung
irritable reizbar; **irritar** erregen; reizen
isla F Insel
isleño Insel...; *m* Inselbewohner
islote M kleine Insel
Israel M Israel *n*; **israelí** israelisch; *m/f* Israeli

Italia F Italien *n*; **italiano** italienisch; *m*, **-a** *f* Italiener *m*, -in *f*
itinerario M Reiseroute *f*; (Weg)Strecke *f*; *Buch* Reiseführer; **itinerario didáctico** (Natur)Lehrpfad
IVA ABK M (**Impuesto sobre el Valor Añadido**) MwSt. (Mehrwertsteuer)
izquierda [iθkĭer-] F linke Hand; POL Linke; **a la izquierda** (nach) links; **izquierdo** linke, links

J

jabalí [x-] M Wildschwein *n*
jabón [x-] M Seife *f*
jabonera [x-] F Seifenschale
jactarse [x-] prahlen (**de** mit)
jalea [x-] F Gelee *n*
jaleo [x-] M *umg* Radau; Wirrwarr
jamás [x-] nie(mals); jemals
jamón [x-] M Schinken; **jamón dulce** *od* **York** gekochter Schinken; **jamón serrano** roher Schinken
japón [x-] F Japan *n*; **japonés** [x-] japanisch; *m*, **japonesa** *f* Japaner *m*, -in *f*
jaque [xake] M Schach *n*
jaqueca [xake-] F Migräne
jarabe [x-] M Sirup
jardín [x-] M Garten; **jardín de infancia** Kindergar-

K

kart M Gokart; **karting** M Gokartfahren *n*
kayak M Kajak *n*
kéfir M Kefir
kilo M Kilo *n*; **kilogramo** M Kilogramm *n*
kilómetro M Kilometer; **kilómetros** *mpl* **por hora** Stundenkilometer
kilovatio M Kilowatt *n*
kiosko M Kiosk

L

la die, sie, Sie; ihr
labio M Lippe *f*
labor F Arbeit; **labor de gancho** Häkelarbeit; **laborable** urbar; **día** *m* **laborable** Werktag; **laboral** Arbeits...
laboratorio M Labor *n*
labrador M, **-a** F Bauer *m*, Bäuerin *f*
laca F Lack *m*; Haarspray *n*
lactosa F Laktose *f*; **sin lactosa** laktosefrei

ladera F (Ab)Hang *m*
lado M Seite *f*; Gegend *f*; **al lado** nebenan; daneben; **al lado de** neben; **por un lado ... por otro lado** einerseits ... andererseits
ladrar bellen
ladrillo [-ʎo] M Ziegel(stein)
ladrón M, **ladrona** F Dieb *m*, -in *f*
lago M See
lágrima F Träne
lamentar beklagen; bedauern
lamer (ab)lecken
lámina F Folie; (Farb)Tafel
lámpara F Lampe; **lámpara piloto** Kontrolllampe; **lámpara de pie** Stehlampe
lamprea F *Fisch* Lamprete
lana F Wolle
lancha [-tʃa] F Boot *n*, Kahn *m*
langosta F Languste; Heuschrecke; **langostino** M Riesenkrabbe *f*
lanzadera [-θ-] F Shuttle *n*
lanzar [-θ-] werfen, schleudern
lápiz [-θ] M (Blei)Stift; **lápiz de labios** Lippenstift; **lápiz de ojos** Kajalstift
largo lang; *m* Länge *f*; **largometraje** [-xe] M Spielfilm
lástima F Mitleid *n*; Bedauern *n*; **es una lástima que** schade, dass; **dar lástima** leidtun; **¡qué lástima!** wie schade!
lata F Büchse, (Konserven)Dose; **dar la lata** *umg* auf den Wecker fallen

lateral Seiten..., seitlich
latifundio M Großgrundbesitz
látigo M Peitsche *f*, (Reit)Gerte *f*
latino latinisch; lateinisch; **Latinoamérica** F Lateinamerika *n*; **latinoamericano** lateinamerikanisch
latitud F GEOG Breite
latón M Messing *n*
laurel M Lorbeer
lavable waschbar
lavabo M Waschbecken *n*, -raum; Toilette *f*; **lavacoches** [-tʃ-] M Wagenwaschanlage *f*; **lavado** M Waschen *n*; **lavadora** F Waschmaschine
lavandería F Wäscherei; **lavandería de autoservicio** Waschsalon *m*
lavaparabrisas M Scheibenwaschanlage *f*; **lavaplatos** M Tellerwäscher; Geschirrspülmaschine *f*
lavar waschen; *Geschirr* spülen; *Zähne* putzen; **lavar y marcar** *beim Friseur* waschen und legen
lavavajillas [-xiʎ-] M Geschirrspülmaschine *f*
laxante M Abführmittel *n*
le ihm, ihr, Ihnen; sie, Sie
leal ehrlich; treu, loyal
lección [-θ-] F Lektion; (Unterrichts)Stunde;
leche [-tʃe] F Milch; **leche bronceadora** Sonnenmilch; **leche condensada** Dosen-, Kondensmilch; **leche desnatada** Magermilch; **leche en polvo** Milchpulver *n*
lechón M Spanferkel *n*

lechuga [-tʃ-] F Kopfsalat *m*
lector M, **-a** F Leser *m*, -in *f*; **lectura** F Lektüre; Lesestoff *m*
leer lesen
legal gesetzlich, legal
legalizar [-θ-] beglaubigen
legitimarse [-x-] sich ausweisen
legítimo [-x-] gesetzlich, rechtmäßig
legumbre F Hülsenfrucht; Gemüse *n*
lejano [-x-] fern, entfernt
lejos [-x-] weit (entfernt); **a lo lejos** in der Ferne
lengua F Zunge; Sprache; **lengua extranjera** Fremdsprache; **lengua materna** Muttersprache
lenguado M Seezunge *f*
lenguaje [-xe] M Sprache *f*
lente F *opt* Linse; **lentes** *fpl* **de contacto** Kontaktlinsen
lenteja [-xa] F BOT Linse
lentilla [-ʎ-] F Kontaktlinse
lento langsam
leña [-ɲa] F Brennholz *n*
león M Löwe
lesión F Verletzung
letra F Buchstabe *m*; (Hand)Schrift
letrero M Schild *n*; Aufschrift *f*
levadura F Hefe
levantar (hoch-, er)heben; **levantarse** aufstehen, sich erheben
levante M Osten; Ostwind
leve leicht, geringfügig

ley F Gesetz *n*
leyenda F Legende, Sage
liar binden; wickeln; *Zigarette* drehen
liberación [-θ-] F Befreiung; **liberal** liberal, **liberar** befreien
libertad F Freiheit; **libertar** befreien
Libia F Libyen *n*; **libio** libysch; *m*, **-a** *f* Libyer *m*, -in *f*
libre frei
librería F Buchhandlung; **librero** M, **-a** F Buchhändler *m*, -in *f*
libreta F Notizbuch *n*; **libreta de ahorro** Sparbuch *n*
librillo [-ʎo] M Päckchen *n* Zigarettenpapier
libro M Buch *n*; **libro de bolsillo** Taschenbuch *n*
licencia [-θenθĭa] F Genehmigung, Erlaubnis; **licencia de pescar** Angelschein *m*
licor M Likör
líder M/F POL, *fig* Führer *m*, -in *f*
lidia F (Stier)Kampf *m*
liebre F Hase *m*
ligar (ver)binden; *fig umg* anbändeln
ligero [-x-] leicht; leichtfertig
ligue [-ge] M *umg* Anmache *f*; Techtelmechtel *n*
lija [-xa] Sand-, Schmirgelpapier *n*
lila lila; *f* Flieder *m*
lima F Feile; Limette, süße Zitrone
limitación [-θ-] F Beschränkung; **limitación de velocidad** Geschwindigkeitsbegrenzung
limitado beschränkt; knapp; **limitar** begrenzen,

beschränken
límite M Grenze *f*
limón M Zitrone *f*
limonada F Zitronenlimonade
limpiabotas M Schuhputzer; **limpiaparabrisas** M Scheibenwischer
limpiar reinigen, putzen, sauber machen; **limpieza** [-θa] F Sauberkeit; Reinigung; **limpio** sauber, rein
lindo hübsch, schön
línea F Linie; Zeile; TEL Leitung; **línea aérea** Fluglinie; **en línea** online
linterna F Taschenlampe
lío M Bündel *n*; Durcheinander *n*
liquidación [-kidaθ-] F Ausverkauf *m*
líquido [-ki-] flüssig; *m* Flüssigkeit *f*; **líquido de freno** Bremsflüssigkeit *f*
liso eben, glatt; *Stoff* uni
lisonja [-xa] F Schmeichelei
lista F Liste, Verzeichnis *n*; **lista de correos** postlagernd; **lista de hoteles** Hotelverzeichnis *n*
listo bereit, fertig; clever, schlau; **listo para cocinar** kochfertig
literatura F Literatur
litigio [-xĭo] M Streit
litro M Liter
llama [ʎ-] F Flamme; ZOOL Lama *n*
llamada [ʎ-] F Ruf *m*; Aufruf *m*; TEL Anruf *m*; **llamada de socorro** Hilferuf *m*
llamar rufen; nennen; *im Hotel* wecken; **llamar a la**

puerta läuten, klingeln; klopfen; **llamar la atención** auffallen; **llamar por teléfono** anrufen; **llamarse** heißen
llano [ʎ-] flach, eben; *m* Ebene *f*
llanta [ʎ-] F Felge
llanura [ʎ-] F Ebene
llave [ʎ-] F Schlüssel *m*; (Gas)Hahn *m*; (Licht)Schalter *m*; **llave de contacto** Zündschlüssel *m*; **llave de tuercas** Schraubenschlüssel *m*; **llave inglesa** TECH Engländer *m*
llavero M Schlüsselbund *m,n*, -ring
llegada [ʎ-] F Ankunft
llegar [ʎ-] ankommen (**a** in)
llenar [ʎ-] füllen; *Formular* ausfüllen; **llenar el depósito** volltanken
lleno [ʎ-] voll
llevar [ʎ-] tragen; (mit-, hin)bringen; *Kleidung* anhaben; *Bücher* führen; **llevarse** mitnehmen; **llevarsese bien** sich gut vertragen
llorar [ʎ-] weinen
llover [ʎ-] regnen
llovizna [ʎobiθna] F Nieselregen *m*
lluvia [ʎ-] F Regen *m*; **lluvia ácida** saurer Regen *m*; **lluvioso** regnerisch
lo das; *Wenfall* es, ihn; **lo que** (das) was
lobo M Wolf
local lokal, Orts...; *m* Lokal *n*; Raum
localidad F Ort *m*; THEAT Eintrittskarte; Sitzplatz *m*
loción [-θ-] F Lotion; **loción capilar** Haarwasser *n*

loco verrückt; *m* Irre
locomotora F Lokomotive
locura F Wahnsinn *m*
locutor M, **-a** F TV Sprecher *m*, -in *f*
lodo M Schmutz
lógico [-x-] logisch
lograr schaffen, fertigbringen
lomo M Lende *f*; *Tier, Buch* Rücken
lona F Segeltuch *n*
longaniza [-θa] F Schlackwurst
longitud [-x-] F *a.* GEOG Länge
lonja [-xa] F Scheibe *Wurst etc*; WIRTSCH Warenbörse
loro M Papagei
losa F Steinplatte; Fliese
lote M Los *n*; (Waren)Posten
loza [-θa] F Steingut *n*
lubri(fi)cante M Schmiermittel *n*
lucha [-tʃa] F Kampf *m*; Ringkampf *m*; **luchar** kämpfen
luciérnaga [-θ-] F Glühwürmchen *n*
lucio [-θĭo] M Hecht; **lucioperca** F Zander *m*
lucir [-θ-] leuchten, glänzen; **lucirse** sich auszeichnen; sich blamieren
lucrativo lohnend
luego nachher; dann; **desde luego** selbstverständlich
lugar M Ort, Stelle *f*; **lugar de nacimiento** Geburtsort; **en lugar de** statt; **en primer lugar** erstens; **tener lugar** stattfinden

lujo [-xo] M Luxus; **lujoso** luxuriös
luminoso leuchtend
luna F Mond *m*; Spiegelglas *n*; Glasscheibe; **luna de miel** Flitterwochen *fpl*; **luna llena** Vollmond *m*; **luna nueva** Neumond *m*
lunes M Montag
luneta F **luneta trasera** Heckscheibe
lustrar blank putzen; **lustre** M Glanz
luto M Trauer(kleidung) *f*; **estar de luto** trauern
Luxemburgo M Luxemburg *n*
luz [luθ] F Licht *n*; **luz corta** *od* **de cruce** Abblendlicht *n*; **luz larga** *od* **de carretera** Fernlicht *n*; **luz de población** Standlicht *n*; **luz trasera** Rück-, Schlusslicht *n*

M

macarrones MPL Makkaroni *pl*
macedonia [-θ-] F Obstsalat *m*
machista [-tʃ-] M Chauvi *umg*
macho [-tʃ-] M ZOOL Männchen *n*
macizo [-θiθo] M massiv; *m* (Berg)Massiv *n*
madera F Holz *n*
madrastra F Stiefmutter
madre F Mutter
madrina F (Tauf)Patin; Trauzeugin

madrugada F früher Morgen; **madrugar** früh aufstehen
maduro reif
maestría F Meisterschaft; **maestro** meisterhaft; *m*, **maestra** *f* Lehrer *m*, -in *f*; Meister *m*, -in *f*
mágico [-x-] magisch, Zauber…
magnetófono M Tonbandgerät *n*
magnífico herrlich, vorzüglich
magro mager; *m* mageres Fleisch
mahometano M Mohammedaner *dt. abwertend*
mail M E-Mail *f*; **mandar un mail** mailen; **mail-box** M Mailbox *f*
maíz [-θ] M Mais
majestad [-x-] F Majestät
majo [-xo] hübsch; sympathisch
mal schlecht, schlimm; böse; *m* Krankheit *f*, Leiden *n*; Übel *n*; **estoy mal** es geht mir schlecht; **menos mal** zum Glück, Gott sei Dank; **tomar a mal** übel nehmen
malaventura F Missgeschick *n*
maldición [-θ-] F Fluch *m*; **maldito** verflucht, verflixt
malecón M Damm; Mole *f*
malentendido M Missverständnis *n*
malestar M Unwohlsein *n*
maleta F Koffer *m*; **maleta trolley** Roll(en)koffer *m*; **maletero** M AUTO Kofferraum; **maletín** M Handkoffer
malgastar verschwenden
malicia [-θĭa] F Bosheit; **malicioso** boshaft;

maligno MED bösartig
malla [-ʎa] F Masche; (Ketten)Glied *n*
mallorquín [-ʎorkin] mallorquinisch; *m*, **mallorquina** *f* Mallorquiner *m*, -in *f*
malo schlecht, schlimm; böse
malsano ungesund; krankhaft
maltratar misshandeln
mamá F Mama, Mutti
manantial M Quelle *f*
mancha [-tʃa] F Fleck *m*; **manchar** beflecken, beschmutzen
manco einarmig, -händig
mandamiento M Gebot *n*
mandar (ver)schicken, senden; befehlen; **mandar por** holen lassen
mandarina F Mandarine
mandato M Befehl; POL Mandat *n*
mando M Kommando *n*; TECH Steuerung *f*; **mando a distancia** Fernbedienung; **cuadro** *m* **de mando** Armaturenbrett *n*
manecilla [-θiʎa] F (Uhr)Zeiger *m*
manejable [-x-] handlich; **manejar** handhaben; **manejo** M Handhabung *f*
manera F Art und Weise; Manier; **de manera que** sodass; also; **de ninguna manera** keineswegs, in keiner Weise
manga F Ärmel *m*; Schlauch *m*
mango M Stiel, Griff; Heft *n*; **manguera** [-ge-] F (Garten)Schlauch *m*
manicura F Maniküre

manifestación [-θ-] F Kundgebung, Demonstration; **manifestar** bekunden; äußern; **manifestarse** demonstrieren
maniobra F Handhabung; Manöver *n*; BAHN Rangieren *n*
maniquí [-ki] F Mannequin *n*
manitas FPL Händchen *npl*; **manitas de cerdo** GASTR Schweinsfüßchen *npl*
manivela F Kurbel
manjar [-x-] M Speise *f*
mano F Hand; **mano de obra** Arbeitskräfte *fpl*
manso sanft; *Tier* zahm; *Wasser* still
manta F Decke; **manta de lana** Wolldecke
manteca F Schmalz *n*, Fett *n*; **mantecado** M feines Buttergebäck *n*; Vanille-Sahne-Eis *n*
mantel M Tischtuch *n*, -decke *f*
mantener erhalten; instandhalten; **mantenerse** sich halten; **mantenimiento** M Unterhalt; Wartung *f*
mantequera [-ke-] F Butterdose; **mantequilla** [-kiʎa] F Butter
mantilla [-ʎa] F Mantille, Spitzenschleier *m*; **mantón** M Schultertuch *n*
manual manuell, Hand...; *m* Handbuch *n*; **trabajo** *m* **manual** Handarbeit *f*
manzana [-θ-] F Apfel *m*; Häuserblock *m*
manzanilla [-θaniʎa] F Kamille; *trockener* Sherry *m*
mañana [-ɲa-] morgen; *f* Morgen *m*, Vormittag *m*; **por la mañana** morgens, vormittags; **pasado ma-**

ñana übermorgen
mapa M (Land)Karte *f*; **mapa de carreteras** Straßen-, Autokarte *f*
maquillaje [-kiʎaxe] M Make-up *n*; Schminke *f*; **maquillarse** sich schminken
máquina [-ki-] F Maschine; **máquina expendedora** (Waren-, Fahrkarten)Automat *m*; **máquina fotográfica** Fotoapparat *m*; **máquina tocadiscos** Musikbox
maquinilla [-kiniʎa] F: **maquinilla de afeitar** Rasierapparat *m*
maquinista M/F Lokführer *m*, -in *f*
mar M,F Meer *n*, See *f*; **Mar del Norte** Nordsee *f*; **en alta mar** auf hoher See; **por mar** auf dem Seeweg
maravilla [-ʎa] F Wunder *n*; **maravilloso** wunderbar
marca F Marke; SPORT Rekord *m*
marcado M Markieren *n*; *Haare* Legen *n*; **marcado directo** TEL Kurzwahl *f*
marcapasos M MED (Herz)Schrittmacher
marcar kennzeichnen, markieren; TEL wählen; *Haar* legen; *Takt* schlagen
marcha [-tʃa] F Marsch *m*; AUTO Gang *m*; **marcha atrás** Rückwärtsgang *m*
marchar marschieren; **marcharse** weggehen; abfahren, -reisen
marea F Gezeiten *pl*; **marea alta** Flut; **marea baja** Ebbe; **marea negra** Ölpest
mareado seekrank; schwindlig; **marearse** see-

krank werden; schwindlig werden
marejada [-x-] F hoher Seegang
mareo M See-, Reise-, Luftkrankheit *f*; Übelkeit *f*
margarina F Margarine
marido M (Ehe)Mann
marina F Marine; **marinero** M Matrose
mariposa F Schmetterling *m*
mariscos MPL Meeresfrüchte *fpl*
marítimo See..., Meer...
mármol M Marmor
marquesina [-ke-] F Wartehäuschen *n*; Markise
marrón braun
marroquí [-ki] marokkanisch; *m/f* Marokkaner *m*, -in *f*; **marroquinería** F Lederwaren *fpl*
Marruecos M Marokko *n*
martes M Dienstag; **el martes** am Dienstag
martillo [-ʎo] M Hammer
marzo [-θo] M März
más mehr; zuzüglich; **más bien** eher, vielmehr; **más de, más que** mehr als; **más o menos** ungefähr; **más tarde** später; **a lo más** höchstens
masa F Masse, Menge; Teig *m*
masaje [-xe] M Massage *f*; **dar masaje a** massieren
masajista [-x-] M/F Masseur *m*, -in *f*
mascar kauen
máscara F Maske
masculino männlich
masticar kauen
mástil M Mast

matadero M Schlachthof. **matador** M *Stierkampf* Matador
matar töten; *Hunger* stillen; **matarse** umkommen, ums Leben kommen
mate matt; *m Schach* Matt *n*
matemáticas FPL Mathematik *f*
materia F Materie, Stoff *m*; **material** materiell, Sach...; *m* Material *n*
maternal mütterlich; **maternidad** F Mutterschaft; Entbindungsklinik; **materno** Mutter..., mütterlich
matinal morgendlich
matrícula F AUTO Kennzeichen *n*
matricularse sich einschreiben
matrimonio M Ehe *f*; Ehepaar *n*
máximo höchste; größte; Höchst...
mayo M Mai
mayonesa F Mayonnaise
mayor älter, älteste; größer, größte; **mayor de edad** volljährig
mayoría F Mehrheit; **la mayoría** die meisten
mazapán [-θ-] M Marzipan *n*
mazorca [-θ-] F Maiskolben *m*
me mir; mich
mecánico mechanisch, maschinell; *m*, **-a** *f* Mechaniker *m*, -in *f*
mecanismo M Mechanismus
mecanógrafa F Stenotypistin
mecedora [-θ-] F Schaukelstuhl *m*
mecha [-tʃa] F Docht *m*; Haarsträhne

mechado [-tʃ-] gespickt; *m* Spickbraten
mechero [-tʃ-] M Feuerzeug *n*
media F Strumpf *m*; Durchschnitt *m*
mediación [-θ-] F Vermittlung
mediado halb vergangen, Halb...; **a mediados de junio** Mitte Juni
mediana F AUTO Mittelstreifen *m*; **mediano** mittelmäßig; **medianoche** [-tʃe] F Mitternacht
mediante mittels, durch
medicamento M Medikament *n*; **medicina** [-θ-] F Medizin
médico ärztlich; *m*, **-a** *f* Arzt *m*, Ärztin *f*; **médico de urgencia** Notarzt
medida F Maß *n*; Maßnahme; **medida del talle** Taillenweite
medieval mittelalterlich
medio halb; Mittel...; *m* Mitte *f*; Mittel *n*; **medio ambiente** Umwelt *f*; **en medio de** mitten in; **por medio de** mittels; **medios** *mpl* **de transporte** Verkehrsmittel *npl*; **medios** *mpl* **de comunicación social** Massenmedien *npl*
mediodía M Mittag; Süden
medir messen
mediterráneo Mittelmeer...
Mediterráneo M Mittelmeer *n*
medium *Sherry* halbtrocken
médula F Mark *n*; **médula espinal** Rückenmark *n*
medusa F Qualle
mejicano [-x-] mexikanisch; *m*, **-a** *f* Mexikaner *m*, -in *f*; **Méjico** [-x-] M Mexiko *n*

mejilla [-xiʎa] F Backe, Wange
mejillón [-xiʎ-] M Miesmuschel *f*
mejor [-x-] besser, beste; am besten; **a lo mejor** womöglich; **mejora** [-x-] F Besserung
mejorana [-x-] F Majoran *m*
mejorar [-x-] verbessern; **mejorarse** sich bessern; besser werden; **¡que se mejore!** gute Besserung!
mellizo [-ʎiθo] M Zwilling
melón M (Honig)Melone *f*
membrillo [-ʎo] M Quitte *f*
memorable denkwürdig; **memoria** F Erinnerung; Gedächtnis *n*; IT Speicher *m*; **de memoria** auswendig; **memorizar** [-θ-] auswendig lernen; COMPUT speichern
memory stick F Memorystick *m*
mención [-θ-] F Erwähnung; **mencionar** erwähnen
mendigo M Bettler
menear schwenken; *Kopf* schütteln; *Schwanz* wedeln
menor geringer, geringste; jünger, jüngste; **menor de edad** minderjährig
menos weniger; abzüglich; **a las ocho menos diez** zehn vor acht (Uhr); **al menos, por lo menos** wenigstens
mensaje [-xe] M Botschaft *f*, Nachricht *f*; **mensaje corto** *od* **SMS** TEL SMS *f*; **mandar un mensaje SMS** simsen; **mensajero** M Bote
menstruación [-θ-] F Menstruation

mensual monatlich, Monats…
menta F Pfefferminze
mentalidad F Mentalität
mentir lügen; **mentira** F Lüge; **mentiroso** verlogen; *m* Lügner
menú M Menü *n*; Speisekarte *f*; **menú del día** Tagesmenü *n*; Tageskarte *f*
menudillos [-ʎ-] MPL Geflügelklein *n*
menudo klein; **a menudo** oft, häufig
meñique [-ɲike] M kleiner Finger
mercado M Markt; Marktplatz; **mercado cubierto** Markthalle *f*
mercancía [-θ-] F Ware; **mercantil** Handels…, Geschäfts…
mercería [-θ-] F Kurzwaren(geschäft) *fpl*(*n*)
merecer [-θ-] verdienen; wert sein
merendero M Ausflugslokal *n*
meridiano M Meridian; **meridional** südlich
merienda F Nachmittagsimbiss *m*
mérito M Verdienst *n*
merluza [-θa] F Seehecht *m*
mermelada F Marmelade
mes M Monat; **al mes** monatlich; *umg* **está con el mes** sie hat ihre Tage
mesa F Tisch *m*; GEOG Hochebene; **poner la mesa** den Tisch decken; **quitar la mesa** den Tisch abdecken
meseta F Hochebene
mesón M Speiselokal *n*; Wirtshaus *n*
meta F Ziel *n*; SPORT Tor *n*; *m* Torwart

metal M Metall *n*
meteorológico [-x-] Wetter…
meter (hinein)stellen, -legen; **meterse** sich einmischen
método M Methode *f*; Lehrbuch *n*
metro M Meter; U-Bahn *f*; **metro plegable** Zollstock
metrópoli F Großstadt
mexicano [-x-] mexikanisch *m*, **-a** *f* Mexikaner *m*, -in *f*; **México** [-x-] M Mexiko *n*
mezcla [-θ-] F Mischung; **mezclar** mischen
mezquita [-θki-] F Moschee
mi mein(e); **mí** mir; mich
microbio M Mikrobe *f*
microbús M Kleinbus
micrófono M Mikrofon *n*
microonda F Mikrowelle
microscopio M Mikroskop *n*
miedo M Angst *f*, Furcht *f*
miel F Honig *m*
miembro M Mitglied *n*; Glied *n*
mientras während, solange; **mientras tanto** inzwischen
miércoles M Mittwoch
mil tausend
milagro M Wunder *n*
milicia [-θĭa] F Miliz *n*
militar militärisch, Militär…; *m* Soldat
milla [-ʎa] F Meile; **milla marina** Seemeile
millón [-ʎ-] M Million *f*

mina F *a. Kugelschreiber* Mine; Bergwerk *n*
mineral Mineral...; *m* Mineral *n*
minero Bergbau...; *m* Bergmann
minifalda F Minirock *m*
minigolf M Minigolf *n*
mínimo kleinste; Mindest...
ministerio M Ministerium *n*; **ministro** M, **-a** F Minister *m*, -in *f*
minoría F Minderheit
minutero M Minutenzeiger; **minuto** M Minute *f*
mío mein; **es mío** das gehört mir
miope kurzsichtig
mirada F Blick *m*; **mirador** M Aussichtspunkt
mirar (an)sehen, (an)schauen
mirlo M Amsel *f*
misa F REL Messe
miserable elend; knauserig; **miseria** F Elend *n*
mismo selbst; gleich; **el mismo** derselbe, der gleiche; **me da lo mismo** das ist mir gleich
misterio M Geheimnis *n*; Rätsel *n*; **misterioso** geheimnisvoll; rätselhaft
mitad F Hälfte
mitin M POL Versammlung *f*
mixto gemischt
mochila [-tʃ-] F Rucksack *m*
moda F Mode
modales MPL Manieren *fpl*
modelo M Modell *n*; Vorbild *n*; *f* Mannequin *n*
modem M Modem *n*
moderado gemäßigt; **moderar** mäßigen

modernizar [-θ-] modernisieren; **moderno** modern
modestia F Bescheidenheit; **modesto** bescheiden
módico mäßig; gering
modista F Modistin; Schneiderin; **modisto** M Damenschneider
modo M Art *f* und Weise *f*; **modo de empleo** Gebrauchsanweisung *f*; **de modo que** sodass; a so; **de todos modos** auf alle Fälle, jedenfalls
moho M Rost; BOT Schimmel
mojado [-x-] nass, feucht; **mojar** anfeuchten, nass machen; eintunken; **mojarse** nass werden
molde M (Back-, Guss)Form *f*
moler mahlen
molestar belästigen; stören; **molestarse** sich bemühen; **molestia** F Belästigung; Mühe
molinero M, **-a** Müller *m*, -in *f*; **molinillo** [-ʎo] M (Kaffee-, Pfeffer)Mühle *f*; **molino** M Mühle *f*
momentáneo augenblicklich; **momento** M Augenblick, Moment
mona F Äffin; *fig* Rausch *m*
monaguillo [-giʎo] M Ministrant
monarquía [-kia] F Monarchie
monasterio M Kloster *n*
moneda F Münze, Geldstück *n*; Währung; **monedero** M Geldbeutel
monitor M Monitor; SPORT Lehrer
monja [-xa] F Nonne; **monje** M Mönch
mono hübsch; *m* Affe; Overall

monopolio M Monopol *n*
monótono monoton
monstruo M Ungeheuer *n*; Monstrum *n*
montador M, **-a** F Monteur *m*, -in *f*
montaña [-ɲa] F Gebirge *n*; **montaña rusa** Achterbahn
montañés [-ɲ-] M Gebirgsbewohner; **montañismo** M Bergsteigen *n*; **montañoso** bergig, gebirgig
montar montieren, aufstellen; **montar a caballo** reiten; **montar en bicicleta** Rad fahren
monte M Berg; Wald
montón M Haufen; **del montón** nichts Besonderes
montura F Reittier *n*, -zeug *n*; *Brille* Fassung
monumento M Denkmal *n*; Bauwerk *n*; **monumentos** MPL Sehenswürdigkeiten *fpl*
moqueta [-ke-] F Teppichboden *m*
mora F Brombeere; Maulbeere; **morado** dunkelviolett
moral moralisch; *f* Moral
morcilla [-θiʎa] F Blutwurst
morder beißen; **mordisco** M Biss; Bissen
moreno *Haut, Haar* dunkel; brünett
morería F maurisches Stadtviertel
morir sterben; **morirse** sterben; **morirse de risa** sich totlachen
mortal sterblich; tödlich; **mortalidad** F Sterblichkeit
mortero M Mörser; Mörtel

mosaico M Mosaik *n*
mosca F Fliege
moscatel M Muskateller(wein)
mosquito [-ki-] M Moskito, (Stech)Mücke *f*
mostaza [-θa] F Senf *m*
mostrador M Ladentisch; Theke *f*
mostrar zeigen
motel M Motel *n*
motivo M Grund, Anlass; Motiv *n*
moto F *umg*, **motocicleta** [-θ-] F Motorrad *n*; **motociclista** M/F Motorradfahrer *m*, -in *f*
motor M Motor; **motor de inyección** Einspritzmotor; **motor trasero** Heckmotor
motorismo M Motorsport; **motorista** M/F Kraftfahrer *m*, -in *f*
mover bewegen; **moverse** sich bewegen; **movible** beweglich
móvil beweglich; *m* Beweggrund; Handy *n*; **móvil prepago** Prepaidhandy
movimiento M Bewegung *f*. Verkehr, Betrieb
mozo [-θo] M Bursche; Kellner
MP3 [emepetres] M (**reproductor de**) **MP3** MP3--Player
muchacha [-tʃatʃa] F Mädchen *n*; Hausmädchen *n*; **muchacho** M Junge; junger Mann
muchedumbre [-tʃ-] F Menschenmenge
mucho [-tʃ-] viel; sehr
mucosa F Schleimhaut
mudar ändern; **mudarse (de casa)** umziehen; **mudarse (de ropa)** sich umziehen

mudo stumm
muebles MPL Möbel *npl*
muela F (Backen)Zahn *m*
muelle [-ʎe] M Mole *f*; (Sprung)Feder *f*
muerte F Tod *m*; **muerto** tot; *m* Tote(r)
muesli M Müsli *n*
muestra F Muster *n*
mujer [-x-] F Frau
mula F Maultier *n*; **muleta** F Krücke; *Stierkampf* Muleta, rotes Tuch; **mulo** M Maulesel
multa F Geldbuße; Strafzettel *m*
multimedia Multimedia…
multinacional [-θ-] F Multi *m*
multitud F Menge
mundial Welt…; *m* Weltmeisterschaft *f*; **mundo** M Welt *f*; **todo el mundo** alle; die ganze Welt
Munich [-k] M München *n*
municipal [-θ-] Gemeinde…, Stadt…; **municipio** M Gemeinde *f*; Rathaus *n*
muñeca [-ɲ-] F Puppe; Handgelenk *n*
mural Mauer…, Wand…; **muralla** [-ʎa] F Stadtmauer; **muro** M Mauer *f*; Wand *f*
músculo M Muskel
museo M Museum *n*
música F Musik; Noten *fpl*; Musikerin; **music-hall** M Varieté *n*; **músico** musikalisch; Musik…; *m* Musiker
muslo M Oberschenkel; GASTR Keule *f*
musulmán M, **musulmana** F Moslem *m*, Moslemin *f*

mutilar verstümmeln
mutuo gegenseitig
muy sehr

N

nácar M Perlmutt *n*
nacer [-θ-] geboren werden; *Fluss* entspringen
nachos [-tʃ-] MPL Maischips *pl*
nacimiento M Geburt *f*
nación [-θ-] F Nation; Volk *n*; **nacional** [-θ-] National..., staatlich, Landes...; einheimisch; **nacionalidad** F Staatsangehörigkeit
nada nichts; gar nicht, keineswegs; **¡de nada!** bitte sehr!, keine Ursache!
nadador M, **-a** F Schwimmer *m*, -in *f*
nadar schwimmen
nadie niemand
naipe M (Spiel)Karte *f*
naranja [-xa] orange(farben); F Apfelsine; **naranjada** F Orangenlimonade
narcosis F Narkose
nariz [-θ] F Nase
narrar erzählen
nata F Sahne, Rahm *m*; **nata batida** *od* **montada** Schlagsahne

natación [-θ-] F Schwimmen *n*
natal heimatlich, Geburts...
natillas [-ʎ-] FPL Cremespeise *f*
natural natürlich; *m* Naturell *n*; **natural de** (gebürtig) aus
naturaleza [-θa] F Natur, Wesen *n*
naufragio [-xĭo] M Schiffbruch
náuseas FPL Übelkeit *f*
náutico nautisch; Segel...; Wasser...
navaja [-xa] F Taschenmesser *n*; **navaja de afeitar** Rasiermesser *n*
naval See..., Schiffs...
nave F Schiff *n*; Halle; Kirchenschiff *n*; **nave transversal** Querschiff *n*; **navegación** [-θ-] F Schifffahrt; **navegador** M Navi(gationsgerät) *n*; **navegar** (zur See) fahren; IT surfen; **navegar a vela** segeln
Navidad F Weihnachten *n*
nebuloso neblig, dunstig
necesario [-θ-] notwendig, nötig; **neceser** M Necessaire *n*; **necesidad** F Notwendigkeit; **necesitar** brauchen
neerlandés niederländisch; *m*, **neerlandesa** *f* Niederländer *m*, -in *f*
negación [-θ-] F Verneinung; **negar** verneinen; leugnen; abschlagen; **negarse** sich weigern (a zu); **negativa** F Absage; **negativo** negativ; *m* FOTO Negativ *n*
negociación [-θĭaθ-] F Verhandlung; **negociante** M/F Geschäftsmann *m*, -frau *f*; **negocio**

M Geschäft *n*
negro schwarz; *m* Schwarze(-)
nena F kleines Mädchen; **nene** M kleines Kind; kleiner Junge
nervio M Nerv; **nervioso** nervös
neumático Luft...; Pressluft...; *m* AUTO Reifen
neumonía F Lungenentzündung
neuralgia [-xĭa] F Neuralgie; **neurólogo** M, **neuróloga** F Neurologe *m*, -in *f*
nevada F Schneefall *m*; **nevar** schneien; **nevera** F Kühlschrank *m*; **nevera portátil** Kühltasche
ni auch nicht; **ni ... ni** weder ... noch; **ni mucho menos** keineswegs
Nicaragua F Nicaragua *n*
nicaragüense nicaraguanisch; *m/f* Nicaraguaner *m*, -in *f*
nido M Nest *n*
niebla F Nebel *m*
nieto M, **-a** F Enkel *m*, -in *f*
nieve F Schnee *m*
ningún kein; **ninguno** keiner; niemand
niña [-ɲa] F kleines Mädchen; **niñera** F Kindermädchen *n*; **niñez** [-ɲeθ] F Kindheit; **niño** M Kind *n*; kleiner Junge
níspero M Mispel *f*
nítido klar; FOTO scharf
nivel M Niveau *n*; **nivel del aceite** Ölstand; **nivel del mar** Meeresspiegel
no nein; nicht; kein; **no más que** nur
n° ABK (**número**) Nr.; **n° del vuelo** Flugnummer F

noble adlig; edel; **nobleza** [-θa] F Adel *m*
noche [-tʃe] F Nacht; später Abend; **¡buenas noches!** guten Abend!; gute Nacht!; **de noche, por la noche** abends; nachts
Nochebuena [-tʃ-] F Heiligabend *m*; **Nochevieja** [-xa] F Silvesternacht
noción [-θ-] F Begriff *m*; **nociones** *fpl* Kenntnisse
nocivo [-θ-] schädlich
nocturno nächtlich, Nacht…
nombrado berühmt; **nombramiento** M Ernennung *f*; **nombrar** ernennen; **nombre** M Vorname; Name
nopal M Feigenkaktus
norma F Regel, Norm; **normas** *fpl* **de circulación** Verkehrsregeln
normal normal
norte M Norden; **norteamericano** nordamerikanisch
Noruega F Norwegen *n*; **noruego** norwegisch; *m*, **-a** *f* Norweger *m*, -in *f*
nos uns; **nosotros** wir
nota F Notiz; Note; Rechnung
notable beträchtlich; hervorragend
notar bemerken, wahrnehmen; **notario** M Notar
noticia [-θĭa] F Nachricht; **noticiario** M TV Nachrichten *fpl*
novedad F Neuheit; Neuigkeit
novela F Roman *m*; **novela policíaca** Krimi (-nalroman) *m*; **novelista** M/F Romanschriftsteller *m*, -in *f*

noventa neunzig
noviembre M November
novio M, **novia** F Verlobte; (fester Freund *m*, (feste) Freundin *f*
nube F Wolke; **nube de ceniza (volcánica)** (Vulkan)Aschewolke; **nublado** bewölkt; **nuboso** wolkig
nuca F Nacken *m*
nuclear Kern...
nudillo [-ʎo] M Fingerknöchel
nudismo M FKK *f*; Nacktbaden *n*
nudo M Knoten
nuera F Schwiegertochter
nuestro unser
Nueva York F New York *n*
Nueva Zelanda [-θ-] F Neuseeland *n*
nueve neun
nuevo neu; **de nuevo** wieder, nochmals
nuez [-θ] F (Wal)Nuss; **nuez moscada** Muskatnuss
nulo null, ungültig
número M Zahl *f*; Nummer *f*; **número de la habitación** Zimmernummer *f*; **número del móvil, del celular** Handynummer *f*; **número secreto** Geheimnummer *f*; **número del vuelo** Flugnummer *f*
numeroso zahlreich; *Familie* kinderreich
nunca nie(mals); **nunca más** nie mehr
nutritivo nahrhaft
ñame [ɲ-] M Jamswurzel
ñoqui [ɲ-] M Gnocchi *pl*

O

o oder; **o … o** entweder … oder; **o sea** das heißt
oasis M Oase *f*
obedecer [-θ-] gehorchen
obispo M Bischof
objetivo [-x-] objektiv; *m* FOTO Objektiv *n*; **objetivo granangular** Weitwinkelobjektiv *n*
objeto M Gegenstand; Ziel *n*, Zweck; **objetos** *mpl* **de valor** Wertsachen *fpl*, -gegenstände
oblicuo schräg
obligación [-θ-] F Pflicht; **obligar** verpflichten; zwingen (a zu); **obligatorio** Pflicht…, obligatorisch
obra F Werk *n*; **obras** *fpl* Bauarbeiten, -stelle *f*
obrar (be)wirken; handeln; **obrero** Arbeiter…; *m*, **-a** *f* Arbeiter *m*, -in *f*
obsequio [-kĭo] M Geschenk *n*; Gefälligkeit *f*
observar beobachten; befolgen
obstáculo M Hindernis *n*
obstinado hartnäckig, eigensinnig
obstrucción [-θ-] F Verstopfung
obtener erhalten, erlangen
obturador M FOTO Verschluss
oca F Gans
ocasión F Gelegenheit; **con ocasión de** anlässlich

occidental [-θ-] westlich, West...; **occidente** M Westen; **Occidente** Abendland *n*
océano [oθ-] M Ozean
ochenta [otʃ-] achtzig
ocho acht
ocio [oθĭo] M Freizeit *f*; Muße *f*
octavilla [-ʎa] F Flugblatt *n*
octubre M Oktober
oculista M/F Augenarzt *m*, -ärztin *f*
ocultar verbergen; verheimlichen
ocupación [-θ-] F Beschäftigung; Besetzung; **ocupado** besetzt; **ocupante** M/F Fahrgast *m*, Insasse *m*; **ocupar** beschäftigen; besetzen; **ocuparse** sich beschäftigen (**de** mit); sich kümmern (**de, en** um)
ocurrencia [-θĭa] F Einfall *m*; Gelegenheit; **ocurrir** geschehen, passieren; **no se me ocurre** es fällt mir nicht ein
odiar hassen; **odio** M Hass
oeste M Westen
ofender beleidigen; **ofensa** F Beleidigung
oferta F Angebot *n*; **oferta especial** Sonderangebot *n*
oficial [-θ-] amtlich; offiziell; *m* Offizier; Geselle
oficina [-θ-] F Büro *n*; Amt *n*; **oficina de objetos perdidos** Fundbüro *n*; **oficina de turismo** Fremdenverkehrsbüro *n*, Touristeninformation *f*
oficio [-θĭo] M Handwerk *n*, Beruf; **oficio divino** Gottesdienst
ofrecer [-θ-] anbieten; bieten

oftalmólogo M, **-a** F Augenarzt *m*, -ärztin *f*
oído M *inneres* Ohr *n*; Gehör *n*; **dolor** *m* **de oídos** Ohrenschmerzen *mpl*; **oír** hören
ojalá [ox-]: **¡ojalá!** hoffentlich!
ojeada [ox-] F Blick *m*
ojo [oxo] M Auge *n*; Öhr *n*; **¡ojo!** Vorsicht!; **ojo de buey** Bullauge *n*
ola F Welle, Woge
olé: **¡olé!** bravo!
oleaje [-xe] M Seegang
óleo M *Malerei* Ölbild *n*
oleoducto M Pipeline *f*
oler riechen (a nach)
Olimpíada F Olympiade
oliva F Olive; **olivo** M Ölbaum
olla [oʎa] F Topf *m*; GASTR Eintopf *m*
olmo M Ulme *f*
olor M Geruch; **oloroso** wohlriechend
olvidar vergessen; verlernen; **olvidarse de** vergessen
ombligo M Nabel
omitir aus-, unterlassen; übergehen
ómnibus M Omnibus; **tren** *m* **ómnibus** Personen-, Bummelzug
once [-θe] elf
onda F (Licht-, Schall)Welle; **onda corta** Kurzwelle
opaco undurchsichtig
ópera F Oper
operación [-θ-] F Operation; **operador** M *Kino* Vorführer; *Film* Kameramann; **operar** operieren

ópereta F Operette
opinar meinen; **opinión** F Meinung
oponerse sich widersetzen
oporto M Portwein
oportunidad F Gelegenheit, Chance; **oportuno** gelegen; zweckmäßig
óptico optisch; *m*, **-a** *f* Optiker *m*, -in *f*
optimismo M Optimismus
opuesto entgegengesetzt
oración [-θ-] F Gebet *n*
oral mündlich
orden M Ordnung *f*; *f* Befehl *m*; WIRTSCH Auftrag *m*; REL Orden *m*
ordenador M Computer; **ordenador de mano** Handheld *m,n*; **ordenador personal** PC; **ordenador portátil** Laptop
ordenar ordnen; anordnen
oreja [-xa] F Ohr *n*
orfebre M/F Goldschmied *m*, -in *f*
organización [-θaθ-] F Organisation; **organizar** organisieren; veranstalten
órgano M Orgel *f*; Organ *n*
orgullo [-ʎo] M Stolz; **orgulloso** stolz, hochmütig
orientación [-θ-] F Orientierung
oriental östlich, Ost…
orientar orientieren, richten
oriente M Osten; Orient
orificio [-θĭo] M Öffnung *f*, Loch *n*
origen [-x-] M Herkunft *f*, Ursprung

original [-x-] M Original *n*; **originario** gebürtig (de aus)
orilla [-ʎa] F Ufer *n*; Rand *m*
orín M Rost
orina F Harn *m*
ornamento M Ornament *n*
oro M Gold *n*; **oro de ley** Feingold *n*
ortopedista M/F Orthopäde *m*, -in *f*
oruga F *a.* TECH Raupe
os euch
oscuridad F Dunkelheit; **oscuro** dunkel; **verde oscuro** dunkelgrün
oso M Bär; **oso panda** Pandabär
ostensible offensichtlich, deutlich
ostra F Auster
otoño [-ɲo] M Herbst
otorrino M/F, **otorrinolaringólogo** M, **-a** F Hals-Nasen-Ohren-Arzt *m*, -Ärztin *f*
otro (ein) ander(er); noch ein(er); **el otro día** neulich
oveja [-xa] F Schaf *n*
oxidarse rosten
oxígeno [-x-] M Sauerstoff
oyente M/F (Zu)Hörer *m*, -in *f*

P

pabellón [-ʎ-] M Pavillon; *Messe* Halle *f*
pacer [-θ-] weiden
paciencia [-θĭenθĭa] F Geduld; **paciente** geduldig; *m/f* Patient *m*, -in *f*
pacífico [-θ-] friedlich; friedfertig; **Pacífico** *m* GEOG Pazifik
pacifista [-θ-] Friedens…; *m/f* Pazifist *m*, -in *f*
pacotilla [-ʎa] F Schund *m*
padecer [-θ-] leiden (an); erleiden
padrastro M Stiefvater
padre M Vater; REL Pater; **padres** *mpl* Eltern *pl*
padrino M (Tauf)Pate; Trauzeuge
paella [-ʎa] F *Reisgericht* Paella
pagadero zahlbar; **pagar** (be)zahlen
página [-x-] F (Buch)Seite
pago M Zahlung *f*; **pago a cuenta** Anzahlung; **pago a plazos** Ratenzahlung
país M Land *n*; Heimat *f*
paisaje [-xe] M Landschaft *f*
paisano M Bauer; Zivilist; Landsmann
Países Bajos MPL [-x-] Niederlande *pl*
paja [-xa] F Stroh *n*; Strohhalm *m*
pájaro [-x-] M Vogel
palabra F Wort *n*; Versprechen *n*

palacio [-θĭo] M Palast, Schloss *n*
paladar M Gaumen
palanca F Hebel *m*; **palanca de marcha** Schalthebel *m*
palco M THEAT Loge *f*
pálido blass, bleich
palillo [-ʎo] M Zahnstocher; (Ess)Stäbchen *n*
palma F Handfläche; **palmera** F Palme; **palmito** M Palmenherz *n*
palo M Stock; **palo de golf** Golfschläger; **palos** *mpl* Prügel *pl*
paloma F Taube
palomitas FPL Popcorn *n*
palpar befühlen; **palpitación** [-θ-] F (Herz)Klopfen *n*
pan M Brot *n*; **pan integral** Vollkornbrot *n*; **pan rallado** Paniermehl *n*
pana F Cord(samt) *m*
panadería F Bäckerei; **panadero** M, **-a** F Bäcker *m*, -in *f*
Panamá M Panama; **panameño** panamaisch; *m*, **-a** *f* Panamaer *m*, -in *f*
panda M Panda
pandemia F Pandemie
panecillo [-θiʎo] M Brötchen *n*
pánico M Panik *f*
panoja [-xa] F Maiskolben *m*
panorama M Aussicht *f*, -blick
pantalla [-ʎa] F Lampenschirm *m*; Bildschirm *m*; *Kino* Leinwand; **pantalla plana** Flachbildschirm *m*

pantalón M Hose *f*
pantano M Sumpf; Stausee
pantorrilla [-ʎa] F Wade
panty M Strumpfhose *f*
pañal [-ɲ-] M Windel *f*
pañuelo [-ɲ-] M Taschen-, Halstuch *n*
papá M Papa, Vati
papa M Papst
papel M Papier *n*; *fig* Rolle *f*; **papel higiénico** Toilettenpapier *n*; **papel pintado** Tapete *f*
papelera F Papierkorb *m*; **papelerapelería** F Schreibwarengeschäft *n*
papilla [-ʎ-] F Brei *m*
papillotes [-ʎ-] MPL Lockenwickler
paquete [-ke-] M Paket *n*; Packung *f*; **paquete turístico** Pauschalarrangement *n*
par *Zahl* gerade; *m Gegenstände* Paar *n*
para für, bis, nach; um zu; **¿para cuándo?** bis wann?; **para que** damit; **¿para qué?** wofür?, wozu?
parabrisas M Windschutzscheibe *f*
paracaídas M Fallschirm
parachoques [-tʃokes] M Stoßstange *f*
parada F Aufenthalt *m*; Haltestelle; **parada discrecional** Bedarfshaltestelle
parado M Arbeitslose(r)
parador M *staatliches* Hotel *n*
paraguas M Regenschirm; *fig* Schutzschirm
Paraguay M Paraguay *n*; **paraguayo** paraguayisch; *m*, **-a** *f* Paraguayer *m*, -in *f*
parálisis F Lähmung; **paralítico** gelähmt

paraninfo M Aula *f*, Festsaal
parar anhalten, stoppen; *Motor etc* abschalten; aufhören (**de** zu)
parasol M Sonnenschirm; Sonnenblende *f*
parche [-tʃe] M MED Pflaster *n*; Flicken
parcial [-θ-] teilweise, Teil…; parteiisch
pardo braun
parecer [-θ-] scheinen, aussehen wie; *m* Meinung *f*; **¿qué le parece?** was meinen Sie (dazu)?; **parecerse a** ähneln
parecido [-θ-] ähnlich
pared F Wand; Mauer
pareja [-xa] F Paar
pariente M/F Verwandte
parking M Parkplatz, -haus *n*
paro M Arbeitslosigkeit *f*
párpado M Lid *n*
parque [-ke] M Park; **parque de atracciones** Vergnügungspark, **parque infantil** Kinderspielplatz; **parque nacional** Nationalpark
parquímetro [-ki-] M Parkuhr *f*
parrilla [-ʎa] F Grill *m*; Grillroom *m*; **a la parrilla** gegrillt; **parrillada** F Grillplatte; Grillparty
párroco M Pfarrer
parroquia [-kĭa] F Pfarrkirche; Gemeinde; **parroquiano** [-kĭa-] M Gemeindemitglied *n*; Stammkunde
parte F (An)Teil *m*; Seite; **de parte de** von, seitens, im Namen; **en parte** zum Teil, teilweise; **en ninguna parte** nirgends; **en todas partes** überall; **por**

una parte ... **por otra (parte)** einerseits... andererseits
participante [-θ-] M/F Teilnehmer *m*, -in *f*
particular besondere; privat
partida F Abreise; WIRTSCH Posten; Urkunke; *Spiel* Partie
partido M Partei *f*; Spiel *n*, Match *n*
partir (zer)teilen; weg-, abfahren (**para** nach); starten; **a partir de** (von ...) ab
parto M Entbindung *f*, Geburt *f*
pasa F Rosine
pasado vergangen; *m* Vergangenheit *f*; **pasado mañana** übermorgen
pasaje [-xe] M Durchgang; Passage *f*; **pasaje de avión** (Flug)Ticket *n*; **pasajero** vorübergehend; *m* Passagier
pasaporte M (Reise)Pass
pasar vorbeifahren, -kommen, -gehen; geschehen; *Zeit* verbringen; **pasar por** fahren über; **¡pase!** herein!; **pasatiempo** M Zeitvertreib
Pascua F Ostern *n*; **Pascua de Navidad** Weihnachten *n*; **¡felices Pascuas!** frohes Fest!
pase M Freikarte *f*; Passierschein; SPORT Pass; **pasear(se)** spazieren gehen; **paseo** M Spaziergang; Promenade *f*; **dar un paseo** spazieren gehen
pasillo M Gang, Korridor
pasión F Leidenschaft; REL Passion
paso M Schritt; Durchfahrt *f*; Bergpass; **paso cebra** Zebrastreifen; **paso inferior** Unterführung *f*; **paso a nivel** Bahnübergang; **paso de peatones** Fußgän-

gerüberweg; **estar de paso** auf der Durchreise sein
pasta F Paste; Teig *m*; **pastas** FPL Teigwaren; Gebäck *n*; **pastas alimenticias** Teigwaren
pastel M Kuchen; **pastelería** F Konditorei
pastilla [-ʎa] F Plätzchen *n*; Tablette; *Schokolade* Tafel; *Seife* Stück *n*
pastor M Hirte; *evangelischer* Pfarrer; **pastor alemán** deutscher Schäferhund
pata F Pfote; (Stuhl-, Tisch)Bein *n*
patata F Kartoffel; **patatas** *pl* **fritas** Kartoffelchips *mpl*; Pommes *pl* frites
paté M Pastete *f*
paternal väterlich; **paterno** Vater...
patín M Schlittschuh; **patín acuático** Tretboot *n*; **patín de ruedas** Rollschuh
patinar Schlittschuh *bzw* Rollschuh laufen; **patinete** M (Kinder)Roller
pato M Ente *f*
patria F Vaterland *n*; Heimat
patrón, **patrono** M, **patrona** F Schutzheilige; (Gast)Wirt *m*, -in *f*; Arbeitgeber *m*, -in *f*
pausa F Pause
pavimento M Bodenbelag; (Straßen)Pflaster *n*
pavo M Puter, Truthahn; **pavo real** Pfau
payaso M Clown
paz [paθ] F Frieden *m*
peaje [-xe] M Autobahngebühr *f*; **peaje para camiones** Lkw-Maut *f*; **de peaje** gebührenpflichtig
peatón M Fußgänger
peca F Sommersprosse

pecado M Sünde *f*; **pecar** sündigen
pecho [-tʃo] M Brust *f*
pechuga F (Geflügel)Brust
pedal M Pedal *n*
pedazo [-θo] M Stück *n*
pediatra M/F Kinderarzt *m*, -ärztin *f*
pedido M Bestellung *f*; **pedir** bitten; bestellen; **pedirhora** sich anmelden *beim Arzt*
pedrisco M Hagel
pegar (an)kleben; schlagen, prügeln
peinado M Frisur *f*; **peinar** kämmen; frisieren; **peine** M Kamm
pelar schälen; rupfen
pelea F Kampf *m*; Streit *m*, Rauferei; **pelear** streiten; raufen
película F Film *m*; **película del oeste** Western *m*; **película policíaca** Krimi *m*
peligro M Gefahr *f*; **peligro de muerte** Lebensgefahr *f*; **peligroso** gefährlich
pellejo [-ʎexo] M Haut *f*; Fell *n*
pelo M Haar *n*
pelota F (Spiel)Ball *m*
peluca F Perücke; **peluquería** [-ke-] F Friseursalon *m*; **peluquero** M, **-a** F Friseur *m*, -in *f*; **peluquín** [-kin] M Toupet *n*; Haarteil *n*
pena F Strafe; Kummer *m*, Schmerz *m*; **¡qué pena!** wie schade!
penalty M Strafstoß; **área** *f* (*el*) **de penalty** Strafraum *m*
pendiente hängend; schwebend; *m* Ohrring; *f* Ge-

fälle *n*
penetrar eindringen
penicilina [-θ-] F Penizillin *n*
península F Halbinsel
penitencia [-θĭa] F Buße
pensamiento M Gedanke *m*; Stiefmütterchen *n*;
pensar denken, meinen; gedenken *zu*
pensión F Pension; Rente; **pensión completa, media** Voll-, Halbpension
Pentecostés M Pfingsten *n*
penuria F Mangel *m*, Not
peña [-ɲa] F Fels *m*, Klippe; Freundeskreis *m*
peón M Hilfsarbeiter; Kreisel; *Schach* Bauer
peor schlechter, am schlechtesten; schlimmer, am schlimmsten
pepinillo [-ʎ-] M (Essig)Gurke *f*; **pepino** M Gurke *f*
pepita F (Obst)Kern *m*
pepitoria F Geflügelfrikassee *n*
pequeño [-keɲo] klein
pera F Birne
perca F Barsch *m*
percha [-tʃa] F Kleiderbügel *m*; **perchero** M Garderobe(nständer) *f(m)*
perder verlieren; versäumen; **perderse** sich verirren; **pérdida** F Verlust *m*
perdiz [-θ] F Rebhuhn *n*
perdón M Verzeihung *f*
perdonar verzeihen; **¡perdone!** entschuldigen Sie, verzeihen Sie!

perecedero [-θ-] leicht verderblich; **perecer** umkommen
peregrinación [-θ-] F Wallfahrt
perejil [-x-] M Petersilie *f*
pereza [-θa] F Faulheit; **perezoso** faul
perfeccionar [-θ-] vervollkommnen; **perfecto** perfekt
perfil M Profil *n*
perfume M Parfüm *n*; Duft
pericia [-θĭa] F Erfahrung; Expertise
periódico M Zeitung *f*; **periodista** M/F Journalist *m*, -in *f*
período M Periode *f*, Zeitraum
perito M, **-a** F Sachverständige(r) *m*,*f*(*m*)
perjuicio [-xŭiθĭo] M Nachteil, Schaden
perla F Perle
permanecer [-θ-] bleiben; fortdauern; **permanente** dauernd; *f* Dauerwelle
permiso M Erlaubnis *f*, Genehmigung *f*; **permiso de circulación** Kraftfahrzeugschein; **permiso de conducir** Führerschein
permitir erlauben, zulassen
pero aber; sondern
perpetuo ewig
perplejo [-xo] bestürzt, verwirrt
perro M Hund; **perro caliente** Hotdog
perseguir [-gir] verfolgen
persiana F Rollladen *m*, Jalousie
persistir andauern; bestehen (**en** auf)
persona F Person; **personaje** [-xe] M Persön-

lichkeit *f*; **personal** persönlich; *m* Personal *n*; **personalidad** F Persönlichkeit; **personarse** persönlich erscheinen
perspectiva F Perspektive; Aussicht
persuadir überzeugen; überreden
pertenecer [-θ-] gehören
perturbación [-θ-] F Störung
Peru M Peru *n*; **peruano** peruanisch; *m*, **-a** *f* Peruaner *m*, -in *f*
pesa F Gewicht(sstück) *n*; Hantel *f*
pesacartas M Briefwaage *f*
pesadilla [-ʎa] F Albtraum *m*
pesado schwer; *fig* lästig; langweilig; aufdringlich
pesar wiegen; *m* Bedauern *n*; **a pesar de** trotz
pesca F Fischfang *m*; Fischen *n*; Angeln *n*; **pescadería** F Fischgeschäft *n*; **pescadilla** [-ʎa] F junger Seehecht; **pescado** M Fisch; **pescador** M Fischer; **pescar** fischen
pesimismo M Pessimismus; **pesimista** pessimistisch; *m/f* Pessimist *m*, -in *f*; **pésimo** sehr schlecht, miserabel
peso M Gewicht *n*
peste F Pest; Gestank *m*; **echar pestes** fluchen
pestillo [-ʎo] M Riegel
petición [-θ-] F Bitte, Gesuch *n*
petróleo M Erdöl *n*
pez [1] [-θ] M Fisch
pez [2] [-θ] F Pech *n*; Baumharz *n*
piadoso barmherzig; fromm
piano M Klavier *n*; **piano de cola** Flügel

pica F Lanze; **picadero** M Reitbahn *f*; **picadillo** [-ʎo] M Hackfleisch *n*; **picador** M berittener Stierkämpfer; **picadura** F Insektenstich *m*; *Tabak* Grobschnitt *m*; **picante** *Essen* scharf, *a. fig* pikant; **picaporte** M Türklinke *f*
picar stechen; jucken; *Sonne, Gewürz* brennen; klein hacken
pícaro schlau; spitzbübisch
picatoste M geröstete Brotschnitte
pico M Schnabel; (Berg)Spitze *f*
picor M Juckreiz
pie M Fuß; Pfote *f*; **a pie** zu Fuß; **estar de pie** stehen
piedad F Erbarmen *n*; Frömmigkeit
piedra F Stein *m*; Hagel *m*; **piedra preciosa** Edelstein *m*
piel F Haut; Leder *n*; *Tier* Pelz *m*
pierna F Bein *n*; GASTR Keule, Hachse
pieza [-θa] F Stück *n*; Teil *n*; **pieza de recambio** *od* **de repuesto** Ersatzteil
pijama [-x-] M Pyjama, Schlafanzug
pila F (Spül)Becken *n*; Stapel *m*; Batterie; **pila bautismal** Taufbecken
pilar M Pfeiler
píldora F Pille
pillar [-ʎ-] ertappen; klauen
piloto M/F Pilot *m*, -in *f*
pimentero M Pfefferstreuer; **pimentón** M Paprika(gewürz); **pimienta** F Pfeffer *m*; **pimiento** M Paprika(schote) *m(f)*

pincel [-θ-] M Pinsel
pinchar [-tʃ-] stechen; IT anklicken; **pinchazo** [-tʃaθo] M Reifenpanne *f*
pincho [-tʃ-] M Stachel; **pinchos** *pl* Tapas, Appetithäppchen
pino M Kiefer *f*; Pinie *f*
pintar malen; *Wand* streichen; **pintor(a)** M(F) Maler(in); **pintoresco** malerisch; **pintura** F Malerei; Gemälde *n*; Farbe *zum Auftragen*; AUTO Lack *m*
pinza [-θa] F (Wäsche)Klammer; **pinzas** *fpl* Pinzette *f*
piña [-ɲa] F Ananas; **piñón** M Pinienkern
pío fromm
piojo [-xo] M Laus *f*
pipa F (Tabaks)Pfeife; Sonnenblumenkern *m*
piragua F Paddelboot *n*, Kanu *n*
Pirineos MPL Pyrenäen *pl*
piropo M Kompliment *n*
pirulí M Lutscher, Lolly *umg*
pisar (be-, zer)treten
piscina [-θ-] F Schwimmbad *n*; Pool *m*; **piscina cubierta** Hallenbad *n*
piso M Boden; Stock(werk) *m(n)*; Wohnung *f*; **piso alto** Obergeschoss *n*; **piso bajo** Erdgeschoss *n*
pista F Fährte, Spur; Piste; **pista de tenis** Tennisplatz *m*
pisto M *Gericht n aus geschmorten Tomaten, Paprika, Zucchini*
pistola F Pistole
pistón M TECH Kolben

pitar pfeifen
pitillera [-ʎ-] F Zigarettenetui *n*; **pitillo** M Zigarette *f*
pizarra [-θ-] F Wandtafel
pizza [-θ-] F Pizza
placa F Platte; Plakette; **placa de matrícula** AUTO Nummernschild *n*
placer [-θ-] M Vergnügen *n*
plan M Plan
plancha [-tʃa] F Platte; Bügeleisen *n*; **a la plancha** GASTR auf der Platte gebraten; **planchar** bügeln, plätten
planeador M Segelflugzeug *n*
planear planen
planeta M Planet
plano eben, flach; *m* Ebene *f*; (Bau)Plan; **plano (de la ciudad)** Stadtplan
planta F Pflanze; Fußsohle; Etage, Stockwerk *n*; **planta baja** Erdgeschoss *n*
plantación [-θ-] F Pflanzung; **plantar** (an-, be)pflanzen
plástico M Plastik *n*, Kunststoff
plata F Silber *n*; *umg* Geld
plátano M Banane *f*; Platane *f*
platea F THEAT Parterre *n*
plateado silberfarben; versilbert
platero M Juwelier; Silberschmied
platillo [-ʎo] M Untertasse *f*
plato M Teller; *Essen* Gericht *n*; Gang *m*; **plato combinado** Tellergericht; **plato llano** flacher Tel-

ler; **plato hondo** *od* **sopero** Suppenteller
playa F Strand *m*; Strandbad *n*; Seebad *n*; **playa de arena** Sandstrand; **playa particular** Privatstrand
playera F Strandhemd *n*
playeras FPL Strandschuhe *mpl*
plaza [-θa] F Platz *m*; **plaza acostada** Liegewagenplatz, Schlafwagenplatz *m*; **plaza de toros** Stierkampfarena
plazo [-θo] M Frist *f*; Rate *f*; **a plazos** auf Raten
pleamar F Flut; Hochwasser *n*
plegable Klapp...; Falt...; **plegar** (zusammen)falten
pleno voll; **en plena calle** mitten auf der Straße
pliego M *Papier* Bogen
plomo M Blei *n*; **con plomo** verbleit; **sin plomo** unverbleit, bleifrei
pluma F Feder
plural M Mehrzahl *f*
población [-θ-] F Bevölkerung
pobre arm; *m/f* Arme; **pobreza** [-θa] F Armut
poco wenig; **poco a poco** nach und nach; **hace poco** vor Kurzem; **un poco** ein wenig, etwas; ein bisschen
poder können; dürfen; *m* Macht *f*; Vollmacht *f*; **poderoso** mächtig
podrido verfault, faul
poesía F Dichtung; Gedicht *n*
polaco polnisch; *m*, **-a** *f* Pole *m*, Polin *f*
policía [-θ-] F Polizei; *m/f* Polizist *m*, -in *f*; **poli-**

cíaco Polizei...; Kriminal...
polígono M Vieleck; **polígono residencial** Wohnsiedlung *f*
polilla [-ʎa] F (Kleider)Motte
política F Politik; Politiker n; **político** politisch; *m* Politiker
politono M *Handy* Klingelton
póliza [-θa] F Police
pollo [-ʎo] M Hähnchen *n*; **pollo asado** Brathühnchen *n*
polo M Pol; Polohemd *n*; Eis *n* am Stiel
Polonia F Polen *n*
polución [-θ-] F Verschmutzung
polvera F Puderdose; **polvo** M Staub; Pulver *n*; **polvos** *mpl* Puder *m*; **polvoriento** staubig
pomada F Salbe
pomelo M Grapefruit *f*
pompa F Prunk *m*; **pompas** *pl* **fúnebres** Bestattungsinstitut *n*
poner setzen, stellen, legen; *Tisch* decken; *Kleidung* anziehen; *Hut* aufsetzen; *Telegramm* aufgeben; **poner con** TEL verbinden mit; **ponerse** *Sonne* untergehen; **ponerse a** beginnen zu; **ponerse fur oso** wütend werden
poniente M Westen
popa F Heck *n*
popular populär; Volks...
por um, an, für; über, durch, wegen; **por aquí** hier (in der Nähe); **por ciento** Prozent; **por eso** deswegen; **por fin** endlich; **por la mañana** vormittags;

por persona pro Person; **¿por qué?** warum?
porcentaje [-θentaxe] M Prozentsatz
porción [-θ-] F Portion; Menge
pormenor M Einzelheit *f*
porque [-ke] weil
porquería [-ke-] F Schweinerei; *fig umg* Bagatelle; Plunder *m*
porra F Gummiknüppel *m*
porro M *umg* Joint
portaaviones M Flugzeugträger
portaequipajes [-ekipaxes] M (Fahrrad)Gepäckträger; Dachgepäckträger; **portaesquís** [-kis] M AUTO Skiträger
portal M Portal *n*; Vorhalle *f*
portamonedas M Geldbeutel
portarse sich benehmen
portátil tragbar
porte M Porto *n*; **porte pagado** franko
portería F Portiersloge; SPORT Tor *n*; **portero** M Portier; Hausmeister; SPORT Torwart
Portugal M Portugal *n*; **portugués** [-ges] portugiesisch; *m*, **portuguesa** *f* Portugiese *m*, -in *f*
porvenir M Zukunft *f*
posada F Gasthof *m*
poseer besitzen; **posesión** F Besitz *m*
posguerra [-ge-] F Nachkriegszeit
posibilidad F Möglichkeit; **posible** möglich
posición [-θ-] F Lage, Position
positivo positiv; *m* FOTO Positiv *n*
postal Post...; *f* Postkarte

poste M (Leitungs)Mast; Posten
postizo [-θo] falsch, künstlich; *m* Haarteil *n*
postre M Nachtisch, Dessert *n*
postura F Stellung; Haltung
potable trinkbar
potaje [-xe] M dicke Gemüsesuppe; Eintopf
potencia [-θĭa] F Macht; TECH Kraft, Leistung
pozo [-θo] M Brunnen; Schacht
práctica F Praxis, Übung; Brauch
practicante M/F Praktikant *m*, -in *f*; **practicar** ausüben; *Sport* treiben
práctico praktisch; *m* Lotse
pradera F Prärie; Grasland *n*
prado M Wiese *f*
preaviso M Voranmeldung *f*
precario unsicher, heikel
precaución [-θ-] F Vorsicht
precedencia [-θedenθĭa] F Vorrang *m*; **precedente** vorhergehend
precinto [-θ-] M Banderole *f*; Verschluss
precio [-θĭo] M Preis; **precioso** wertvoll; wunderschön
precipicio [-θipiθĭo] M Abgrund
precipitaciones [-θipitaθ-] FPL Niederschläge *mpl*; **precipitado** hastig; **precipitar** übereilen; **precipitarse** sich überstürzen
precisamente [-θ-] genau; ausgerechnet; **precisar** benötigen; genau angeben; **preciso** nötig; genau
precocinado [-θ-] vorgekocht; **plato** *m* **precoci-**

nado Fertiggericht *n*
precoz [-θ] frühreif
predecir [-θ-] vorhersagen
predicar predigen
predilección [-θ-] F Vorliebe
predominante vorherrschend
prefacio [-θĭo] M Vorwort *n*
preferencia [-θĭa] F Vorzug *m*; Vorliebe; THEAT Sperrsitz *m*; **preferencia de paso** Vorfahrt(srecht) *f*(*n*)
preferido Lieblings...; **preferir** bevorzugen
prefijo [-xo] M Vorwahl(nummer) *f*
pregunta F Frage; **preguntar** fragen (**por** nach)
prejubilación [-xu-θ-] F Vorruhestand *m*
prejuicio [-xŭiθĭo] M Vorurteil *n*
prematuro frühzeitig
premiar belohnen; **premio** M Preis, Prämie; **premio gordo** Hauptgewinn
prenda F Kleidungsstück *n*; Pfand *n*
prender ergreifen; befestigen; *Feuer* legen
prensa F Presse
preocupación [-θ-] F Kummer *m*, Sorge; **preocupado** besorgt; **preocupar** beunruhigen; **preocuparse** sich Sorgen machen; sich kümmern (**por** um)
prepago TEL Prepaid...; **móvil** *m* **prepago** Prepaidhandy *n*; **tarjeta** *f* **prepago** Prepaidkarte
preparación [-θ-] F Zubereitung; **preparar** vorbereiten; zubereiten; **preparativo** M Vorbereitung

preponderante überwiegend
presa F Beute; Staudamm *m*; Stausee *m*
présbita MED weitsichtig
prescripción [-θ-] F Vorschrift; MED Verordnung
presencia [-θĭa] F Anwesenheit; **presenciar** anwesend sein bei
presentación [-θ-] F Vorstellung; **presentar** vorstellen; vorzeigen; **presentarse** sich vorstellen; erscheinen; **presente** anwesend; *m* Gegenwart *f*; Geschenk *n*
presentir ahnen
preservar schützen, bewahren (**de** vor); **preservativo** M Präservativ *n*
presidente M, **-a** F Präsident *m*, -in *f*; Vorsitzende
presidio M Zuchthaus *n*
presión F Druck *m*; **presión atmosférica** Luftdruck *m*; **presión de los neumáticos** Reifendruck *m*; **presión sanguínea** Blutdruck *m*
preso M Gefangene(r)
prestación [-θ-] F Leistung
prestado: **dar prestado** (ver)leihen; **tomar prestado** (aus)leihen
préstamo M Darlehen *n*
prestar leihen; *Hilfe* leisten
prestigio [-xĭo] M Ansehen *n*; **prestigioso** angesehen
presumido eingebildet, eitel; **presumir** vermuten; *fig* angeben
presupuesto M Kostenvoranschlag

pretemporada F Vorsaison
pretencioso [-θ-] anspruchsvoll; **pretender** beanspruchen; sich bewerben um; **pretendiente** M Bewerber
pretexto M Vorwand
prevalecer [-θ-] überwiegen
prevención [-θ-] F Vorbeugung, Verhütung; **prevenido** vorbereitet; vorsichtig; **prevenir** vorbeugen; warnen
prever voraussehen
previo vorherig
previsión F Voraussicht; **previsión meteorológica** Wettervorhersage
previsto vorgesehen
prima F Cousine; *Versicherung* Prämie
primavera F Frühling *m*
primer erste; **primer tiempo** erste Halbzeit; **en primer lugar** erstens
primero erste; zuerst; **a primeros de mayo** Anfang Mai
primitivo ursprünglich; primitiv
primo M Cousin; *umg* Dummkopf
princesa [-θ-] F Prinzessin
principal [-θ-] Haupt..., hauptsächlich; **lo principal** die Hauptsache
príncipe [-θ-] M Prinz
principiante [-θ-] M/F Anfänger *m*, -in *f*; **principio** M Anfang; Prinzip *n*; **a principiopios de mes** zu Monatsanfang
prioridad F Vorfahrt

prisa F Eile; **correr prisa** eilig sein; **tener prisa** es eilig haben, in Eile sein
prisión F Gefängnis *n*
prismáticos MPL Fernglas *n*
privilegio [-xĭo] M Vorrecht *n*
proa F Bug *m*
probabilidad F Wahrscheinlichkeit; **probable** wahrscheinlich
probar probieren, kosten; beweisen; **probarse** anprobieren
problema M Problem *n*; **¡no hay problema!** kein Problem!
procedente [-θ-] herkommend; **proceder** herkommen (**de** von); übergehen (**a** zu)
procesión [-θ-] F Prozession
proceso [-θ-] M Prozess
procurar besorgen; versuchen zu
prodigio [-xĭo] M Wunder *n*
producción [-θ-] F Produktion, Erzeugung; **producir** erzeugen; verursachen; **producirse** sich ereignen, vorkommen; **producto** M Produkt *n*; **productor** M Erzeuger
profesión F Beruf *m*; **profesional** beruflich, Berufs…; *m/f* Freiberufler *m*, -in *f*; Profi *m umg*
profesor M, **-a** F (Gymnasial)Lehrer *m*, -in *f*; Dozent *m*, -in *f*
profilaxis F Vorbeugung, Verhütung
profundidad F Tiefe; **profundo** tief
programa M Programm *n*; **programador** M, **-a** F Programmierer *m*, -in *f*

progreso M Fortschritt
prohibición [-θ-] F Verbot *n*; **prohibición de adelantar** Überholverbot *n*; **prohibición de vuelos** Flugverbot *n*
prohibido verboten; **prohibir** verbieten
prójimo [-x-] M Nächste
prolongar verlängern
promedio M Durchschnitt
promesa F Versprechen *n*; **prometer** versprechen; **prometido** M, **-a** F Verlobte(r) *m/f(m)*
promover fördern
promulgar bekannt geben
pronóstico M Prognose *f*; **pronóstico del tiempo** Wettervorhersage *f*
pronto schnell; bald; **de pronto** plötzlich; **tan pronto como** sobald
pronunciación [-θĭaθ-] F Aussprache; **pronunciar** aussprechen
propaganda F Werbung, Reklame; **propagar** verbreiten
propiedad F Eigentum *n*; **propietario** M, **-a** F Eigentümer *m*, -in *f*
propina F Trinkgeld *n*
propio eigen; selbst
proponer vorschlagen; **proponerse** beabsichtigen zu
proporción [-θ-] F Verhältnis *n*; Proportion; **proporcionar** beschaffen
propósito M Vorhaben *n*, Absicht *f*; **a propósito** gelegen, passend; übrigens

propuesta F Vorschlag *m*
prorrogar verlängern
prospecto M Prospekt
prosperar gedeihen
próspero blühend; **Próspero Año Nuevo** ein gutes neues Jahr
prostituta F Prostituierte
protagonista M/F Hauptdarsteller *m*, -in *f*
protección [-θ-] F Schutz *m*; **protección del medio ambiente** Umweltschutz *m*
proteger [-x-] (be)schützen
prótesis F Prothese
protesta F Protest *m*; **protestante** protestantisch; *m/f* Protestant *m*, -in *f*; **protestar** protestieren
provecho [-tʃo] M Nutzen, Vorteil; **provechoso** einträglich; nützlich
proveedor Liefer…; *m* Lieferant *m*; **proveedor de internet** Provider; **proveedor de servicios** Dienstleister
proveer versorgen; beliefern
proverbio M Sprichwort *n*
provincia [-θĭa] F Provinz; **provincial** Provinz…
provisión F Vorrat *m*; **provisional** provisorisch
provisto versehen (**de** mit)
próximamente demnächst; **próximo** nahe; nächste
proyecto M Plan; **proyector** M Projektor
prudente vorsichtig, klug
prueba F Beweis *m*; Probe; FOTO Abzug *m*; prue-

ba piloto Modellversuch *m*
psicología [-x-] F Psychologie; **psicológico** psychologisch; **psicólogo** M, **-a** F Psychologe *m*, -in *f*; **psiquiatra** [-kĭa-] M/F Psychiater *m*, -in *f*
psíquico [-ki-] psychisch
púa F Stachel *m*
publicación [-θ-] F Veröffentlichung; **publicar** veröffentlichen; **publicidad** [-θ-] F Werbung
público öffentlich; Staats...; *m* Öffentlichkeit *f*; Publikum *n*
puchero [-tʃ-] M Topf; GASTR Eintopf
pudrirse (ver)faulen
pueblo M Dorf *n*; Ort; Volk *n*; **pueblo pesquero** Fischerdorf *n*
puente M Brücke *f*; (Schiffs)Deck *n*
puerco M Schwein *n*
puerro M Lauch, Porree
puerta F Tür; **puerta (de embarque)** Flugsteig *m*, Gate *m*
puerto M Hafen; (Gebirgs)Pass
pues nun, also; folglich; **pues sí** nun ja
puesta F Setzen; (Spiel)Einsatz *m*; **puesta del sol** Sonnenuntergang *m*
puesto M Stellung *f*, Amt *n*; *Markt* Stand; **puesto de socorro** Erste-Hilfe-Station *f*; **puesto de trabajo** Arbeitsplatz; **puesto que** da (ja), weil
pulga F Floh *m*
pulgar M Daumen
pulido sauber

pulmón M Lunge *f*
púlpito M Kanzel *f*
pulpo M Krake
pulsar *Taste* drücken; **pulsera** F Armband *n*; **pulso** M Puls(schlag)
punible strafbar
punta F Spitze; **puntapié** M Fußtritt
puntiagudo spitz
punto M Punkt; *Nähen* Stich; **punto de reunión** Treffpunkt; **punto de vista** Standpunkt; **estar a punto** GASTR gar sein; im Begriff sein (**de** zu); **puntos** *pl* **cardinales** Himmelsrichtungen *fpl*
puntual pünktlich; **puntualidad** F Pünktlichkeit
punzada [-θ-] F Stich; **punzadas en el costado** Seitenstechen *n*
puñado [-ɲ-] M Handvoll *f*
puñal [-ɲ-] M Dolch; **puño** [-ɲ-] M Faust *f*; Manschette *f*; Griff
pupila F Pupille
puré M Püree *n*, Brei
pureza [-θa] F Reinheit
purgante M Abführmittel *n*; **purgarse** ein Abführmittel nehmen
puro rein; *m* Zigarre *f*
pus M Eiter
puta F *umg* Nutte

Q

que [ke] der, die, das; welche; dass; als; **mejor que** besser als

qué [ke]: **¿qué?** was?; **¡qué sorpresa!** was für eine Überraschung!; **¿qué tal?** wie gehts?; **¡qué va!** ach wo!

quebrar [ke-] (zer)brechen; in Konkurs gehen; **quebrarse** zerbrechen; sich *etw* brechen

quedar [ke-] bleiben; sein; werden; sich verabreden (**para** für); **quedarse** bleiben; **quedarse con** nehmen; behalten

queja [kexa] F Klage; **quejarse** sich beklagen, sich beschweren (**de** über)

quemadura [ke-] F Verbrennung; **quemadura de(l) sol** Sonnenbrand *m*

quemar [ke-] (ver-, an)brennen; **quemarse** sich verbrennen; abbrennen

querer [ke-] wollen, mögen; lieben; **querido** M, **-a** F Geliebte(r) *m/f(m)*; **querido** *Briefanrede* lieber

quesadilla [ke-] F Käsegebäck *n*; LAT gefüllter Maisfladen

quesera [ke-] F Käseglocke; **queso** M Käse; **queso de bola** *m* Edamer; **queso gruyer(e)** *m* Schweizer Käse

quiebra [kĭe-] F Bankrott *m*

quien [kĭen] wer; der, die, das; welche
quién [kĭen]: **¿quién?** wer?; **¿para quién?** für wen?
quieto [kĭe-] ruhig, still; **quietud** F Ruhe
química [ki-] F Chemie; Chemikerin *f*; **químico** chemisch; *m* Chemiker
quince [kinθe] fünfzehn
quinielas [ki-] FPL (Fußball)Toto *n*
quinina [ki-] F Chinin *n*
quinta [ki-] F Landhaus *n*
quintal [ki-] M Doppelzentner
quiosco [kĭos-] M Kiosk; (Zeitungs)Stand
quirúrgico [kirurx-] chirurgisch
quitaesmalte [ki-] M Nagellackentferner; **quitamanchas** [-tʃ-] M Fleckentferner
quitar wegnehmen; entfernen; **quitarse** sich *etw* ausziehen
quitasol M Sonnenschirm
quizá(s) [kiθa(s)] vielleicht

R

rabanito M Radieschen *n*
rábano M Rettich; **rábano picante** Meerrettich
rabia F Wut; Tollwut; **rabiar** wüten
rabo M Schwanz
ración [-θ-] F Portion

radiactivo radioaktiv
radiador M Heizkörper; AUTO Kühler
radiar (aus)strahlen; senden
radio[1] M Radius; *a.* ANAT Speiche *f*
radio[2] F Radio *n*; Rundfunk *m*; **radiocasete** M Radiorekorder; **radiodespertador** M Radiowecker; **radiodifusión** F Rundfunkübertragung; **radiografía** F Röntgenbild *n*; **radioyente** M Rundfunkhörer
ráfaga F Windstoß *m*, Böe
ragú M Ragout *n*
rail M Schiene *f*
raíz [-θ] F Wurzel
raja [-xa] F Spalte; Riss *m*
rallar [-ʎ-] raspeln; reiben
ramo M Ast, Zweig; Branche *f*; (Blumen)Strauß
rampa F Rampe
rana F Frosch *m*
ranura F Schlitz *m*
rape M *Fisch* Seeteufel
rapidez [-θ] F Schnelligkeit
rápido rasch, schnell; *m* Schnellzug; Stromschnelle *f*
raptar entführen
raqueta [-ke-] F (Tennis)Schläger *m*
raro selten; seltsam; **raras veces** selten
rascacielos [-θ-] M Wolkenkratzer
rascar kratzen
rasgar (zer)reißen
rasguño [-ɲo] M Kratzer

raso eben, flach; wolkenlos
rastro M Rechen; Spur *f*; Flohmarkt
rasurar rasieren
rata F Ratte; **ratero** M Taschendieb
rato M Weile *f*, Augenblick; **ratos** *mpl* **libres** Freizeit *f*
ratón M *a.* COMPUT Maus *f*
raya F Strich *m*; Scheitel *m*; Bügelfalte; ZOOL Rochen *m*
rayo M Strahl; Blitz; (Rad)Speiche *f* **rayos** *mpl* **UV** [uuβe] UV-Strahlen; **rayos** *mpl* **X** [ekis] Röntgenstrahlen
raza [-θa] F Rasse
razón [-θ-] F Vernunft; Ursache, Grund *m*; **tener razón** recht haben
razonable [-θ-] vernünftig
reacción [-θ-] F Reaktion; Düsenantrieb; **reaccionar** reagieren
real wirklich; königlich
realidad F Wirklichkeit; **realista** realistisch; **realizar** [-θ-] verwirklichen
reanimar wiederbeleben
rebaja [-xa] F Sonderangebot *n*; Rabatt *m*; **rebajas** *pl* **de verano** Sommerschlussverkauf *m*
rebanada F (Brot)Schnitte
rebaño [-ɲo] M Herde *f*
rebelarse sich auflehnen; **rebelión** F Aufstand *m*
rebotar zurück-, abprallen
rebozado [-θ-] paniert

recado M Nachricht *f*, Bescheid; Besorgung *f*
recambio M Umtausch; Ersatzteil *n*; **de recambio** Ersatz…
recargar *Batterie* aufladen
recepción [-θepθ-] F Empfang *m*; (Hotel)Rezeption; **recepcionista** M/F Empfangschef *m*, Empfangsdame *f*; **receptor** M (Rundfunk)Empfänger; TEL Hörer
receta [-θ-] F Rezept *n*; **recetar** MED verschreiben
rechazar [-tʃaθ-] ablehnen; zurückweisen
recibir [-θ-] empfangen; erhalten, bekommen; **recibo** M Empfang; Quittung *f*
reciclaje [-θ-] M Recycling *n*
recién [-θ-] frisch; neu; **recién nacido** *m* Neugeborene(s) *n*
reciente [-θ-] frisch, neu; **recientemente** vor Kurzem, kürzlich
recinto [-θ-] M Bereich; Umkreis; *Messe* Gelände *n*
recital [-θ-] M (Solo)Konzert *n*
reclamación [-θ-] F Beanstandung, Beschwerde; **reclamar** beanstanden, sich beschweren
recoger [-x-] sammeln; aufheben; abholen; **recogida** [-x-] F Abholen *n*; Einsammeln *n*; **recogida de basura(s)** Müllabfuhr; **recogida selectiva de basuras** Mülltrennung
recolección [-θ-] F Ernte
recomendable empfehlenswert; **recomendación** [-θ-] F Empfehlung; **recomendar** empfehlen

reconocer [-θ-] wiedererkennen; anerkennen; **reconocido** [-θ-] anerkannt; dankbar; **reconocimiento** M Dankbarkeit *f*
récord M Rekord
recordar (sich) erinnern *an*
recorrer bereisen; *Strecke* zurücklegen; **recorrido** M Route *f*; zurückgelegte Strecke
recorte M Ausschnitt
recrearse sich erholen
recreo M Erholung *f*
rectificación [-θ-] F Berichtigung
recto gerade; *m* Mastdarm
recuerdo M Andenken *n*; Erinnerung *f*; **dar recuerdos** Grüße bestellen
recuperar wiedererlangen; nachholen
red F Netz *n*; Netzwerk *n*; Internet *n*
redondel M Kreis; *Stierkampf* Arena *f*; **redondo** rund
reducción [-θ-] F Ermäßigung; **reducción para niños** Kinderermäßigung
reducido [-θ-] begrenzt, beschränkt; **reducir** verringern, herabsetzen
reembolso M Rückerstattung; **contra reembolso** per Nachnahme
reexpedir nachsenden
referencia [-θĭa] F Bezugnahme; **referente a** bezüglich; **referirse a** sich beziehen auf
reflejo [-xo] M Widerschein; Reflex
reflujo [-xo] M Ebbe *f*
reforma F Reform; Umbau *m*; REL Reformation

reforzar [-θ-] verstärken
refrán M Sprichwort *n*
refrescar abkühlen; (sich) erfrischen; **refresco** M Erfrischung *f*
refrigerador [-x-] M Kühlschrank; **refrigerar** (ab)kühlen; **refrigerio** M Imbiss
refugio [-xĭo] M Schutzhütte *f*; Verkehrsinsel *f*
regadío M Bewässerung *f*
regalar schenken; **regalarse** sich gönnen
regalo M Geschenk *n*
regañar [-ɲ-] zanken; sich streiten
regar *Pflanzen* gießen
régimen [-x-] M Regime *n*; Diät *f*
región [-x-] F Region, Gebiet *n*
regional [-x-] regional
registrar [-x-] registrieren; durchsuchen; **registro** M Register *n*; **registro civil** Standesamt *n*
regla F Regel; Lineal *n*
reglamento M Vorschrift *f*; Ordnung *f*, Verordnung *f*
regresar zurückkehren, -fahren; **regreso** M Rückkehr *f*
regular regeln; regelmäßig; mittelmäßig; planmäßig; **vuelo** *m* **regular** Linienflug
rehogado gedünstet
reina F Königin; **reinar** herrschen
reintegro M (Kosten)Ersatz
reír lachen; **reírse** lachen (**de** über)
reiterar wiederholen
reja [-xa] F Gitter *n*

rejilla [-xiʎa] F Gepäcknetz n
relación [-θ-] F Beziehung; Verhältnis *n*
relajamiento [-x-] M Entspannung *f*; **relajar** entspannen; lockern
relámpago M Blitz
relatar erzählen; **relato** M Erzählung *f*, Bericht
relieve M Relief *n*
religión [-x-] F Religion; **religioso** [-x-] religiös; *m*, **-a** *f* Mönch *m*, Nonne *f*
rellenar [-ʎ-] füllen; ausfüllen; **relleno** gefüllt; *m* Füllung *f*
reloj [-x] M Uhr *f*; **relojería** F Uhrengeschäft *n*; **relojero** M, **-a** F Uhrmacher *m*, -in *f*
relucir [-θ-] glänzen
remar rudern
remate M Abschluss; *Stierkampf* Todesstoß
remediar abhelfen; **remedio** M (Heil)Mittel *n*; Abhilfe *f*
remendar flicken, ausbessern
remesa F Sendung
remitente M Absender
remitir (über)senden
remo M Ruder *n*
remolacha [-tʃa] F Rübe
remolcar AUTO abschleppen; **remolque** [-ke] M Abschleppen *n*; Anhänger
remonte M Aufsteigen *n*; **remonte de esquí** Skilift
remoto entlegen, entfernt; Fern…
remuneración [-θ-] F Vergütung

renacimiento [-θ-] M Wiedergeburt *f*; **Renacimiento** Renaissance *f*
rendido erschöpft
rendija [-xa] F Spalt *m*, Schlitz *m*
rendimiento M Ertrag; Leistung *f*
RENFE *od* **renfe** ABK (**Red Nacional de Ferrocarriles Españoles**) *spanische Staatseisenbahn*
renombrado berühmt; **renombre** M Ruf, Ruhm
renovación [-θ-] F Erneuerung
renta F Einkommen *n*; Ertrag *m*
renuncia [-θĭa] F Verzicht *m*; **renunciar** verzichten (**a** auf)
reparación [-θ-] F Reparatur; **reparar** reparieren
reparo M Einwand, Bedenken *n*
repartir aus-, verteilen; aufteilen; **reparto** M Verteilung *f*; Zustellung *f*
repasar ausbessern; überprüfen
repelente M Insektenschutzmittel *n*
repente: **de repente** plötzlich
repetir wiederholen
repollo [-ʎo] M Weißkraut *n*, -kohl
reponer wieder hinstellen; ersetzen; auffüllen; **reponerse** sich erholen
reportaje [-xe] M Reportage *f*
reposacabezas [-θ-] M Kopfstütze *f*
reposo M Ruhe *f*; Erholung *f*
repostería F Konditorei
representación [-θ-] F Vertretung; THEAT Auf-

führung; Vorstellung; **representante** M Vertreter; **representar** darstellen; aufführen; vertreten
reprimir unterdrücken
reprochar [-tʃ-] vorwerfen; **reproche** M Vorwurf
reproducción [-θ-] F Reproduktion; **reproducir** wiedergeben; vervielfältigen; **reproductor** M **reproductor de cassettes** Kassettenrekorder; **reproductor de discos compactos** CD-Spieler; **reproductor de DVD** DVD-Player
república F Republik; **República Federal** Bundesrepublik
repuesto M Vorrat; Ersatz(teil) *m(n)*; **de repuesto** Ersatz…
requesón [-ke-] M Quark
requisito [-ki-] M Erfordernis *n*; Formalität *f*
resaca F Brandung; *fig* Kater *m*
resbaladizo [-θo] glatt, rutschig; **resbalar** ausgleiten, -rutschen
rescate M Rettung *f*, Bergung *f*
reserva F Reserve; Reservierung, Buchung, Vorbestellung; **reserva de asiento** *od* **de plaza** Platzkarte; **reserva natural** Naturschutzgebiet *n*
reservar buchen, vorbestellen
resfriado erkältet; *m* Erkältung *f*
resfriar abkühlen; **resfriarse** sich erkälten
residencia [-θi̯a] F Residenz; Wohnsitz *m*; Wohnheim *n*
residuo M Rest, Rückstand; **residuos tóxicos** *mpl* Gift-, Sondermüll *m*

resignación [-θ-] F Verzicht *m*
resistencia [-θïa] F Widerstand *m*; **resistir** widerstehen; ertragen
resolución [-θ-] F Entschluss *m*
resolver beschließen; *Problem* lösen; **resolverse a** sich entschließen *zu*
resorte M (Sprung)Feder *f*
respectivo betreffend, jeweilig; **respecto a** bezüglich, hinsichtlich
respetar achten, respektieren; **respeto** M Achtung *f*, Respekt
respiración [-θ-] F (Be)Atmung; **respirador** M Schnorchel; **respirar** atmen
responder erwidern, antworten; haften (**de** für)
responsabilidad F Verantwortung; Haftung; **responsabilidad civil** Haftpflicht
responsable verantwortlich; haftbar
respuesta F Antwort
restablecer [-θ-] wiederherstellen; **restablecerse** [-θ-] sich erholen; **restablecimiento** [-θ-] M Genesung *f*
restar abziehen; übrig bleiben
restaurante M Restaurant *n*; **restaurante autoservicio** Selbstbedienungsrestaurant *n*
restaurar restaurieren; wiederherstellen
restitución [-θ-] F Rückerstattung
resto M Rest
restricción [-θ-] F Einschränkung
resuelto entschlossen
resultado M Ergebnis *n*; **resultar** sich ergeben

(**de** aus); sich herausstellen (als); sein
resurrección [-θ-] F Auferstehung
retablo M Altaraufsatz, -bild *n*
retardar verzögern; **retardarse** sich verspäten
retener zurückbehalten; *Atem* anhalten
retina F *Auge* Netzhaut
retirado zurückgezogen; im Ruhestand; **retirar** zurückziehen; *Geld* abheben; **retiro** M Einsamkeit *f*; Ruhestand; Ruhegehalt *n*
retocar überarbeiten; FOTO retuschieren
retrasar verzögern; **retrasarse** sich verspäten; **retraso** M Verspätung *f*; **llevar retraso** Verspätung haben
retratar abbilden; **retrato** M Porträt *n*
retrete M Abort
retrovisor M Rückspiegel
reuma M Rheuma *n*
reunión F Versammlung; Treffen *n*; **reunirse** sich versammeln; sich treffen
revelado M FOTO Entwicklung *f*; **revelar** enthüllen; FOTO entwickeln
reventar platzen; **reventón** M Aufplatzen *n*; Reifenpanne *f*
revés M Rückseite *f*; *fig* Missgeschick *n*; **al revés** umgekehrt
revestimiento M Verkleidung *f*, Belag
revisar durchsehen, prüfen
revisión F Überprüfung; AUTO Überholung; **revisión de aduana** Grenzkontrolle
revisor M, **-a** F Schaffner *m*, -in *f*

revista F Zeitschrift
revolución [-θ-] F Revolution; TECH Umdrehung
revolver umrühren; durcheinanderbringen
revólver M Revolver
rey M König; **los Reyes Magos** die Heiligen Drei Könige
rezar [-θ-] beten; **rezo** M Gebet *n*
ribera F Ufer *n*
rico reich; schmackhaft, lecker
ridículo lächerlich
riesgo M Risiko *n*, Gefahr *f*
rifa F Tombola
rigor M Härte *f*, Strenge *f*
rímel M Wimperntusche *f*
rincón M Ecke *f*, Winkel; **rincón cocina** Kochnische *f*
riña [-ɲa] F Streit *m*
riñón [-ɲ-] M Niere *f*
río M Fluss, Strom
riqueza [-keθa] F Reichtum *m*
risa F Lachen *n*, Gelächter *n*
ritmo M Rhythmus; Tempo *n*
rizar [-θ-] kräuseln; **rizo** [-θ-] M (Haar)Locke *f*
roaming M Roaming *n*
robar stehlen, rauben; bestehlen
roble M Eiche *f*
robo M Diebstahl, Raub; Einbruch
roca F Felsen *m*; Gestein *n*
rocío [-θ-] M Tau
rodaballo [-ʎo] M Steinbutt

rodaja [-xa] F Scheibe *Brot etc*
rodar rollen; *Film* drehen
rodeado: **rodeado de** umgeben von
rodeo M Umweg; Rodeo *m,n*
rodilla [-ʎa] F Knie *n*
rogar bitten; beten
rojo [-xo] rot
rollo [-ʎo] M Rolle *f*; FOTO Film
Romania F Rumänien *n*
románico romanisch; *m* Romanik *f*; **romano** römisch
romántico romantisch
romería F Wallfahrt; **romero¹** Pilger...; *m*, **-a** *f* Pilger *m*, -in *f*, Wallfahrer *m*, -in *f*
romero² M Rosmarin
romper zerbrechen, zerreißen, kaputt machen; **romperse** (zer)brechen, kaputtgehen; sich *etw* brechen
ron M Rum
roncar schnarchen; **ronco** heiser
ronda F Ringstraße; Runde; Streife
ropa F Kleidung; Wäsche; **ropa interior** Unterwäsche; **ropero** M Kleiderschrank
rosa rosa; *f* Rose; **rosado**: (**vino** M) **rosado** M Rosé(wein); **rosario** M Rosenkranz
rosbif M Roastbeef *n*
rosca F Gewinde *n*; *Gebäck* Schnecke
roscón M: **Roscón de Reyes** Dreikönigskuchen
rostro M Gesicht *n*
roto kaputt; **rotura** F Riss *m*; Bruch *m*

rubia F Blondine; **rubio** blond; *Tabak, Bier* hell
rueda F Rad *n*; **rueda de recambio** *od* **de repuesto** Reserverad *n*, Ersatzreifen *m*; **rueda delantera/trasera** Vorder-/Hinterrad *n*
ruedo M Umkreis; *Stierkampf* Arena *f*
ruego M Bitte *f*
ruibarbo M Rhabarber
ruido M Lärm; *fig* Gerücht *n*; **ruidoso** laut, lärmend
ruina F Ruin *m*; Ruine
ruiseñor [-ɲ-] M Nachtigall *f*
rulo M Lockenwickler
rumano rumänisch; *m*, **-a** *f* Rumäne *m*, Rumänin *f*
rumbo M Richtung *f*; Kurs
rumor M Gerücht *n*
rural ländlich, Land…
Rusia F Russland *n*; **ruso** russisch; *m*, **-a** *f* Russe *m*, -in *f*
rústico ländlich; rustikal
ruta F Weg *m*; (Reise)Route
rutina F Routine

S

sábado M Samstag, Sonnabend; **Sábado de Gloria** *od* **Santo** Karsamstag

sábana F Betttuch *n*, Laken *n*
saber wissen; können; erfahren; schmecken (**a** nach); *m* Wissen *n*; **a saber** nämlich
sabido bekannt
sabor M Geschmack
sabroso schmackhaft
sacacorchos [-tʃ-] M Korkenzieher
sacar herausnehmen, -ziehen; *Fahrkarte* lösen; **sacar una foto** ein Foto machen
sacerdote [-θ-] M Geistliche(r), Priester; **sacerdotisa** F Priesterin *f*
saco M Sack; **saco de dormir** Schlafsack
sacrificio [-θĭo] M Opfer *n*
sacristán M, **sacristana** F Küster *m*, -in *f*; **sacristía** F Sakristei
sacudida F Erschütterung; **sacudir** schütteln; erschüttern
sagrado heilig, ehrwürdig
sal F Salz *n*; *fig* Witz *m*
sala F Saal *m*; Raum *m*; **sala de espera** Warteraum *m*, Wartehalle; **sala de estar** Wohnzimmer *n*; Aufenthaltsraum *m*
salado salzig; *fig* geistreich
salario M Lohn
salchicha [-tʃitʃa] F Wurst; Würstchen *n*; **salchichón** M Hart-, Dauerwurst *f*
salero M Salzfässchen *n*, -streuer
salida F Ausgang *m*, Ausfahrt; Abreise (**para** nach); Ausreise; Start *m*; **salida de emergencia** Notausgang *m*; **salida del sol** Sonnenaufgang *m*

saliente vorspringend
salir fortgehen; abreisen; ausreisen; ausgehen; *Gestirn* aufgehen; *Buch* herauskommen; **salir bien** gut ausgehen
saliva F Speichel *m*
salmón M Lachs
salmonelas FPL Salmonellen
salón M Salon; Wohnzimmer *n*; **salón de actos** Festsaal; **salón de belleza** Kosmetiksalon
salsa F Tunke, Soße; **salsa de tomate** Tomatensoße; Ketchup *n*
salsifí M Schwarzwurzel *f*
saltar springen, hüpfen
saltear leicht anrösten; überfallen
salto M Sprung; **salto de agua** Wasserfall; **salto de esquís** Skispringen *n*
salubre gesund, zuträglich
salud F Gesundheit; **¡ salud!** pros(i)t!
saludable gesund, heilsam
saludar (be)grüßen; **saludo** M Gruß
salvador M Retter; **Salvador** Heiland
salvadoreño salvadorianisch; *m*, **-a** *f* Salvadorianer *m*, -in *f*
salvamento M Rettung *f*
salvaslip M Slipeinlage *f*
salvavidas M Rettungsring; Schwimmweste *f*
salvo heil, unbeschädigt; ausgenommen
San *vor Namen für* **Santo** heiliger
sanar heilen; genesen
sanción [-θ-] F Zustimmung; Strafe

sanctuario M Heiligtum n
sandalia F Sandale
sandía F Wassermelone
sándwich M Sandwich *n*
sangrar bluten; **sangrar por la nariz** Nasenbluten haben
sangre F Blut *n*; **a sangre fría** kaltblütig; **echar sangre** bluten
sangría F Sangria, Rotweinbowle
sano gesund; **sano y salvo** wohlbehalten
santiguarse sich bekreuzigen; **santísimo** M Allerheiligste(s) *n*; **santo** heilig; *m* Heilige(r); Namenstag; **Todos los Santos** Allerheiligen *n*
saque [-ke] M SPORT Aufschlag; Anstoß; **saque de esquina** Eckball
saquear plündern
sarcófago M Sarkophag
sardina F Sardine
sargento [-x-] M Unteroffizier
sartén F Bratpfanne
sastre M, **sastra** F Schneider *m*, -in *f*
Satanás M Satan
satélite M Satellit
sátira F Satire
satisfacción [-θ-] F Befriedigung; **satisfacer** [-θ-] befriedigen; **satisfecho** [-tʃo] befriedigt; satt
sauce [-θe] M BOT Weide *f*
saúco M BOT Holunder
sauna F Sauna

sazonar [-θ-] *Essen* würzen
scooter M Motorroller
se sich; man; **se vende** zu verkaufen
secador M Trockenhaube *f*; **secante** trocknend; **secapelos** M Haartrockner, Föhn; **secar** trocknen; **secarse** trocknen; vertrocknen
sección [-θ-] F Abteilung; Abschnitt *m*; MED Station
seco *a. Wein* trocken
secretaría F Sekretariat *n*; **secretaria** F Sekretärin; **secretario** M Sekretär
secreto heimlich; geheim; *m* Geheimnis *n*
secuestrador M Entführer; **secuestrar** beschlagnahmen; entführen; **secuestro** M Beschlagnahme *f*; Entführung *f*
secular hundertjährig; weltlich
secundario nebensächlich; Neben...
sed F Durst *m*; **tener sed** Durst haben
seda F Seide; **seda dental** Zahnseide
sedante M Beruhigungsmittel *n*
sede F (Geschäfts)Sitz *m*
sediento durstig
seducción [-θ-] F Verführung
seducir [-θ-] verführen
segmento M Segment *n*; **segmento de émbolo** AUTO Kolbenring
seguida [-gi-] Abfolge; **en seguida** sofort
seguido ununterbrochen; **todo seguido** immer geradeaus
seguir folgen; fortsetzen

según nach, gemäß; je nachdem; **según eso** demnach
segundero M Sekundenzeiger; **segundo** zweite; *m* Sekunde *f*
seguramente sicher
seguridad F Sicherheit; **seguridad social** Sozialversicherung
seguro sicher, gewiss; *m* Versicherung *f*; **seguro de accidentes** Unfallversicherung *f*; **seguro de responsabilidad civil** Haftpflicht(versicherung) *f*; **seguro a todo riesgo** Vollkaskoversicherung *f*; **seguro contra riesgos parciales** Teilkaskoversicherung *f*
seis sechs
sellar [-ʎ-] stempeln; siegeln
sello [-ʎ-] M Stempel; Briefmarke *f*
selva F Wald *m*; **selva virgen** Urwald *m*
semáforo M (Verkehrs)Ampel *f*
semana F Woche; **Semana Santa** Karwoche **semanal** wöchentlich, Wochen...; **semanario** M Wochenzeitschrift *f*
sembrar (aus)säen; *fig* verbreiten
semejante [-x-] ähnlich; solch
semestre M Halbjahr *n*
semilla [-ʎa] F Same *m*
semiseco *Wein* halbtrocken
sémola F Grieß *m*
senado M Senat; **senador** M Senator
sencillo [-θiʎo] einfach; aufrichtig
senda F Pfad *m*; **sendero** M Pfad; Wanderweg

seno M Busen; *fig* Schoß
sensación [-θ-] F Gefühl *n*, Empfindung; Sensation
sensato vernünftig
sensible empfindlich; spürbar; **sensible a la luz** lichtempfindlich
sensual sinnlich; **sensualidad** F Sinnlichkeit
sentado sitzend; **estar sentado** sitzen
sentar setzen; *Kleidung* passen; *Essen* **sentar bien, mal** gut, schlecht bekommen; **sentarse** sich setzen, Platz nehmen
sentencia [-θĭa] F Urteil *n*
sentido M Sinn, Bedeutung *f*; Bewusstsein *n*; Richtung *f*; **sentido giratorio** Kreisverkehr
sentimiento M Gefühl *n*; Bedauern *n*; **sentir** fühlen; bedauern; **sentirse** sich fühlen
seña [-ɲa-] F Zeichen *n*, Gebärde
señal [-ɲ-] F Merkmal *n*; Zeichen *n*; Signal *n*; **señal de tráfico** Verkehrszeichen *n*, -schild *n*
señalar be-, kennzeichnen; anzeigen, hinweisen auf
señas [-ɲa] FPL Anschrift *f*
señor [-ɲ-] M Herr; Besitzer; **señora** F Dame; Frau; **señorita** F Fräulein *n*; junge Dame; **señorito** M junger Herr
separación [-θ-] F Trennung; **separar** trennen
sepia F Tintenfisch *m*
septiembre M September
sepulcro M Grab *n*; Bestattung *f*; **sepultar** beerdigen

sequía [-kia] F Dürre
ser sein; werden; **ser de** gehören
sereno heiter; gelassen; *m* Nachtwächter
serie F Reihe, Serie
serio M ernst; seriös; **en serio** im Ernst
sermón M Predigt *f*
serpiente F Schlange
serrano Berg..., Gebirgs...; *m* Bergbewohner
servicio [-θĭo] M Dienst; Bedienung *f*; TECH Betrieb; Geschirr *n*; Service *m*, SPORT Aufschlag; **servicio al cliente** Kundenservice; **servicio de emergencia** Notdienst; **servicio de grúa** Abschleppdienst; **servicio de habitaciones** Zimmerservice; **servicio en línea** Onlinedienst
servicios [-θ-] MPL Toilette *f*, WC *n*
servilleta [-ʎ-] F Serviette
servir dienen (**de** als, **para** zu); servieren; bedienen; behilflich sein; **servirse** sich bedienen
sesenta sechzig
sesión F Sitzung; *Kino* Vorstellung
seso M Gehirn *n*
sesos MPL GASTR Hirn *n*
seta F Pilz *m*
setenta siebzig
setiembre M September
seto M Zaun; **seto vivo** Hecke *f*
severidad F Strenge; **severo** streng
sexo M Geschlecht *n*; Sex; **sexual** sexuell; **sexualidad** F Sexualität
si wenn, falls; ob; **si no** sonst, andernfalls; **por si**

acaso für alle Fälle
sí sich; ja, jawohl; doch; *m* Ja(wort) *n*; **decir que sí** Ja sagen
sicología [-x-] F Psychologie; **sicológico** psychologisch
SIDA ABK M (**Síndrome de Inmunodeficiencia Adquirida**) Aids *n*
sidecar M *Motorrad* Beiwagen
sidra F Apfelwein *m*
siempre immer
sien F Schläfe
siento: **lo siento** es tut mir leid
sierra F Säge; Gebirge *n*, Bergkette
siesta F Mittagsruhe, Mittagsschlaf *m*
siete sieben
sifón M Siphon; *Toilette* Wasserspülung *f*
sigla F Anfangsbuchstabe *m*; Abkürzung, Akronym *n*
siglo M Jahrhundert *n*
significado M Bedeutung *f*, Sinn; **significar** bedeuten
signo M Zeichen *n*; Sinnbild *n*
siguiente [-gĭen-] folgende; **el siguiente** der Nächste
sílaba F Silbe
silbar pfeifen; zischen; **silbato** M Pfeife *f*; **silbido** M Pfeifen *n*; Pfiff
silenciador [-θ-] M Schalldämpfer; AUTO Auspufftopf; **silencio** M Ruhe *f*; Schweigen *n*; **silencioso** lautlos; still; *m* Schalldämpfer

silla [-ʎa] F Stuhl *m*; **silla de extensión** Liegestuhl *m*; **silla de coche para niños** Kindersitz *m*; **silla plegable** Klappstuhl *m*
sillín [-ʎ-] M *Zweirad* Sattel
sillón [-ʎ-] M Sessel
silvestre ZOOL, BOT wild, Wild...
símbolo M Symbol *n*
simpatía F Sympathie; **simpático** nett, sympathisch
simple einfach; einfältig
simultáneo gleichzeitig
sin ohne; **sin embargo** jedoch, trotzdem; **sin más (ni menos)** ohne Weiteres; **sin plomo** bleifrei
sinagoga F Synagoge
sincero [-θ-] aufrichtig, ehrlich
sindicato M Gewerkschaft *f*
sinfonía F Sinfonie
single M MUS Single *f*
singular einzeln; einzigartig; *m* Einzahl *f*
siniestrado verunglückt; beschädigt; **siniestro** linke; *fig* unheilvoll; *m* Katastrophe *f*
sino sondern; *m* Schicksal *n*
sintético synthetisch; Kunst(stoff)...
síntoma M Symptom *n*, Anzeichen *n*
sinuoso gekrümmt, gewunden
sinusitis F Stirnhöhlenentzündung
sinvergüenza [-guenθa] M unverschämter Kerl
siquiatra [-kĭa-] M/F Psychiater *m*, -in *f*
siquiera [-kĭe-] wenigstens; **ni siquiera** nicht einmal

sirena F Sirene; Nebelhorn *n*
Siria F Syrien *n*; **sirio** syrisch; *m*, **-a** *f* Syrer *m*, -in *f*
sistema M System *n*; **sistema antibloqueo (de frenos)** Antiblockiersystem *n*, ABS *n*; **sistema de alarma** Alarmanlage *f*; **sistema de navegación** *m* AUTO Navigationssystem *n*; **sistema operativo** *m* IT Betriebssystem *n*
sitio M Ort, Stelle *f*; Platz; **sitio Web** Website *f*
situado gelegen; **situar** stellen; platzieren
skateboard [esk-] M Skateboard *n*
slálom [esl-] M Slalom
smoking [esm-] M Smoking
SMS M TEL SMS *f*; **mandar un SMS** simsen
snack(bar) [esn-] M Snackbar *f*; Imbissstube *f*
sobra F Überrest *m*; Übermaß *n*; **de sobra** überflüssig; **sobrar** übrig sein
sobre[1] auf, über; **sobre todo** vor allem
sobre[2] M (Brief)Umschlag
sobrecargar überladen
sobreexpuesto überbelichtet
sobremanera außerordentlich
sobremesa F: **de sobremesa** nach Tisch
sobresaliente hervorragend
sobresalto M Schrecken
sobrevivir überleben
sobrina F Nichte; **sobrino** M Neffe
sobrio nüchtern; mäßig
sociable [-θ-] gesellig
social [-θ-] gesellschaftlich; sozial, Gesellschafts…; **socialismo** M Sozialismus

sociedad [-θ-] F Gesellschaft
socio [-θ-] M Teilhaber; Mitglied *n*
socorrer unterstützen; **socorrista** M Sanitäter; Rettungsschwimmer; **socorro** M Hilfe *f*
sofá M Sofa *n*, Couch *f*; **sofá-cama** M Bett-, Schlafcouch *f*
sofocar ersticken
software M Software *f*; **software antivirus** Antivirensoftware *f*
sol M Sonne *f*; **tomar el sol** sich sonnen
solamente nur
solar solar, Solar..., Sonnen...; *m* Baugelände *n*, -platz
solario M Solarium *n*
soldado M Soldat
soldar löten; schweißen
soleado sonnig
soledad F Einsamkeit
solemne feierlich
soler normalerweise *od* gewöhnlich tun; **suele madrugar** gewöhnlich steht er früh auf
solicitar [-θ-] sich bewerben um; erbitten, beantragen; **solicitud** F Antrag *m*, Gesuch *n*; Bewerbungsschreiben *n*
sólido fest; massiv
solitaria F Bandwurm *m*; **solitario** einsam; *m* Einsiedler
solo allein; einzig
sólo nur; erst; **no sólo … sino también** nicht nur … sondern auch

solomillo [-ʎo] M Filet *n*
soltar losmachen, -lassen; lockern
soltero ledig; *Mutter, Vater* alleinerziehend; *m* Junggeselle
soltura F Gewandtheit; **hablar con soltura** frei reden können
soluble löslich; **solución** [-θ-] F Lösung; **solucionar** *Problem* lösen
solvencia [-θĭa] F Zahlungsfähigkeit
sombra F Schatten *m*; **sombra de ojos** Lidschatten *m*; **sombreado** schattig
sombrería F Hutgeschäft *n*; **sombrero** M (Sonnen)Hut; **sombrilla** [-ʎa] F Sonnenschirm
sombrío schattig; düster *m*
somero oberflächlich
somnífero M Schlafmittel *n*
son M Klang, Laut
sonar klingen; läuten, klingeln
sonido M Klang; Ton, Laut
sonoro klangvoll
sonreír lächeln; **sonrisa** F Lächeln *n*
soñar [-ɲ-] träumen (**con** von)
sopa F Suppe; **sopa de sobre** Tütensuppe; **sopa juliana** Gemüsesuppe
sopera F Terrine, Suppenschüssel
soplar blasen; *Wind* wehen
soportable erträglich; **soportar** stützen; ertragen; **soporte** M Stütze *f*; Ständer
sor F (Ordens)Schwester
sordera F Taubheit; Schwerhörigkeit; **sordo**

taub; schwerhörig; **sordomudo** taubstumm
sorprendente überraschend; **sorprender** überraschen
sorpresa F Überraschung
sorteo M Auslosung *f*; *Lotterie* Ziehung *f*
sortija [-xa] F (Finger)Ring *m*
soso ungesalzen; fad
sospecha [-tʃa] F Verdacht *m*; **sospechar** vermuten, argwöhnen; **sospechoso** argwöhnisch; verdächtig
sostener stützen; behaupten
sótano M Keller, Untergeschoss *n*
spa M Wellnesshotel *n*; Wellnessbereich
spam M COMPUT Spam *n*
stand M (Messe)Stand
su sein(e); ihr(e); Ihr(e)
suave weich; sanft; mild
suavizante [-θ-] M Weichspüler
subasta F Versteigerung; **subastar** versteigern
súbdito M Untertan; Staatsangehörige(r)
subexpuesto FOTO unterbelichtet
subida F (An)Steigen *n*; Aufstieg *m*
subir hinaufbringen; *Preise* erhöhen; steigen; einsteigen (**a** in); (hinauf)klettern (**a** auf)
súbito plötzlich
sublevación [-θ-] F Aufstand *m*; **sublevarse** sich erheben, rebellieren
sublime hoch, erhaben
submarinismo M Unterwassersport; **submarino** unterseeisch; *m* U-Boot *n*

subrayar unterstreichen
subsidio M Beihilfe *f*
subsistencia [-θĭa] F (Lebens)Unterhalt *m*; **subsistir** fortbestehen, weiter bestehen
subterráneo unterirdisch
suburbio M Vorstadt *f*; Vorort
subvención [-θ-] F Subvention
suceder [-θ-] folgen (a auf); geschehen, passieren; **sucesión** F Nachfolge; **suceso** M Vorfall, Ereignis *n*; **sucesor** M Nachfolger
suciedad [-θ-] F Schmutz *m*
sucio [-θ-] schmutzig; *Zunge* belegt
sucursal F Filiale
Sudáfrica F Südafrika *n*; **sudafricano** südafrikanisch
Sudamérica F Südamerika *n*; **sudamericano** südamerikanisch
sudar schwitzen; **sudor** M Schweiß
Suecia F Schweden *n*; **sueco** schwedisch; *m*, **-a** *f* Schwede *m*, -in *f*
suegra F Schwiegermutter; **suegro** M Schwiegervater; **suegros** MPL Schwiegereltern *pl*
suela F (Schuh)Sohle
sueldo M Gehalt *n*
suelo M Erde *f*, (Erd-, Fuß)Boden
suelto lose; losgelöst; **(dinero) suelto** *m* Kleingeld *n*
sueño [-ɲo] M Schlaf; Traum; **tener sueño** schläfrig sein, müde sein
suero M Serum *n*; Molke *f*

suerte F Glück *n*; Schicksal *n*; *Stierkampf* Gang *m*; **por suerte** zum Glück; **tener mala suerte** Pech haben
suéter M Pullover
suficiente [-θ-] genügend
sufragio [-xĭo] M Wahlrecht *n*; Wahlstimme *f*
sufrir (er)leiden; ertragen
sugerir [-x-] vorschlagen
suicidarse [-θ-] Selbstmord begehen; **suicidio** M Selbstmord
Suiza [-θa] F Schweiz; **suizo** [-θo] schweizerisch; *m*, **-a** *f* Schweizer *m*, -in *f*
sujetador [-x-] M Clip; Halter; Büstenhalter; Bikinioberteil *n*; **sujetar** befestigen; unterwerfen
sujeto [-x-] unterworfen; *m* Thema *n*; Subjekt *n*; **sujeto a aduana** zollpflichtig
suma F Summe; **sumar** addieren
sumergir [-x-] untertauchen; **sumergirse** untergehen
suministrar liefern; **suministro** M Lieferung *f*
sumo äußerste, höchste; **a lo sumo** höchstens
suntuoso prunkvoll, luxuriös
súper M: (**gasolina** F) **súper** Super(benzin) *n*
superar übertreffen; überwinden
superficial [-θ-] oberflächlich; **superficie** F Oberfläche, Fläche
superfluo überflüssig
superior obere, Ober...; überlegen; höher; *m*, **-a** *f* Vorgesetzte(r) *m/f(m)*; **superioridad** F Überlegenheit

supermercado M Supermarkt
supersónico Überschall...
superstición [-θ-] F Aberglaube *m*
superviviente M Überlebende(r)
suplementario ergänzend; **suplemento** M Ergänzung *f*; *Preis* Zuschlag; *Zeitung* Beilage *f*
suplente M/F Stellvertreter *m*, -in *f*
suplicar inständig bitten
suponer vermuten; voraussetzen, bedeuten; **suposición** [-θ-] F Vermutung
supositorio M MED Zäpfchen *n*
supremo höchste, oberste
supresión F Aufhebung; Unterdrückung
supuesto mutmaßlich; **por supuesto** selbstverständlich, natürlich
supurar eitern
sur M Süden
surco M Furche *f*; *Platte* Rille *f*
surf M Surfen *n*
surfista M/F Surfer *m*, -in *f*
surtido M Auswahl *f*; **surtido de quesos** Käseplatte *f*
surtidor M Springbrunnen; **surtidor (de gasolina)** Zapfsäule *f*
surtir versorgen, beliefern
susceptible [-θ-] empfindlich
suscitar [-θ-] hervorrufen
suscribir unterschreiben; **suscribirse a** abonnieren; **suscripción** [-θ-] F Abonnement *n*; **suscriptor** M, **-a** F Abonnent *m*, -in *f*

suspender aufhängen; *zeitlich* aufschieben; durchfallen (lassen); **suspensión** F Unterbrechung; AUTO Federung; **suspenso** *Examen* durchgefallen; erstaunt
suspicaz [-θ] argwöhnisch, misstrauisch
suspirar seufzen; **suspiro** M Seufzer
sustancia [-θĭa] F Substanz, Stoff *m*; **sustancias** *fpl* **nocivas** Schadstoffe *mpl*
sustantivo M Substantiv *n*
sustituir ersetzen; **sustituto** M, **-a** F Stellvertreter *m*, -in *f*
susto M Schreck
sustraer entziehen; *Zahl* abziehen
susurrar murmeln
sutil dünn, fein
sutura F MED Naht
suyo sein; ihr; Ihr

T

tabaco M Tabak; Zigarette *f*; **tabacos** MPL Tabakwaren *fpl*
taberna F Weinstube; Kneipe
tabla F Brett *n*; Tafel; Tabelle; **tabla a vela** *od* **de surf** Surfbrett *n*
tablero M Brett *n*; Tafel *f*; Platte *f*; (Schach)Brett

n; **tablero de instrumentos** *od* **de mandos** Armaturenbrett *n*
tableta F Tablette; Tafel *Schokolade* **tablilla** [-ʎa] F Täfelchen *n*; MED Schiene
tablón M Bohle *f*; *fig umg* Schwips; **tablón de anuncios** Anschlagbrett *n*
taburete M Schemel, Hocker
tacaño [-ɲo] knauserig
tachar [-tʃ-] (aus)streichen
tachuela [-tʃ-] F kleiner Nagel
tácito [-θ-] stillschweigend
taco M Pflock; Dübel; *Billard* Queue *m,n*; Abreißblock; *fig* Kraftausdruck
tacón M (Schuh)Absatz
tahona F (Brot)Bäckerei
tahúr M (Gewohnheits)Spieler; Falschspieler; Zocker *umg*
Tailandia F Thailand *n*
taimado schlau; gerieben
tajada [-x-] F Schnitte, Scheibe; **tajo** M Schnitt; tief eingeschnittenes Tal
tal (ein) solcher; **tal vez** vielleicht; **¿qué tal?** wie gehts?; **un tal** ein gewisser
taladro M Bohrer
talar *Bäume* fällen
talasoterapia F Thalassotherapie
talco M Talk; **polvos** *mpl* **de talco** Talkumpuder *m*
TALGO ABK M **(Tren Articulado Ligero Goicoechea Oriol)** *spanischer Gliederzug, entspricht etwa dem IC*
talla [-ʎa] F Gestalt; Bildhauerarbeit; (Kleider)Grö-

ße

tallarines [-ʎ-] MPL Bandnudeln *fpl*

talle [-ʎe] M Figur *f*; Taille *f*; *Kleidung* Schnitt

taller [-ʎ-] M Werkstatt *f*; **taller concesionario** Vertragswerkstatt *f*

talón M Ferse *f*; Abschnitt, Schein; **talón de equipaje** Gepäckschein

talonario M Quittungsblock; **talonario de cheques** Scheckheft *n*

tamaño [-ɲo] derartig, so groß; *m* Größe *f*; Format *n*

también auch

tambor M Trommel *f*; Trommler

tamiz [-θ] M feines Sieb

tampoco auch nicht

tampón M Tampon

tan so; **tan ... como** ebenso ... wie, ebenso viel ... wie

tanga M Tanga

tanto so viel; so (sehr), dermaßen; *m* SPORT Punkt; **tanto más** umso mehr; **tanto por ciento** Prozentsatz; **marcar un tanto** ein Tor schießen; **por (lo) tanto** daher

tañer [-ɲ-] *Instrument* spielen; *Glocken* läuten

tapa F Deckel *m*; *Buch* Einband *m*; **tapas** *fpl* Appetithappen *mpl*

tapacubos M AUTO Radkappe *f*

tapar verstopfen; zudecken, verhüllen; *fig* verbergen

tapete M Tisch-, Zierdecke *f*

tapia F Lehmwand; (Umfassungs)Mauer
tapiz [-θ] M Wandteppich, Gobelin
tapizar [-θ-] *Möbel* polstern
tapón M Stöpsel, Pfropfen; Korken; Tampon; *fig umg* Verkehrsstau
taquigrafía [-ki-] F Stenografie
taquilla [-kiʎa] F (Karten)Schalter *m*; THEAT, *Kino* Kasse
taquímetro [-ki-] M Tacho(meter)
tardar zögern; *Zeit* brauchen
tarde (zu) spät; *f* Nachmittag *m*; (früher) Abend *m*; **¡buenas tardes!** guten Tag!, guten Abend!
tardío verspätet; Spät…
tarea F Arbeit; Aufgabe
tarifa F Tarif *m*; Gebühr; **tarifa de aduana** Zolltarif *m*; **tarifa plana** TEL Flatrate; **tarifas** FPL **de roaming** Roaminggebühren
tarjeta [-x-] F Karte; **tarjeta de crédito** Kreditkarte; **tarjeta EC** EC-Karte; **tarjeta de embarque** FLUG Bordkarte; **tarjeta de identidad** Personalausweis *m*; **tarjeta de memoria** Speicherkarte; **tarjeta monedero** Geldkarte; **tarjeta multiviaje** Mehrfahrtenkarte; **tarjeta postal** Postkarte; **tarjeta prepago** TEL Prepaidkarte; **tarjeta SIM** TEL SIM-Karte; **tarjeta de visita** Visitenkarte
tarta F Torte; Obstkuchen *m*
tasa F Taxe, Gebühr; **tasar** schätzen
taurino Stierkampf…
tauromaquia [-kĭa] F Stierkampf *m*
taxi M Taxi *n*; **taxímetro** M Taxameter *n*; **taxis-**

ta M/F Taxifahrer *m*, -in *f*
taza [-θa] F Tasse
tazón [-θ-] M große Tasse *ohne Henkel*
te dir; dich
té M Tee; **té de menta** Pfefferminztee; **té frío** Eistee
teatro M Theater *n*; **teatro de variedades** Varieté *n*
teca F Teak(holz) *n*
techo [-tʃo] M (Zimmer)Decke *f*; Dach *n*; **techo corredizo** Schiebedach *n*
tecla F Taste; **teclado** M Tastatur *f*
técnica F Technik; Technikerin
técnico technisch; Fach…, *m* Techniker; Fachmann
teja [-xa] F (Dach)Ziegel *m*; **tejado** M Dach *n*
tejano [-x-] M Jeansstoff *m* **tejanos** *mpl* Jeans *pl*
tejido [-x-] M Gewebe *n*; Stoff; **tejido de lana** Wollstoff
tela F Stoff *m*, Gewebe *n*
tele F *umg* Fernsehen *n*
telearrastre M Schlepplift; **telecomunicaciones** [-θ-] FPL Telekommunikation *f*; **telediario** M (Fernseh)Nachrichten *fpl*; **teledirigido** [-x-] ferngesteuert
teleférico M Drahtseilbahn *f*
telefonear telefonieren; **telefonía** F Telefonie; **telefonía móvil** Mobilfunk *m*; **proveedor** *m* **de telefonía móvil** Mobilfunkanbieter; **telefónico** telefonisch; **telefonista** M/F Telefonist *m*, -in *f*

teléfono M Telefon *n*; **teléfono fijo** Festnetztelefon *n*; **teléfono inteligente** Smartphone *n*; **teléfono móvil** Handy *n*; **teléfono con cámara integrada** Fotohandy *n*; **teléfono de tarjeta** Kartentelefon *n*; **teléfono público de monedas** Münztelefon *n*; **llamar por teléfono** anrufen; **número** *m* **de teléfono** Telefonnummer *f*; **poste** *m* **del teléfono de auxilio** Notrufsäule *f*
telegrafiar telegrafieren; **telegrama** M Telegramm *n*
telémetro M Entfernungsmesser
telenovela F Seifenoper
teleobjetivo [-x-] M Teleobjektiv *n*
telescopio M Teleskop *n*
telesilla [-ʎa] M Sessellift
telespectador M Fernsehzuschauer
telesquí [-ski] M Skilift
teletipo M Fernschreiber
televisión F Fernsehen *n*; **televisión por cable** Kabelfernsehen *n*; **televisión privada de pago** Pay-TV *n*
televisor M Fernseher
télex M Telex *n*, Fernschreiben *n*
telón M THEAT Vorhang
tema M Thema *n*
temblar zittern
temer (be)fürchten
temerario verwegen; **temeroso** furchtsam; **temible** furchtbar; **temor** M Angst *f*, Furcht *f*
temperamento M Temperament *n*

temperatura F Temperatur
tempestad F Unwetter *n*; Sturm *m*; **tempestuoso** stürmisch
templado lau; gemäßigt; *Klima* mild
templo M Tempel; Kirche *f*
temporada F Saison; Zeitraum *m*; **temporada alta** Hochsaison; **temporada baja** Vor- *bzw* Nachsaison
temporal zeitlich; *m* Unwetter *n*
temprano früh
tenaz [-θ] zäh; hartnäckig
tenazas [-θ-] FPL (Kneif)Zange *f*
tendencia [-θĭa] F Tendenz
tender spannen; ausstrecken; *Wäsche* aufhängen
tendón M ANAT Sehne *f*
tenebroso dunkel, finster
tenedor M Gabel *f*; Inhaber
tener haben; **tener en cuenta** berücksichtigen; **tener frío** frieren; **tener hambre** hungrig sein; **tener que** müssen
tenis M Tennis *n*; **tenis de mesa** Tischtennis *n*; **tenista** M/F Tennisspieler *m*, -in *f*
tensión F *a.* TECH, EL Spannung; **tensión (arterial)** Blutdruck *m*
tentación [-θ-] F Versuchung; **tentativa** F Versuch *m*
tentempié M *umg* Imbiss
tenue dünn; schwach
teñir [-ɲ-] färben
teología [-x-] F Theologie

teoría F Theorie; **teórico** theoretisch
terapia F Therapie
tercio [-θĭo] M Drittel n
terciopelo [-θ-] M Samt; Velours
termal Thermal...; **termas** FPL Thermalquellen
terminación [-θ-] F Beendigung; **terminal** End...; *f* Endstation; FLUG Terminal *m*
terminante eindeutig; endgültig; **terminantemente prohibido** streng verboten
terminar (be)enden; abschließen; aufhören; *Frist* ablaufen
término M Ende *n*; Ziel *n*; Frist *f*, Termin; (Fach)-Ausdruck; **término del viaje** Reiseziel *n*; **por término medio** im Durchschnitt, durchschnittlich
termómetro M Thermometer *n*; **termómetro clínico** Fieberthermometer *n*
ternera F Kalbfleisch *n*; **ternero** M (Stier)Kalb *n*
terno M dreiteiliger Anzug
terrado M Dachterrasse *f*; Flachdach *n*
terraplén M Damm
terraza [-θa] F Terrasse
terremoto M Erdbeben *n*
terreno M Gelände *n*; Boden; Grundstück *n*; **terreno de camping** Campingplatz
terrestre irdisch; Erd...
terrible schrecklich
territorio M Gebiet *n*, Territorium *n*
terror M Terror; Schrecken
terrorismo M Terrorismus; **terrorista** terroristisch; Terror...; *m/f* Terrorist *m*, -in *f*; **terrorista**

suicida Selbstmordattentäter *m*, -in *f*
tertulia F Stammtisch *m*; Kreis *m*, Runde
tesoro M Schatz; Schatzkammer *f*
testamento M Testament *n*
testículo M Hoden
testigo M/F Zeuge *m*, Zeugin *f*
teta F Euter *n*; *umg* Brust; **dar la teta** stillen
tétano M Wundstarrkrampf
tetera F Teekanne
textil Textil…
textiles MPL Textilien *fpl*
texto M Text; **textual** wörtlich
ti dich; dir
tía F Tante
tibia F Schienbein *n*
tibio lau(warm); *fig* lässig
tiburón M Hai
ticket M Ticket *n*
tiempo M Zeit *f*; Wetter *n*; **a tiempo** rechtzeitig; **tiempo libre** Freizeit *f*; **tiempo parcial** Teilzeit *f*; **trabajo** *m* **a tiempo parcial** Teilzeitjob; **hace buen tiempo** es ist schönes Wetter; **segundo tiempo** zweite Halbzeit
tienda F Zelt *n*; Geschäft *n*, Laden *m*; **tienda de comestibles** Lebensmittelladen *m*; **tienda de productos naturales** Bioladen *m*; **tienda virtual, tienda en línea** Onlineshop *m*
tierno zart, mürbe; zärtlich
tierra F Erde; (Erd)Boden *m*; Land *n*; **tierra firme** Festland *n*; FLUG **tomar tierra** aufsetzen

tieso steif; starr
tiesto M Blumentopf
tifus M Typhus
tijeras [-x-] FPL Schere *f*
tila F Lindenblüte(ntee) *f(m)*
tildar mit Tilde versehen; durchstreichen; *fig* tadeln; **tildar de** bezeichnen als
timar betrügen, prellen
timbre M Klingel *f*; Stempel; **timbre de noche** Nachtglocke *f*
tímido schüchtern; ängstlich
timo M *umg* Abzocke *f*
timón M (Schiffs)Steuer *n*
timonel M/F Steuermann *m*, -frau *f*
tímpano M ANAT Trommelfell *n*
tinta F Tinte
tinte M Färben *n*; *umg Geschäft* chemische Reinigung
tinto gefärbt; *m* (**vino** *m*) **tinto** Rotwein
tintorería F chemische Reinigung; Färberei
tintura F Tinktur
tío M Onkel; *umg* Kerl, Typ
tiovivo M Karussell *n*
típico typisch
tiple F Sopranistin
tipo M Typ; Art *f*; WIRTSCH Kurs; *fig umg* Kerl, Typ; **tipo de cambio** Wechsel-, Umrechnungskurs
tipografía F Buchdruckerkunst; Druckerei
tipógrafo M, **-a** F Drucker *m*, -in *f*
tira F Streifen *m*

tirador M Schütze; Türgriff
tirante gespannt; straff
tirantes MPL Hosenträger
tirar (weg)werfen; schießen; ziehen (**de** an)
tirita F Heftpflaster
tiro M Wurf; Schuss
tisana F (Heil-, Kräuter)Tee *m*
títere M Marionette *f*; (**teatro** *m* **de**) **títeres** *mpl* Marionettentheater *n*
titular M Inhaber; *Artikel* Schlagzeile *f*
título M Titel; Überschrift *f*; Wertpapier *n*
toalla [-ʎa] F Handtuch *n*; **toalla de baño** Badetuch *n*
tobera F Düse
tobillo [-ʎo] M (Fuß)Knöchel
tobogán M Schlitten; Rodelbahn *f*
tocadiscos M Plattenspieler
tocador M Frisier-, Toilettentisch; *Instrument* Spieler
tocar berühren; betasten; *Instrument* spielen; *Glocke* läuten
tocino [-θ-] M (Bauch)Speck
todavía noch (immer)
todo jeder; alles; ganz; *m* Ganze *n*; **todos** *mpl* alle; **del todo** ganz
toldo M Sonnendach *n*; Markise *f*; (Strand)Zelt *n*
tolerante duldsam, tolerant; **tolerar** dulden, zulassen
toma F TECH Anschluss *m*; **toma de agua** Wasseranschluss *m*; **toma de corriente** Stromanschluss *m*

tomar nehmen; *Kaffee etc* trinken; *Atem* holen; **tomar a mal** übel nehmen; **tomar por** halten für; **tomar tierra** FLUG aufsetzen
tomate M Tomate *f*
tomillo [-ʎo] M Thymian
tomo M Band; Buch *n*
tonel M Fass *n*, Tonne *f*; **tonelada** F *Gewicht* Tonne
tónica F Tonic *n*
tono M Ton; Tonart *f*
tontería F Dummheit; **tonto** dumm; *m* Dummkopf
topar stoßen (**con** gegen), zusammenstoßen
toque [-ke] M Berührung *f*; *Glocken* Läuten *n*
tórax M Brustkorb
torcer [-θ-] drehen; verrenken; abbiegen; **torcerse** sich verstauchen; **torcido** [-θ-] krumm, schief
toreador M Stierkämpfer; **torear** mit Stieren kämpfen; **toreo** M Stierkampf; **torero** M, **-a** F Stierkämpfer *m*, -in *f*
tormenta F Gewitter *n*; Sturm *m*
tornado M Wirbelsturm
tornasol M Sonnenblume *f*
tornillo [-ʎo] M Schraube *f*; **torniquete** [-ke-] M Drehkreuz *n*; MED Aderpresse *f*; **torno** M Drehbank *f*; Schraubstock
toro M Stier, Bulle; (**corrida** *f* **de**) **toros** *mpl* Stierkampf *m*
toronja [-xa] F Grapefruit
torpe schwerfällig; ungeschickt

torpedero M Torpedoboot n; **torpedo** M Torpedo; ZOOL Zitterrochen
torre F Turm *m*; Hochhaus *n*; **torre de control** Tower *m*, Kontrollturm *m*
torrencial [-θ-] strömend; **torrente** M Sturzbach
torreón M (Festungs)Turm; **torrero** M, **-a** F (Leucht)Turmwärter *m*, -in *f*
torrezno [-θ-] M geröstete Speckschnitte
tórrido heiß
torsión F Drehung
torta F Kuchen *m*; *umg* Ohrfeige
tortilla [-ʎa] F Omelett *n*; **tortilla de patatas** *od* **española** Omelett *n* mit Kartoffeln; **tortilla francesa** Omelett *n* natur
tortuga F Schildkröte; **a paso de tortuga** im Schneckentempo
tortuoso *Weg* gewunden
tos F Husten *m*; **toser** husten
tostada F Toast(schnitte) *m(f)*; **tostado** geröstet, Toast...; **tostador** M Toaster
tostar rösten; **tostarse** braun werden
total völlig; total; kurz und gut; *m* Ganze(s) *n*; Gesamtsumme *f*; **en total** insgesamt
totalizar [-θ-] zusammenzähler
tóxico giftig; *m* Gift *n*
toxicómano M Rauschgiftsüchtige(r)
trabajador [-x-] fleißig; *m*, **-a** *f* Arbeiter *m*, -in *f*; **trabajar** (be)arbeiten; **trabajo** M Arbeit *f*; *fig* Mühe *f*

trabar *Gespräch* anknüpfen
tractor M Traktor, Zugmaschine *f*
tradición [-θ-] F Tradition, Überlieferung; **tradicional** traditionell
traducción [-θ-] F Übersetzung; **traducir** [-θ-] übersetzen; **traductor** M, **-a** F Übersetzer *m*, -in *f*
traer (her-, mit)bringen
tráfico M Verkehr; Handel
tragaperras M Spielautomat
tragar verschlucken
tragedia [-x-] F Tragödie
trágico [-x-] tragisch
trago M Schluck; **de un trago** auf einen Zug
traición [-θ-] F Verrat *m*
traidor verräterisch; *m* Verräter
traje [-xe] M Anzug; Kostüm *n*; Tracht *f*; **traje de baño** Badeanzug; **traje de luces** Stierkämpfertracht *f*; **traje de noche** Abendkleid *n*; **traje nacional** Nationaltracht *f*; **traje-pantalón** Hosenanzug
trámites MPL Formalitäten *fpl*
trampa F Falle; Falltür; **hacer trampa** mogeln
trampolín M Sprungbrett *n*; Sprungschanze *f*
tramposo betrügerisch; *m* Betrüger
trance [-θe] M kritischer Moment; Trance *f*
tranquilidad [-ki-] F Ruhe; **tranquilizar** [-kiliθ-] beruhigen; **tranquilo** ruhig
transacción [-θ-] F Geschäft *n*
transatlántico überseeisch; *m* Überseedampfer
transbordador M (Auto)Fähre *f*; **transbordo**

M Umladen *n*; Umsteigen *n*; **hacer transbordo** umsteigen
transcribir abschreiben; umschreiben; **transcripción** [-θ-] F Abschrift; Umschrift
transeúnte M/F Vorübergehende(r) *m/f(m)*, Passant *m*, -in *f*
transferencia [-θĭa] F Transfer *m*; *Geld* Überweisung; **transferir** übertragen *Geld* überweisen
transformación [-θ-] F Umbildung; **transformador** M TECH Transformator; **transformar** umbilden
transfusión F Umfüllung; **transfusión (de sangre)** Bluttransfusion
transición [-θ-] F Übergang *m*
tránsito M Durchgang; Transit; Durchreise *f*; (Straßen)Verkehr; **estar de tránsito** auf der Durchreise sein
transitorio vorübergehend
transmisión F Übertragung **transmisor** M TECH Sender; **transmitir** senden; übertragen (**en directo** live)
transparente durchsichtig
transportar befördern; **transporte** M Transport, Beförderung *f*; **transportes** *mpl* **públicos** öffentliche Verkehrsmittel *npl*
transversal quer
tranvía M Straßenbahn *f*; Nahverkehrszug
trapero M Lumpensammler; **trapo** M (Putz-, Wisch)Lappen
tráquea [-kea] F Luftröhre

tras hinter; nach
trasbordador M Fähre *f*; **trasbordo** M Umladen *n*; Umsteigen *n*; **hacer trasbordo** umsteigen
trascendencia [-θendenθĭa] F Bedeutung, Tragweite
trasera F Rückseite; **trasero** Rück..., Hinter...; hintere; AUTO Heck...; *m umg* Hintern
trasferencia [-θĭa] F *Geld* Überweisung; **trasferir** übertragen; *Geld* überweisen
trasladar versetzen; *zeitlich* verlegen; **trasladarse** umziehen; sich begeben (**a** nach); **traslado** M Versetzung *f*; Umzug
trasnochar [-tʃ-] durchmachen; die Nacht schlaflos verbringen; übernachten
traspasar übertragen; abtreten
trasplantar umpflanzen; MED verpflanzen
trasportar befördern; **trasporte** M Transport
trastero M Rumpelkammer *f*
trastienda F Hinterzimmer *n*
trasto M Hausgerät *n*; **trastos** *mpl* Gerümpel *n*
trastornar in Unordnung bringen; stören; **trastorno** M Verwirrung *f*; Störung *f*; **trastornos** *pl* **circulatorios** Kreislaufstörungen *fpl*
tratado M Abhandlung *f*; POL Vertrag
tratamiento M Behandlung *f*; Anrede *f*
tratar *a.* MED behandeln; **tratar de** versuchen zu; handeln von; **tratar de tú** duzen; **tratarse de** sich handeln um
trato M Behandlung *f*; Verhandeln *n*; Umgang; Anrede *f*

través: **a través de** durch, über; **de través** schräg
travesía F Überqueren *n*; Überfahrt; Querstraße
travieso ausgelassen; ungezogen
trayecto M Strecke *f*; Weg; **trayectoria** F Flug-, Geschossbahn
trazo [-θo] M Strich; Schriftzug
trébol M Kleeblatt *n*
trecho [-tʃo] M Strecke *f*, Stück *n*
tregua F Waffenruhe; *fig* Atempause
trekking M Trekking *n*
tremendo fürchterlich, schrecklich
trementina F Terpentin *n*
tren M Zug; **tren de aterrizaje** FLUG Fahrwerk *n*; **tren de cercanías** Nahverkehrszug; **tren de enlace** Anschlusszug; **tren de lavado** (Auto)Waschanlage *f*
trenza [-θa] F (Haar)Zopf *m*
trepador M Steigeisen *n*
trepar klettern (a auf)
trepidar beben, zittern
triángulo M Dreieck *n*
tribu F (Volks)Stamm *m*
tribuna F Tribüne
tribunal M JUR Gericht *n*
triciclo [-θ-] M Dreirad *n*
tricolor dreifarbig
trigo M Weizen
trimestral vierteljährlich; **trimestre** M Vierteljahr *n*, Quartal *n*
trincar *umg* zechen
trinchar [-tʃ-] tranchieren

trinchera [-tʃ-] F Schützengraben *m*; Trenchcoat *m*
trineo M Schlitten; Rodel
trinidad F REL Dreifaltigkeit
tripa F Darm *m*; *umg* Bauch *m*; **tripas** *fpl* Eingeweide *npl*
triple dreifach
trípode M Stativ *n*
tripulación [-θ-] F Besatzung; **tripular** bemannen; **no tripulado** unbemannt
triste traurig; trübe; **tristeza** [-θa] F Traurigkeit
triturar zerkleinern, zermahlen
triunfador M Sieger; **triunfar** siegen; **triunfo** M Triumph; Sieg; *Karten* Trumpf
trocar tauschen
trolebús M Obus
trombón M Posaune *f*
trompa F MUS Horn *n*; ZOOL Rüssel *m*; **trompeta** F Trompete; Trompeterin; *m* Trompeter
tronar donnern
tronco M Rumpf; (Baum)Stamm
tropa F Trupp *m*; Truppe
tropezar [-θ-] stolpern; zufällig treffen, stoßen (**con** auf)
tropical tropisch
trópico tropisch; *m* GEOG Wendekreis; **trópicos** *mpl* Tropen *pl*
trotamundos M/F Globetrotter *m*, -in *f*
trozo [-θo] M Stück *n*
trucha [-tʃa] F Forelle

truco M Kunstgriff, Trick
trueno M Donner
trueque [-ke] M Tausch
trufa F Trüffel
tu dein
tú du; **hablar** *od* **tratar de tú** duzen
tubería F (Rohr)Leitung
tubo M Rohr *n*; Tube *f*; **tubo (flexible)** Schlauch; AUTO **tubo de escape** Auspuffrohr *n*
tuerca F Schraubenmutter
tufo M Qualm; schlechter Geruch, Mief *umg*
tuitear *Internet* twittern
tulipán M Tulpe *f*
tullido [-ʎ-] gelähmt; lahm
tumba F Grab *n*; Grabmal *n*
tumbar umwerfen; **tumbarse** sich niederlegen
tumbona F Liege; Liegestuhl *m*
tumor M Geschwulst *f*
tumulto M Aufruhr, Tumult; **tumultuoso** stürmisch
tuna F Kaktusfeige; Studentengesangsgruppe
tunecino [-θ-] tunesisch; *m*, **-a** *f* Tunesier *m*, -in *f*
túnel M Tunnel; **túnel de lavado** Waschanlage *f*; **túnel de los sustos** Geisterbahn *f*
Tunicia [-θ-] F Tunesien *n*
tupido dicht
turbación [-θ-] F Störung; Verwirrung
turbina F Turbine
turbio trübe
turco türkisch; *m*, **-a** *f* Türke *m*, Türkin *f*

turismo M Tourismus; (**coche** *m* **de**) **turismo** Pkw; **turista** M/F Tourist *m*, -in *f*; **turístico** Fremdenverkehrs...
turno M Reihenfolge *f*; (Arbeits)Schicht *f*; **de turno** diensthabend; **es mi turno** ich bin an der Reihe
turquesa [-ke-] F Türkis *m*; **turquí** [-ki] türkis (-farben); **Turquía** F Türkei *f*
turrón M *span Weihnachtssüßigkeit*
tutear duzen
tutor M Vormund; Tutor
tuyo dein

U

u oder
ubicación [-θ-] F Wegbeschreibung
ubre F Euter *n*
UCI ABKF (**Unidad de Cuidados Intensivos**) *Intensivstation*
Ud, **Uds** ABK (**usted, ustedes**) Sie
UE ABK F (**Unión Europea**) EU (Europäische Union)
úlcera [-θ-] F Geschwür *n*
ulterior jenseitig; weitere; **último** letzte; äußerste; *Mode* neueste; **por último** zuletzt; schließlich
ultracongelado [-x-] tiefgekühlt, -gefroren
umbral M Türschwelle *f*

un ein; **una** eine
unánime einstimmig; einmütig
unanimidad F Einstimmigkeit
ungüento [-gŭ-] M Salbe *f*
únicamente nur, einzig und allein
único einzig; einheitlich; einmalig
unicolor einfarbig
unidad F Einheit; MED Station; IT Laufwerk *n*
unificar vereinheitlichen; vereinen
uniforme gleichförmig; einheitlich; *m* Uniform *f*; Berufskleidung *f*
unilateral einseitig
unión F Vereinigung; Einigkeit; **Unión Europea** Europäische Union
unir verbinden, vereinigen; **unirse** sich anschließen (a an)
universal Welt..., weltweit
universidad F Universität, Hochschule; **universitario** Universitäts...; *m*, **-a** F Akademiker *m*, -in *f*; Student *m*, -in *f*
universo M All *n*, Universum *n*
uno eins; ein; man; *m* Eins *f*; **uno a uno** einer nach dem anderen; **uno por uno** einzeln; **unos** *mpl* einige
untar (ein)schmieren; *Brot* bestreichen; *fig umg* schmieren, bestechen
uña [uɲa] F Nagel *m*; Kralle; Huf *m*
urbanización [-θaθ-] F Erschließung; Städteplanung; Wohnsiedlung; **urbano** städtisch; höflich
urdir anzetteln

uretra F Harnröhre
urgencia [-xenθĭa] F Dringlichkeit; Notfall *m*; *Krankenhaus* Notaufnahme; **urgente** dringend, eilig
urticaria F Nesselausschlag *m*
Uruguay M Uruguay *n*; **uruguayo** uruguayisch; *m*, **-a** *f* Uruguayer *m*, -in *f*
usado abgenutzt; gebraucht; **usar** benutzen; gebrauchen; *Kleidung* tragen; **usarse** gebräuchlich sein
USB M **stick USB** USB-Stick
uso M Gebrauch, Verwendung *f*; Gewohnheit *f*, Brauch; **para uso externo** äußerlich anzuwenden
usted Sie; **con usted** mit Ihnen
usual gebräuchlich, üblich
usuario M Benutzer, User; **nombre** *m* **del usuario** COMPUT Benutzername
usura F Wucher *m*
utensilio M Gerät *n*; **utensilios** *mpl* Handwerkszeug *n*
útero M Gebärmutter *f*
útil brauchbar, nützlich
utilidad F Nutzen *m*; **utilizar** [-θ-] an-, verwenden; benutzen
uva F (Wein)Traube; **uva blanca** grüne Traube; **uva crespa** *od* **espina** Stachelbeere
UVI ABK F (**Unidad de Vigilancia Intensiva**) Intensivstation

V

vaca F Kuh; (**carne** *f* **de**) **vaca** Rindfleisch *n*
vacaciones [-θ-] FPL Ferien *pl*; Urlaub *m*; **vacaciones escolares** Schulferien *pl*; **vacaciones todo incluido** All-inclusive-Urlaub *m*; **estar de vacaciones** in Urlaub sein, Urlaub machen; **vacacionista** [-θ-] M/F Urlauber *m*, -in *f*
vacante *Stelle* unbesetzt
vaciar [-θ-] leeren; ausgießen
vacilación [-θilaθ-] F Unentschlossenheit; **vacilante** schwankend
vacío [-θ-] leer; unbewohnt; *m* Leere *f*; Lücke *f*
vacuna F Impfstoff *m*; **vacunación** [-θ-] F Impfung, Schutzimpfung; **vacunar** impfen (**contra** gegen)
vado M Furt *f*; **vado permanente** Ausfahrt freihalten
vagabundo M Vagabund, Landstreicher; **vagar** umherstreichen; faulenzen
vago vage, unbestimmt; faul
vagón M Waggon; **vagón de mercancías** Güterwagen
vainilla [-ʎa] F Vanille
vajilla [-xiʎa] F (Tisch)Geschirr *n*
vale[1] **¡vale!** in Ordnung!, es ist gut!

vale[2] M Gutschein; **vale de caja** Kassenzettel; **valedero** gültig
valentía F Tapferkeit, Mut *m*
valer gelten; wert sein; kosten; taugen; **valer la pena** sich lohnen (zu); **valerse de** sich *einer Sache* bedienen
valeriana F Baldrian *m*
valeroso tapfer
válido gültig
valiente tapfer, mutig; tüchtig
valija [-xa] F Reisetasche; Handkoffer *m*
valioso wertvoll, kostbar
valla [-ʎa] F Zaun *m*; SPORT Hürde; **valla protectora** Leitplanke; **valla publicitaria** Reklametafel
valle [-ʎe] M Tal *n*
valor M Wert; Mut; **valores** *mpl* Wertpapiere *npl*; **valores declarados** Wertbrief *m*, Wertsendung *f*; **valorar** schätzen
válvula F Klappe, Ventil *n*
vamos: **¡vamos!** *od* **¡vámonos!** los!, gehen wir!; **¡vamos!** na so was!
vapor M Dampf; Dampfer
vaporizador [-θ-] M Zerstäuber; **vaporizar** verdampfen; zerstäuben
vaquería [-ke-] F Kuhstall *m*; Milchgeschäft *n*; **vaquero** M Kuhhirte; Cowboy; **vaqueros** *mpl*, **pantalón** *m* **vaquero** Jeans *pl*
vara F Gerte; Stab *m*; *Stierkampf* Lanze
variable veränderlich; **variado** abwechselnd; abwechslungsreich

variar (ver)ändern; sich ändern
varice [-θe] F Krampfader; **varicela** F Windpocken *fpl*
variedad F Mannigfaltigkeit
vario verschieden; abwechselnd; **varios** *mpl* einige, mehrere; manche
varón M Mann, Knabe
varonil männlich
vasco baskisch; *m*, **-a** *f* Baske *m*, -in *f*; **vascuence** [-θe] M Baskisch *n*
vasija [-xa] F Gefäß *n*
vaso M (Trink)Glas *n*; Becher; ANAT Gefäß *n*
vasto weit, geräumig; umfassend
vatio M ELEK Watt *n*
vaya: ¡vaya! na so was!; recht so!; **que le vaya bien** alles Gute
Vd. ABK (**usted**) Sie
veces: **a veces** manchmal; **las más veces** meistens
vecindad [-θ-] F Nachbarschaft
vecino [-θ-] benachbart; *m* Nachbar; Bewohner; Einwohner; **vecino de** aus, wohnhaft in
veda F *Jagd* Schonzeit
vega F fruchtbare Ebene
vegano vegan; *m*, **-a** *f* Veganer *m*, -in *f*
vegetación [-xetaθ-] F Vegetation; **vegetal** pflanzlich; **vegetariano** vegetarisch; *m* Vegetarier
vehemencia [-θĭa] F Heftigkeit
vehículo M Fahrzeug *n*
veinte zwanzig

veintiuno einundzwanzig
vejez [-xeθ] F (hohes) Alter
vejiga [-x-] F (Harn)Blase
vela F Kerze; Segel *n*
velar (be)wachen
velero M Segler, Segelschiff *n*
velo M Schleier
velocidad [-θ-] F Geschwindigkeit; **velocidad límite** zulässige Höchstgeschwindigkeit
velocímetro [-θ-] M Tacho(meter)
velódromo M Radrennbahn *f*
velomotor M Mofa *n*
veloz [-θ] schnell, flink
vena F Vene; Ader
venado M Hirsch; Rotwild *n*
vencedor [-θ-] siegreich; *m* Sieger; **vencer** (be)siegen; *Wechsel* fällig werden; **vencimiento** [-θ-] M Verfall(stag); Fälligkeit *f*
venda F Binde; **venda de gasa** Mullbinde; **venda elástica** elastische Binde; **vendaje** [-xe] M Verband; **vendajes** *mpl* Verband(s)zeug *n*; **vendar** MED verbinden
vendedor M, **-a** F Verkäufer *m*, -in *f*; **vender** verkaufen; **se vende** zu verkaufen
vendimia F Weinlese
veneno M Gift; **venenoso** giftig
venerar verehren
venéreo MED Geschlechts...; **enfermedad** *f* **venérea** Geschlechtskrankheit
venezolano venezolanisch; *m*, **-a** *f* Venezolaner

m, -in *f*; **Venezuela** F Venezuela *n*
venganza [-θa] F Rache; **vengarse** sich rächen
venir kommen; herrühren (**de** von); **venir a buscar** abholen (kommen); **venir bien** *Kleidung* gut stehen
venta F Verkauf *m*; **venta anticipada** Vorverkauf *m*
ventaja [-xa] F Vorteil *m*; Nutzen *m*
ventana F Fenster *n*; **ventanilla** [-ʎa] F (Post- *etc*)Schalter *m*; AUTO, FLUG Fenster *n*
ventilación [-θ-] F Lüftung; **ventilador** M Ventilator; Gebläse *n*; **ventilar** (ent)lüften
ventosidad F Blähung
ventura F Glück *n*
ver sehen; durch-, nachsehen; besuchen; **¡a ver!** mal sehen!; **tener que ver con** zu tun haben mit
veracidad [-θ-] F Wahrhaftigkeit
veraneante M/F Sommerfrischler *m*, -in *f*; **veraneo** M Sommerfrische *f*; **verano** M Sommer
veras: **de veras** wirklich, im Ernst
verbal mündlich
verbena F Volksfest *n*
verbo M Zeitwort *n*, Verb *n*
verdad F Wahrheit; **de verdad** wirklich; **¿verdad?** nicht wahr?
verdadero wahr, wirklich, echt
verde grün; *m* Grün *n*
verdulero M, **-a** F Gemüsehändler *m*, -in *f*; **verdura** F Gemüse *n*; Grün *n*
vereda F Pfad *m*, Fußweg *m*
vergüenza [-gŭenθa] F Scham; Schande; **tener**

vergüenza sich schämen
verídico wahr
verificar nachprüfen
vermú, **vermut** M Wermut
verosímil glaubwürdig
verruga F Warze
versado bewandert
verso M Vers
vértebra F ANAT Wirbel *m*
verter eingießen
vertiente F Abhang *m*, Gefälle *n*
vertiginoso [-x-] schwindelerregend
vértigo M MED Schwindel
vesícula F Blase; **vesícula biliar** Gallenblase
vespertino abendlich, Abend...
vestíbulo M Vorhalle *f*; Foyer *n*
vestido M Kleid *n*; (Be)Kleidung *f*
vestigio [-xĭo] M Spur *f*
vestir anziehen; kleiden; **vestirse** sich anziehen
vestuario M Umkleideraum
veterinario M, **-a** F Tierarzt, -ärztin
vez F Mal *n*; **a la vez** gleichzeitig; **a su vez** seinerseits; **alguna vez** jemals, einmal; **de vez en cuando** manchmal; **de una vez** auf einmal; **en vez de** (an)statt; **otra vez** ein andermal; noch mal
vía F Weg *m*, Straße; BAHN Gleis *n*
viable durchführbar; befahrbar
viaducto M Viadukt
viajante [-x-] M/F (Geschäfts)Reisende(r) *m/f(m)*; **viajar** reisen; fahren (**en** mit)

viaje [-x-] M Fahrt *f*; Reise *f*; **viaje circular** Rundreise *f*; **viaje de bodas** Hochzeitsreise *f*; **viaje todo incluido** Pauschalreise *f*; **estar de viaje** verreist sein; **ir de viaje** verreisen
viajero [-x-] M Reisende, Fahrgast
víbora F Viper; Kreuzotter
vibrar vibrieren
vicepresidente [-θ-] M/F Vizepräsident *m*, -in *f*
viceversa [-θ-] umgekehrt
viciado [-θ-] verdorben; *Luft* stickig
vicio [-θ-] M Laster *n*; Fehler
víctima F Opfer *n*
victoria F Sieg *m*
vid F Weinstock *m*, -rebe
vida F Leben *n*; Lebensunterhalt *m*
vídeo M Videorekorder; **vídeocámara** F Videokamera; **vídeocasete** M Videokassette *f*; **vídeojuego** [-x-] M Videospiel *n*; **vídeoteca** F Videothek
vidriera F Glasfenster *n*, -tür
vidrio M Glas *n*; Fensterscheibe *f*
vieira F Pilgermuschel
viejo [-xo] alt
Viena F Wien *n*; **vienés** wienerisch, Wiener
viento M Wind; **viento de costado** Seitenwind
vientre M Bauch
viernes M Freitag; **Viernes Santo** Karfreitag
viga F Balken *m*
vigente [-x-] gültig, geltend
vigilado [-x-] bewacht; **vigilancia** [-xilanθĭa] F

Überwachung; Wachsamkeit; **vigilante** wachsam; *m/f* Aufseher *m*, -in *f*, Wächter *m*, -in *f*; **vigilar** (be)wachen
vigor M Kraft *f*; Nachdruck; **estar en vigor** in Kraft sein, gültig sein
vil gemein, niederträchtig
villa [-ʎa] F Villa, Landhaus *n*; Städtchen *n*
vinagre M Essig; **vinagreras** FPL GASTR Essig- und Ölgestell *n*; **vinagreta** F Vinaigrette
vinatero Wein...; *m*, **-a** *f* Weinhändler *m*, -in *f*
vinícola Wein...
vino M Wein; **vino blanco** Weißwein; **vino de la tierra** Landwein aus der Region; **vino de mesa** Tischwein; **vino tinto** Rotwein; **vino de postre** Dessertwein
viña [-ɲa] F, **viñedo** [-ɲ-] M Weinberg *m*
viola F Bratsche
violar verletzen; entweihen; vergewaltigen; **violencia** [-θĭa] F Gewalt; Notzucht; **violento** heftig; gewalttätig; peinlich; unangenehm
violeta violett; *f* Veilchen *n*
violín M Geige *f*
violón M Bassgeige *f*, Kontrabass
violoncelo [-θ-] M Cello *n*
viraje [-xe] M Kurve *f*; Wendung *f*
virar *Fahrzeug* wenden; sich drehen; SCHIFF, FLUG abdrehen
virgen [-x-] jungfräulich; *Kassette* unbespielt, Leer...; *Film* unbelichtet; *f* Jungfrau; **la Virgen** die Jungfrau Maria

viril männlich; mannhaft
virtud F Fähigkeit; (Heil)Kraft; Tugend
viruela F Pocken *pl*
virus M *a.* IT Virus *m,n*
viruta F (Hobel)Span *m*
visado M Visum *n*
visibilidad F Sicht(weite); **visible** sichtbar
visión F Sehen *n*; Vision
visita F Besuch *m*; Besichtigung; **visita de la ciudad** Stadtbesichtigung; **visita guiada** Führung
visitante M/F Besucher *m*, -in *f*; **visitar** besuchen; besichtigen
visón M Nerz
visor M FOTO Sucher
víspera F Vorabend *m*; Vortag *m*; **en vísperas de** am Vorabend von
vista F Sehen *n*; Anblick *m*; Sicht; Aussicht; FOTO Aufnahme; **¡hasta la vista!** Auf Wiedersehen!
visto gesehen; **bien visto** beliebt; **mal visto** unbeliebt; **por lo visto** offensichtlich
vitamina F Vitamin *n*
viticultor M, **-a** F Winzer *m*, -in *f*; **viticultura** F Weinbau *m*
vitrina F Vitrine
viuda F Witwe; **viudo** verwitwet; *m* Witwer
vivaquear [-ke-] biwakieren
vivaz [-θ] lebhaft
víveres MPL Lebensmittel *npl*
vivero M Fischteich
viveza [-θa] F Lebhaftigkeit

vivienda F Wohnung
viviente lebend, lebendig; **vivir** leben; wohnen; **vivo** lebend; lebhaft; clever, aufgeweckt; *Farben* frisch
vocablo M Wort *n*; **vocabulario** M Wortschatz, Vokabular
vocerío [-θ-] M Geschrei *n*
vociferar [-θ-] schreien, zetern
volante fliegend; *m* Flugblatt *n*; Federball; AUTO Lenkrad *n*, Steuer *n*; **volante del seguro** Krankenschein
volar fliegen; **(hacer) volar** sprengen, in die Luft jagen
volcán M Vulkan
volcar umkippen, umwerfen; **volcarse** sich wälzen; *fig* sich bemühen
voleibol M Volleyball
voltaje [-xe] M ELEK Spannung *f*
voltio M Volt *n*
volumen M Volumen *n*; *Buch* Band; **volumen (de sonido)** Lautstärke *f*
voluntad F Wille *m*; Belieben *n*; **voluntario** freiwillig; *m* Freiwillige(r)
volver wenden; umkehren; zurückkehren; **volver a hacer** wieder tun; **volverse** sich umdrehen; umkehren; werden
vomitar (sich er)brechen
vómito M (Er)Brechen *n*
vosotros ihr
votación [-θ-] F Abstimmung; **votar** (ab)stim-

men, wählen; **voto** M POL Stimme *f*; REL Gelübde *n*

voz [boθ] F Stimme; Ton *m*, Laut *m*; **de viva voz** mündlich

vuelo M Flug; **vuelo barato, vuelo de bajo coste** Billigflug; **vuelo directo** Direktflug; **vuelo de enlace** Anschlussflug; **vuelo de ida** Hinflug; **vuelo regular** Linienflug; **vuelo de regreso** Rückflug

vuelta F Drehung; Rückkehr; Rundfahrt; *Weg* Krümmung; Wechselgeld *n* **vuelta al mundo** Weltreise; **dar una vuelta** einen kleinen Spaziergang *od* Abstecher machen (**por** nach)

vuestro euer

vulgar alltäglich, gewöhnlich; vulgär

W

wáter M Klosett *n*, WC *n*

waterpolo M Wasserpolo *n*

web F Web *n*, Internet *n*

X

X [ekis]: **rayos** MPL **X** Röntgenstrahlen
xenofobia F Fremdenhass *m*
xenófobo fremdenfeindlich

Y

y und; **a las dos y cuarto** um Viertel nach zwei (Uhr)
ya schon; **ya no** nicht mehr; **¡ya está!** fertig!; **ya voy** ich komme (schon)
yacer [-θ-] liegen; ruhen; begraben liegen
yachting [jatin] M Segelsport
yacimiento [-θ-] M GEOG Lager *n*, Vorkommen *n*
yanqui [-ki] *umg* Ami..., nordamerikanisch; *m* Yankee
yate M Jacht *f*; **yate de vela** Segeljacht *f*
yegua F Stute
yema F Eigelb *n*; (Finger)Kuppe; Knospe
yerba F Gras *n*; Kraut *n*
yerno M Schwiegersohn
yeso M Gips

yo ich
yodo M Jod *n*
yogur M Joghurt *m*
yugo M Joch *n*
yunque [-ke] M Amboss
yunta F *Ochsen* Gespann *n*

Z

zafiro [θ-] M Saphir
zaga [θ-] F hinterer Teil; **a a zaga** hintenan; hinterdrein
zaguán [θ-] M Diele *f*, Hausflur
zalamería [θ-] F Schmeichelei
zambullida [θambuʎ-] F Kopfsprung *m*; **dar una zambullida** e-n Kopfsprung machen; schwimmen gehen
zanahoria [θ-] F Möhre, Mohrrübe
zancos [θ-] MPL Stelzen *fpl*
zanja [θanxa] F Graben *m*
zapata [θ-] F Hemmschuh *m*; AUTO Bremsbacke
zapatería [θ-] F Schuhgeschäft *n*; **zapatero** M, **-a** F Schuhmacher *m*, -in *f*; **zapatilla** [-ʎɛ] F Hausschuh *m*; Turnschuh *m*; **zapato** M Schuh
zapear zappen
zarcillo [θarθiʎo] M Ohrring

zarpar [θ-] *nav* auslaufen
zarzamora [θarθ-] F Brombeere
zarzuela [θarθ-] F *spanisches* Singspiel *n*; GASTR gebratene Meeresfrüchte *fpl od* Fische *mpl*
zinc [θ-] M Zink *n*
zócalo [θ-] M Sockel
zodíaco [θ-] M Tierkreis; **signo** *m* **del zodíaco** Tierkreiszeichen *n*
zona [θ-] F Zone; Gebiet *n*; **zona azul** Kurzparkzone; **zona peatonal** Fußgängerzone; **zona spa** Wellnessbereich *m*; **zona verde** Grünanlage
zoología [θoolox-] F Zoologie; **zoológico** [θoolox-] zoologisch; **jardín zoológico** *m* Zoo *m*; **zoólogo** [θ-] M, **-a** F Zoologe *m*, -in *f*
zorra [θ-] F Füchsin; *fig umg* Rausch *m*
zorro verschlagen, schlau; *m* Fuchs
zozobrar [θoθ-] kentern
zueco [θ-] M Holzschuh
zumbar [θ-] summen; brummen
zumo [θ-] M (Frucht)Saft; **zumo de naranja** Orangensaft
zurcir [θurθ-] flicken, stopfen
zurdo [θ-] linkshändig; *m* Linkshänder
Zurigo [θ-] M Zürich *n*

Deutsch – Spanisch

A

Aal M anguila *f*
ab *räumlich* de, desde; *zeitlich* a partir de; desde
abbestellen anular
abbiegen torcer, doblar; **nach rechts, links abbiegen** doblar a la derecha, izquierda
Abbildung F ilustración
abblenden AUTO bajar las luces
Abblendlicht N luz *f* de cruce
abbrechen romper; *Reise, Rede* interrumpir; *Gebäude* derribar
Abend M *früh* tarde *f*; *spät* noche *f*; **am Abend** por la tarde, por la noche; **gestern Abend** anoche, ayer por la noche; **guten Abend!** ¡buenas tardes!, ¡buenas noches!; **zu Abend essen** cenar
Abendessen N cena *f*; **Abendkasse** F taquilla; **Abendkleid** N traje *m* de noche
abends por la tarde, por la noche
Abenteuer N aventura *f*
aber pero
abfahren salir; *Ski* descender
Abfahrt F salida; *Ski* descenso *m*

Abfahrtszeit F hora de salida
Abfall M *Müll* basura *f*; **Abfalleimer** M cubo de la basura
Abflug M salida *f*; **Abflugzeit** F hora de salida
Abfluss M desagüe; **Abflussrohr** N tubo *m* de desagüe
Abführmittel N laxante *m*
abgeben *Gepäck etc* dejar, entregar
abgelaufen *Pass etc* caducado
abgelegen alejado, aislado
abgenutzt gastado, usado
Abgeordnete(r) M/F(M) diputado *m*, -a *f*
Abgrund M abismo
abhalten impedir (**von** de)
Abhang M declive; cuesta *f*
abhängen depender (**von** de); *Bild* descolgar; **abhängig** dependiente (**von** de); **Abhängigkeit** F dependencia
abheben FLUG despegar; *Geld* retirar; TEL descolgar
abholen recoger; **abholen gehen** ir a buscar; **abholen kommen** venir a buscar
abkühlen: **sich abkühlen** refrescarse
Abkürzung F *Wort* abreviatura; *Weg* atajo *m*
abladen descargar
Ablauf M *Geschehen* curso; *Frist* vencimiento; **ablaufen** *Wasser* desaguar; *Pass* caducar; *Frist* vencer
ablegen *Mantel* quitarse; SCHIFF zarpar
ablehnen rechazar
Abmachung F acuerdo *m*

abmelden: **sich abmelden** darse de baja; anunciar la partida
abmessen medir; **Abmessung** F dimensión, medida
Abnahme F *Kauf* compra; *Verminderung* disminución
abnehmen disminuir; *Gewicht* adelgazar; TEL descolgar; WIRTSCH comprar
Abneigung F antipatía, aversión
Abonnent M, **-in** F abonado *m*, -a *f*
abrechnen echar la cuenta; **Abrechnung** F cuenta
Abreise F salida, partida (**nach** para); **abreisen** salir, partir, marcharse (**nach** para); **Abreisetag** M día de salida
abreißen arrancar; *Gebäude* derribar; **der Knopf ist abgerissen** el botón se ha caído
ABS N *(Antiblockiersystem)* ABS *m (sistema antibloqueo de frenos)*
Absage F negativa; *Einladung* disculpa; **absagen** THEAT *etc* suspender; *Einladung* disculparse
Absatz M *Schuh* tacón; *Text* párrafo
abschaffen abolir, suprimir
abschalten *Gerät* desconectar; *Motor* parar; *sich entspannen* relajarse
abscheulich horrible
abschicken mandar, expedir
Abschied M despedida *f*; **Abschied nehmen** despedirse
Abschleppdienst M servicio de remolque **ab-**

schleppen remolcar; **Abschleppseil** N cuerda *f* para remolcar; **Abschleppwagen** M grúa *f*
abschließen cerrar; *Tür* cerrar con llave
Abschluss M conclusión *f*
Abschnitt M sector; *Zeit* período
abschreiben copiar
Abschrift F copia
Absender M remitente
Absicht F intención; **absichtlich** intencionado; *adv* adrede
absolut absoluto
abspeichern almacenar, guardar
abspülen *Geschirr* fregar
abstammen descender (**von** de)
Abstand M distancia *f*; *Zeit* intervalo
Abstecher M: **e-n Abstecher machen** dar una vuelta (**nach** por)
absteigen *im Hotel* alojarse; *Fahrzeug* bajar
abstellen *Last* poner; *Gerät* apagar *Motor* parar; *Auto* dejar, aparcar
Abstieg M descenso
abstimmen votar; **Abstimmung** F votación
abstinent abstemio, abstinente
abstoßend repugnante
abstürzen despeñarse; FLUG estrellarse
Abteil N compartimiento *m*
Abteilung F división; *Kaufhaus, Amt* sección; departamento *m*
Abtreibung F aborto *m*
abtrennen separar, quitar

abtrocknen secar
abwarten esperar
abwärts hacia abajo
abwaschen lavar; *Geschirr* fregar
abwechseln: **sich abwechseln** alternarse
abwechselnd ADV alternativamente
Abwechslung F cambio *m*; *Zerstreuung* distracción, diversión
abwehren *Stoß* parar
abwesend ausente; *fig* distraído; **Abwesenheit** F ausencia
abwischen limpiar
Abzeichen N distintivo *m*
abziehen *Summe* deducir (**von** de)
Abzocke F *umg* estafa, timo *m*
Abzug M FOTO prueba *f*, copia *f*; **abzüglich** menos
Abzweigung F bifurcación
ach: **ach**! ¡ah!; **ach was!** ¡qué va!; **ach wo!** ¡nada de eso!, ¡ni hablar!
Achse F eje *m*
Achsel F hombro *m*
acht ocho
achte octavo; **Achtel** N octavo *m*
achten *schätzen* apreciar; **achten auf** prestar atención a, fijarse en
Achterbahn F montaña rusa
achtgeben tener cuidado; **achtgeben auf** cuidar de
Achtung F respeto *m*; atención; **Achtung!** ¡aten-

ción!, ¡cuidado!
achtzehn dieciocho; **achtzig** ochenta
Acker M campo
Adapter M adaptador
addieren sumar
Ader F vena
Adler M águila *f* (*el*)
adoptieren adoptar
Adresse F dirección, señas *fpl*; **adressieren** poner las señas
Affe M mono
Afrika N África *f*; **afrikanisch** africano
aggressiv agresivo
Ägypten N Egipto *m*; **ägyptisch** egipcio
ähneln parecerse a
ahnen sospechar; presentir
ähnlich parecido, semejante
Ahnung F presentimiento *m*; **ich habe keine Ahnung** no tengo idea
Aids N SIDA *m*
Airbag M airbag
Akademiker M, **-in** F universitario *m*, -a *f*
akklimatisieren: **sich akklimatisieren** aclimatarse
Aktie F acción; **Aktiengesellschaft** F sociedad anónima
Aktion F acción
Aktionär M accionista
aktiv activo; **Aktivität** F actividad
Aktivurlaub M vacaciones *fpl* activas

aktuell actual
Akzent M acento
Alarm M alarma *f*
Albtraum M pesadilla *f*
Alge F alga *(el)*
Algerien N Argelia *f*; **algerisch** argeliano
Alkohol M alcohol; **alkoholfrei** sin alcohol **alkoholisch** alcohólico; **Alkoholtest** M prueba *f* de alcoholemia
alle todos; **alles** todo; **vor allem** sobre todo
Allee F avenida, paseo *m*
allein solo; **alleinerziehend** *Mutter, Vater* soltera, soltero
allerdings sin embargo
Allergie F alergia; **allergisch** alérgico (**gegen** a)
allgemein general; **Allgemeinmediziner** M, **-in** F médico *m*, -a *f* general
All-inclusive-Urlaub M vacaciones *fpl* todo incluido
allmählich poco a poco
Alltag M vida *f* cotidiana; **alltäglich** diario; *fig* corriente
als *zeitlich* cuando; *Vergleich* que, de; **besser als** mejor que; **mehr als 5** más de cinco
also por lo tanto
alt viejo; *Sache a.* antiguo; **wie alt sind Sie?** ¿cuántos años tiene?
Altar M altar
Alter N edad *f*; *Lebensalter* vejez *f*
altmodisch pasado de moda

Altstadt F casco *m* viejo
ambulant ambulante; ambulatorio
Ameise F hormiga; **Ameisenhaufen** M hormiguero
Amerika N América *f*; **amerikanisch** americano
Ampel F semáforo *m*, disco *m*
Amphitheater N anfiteatro *m*
Amt N *Funktion* cargo *m*; *Büro* oficina *f*; **amtlich** oficial
amüsant divertido; **amüsieren**: **sich amüsieren** distraerse, divertirse
Ananas F piña
Anbau M *Haus* anejo, anexo; BOT cultivo
anbieten ofrecer
Anblick M vista *f*; *Aussehen* aspecto
Andalusien N Andalucía *f*
Anden PL Andes *mpl*
Andenken N recuerdo *m*
andere otro; **etwas anderes** otra cosa
andererseits por otra parte
ändern cambiar, modificar; *Kleidung* arreglar; **sich ändern** cambiar
Änderung F cambio *m*; *Kleidung* arreglo *m*
Andorra N Andorra *f*; **andorranisch** andorrano
Andrang M afluencia *f*
aneinander uno a otro
anerkannt reconocido; **anerkennen** reconocer; **Anerkennung** F reconocimiento *m*
Anfang M comienzo; principio; **Anfang April** a

principios de abril
anfangen comenzar, empezar
anfangs al principio
anfassen tocar
anfertigen hacer; fabricar
anfreunden: **sich anfreunden mit** hacerse amigo de
Angabe F *Prahlerei* fanfarronada; *Information* dato *m*
angeben *prahlen* fanfarronear; *nennen* indicar
Angeber M, **-in** F fanfarrón *m*, -ona *f*
angeblich supuesto; *man sagt* según dicen
Angebot N oferta *f*
Angehörige(r) M/F(M) pariente
Angeklagte(r) M/F(M) acusado *m*, -a *f*
Angel F *Fisch* caña de pescar
Angelegenheit F asunto *m*
angeln pescar con caña
Angelschein M licencia *f* de pescar
angemessen adecuado
angenehm agradable; **angenehm!** ¡encantado!
Angestellte(r) M/F(M) empleado *m*, -a *f*
angewiesen: **angewiesen sein auf** depender de
angewöhnen: **sich angewöhnen** acostumbrarse a
Angewohnheit F costumbre
Angina F anginas *fpl*
angreifen atacar; agredir, acometer
Angriff M ataque; asalto
Angst F miedo *m*, temor *m* (**vor** de)

ängstlich miedoso; *schüchtern* tímido
anhalten *Fahrzeug* parar; *fortdauern* seguir; durar
Anhalter M, **-in** F auto(e)stopista *m/f*; **per Anhalter fahren** hacer autostop
Anhang M apéndice
Anhänger M AUTO remolque; POL militante; SPORT aficionado
Animateur M animador
Anker M ancla *f* (*el*)
Anklage F acusación; **anklagen** acusar (**wegen** de)
anklicken hacer clic sobre; pinchar
anklopfen llamar (a la puerta)
ankündigen anunciar
Ankunft F llegada
Ankunftstag M día de llegada; **Ankunftszeit** F hora de llegada
Anlass M *Gelegenheit* ocasión *f*; *Grund* motivo
anlassen *Motor* arrancar; poner en marcha; *Kleidung* dejar puesto; **Anlasser** M arranque
anlegen poner; *Geld* invertir *Schiff* atracar; **Anlegeplatz** M embarcadero
Anleitung F instrucción
anmachen *befestigen* fijar; *anschalten* encender
Anmeldeformular N formulario *m* de inscripción; *Hotel* ficha *f*; **anmelden**: **sich anmelden** *Arzt* pedir hora; *Ausflug* inscribirse; **Anmeldung** F inscripción
Annahme F aceptación; *Vermutung* suposición
annehmbar aceptable; **annehmen** aceptar; *ver-*

muten suponer
Annonce F anuncio *m*; **annoncieren** anunciar
Anorak M anorak
anprobieren probarse
anreden hablar a; **mit Sie anreden** tratar de usted
Anreise F llegada
Anruf M llamada *f*; **Anrufbeantworter** M contestador (automático); **anrufen** llamar (por teléfono)
anschalten TV poner; *Licht, Gerät* encender
Anschauung F opinión; concepción
Anschein M apariencia *f*
anscheinend por lo visto
Anschlag M atentado; *Plakat* cartel
anschließen ELEK conectar
Anschluss M BAHN, FLUG enlace; ELEK toma *f*; **Anschluss finden** encontrar compañía; **Anschlussflug** M vuelo de enlace; **Anschlusszug** M tren de enlace
anschnallen: **sich anschnallen** abrocharse el cinturón
Anschnallpflicht F uso *m* obligatorio del cinturón de seguridad
Anschrift F dirección, señas *fpl*
ansehen mirar, ver; **Ansehen** N *Ruf* reputación *f*
Ansicht F vista; *Meinung* opinión
Ansichtskarte F (tarjeta) postal
Ansprache F discurso *m*, alocución
ansprechen dirigirse a
anspringen *Motor* arrancar

Anspruch M *Recht* derecho (**auf** a)
anständig decente
anstatt en vez de
anstecken *Abzeichen* poner; MED contagiar
anstellen TV poner; **sich anstellen** *Schlange* ponerse en la cola
anstoßen chocar (**an** contra)
anstrengen: **sich anstrengen** esforzarse
Anstrengung F esfuerzo *m*
Anteil M parte *f*
Antenne F antena
Antibabypille F píldora (anticonceptiva); **Antibiotikum** N antibiótico *m*; **Antiblockiersystem** N sistema *m* antibloqueo (de frenos)
antik antiguo
Antiquitäten FPL antigüedades
Antivirensoftware F IT software *m* antivirus
Antrag M solicitud *f*
Antwort F respuesta, contestación; **antworten** contestar, responder (**auf** a)
Anwalt M, **Anwältin** F abogado *m*, -a *f*
anwenden emplear, usar; **Anwendung** F empleo *m*, uso *m*
anwesend presente; **Anwesenheit** F presencia
Anzahlung F depósito *m*
Anzeichen N indicio *m*, síntoma *m*
Anzeige F *Zeitung* anuncio *m*; JUR denuncia; **anzeigen** indicar; JUR denunciar
anziehen *Schraube* apretar; *Kleidung* ponerse; **sich anziehen** vestirse

Anzug M traje
anzünden encender
Aperitif M aperitivo
Apfel M manzana *f*; **Apfelsaft** M zumo de manzana; **Apfelsine** F naranja; **Apfelwein** M sidra *f*
Apotheke F farmacia
App F aplicación
Apparat M aparato
Appartement N apartamento *m*
Appetit M apetito; **guten Appetit!** ¡que aproveche!
Aprikose F albaricoque *m*
April M abril
Äquator M ecuador
Arabien N Arabia *f*; **arabisch** árabe
Arbeit F trabajo *m*
arbeiten trabajar
Arbeiter M, **-in** F trabajador *m*, -a *f*; obrero *m*, -a *f*
Arbeitgeber M patrono; **Arbeitnehmer** M empleado, asalariado
Arbeitsagentur F *Deutschland* oficina de empleo; *Spanien etwa* Instituto *m* Nacional de Empleo; **Arbeitsamt** N oficina *f* de empleo; **arbeitslos** desempleado, en paro; **Arbeitslosigkeit** F paro *m*, desempleo *m*
Arena F arena; *Stierkampf* plaza de toros
Argentinien N Argentina *f*; **Argentinier** M, **-in** F argentino *m*, -a *f*; **argentinisch** argentino

Ärger M enfado; disgusto; **ärgerlich** molesto; *verärgert* enfadado
ärgern molestar; **sich ärgern** enfadarse
Arm M brazo
arm pobre
Armaturenbrett N tablero *m* de mandos
Armbanduhr F reloj *m* de pulsera
Ärmel M manga *f*
Armut F pobreza
Arsch M *vulg* culo
Art F *Weise* modo *m*, manera; *Klasse* tipo *m*; clase
Arterie F arteria
Artikel M artículo
Artischocke F alcachofa
Arzneimittel N medicamento *m*
Arzt M, **Ärztin** F médico *m*, -a *f*; **Arzthelferin** F auxiliar *m/f* de médico
ärztlich medical
Asche F ceniza; **Aschenbecher** M cenicero; **Aschewolke** F nube de ceniza (volcánica)
asiatisch asiático; **Asien** N Asia *f*
Aspirin® N aspirina *f*
Ass N as *m*
Ast M rama *f*
Asthma N asma *f* (*el*)
astrologisch astrológico
Atem M aliento; **Atembeschwerden** FPL trastornos *mpl* respiratorios
Atlantik M Atlántico
atmen respirar

Atmosphäre F atmósfera
Atom N átomo *m*
Atombombe F bomba atómica; **Atomenergie** F energía atómica; **Atomkraftwerk** N central *f* nuclear
Attest N certificado *m* médico
Aubergine F berenjena
auch también
Audioguide M audioguía
auf sobre, en; *geöffnet* abierto
aufblasbar hinchable
aufblasen hinchar
aufbrechen *Tür* forzar; *weggehen* marcharse
Aufbruch M salida *f*; partida *f*
Aufenthalt M estancia *f*; BAHN parada *f*; **Aufenthaltsgenehmigung** F permiso *m* de residencia; **Aufenthaltsraum** M sala *f* de estar
auffahren *dicht* acercarse; *Unfall* chocar (**auf** contra)
Auffahrt F acceso *m*
Auffahrunfall M accidente por alcance
Auffassung F concepción
auffordern invitar (**zu** a); **Aufforderung** F invitación
Aufführung F representación
Aufgabe F tarea; *Pflicht* deber *m*, obligación; *Ende* cese *m*
aufgeben *Brief* enviar; *Gepäck* facturar; *resignieren* darse por vencido
aufgehen *Gestirn* salir; *Tür* abrirse

aufgrund a causa de
aufhängen colgar (**an** de); *Wäsche* tender
aufheben levantar; *bewahren* guardar
aufholen *Zeit* recuperar
aufhören acabar, terminar; **aufhören zu** dejar de
Aufkleber M pegatina *f*
aufladen cargar; *Batterie* recargar
aufmerksam atento; **aufmerksam machen** llamar la atención (**auf** sobre)
Aufmerksamkeit F atención
Aufnahme F acogida; *Krankenhaus* recepción; FOTO foto; *Ton* grabación
aufnehmen *Gast* hospedar, alojar; *Ton* grabar
aufpassen tener cuidado; cuidar (**auf** de)
aufräumen poner en orden; arreglar
aufregen: **sich aufregen** irritarse, excitarse (**über** por)
Aufregung F irritación; excitación
aufschließen abrir (con llave)
Aufschnitt M fiambres *mpl*
aufschreiben apuntar, escribir
Aufschrift F inscripción
Aufschwung M auge
Aufsehen N sensación *f*; escándalo *m*; **Aufsehen erregen** llamar la atención, causar sensación
aufsetzen *Hut, Brille* ponerse; FLUG tomar tierra
Aufsicht F vigilancia
aufstehen levantarse
Aufstieg M subida *f*, ascensión *f*
auftauen deshelarse; *Tiefkühlkost* descongelar

aufteilen dividir; *verteilen* repartir
Auftrag M encargo
aufwachen despertarse
Aufwand M *Kosten* gastos *mpl*
aufwärts hacia arriba
aufwecken despertar
aufwendig costoso; lujoso
aufwerten revalorizar; **Aufwertung** F revalorización
Aufzug M ascensor
Auge N ojo *m*
Augenarzt M, **-ärztin** F oculista *m/f*, oftalmólogo *m*, -a *f*
Augenblick M momento, instante
Augenbraue F ceja; **Augenbrauenstift** M lápiz para las cejas
August M agosto
aus de; *vorbei* terminado; *Licht* apagado; **aus Gold** de oro
ausatmen espirar
ausbessern arreglar, reparar
Ausblick M vista *f*; panorama
ausbrechen escaparse; *Krankheit, Feuer* declararse; *Sturm, Krieg* estallar
ausbreiten extender
Ausbruch M evasión *f*; *Vulkan* erupción *f*
auschecken desembarcar; *im Hotel* hacer los trámites de salida
Ausdauer F perseverancia
ausdehnen extender; **Ausdehnung** F exten-

sión
Ausdruck M expresión *f*; término
ausdrücken *Zitrone* exprimir; *Zigarette* apagar; *Worte* expresar
auseinander ADV separadamente; **auseinandernehmen** desmontar; **Auseinandersetzung** F disputa, altercado *m*
Ausfahrt F salida
ausfallen *nicht stattfinden* no tener lugar; **gut ausfallen** resultar bien
Ausflug M excursión *f*
Ausfuhr F exportación
ausführen exportar; *Befehl* cumplir, ejecutar
ausführlich detallado
ausfüllen llenar; *Formular* rellenar
Ausgabe F *Gepäck* entrega; *Fahrkarten* despacho *m*; *Buch* edición
Ausgang M salida *f*; *Ergebnis* resultado
ausgeben distribuir; *Geld* gastar
ausgebucht completo
ausgehen *Licht etc* apagarse; **abends ausgehen** salir por la noche
ausgezeichnet excelente
Ausgleich M compensación *f*; SPORT empate; **zum Ausgleich für** en compensación de
Ausgrabung F excavacion
aushalten aguantar, soportar
Aushang M anuncio; cartel
Auskunft F información
ausladen *Gepäck* descargar

Ausland N extranjero *m*
Ausländer M extranjero
Auslandsgespräch N conferencia *f* internacional
auslaufen *Flüssigkeit* derramarse; SCHIFF zarpar
ausleeren vaciar
ausleihen tomar emprestado
ausmachen *Licht* apagar; *Motor* parar
Ausnahme F excepción
ausnahmsweise excepcionalmente
auspacken desenvolver; *Koffer* deshacer
auspressen exprimir
Auspuff M escape; **Auspuffrohr** N tubo *m* de escape; **Auspufftopf** M silenciador
ausrechnen calcular
Ausrede F excusa; pretexto *m*
ausreichen ser suficiente, bastar
Ausreise F salida; **ausreisen** salir
ausrenken dislocar; **sich den Arm ausrenken** dislocarse el brazo
ausruhen descansar
ausrutschen resbalar
Aussage F JUR declaración
ausschalten *Licht* apagar; *Motor* parar
Ausschlag M MED erupción *f*
ausschließen excluir (**von** de)
ausschließlich exclusivamente
Ausschnitt M *Kleid* escote
Ausschuss M *Gremium* comisión *f*, comité; *Ware* desecho

Aussehen N aspecto *m*, apariencia *f*
außen fuera, afuera; **von außen** por fuera
Außenborder M fueraborda
Außenhandel M comercio exterior; **Außenminister** M ministro de Asuntos Exteriores; **Außenpolitik** F política exterior; **Außenspiegel** M retrovisor exterior
außer *neben* además de; *ausgenommen* salvo, menos; **außerdem** además
äußerlich exterior; **äußerlich anzuwenden** para uso externo
außerordentlich extraordinario
äußerst extremamente
Äußerung F manifestación
Aussicht F panorama *m*, vista panorámica; *Zukunft* perspectiva
Aussichtsspunkt M mirador
Aussprache F pronunciación
aussprechen pronunciar
Ausstattung F equipamiento *m*
aussteigen bajarse (**aus** de)
ausstellen *Ware* exponer, exhibir; *Dokument* extender; **Ausstellung** F exposición
aussterben desaparecer
ausstreichen tachar, borrar
aussuchen escoger
Austausch M cambio; intercambio; **austauschen** cambiar (**gegen** por); *untereinander* intercambiar
austeilen repartir

ascender [-θ-] steigen (**a** *auf*), besteigen; *im Amt* befördern; aufsteigen; *Summe* sich belaufen; **ascensión** F Aufstieg *m*; **Ascensión** REL (Christi) Himmelfahrt; **ascensor** M Aufzug, Fahrstuhl, Lift
asco M Ekel; **¡qué asco!** wie eklig!; **dar asco** ekeln
asegurado versichert; *m* Versicherte(r); **aseguradora** F (**compañía** F) **aseguradora** Versicherungsgesellschaft; **asegurar** versichern; behaupten
asentimiento M Zustimmung *f*; **asentir** beipflichten
aseo M Sauberkeit *f*; **aseos** *mpl* Toilette *f*, WC *n*; Waschraum *m*
asesinar ermorden; **asesinato** M Mord; **asesino** M Mörder
asesor M, **asesora** F Berater *m*, -in *f*; **asesoría** F (Rechts)Beratungsbüro *n*
asfixiarse ersticken
así so, auf diese Weise; **así así** *umg* so lala; **así como** sowie, sobald; **así que** daher, also
Asia F Asien *n*; **asiático** asiatisch
asiduo eifrig; (**parroquiano** *m*) **asiduo** *m* Stammgast
asiento M Sitz(platz); *Buchhaltung* Posten; **asiento delantero** Vordersitz; **asiento trasero** Rücksitz
asistencia [-θĭa] F Anwesenheit; Hilfe; **asistente** M/F Helfer *m*, -in *f*; Assistent *m*, -in *f*; Teilnehmer *m*, -in *f*; **asistir** helfen; *ärztlich* behandeln; anwesend sein (**a** bei); *Unterricht* besuchen
asma F (*el*) Asthma *n*

en
arrestar verhaften
arriba oben; darüber, darauf; **por arriba** oberhalb, oben; **¡arriba!** auf!, hoch!
arrojar [-x-] schleudern; *Gewinn* abwerfen; (sich) erbrechen
arroyo M Bach; Gosse *f*
arroz [-θ] M Reis; **arroz con leche** Milchreis
arruinar ruinieren, zerstören
arte M,F (*el*) Kunst *f*; Geschick *n*
arteria F Arterie, Schlagader
artesanía F (Kunst)Handwerk *n*; **artesano** M, **-na** F Handwerker *m*, -in *f*
articulación [-θ-] F Gelenk *n*; Artikulation
artículo M Artikel; Ware *f*; **artículo de fondo** Leitartikel
artificial [-θ-] künstlich, Kunst...; **artificio** M Kunstgriff
artista M/F Künstler *m*, -in *f*
artístico künstlerisch, Kunst...
arzobispo [-θ-] M Erzbischof
asa F (*el*) Henkel *m*
asado gebraten; *m* Braten; **asado a la parrilla** gegrillt
asador M Bratspieß; Bratrost
asalariado M Lohn-, Gehaltsempfänger
asaltar angreifen, überfallen; **asalto** M Angriff; (Raub)Überfall
asamblea F Versammlung
asar braten

Auster F ostra
Australien N Australia *f*; **australisch** australiano
Ausverkauf M liquidación *f*; rebajas *fpl*; **ausverkauft** agotado; vendido
Auswahl F selección, elección
auswählen escoger, elegir
Auswanderer M emigrante
auswandern emigrar (**nach** a)
auswärts fuera
auswechseln cambiar
Ausweis M documento *od* carné de identidad; **ausweisen** expulsar; **sich ausweisen** legitimarse
auswendig de memoria
ausziehen *Wohnung* cambiar de casa; *Kleidung* quitarse; **sich ausziehen** desnudarse
Auto N coche *m*, auto(móvil) *m*; **Auto fahren** conducir; **mit dem Auto fahren** ir en coche
Autobahn F autopista; **Autobahnauffahrt** F entrada a la autopista; **Autobahnausfahrt** F salida de la autopista; **Autobahngebühr** F peaje *m*
Autofähre F transbordador *m*, ferry *m*; **Autokarte** F mapa *m* de carreteras
Automat M distribuidor automático
Automatik F AUTO cambio *m* automático; **automatisch** automático
Automechaniker M, **-in** F mecánico *m*, -a *f* de coches; **Autonummer** F matrícula del coche; **Autopanne** F avería

Autor M, **-in** F autor *m*, -a *f*
Autoradio N autorradio *f*; **Autoreisezug** M auto-expreso
Autorität F autoridad
Autoschlüssel M llave *f* del coche; **Autovermietung** F alquiler *m* de coches; **Autowaschanlage** F túnel *m od* tren *m* de lavado; **Autowäsche** F lavado *m* del coche
Avocado F aguacate *m*
Axt F hacha *f* (*el*)

B

Baby N bebé *m*; **Babyflasche** F biberón *m*; **Babynahrung** F alimento *m* para bebés; **Babysitter** M canguro
Bach M arroyo, riachuelo
Backbord N babor *m*
Backe F mejilla
backen cocer; *in der Pfanne* freír; *Kuchen* hacer
Bäcker M, **-in** F panadero *m*, -a *f*
Bäckerei F panadería
Bad N baño *m*
Badeanstalt F piscina; **Badeanzug** M traje de baño, bañador; **Badehose** F bañador *m*; **Badekappe** F gorro *m* de baño; **Bademantel** M al-

bornoz; **Bademeister** M, **-in** F bañero m, -a f
baden bañarse
Badeort M balneario; **Badeschuhe** MPL chanclas *fpl* de baño; **Badestrand** M playa *f*; **Badewanne** F bañera; **Badezeug** N cosas *fpl* de baño; **Badezimmer** N cuarto *m* de baño
Bahn F *Weg* camino *m*; BAHN ferrocarril *m*; **mit der Bahn fahren** ir en tren
Bahnfahrt F viaje *m* en tren; **Bahnhof** M estación *f* (de ferrocarril); **Bahnsteig** M andén; **Bahnübergang** M paso a nivel
bald pronto, dentro de poco
Balkon M balcón
Ball M SPORT pelota *f*, balón; *Tanz* baile
Ballon M globo
Banane F plátano *m*
Band[1] M *Buch* tomo, volumen
Band[2] N *Stoff*, TECH cinta *f*
Band[3] F MUS conjunto *m*, grupo *m*
Bank F banco *m*; **Bankkonto** N cuenta *f* bancaria; **Banknote** F billete *m* de banco
bar en efectivo; **in bar zahlen** pagar al contado
Bar F bar *m* americano; *Theke* mostrador *m*, barra
Bär M oso
Bargeld N dinero *m* en efectivo
Barock N estilo *m* barroco
barrierefrei sin barreras (arquitectónicas)
Bart M barba *f*
Barzahlung F pago *m* al contado
Baskenland N País *m* Vasco, Euskadi *m*; **bas-**

kisch vasco; *Sprache* euskera
Batterie F AUTO batería; *Uhr etc* pila
Bau M ARCH edificio; construcción *f*; **Bauarbeiten** FPL obras de construcción
Bauch M vientre; **Bauchschmerzen** MPL dolor *m* de vientre
bauen construir
Bauer M campesino; *Schach* peón
Bäuerin F campesina
Bauernhaus N casa *f* de labor; **Bauernhof** M granja *f*; finca *f*
Baujahr N año *m* de construcción; AUTO año *m* de fabricación
Baum M árbol; **Baumstamm** M tronco
Baumwolle F algodón *m*
Baustelle F obras *fpl*
beachten prestar atención a; *befolgen* observar
Beamer M IT cañón (de proyección)
Beamte(r) M, **Beamtin** F funcionario *m*, -a *f*
beanspruchen exigir; reclamar
beanstanden reclamar contra; **Beanstandung** F reclamación
beantworten contestar, responder a
Becher M vaso
Becken N ANAT pelvis *f*; *Schwimmen* piscina *f*; *Spüle* fregadero *m*, pila *f*
bedanken: **sich bedanken** dar las gracias, agradecer (**für** por, **bei** a)
Bedarf M necesidad *f*; **Bedarfshaltestelle** F parada discrecional

bedauern sentir, lamentar; **ich bedauere es** lo lamento
bedeckt cubierto
bedeuten significar; querer decir; **Bedeutung** F *Sinn* significado *m*, sentido *m*; *Wichtigkeit* importancia
bedienen servir; *Geschäft* atender; **sich bedienen** servirse
Bedienung F servicio *m*; **Bedienung inbegriffen** servicio incluido
Bedingung F condición
beeilen: **sich beeilen** darse prisa
beeindrucken impresionar
beeinflussen influir en
beenden acabar, terminar
Befehl M orden *f*
befehlen ordenar, mandar
befestigen fijar
befinden: **sich befinden** estar, encontrarse
befolgen *Rat* seguir; *Befehl* cumplir
befördern *Transport* transportar
befürchten temer
begabt talentoso; **begabt sein für** tener talento para
Begabung F talento *m*, dotes *fpl*
Begeisterung F entusiasmo *m*
Beginn M comienzo
beginnen empezar, comenzar
begleiten acompañar
beglückwünschen felicitar (**zu** por)

Begräbnis N entierro *m*
begreifen entender, comprender
Begriff M *Vorstellung* idea *f*
begrüßen dar la bienvenida a, saludar a; **Begrüßung** F saludo *m*; bienvenida
behalten guardar, conservar; **im Gedächtnis behalten** retener
Behälter M recipiente
behandeln tratar
Behandlung F tratamiento *m*
behaupten afirmar, asegurar; *Platz* defender; **Behauptung** F afirmación
beherrschen dominar
behindern estorbar; **behindert** MED impedido; **Behinderte(r)** M/F(M) minusválido *m*, -a *f*
Behörde F autoridad
bei *nahe* cerca de; **arbeiten bei** trabajar en; **bei Tag** de día; **wohnen bei** vivir en casa de
beide ambos
Beifahrer M, **-in** F acompañante *m/f*
Beifall M aplauso
Beil N hacha *f* (*el*)
Bein N pierna *f*
beinah(e) casi
Beinbruch M fractura *f* de la pierna
Beispiel N ejemplo *m*; **zum Beispiel** por ejemplo
beißen morder
bekannt conocido; **bekannt geben** hacer saber, comunicar; *öffentlich* publicar; **Bekannte(r)** M/F(M) conocido *m*, -a *f*

Bekleidung F ropa
bekommen recibir; conseguir; *Krankheit* coger
belästigen molestar
belebt animado
Beleg M justificante, comprobante
belegen ocupar; justificar
belegt *Platz* ocupado; *Hotel* completo; **belegtes Brötchen** *n* bocadillo *m*
beleidigen ofender; insultar. **Beleidigung** F ofensa; insulto *m*
Belgien N Bélgica *f*; **Belgier** M, **-in** F belga *m/f*; **belgisch** belga
belichten FOTO exponer
Belichtungsmesser M fotómetro
beliebt *Person* apreciado; *Politiker etc* popular; *Waren* solicitado
bellen ladrar
belohnen recompensar; **Belohnung** F recompensa; remuneración
bemerken *wahrnehmen* notar, darse cuenta de; *äußern* decir, observar; **bemerkenswert** notable, digno de atención; **Bemerkung** F observación
benachrichtigen avisar, informar; **Benachrichtigung** F aviso *m*, información
benehmen: **sich benehmen** comportarse
Benehmen N comportamiento *m*
benötigen necesitar
benutzen, **benützen** usar, utilizar, emplear
Benutzer M usuario; **Benutzerkonto** N IT cuen-

ta *f* de usuario; **Benutzername** M IT nombre del usuario

Benzin N gasolina *f*; bencina *f*; **Benzinkanister** M bidón de gasolina; **Benzintank** M depósito de gasolina; **Benzinuhr** F indicador *m* de gasolina

beobachten observar; advertir

bequem cómodo, confortable; *faul* perezoso; **Bequemlichkeit** F comodidad, confort *m*

beraten aconsejar; **sich beraten** deliberar

berechnen calcular; *Rechnung* poner en cuenta; **Berechnung** F cálculo *m*

berechtigen dar derecho (**zu** a); autorizar; **Berechtigung** F derecho *m* (**zu** a); autorización

bereit *fertig* listo (**zu, für** para); *gewillt* dispuesto (**zu** a; **für** para)

bereits ya

Berg M montaña *f*; **bergab** cuesta abajo; **bergauf** cuesta arriba; **bergig** montañoso; **Bergsteigen** N alpinismo *m*, montañismo *m*; **Bergsteiger** M, **-in** F alpinista *m/f*, montañero *m*, -a *f*

Bericht M *Erzählung* relato; TV, *Zeitung* reportaje; **berichten** contar, relatar; *Zeitung a.* informar

Berlin N Berlín

Beruf M profesión *f*

beruhigen tranquilizar, calmar; **Beruhigung** F tranquilidad; apaciguamiento *m*; **Beruhigungsmittel** N calmante *m*, sedante *m*

berühmt célebre, famoso

berühren tocar

beschäftigen: **sich beschäftigen** ocuparse (**mit**

de)

Bescheid M aviso; **Bescheid geben** avisar, informar

bescheiden modesto

bescheinigen certificar; **Bescheinigung** F certificado *m*

beschließen decidir, resolver

Beschluss M resolución *f*, acuerdo

beschreiben describir; **Beschreibung** F descripción

Beschwerde F reclamación

beschweren: **sich beschweren** quejarse (**über** de)

Besen M escoba *f*

besetzt *Platz* ocupado; TEL comunicando

besichtigen visitar; **Besichtigung** F visita

besitzen tener, poseer; **Besitzer** M, **-in** F propietario *m*, -a *f*

besondere especial, particular; **besonders** especialmente, sobre todo

besorgen procurar, facilitar

besser mejor

Besserung F mejoría; mejora; **gute Besserung!** ¡que se mejore!

beständig continuo; *Wetter* estable

bestätigen confirmar; **Bestätigung** F confirmación

beste mejor

bestechen sobornar, corromper; **Bestechung** F soborno *m*, corrupción

Besteck N cubierto *m*

bestellen pedir; *Tisch* reservar; **Bestellung** F pedido *m*; *Tisch* reserva
Besuch M visita *f*; *Veranstaltung* asistencia *f*
besuchen visitar; **Besucher** M visitante
Besuchszeit F horario *m* de visita
betätigen accionar; **sich betätigen** dedicarse a
beten rezar
betonen acentuar
betrachten mirar
Betrag M importe, suma *f*
betragen *Summe* ascender a; **sich betragen** comportarse; **Betragen** N comportamiento *m*
Betrieb M WIRTSCH empresa *f*; *fig* animación *f*; **außer Betrieb** no funciona; **in Betrieb** en marcha; **Betriebssystem** N sistema *m* operativo
Betrug M engaño, fraude
betrügen engañar, defraudar; *Spiel* hacer trampa; **Betrüger** M, **-in** F estafador *m*, -a *f*; *Spiel* tramposo *m*, -a *f*
betrunken borracho, embriagado
Bett N cama *f*; **Bettcouch** F sofá-cama *m*; **Bettdecke** F *Wolle* manta; *Steppdecke* edredón *m*
betteln mendigar
Bettlaken N sábana *f*
Bettler M, **-in** F mendigo *m*, -a *f*
Bettwäsche F ropa de cama
Beule F abolladura; *Kopf* chichón *m*
Beutel M bolsa *f*
Bevölkerung F población
bevor antes de (que)

bewacht vigilado
bewegen mover; **bewegt** *Meer* agitado; *gerührt* conmovido, emocionado; **Bewegung** F movimiento *m*
Beweis M prueba *f*; **beweisen** probar
bewohnen vivir en, habitar; **Bewohner** M habitante; *Haus* vecino
bewölkt nuboso
Bewölkung F nubosidad
bewusst consciente; **bewusstlos** sin conocimiento, desmayado
Bewusstsein N conocimiento *m*; conciencia *f*; **das Bewusstsein verlieren** perder el conocimiento; **wieder zu Bewusstsein kommen** recobrar el conocimiento
bezahlen pagar; **Bezahlung** F pago *m*
Bezeichnung F nombre *m*
Beziehung F relación
Bezirk M distrito
BH M sujetador
Bibel F biblia
Bibliothek F biblioteca
biegen doblar; **um die Ecke biegen** doblar la esquina
Biene F abeja; **Bienenstich** M *Verletzung* picadura *f* de abeja
Bier N cerveza *f*; **Bier vom Fass** cerveza *f* de barril; *gezapft* caña *f*; **dunkles Bier** cerveza *f* negra; **helles Bier** cerveza *f* rubia
Bikini M bikini

Bild N cuadro *m*; FOTO foto *f*
bilden formar
Bilderbuch N libro *m* de estampas
Bildhauer M, **-in** F escultor *m*, -a *f*
Bildschirm M pantalla *f*
Bildung F formación; *Geist* cultura
Billard N billar *m*
billig barato; **Billigflieger** M aerolínea *f* de bajo coste; **Billigflug** M vuelo barato
Binde F venda; *Damen* compresa higiénica; **Bindehautentzündung** F conjuntivitis
binden atar, ligar
Bindfaden M cordel
Bioladen M tienda *f* de productos naturales
Biologe M, **Biologin** F biólogo *m*, -a *f*; **Biologie** F biología; **biologisch** biológico
Biomüll M basura *f* orgánica
Biosprit M biocarburante
Biotop M,N biotopo *m*
Birne F pera; ELEK bombilla
bis hasta; **bis morgen** hasta mañana; **bis gleich** hasta luego
Bischof M obispo
bisher hasta la fecha, hasta la hora
Biss M mordedura *f*
bisschen: **ein bisschen** un poco
Bisswunde F mordedura
bitte por favor; **bitte!** *nach Dank* ¡de nada!; **ja, bitte!** ¡sí, gracias!; **wie bitte?** ¿cómo (dice)?; **Bitte** F ruego *m*; **bitten** rogar, pedir

bitter amargo
Blähungen FPL flatos *mpl*
Blase F burbuja; ANAT vejiga; *Haut* ampolla
blasen soplar; MUS tocar
blass pálido
Blatt N hoja *f*
Blätterteig M hojaldre
blau azul; *fig umg* borracho, achispado; **blauer Fleck** *m* cardenal
Blech N hojalata *f*; **Blechschaden** M daños *mpl* de carrocería
Blei N plomo *m*
bleiben quedarse
bleifrei sin plomo
Bleistift M lápiz
Blick M mirada *f*; *Aussicht* vista *f* (**auf** a); **blicken** mirar (**auf** a)
blind ciego
Blinddarm M apéndice; **Blinddarmentzündung** F apendicitis
Blinker M AUTO intermitente
Blitz M rayo; relámpago; FOTO flash
blitzen *Gewitter* relampaguear
Blitzlicht N FOTO flash *m*
blöd(e) imbécil, tonto; *Sache* molesto, fastidioso
blond rubio
bloß *nur* sólo, solamente
Blume F flor
Blumengeschäft N floristería *f*; **Blumenkohl** M coliflor *f*; **Blumenstrauß** M ramo de flores

Bluse F blusa
Blut N sangre *f*; **Blutdruck** M presión *f* sanguínea
Blüte F flor
bluten sangrar, echar sangre (**aus** por)
Bluterguss M hematoma; **Blutgruppe** F grupo *m* sanguíneo
blutig sangriento
Blutspender M, **-in** F donante *m/f* de sangre; **blutstillend** hemostático
Blutung F hemorragia
Blutvergiftung F intoxicación de la sangre, septicemia
Boden M suelo; *Erde* tierra *f*
Bodybuilding N culturismo *m*
Bogen M arco; **Bogengang** M arcada *f*
Bohne F judía, alubia; **grüne Bohnen** *pl* judías verdes; **weiße Bohnen** alubias (blancas)
Boje F boya
bolivianisch boliviano; **Bolivien** N Bolivia *f*
Bombe F bomba
Bon M *Kasse* ticket; *Gutschein* bono
Bonbon M,N caramelo *m*
Boot N barco *m*, bote *m*
Bootsfahrt F paseo *m* en barco; **Bootsverleih** M alquiler de botes
Bord M bordo; **an Bord** a bordo
Bordkarte F tarjeta de embarque
borgen *verleihen* prestar; *entleihen* tomar prestado
böse malo; *adv* mal; **böse sein auf** estar enfadado

con

Botschaft F mensaje *m*; POL embajada; **Botschafter** M, **-in** F embajador *m*, -a *f*

boxen boxear; **Boxer** M boxeador; **Boxershorts** FPL bóxer *m*; **Boxkampf** M boxeo

Brand M incendio, fuego; **Brandsalbe** F pomada para quemaduras

Brandung F oleaje *m*

Branntwein M aguardiente, brandy

brasilianisch brasileño; **Brasilien** N Brasil *m*

braten asar; *in der Pfanne* freír; **Braten** M asado

Bratkartoffeln FPL patatas salteadas; **Bratpfanne** F sartén; **Bratröhre** F horno *m*; **Bratrost** M parrilla *f*

Brauch M uso, costumbre *f*

brauchen *nötig* necesitar

braun marrón; *Typ* moreno; *Haut* bronceado; **braun gebrannt** bronceado

Bräune F bronceado *m*

Brechdurchfall M colerina *f*

brechen *entzweigehen* romperse; *sich übergeben* vomitar

Brechreiz M ganas *fpl* de vomitar

Brei M puré; *für Kinder* papilla *f*

breit ancho

Breite F ancho *m*; GEOG latitud; **Breitengrad** M grado de latitud

Bremse F freno *m*; **bremsen** frenar

Bremsflüssigkeit F líquido *m* de freno; **Bremslicht** N luz *f* de frenado; **Bremspedal** N pedal

m de freno
brennen arder; *Sonne* abrasar
Brenner M quemador *m*; *CD etc* grabador *m*; **Brennholz** N leña *f*; **Brennnessel** F ortiga
Brett N plancha *f*; *Spiel* tablero *m*
Brief M carta *f*; **Briefkasten** M buzón; **in den Briefkastenkasten werfen** echar al buzón
Briefmarke F sello *m*; **Briefpapier** N papel *m* de cartas; **Brieftasche** F cartera; **Briefträger** M cartero; **Briefumschlag** M sobre
Brille F gafas *fpl*
bringen *her* traer; *hin* llevar; **bringen Sie mir bitte** tráigame, por favor
Brokkoli PL brécoles *mpl*
Brosche F broche *m*
Brot N pan *m*
Brötchen N panecillo *m*
Bruch M ruptura *f*; *a. Knochen* fractura *f*; *Eingeweide* hernia *f*
Brücke F puente *m*
Bruder M hermano
Brunnen M fuente *f*
Brust F pecho *m*; **Brustschwimmen** N (natación *f* a) braza *f*
BSE F EEB
Buch N libro *m*
buchen *Reise* reservar
Bücherei F biblioteca
Buchhandlung F librería
Büchse F lata; *Gewehr* escopeta

Büchsenöffner M abrelatas
Buchstabe M letra *f*
buchstabieren deletrear
Bucht F bahía, cala
Buchung F reserva
Buchungsbestätigung F confirmación de la reserva
Büfett N *Möbel* aparador *m*; **kaltes Büfett** fiambres *mpl*, bufet *m* frío
Bug M proa *f*
Bügeleisen N plancha *f*
bügeln planchar
Bulgarien N Bulgaria *f*; **bulgarisch** búlgaro
Bullauge N ojo *m* de buey
Bulle M toro
Bummelstreik M huelga *f* de celo
Bund M alianza *f*, unión *f*; *Gemüse* manojo; *Hose, Rock* pretina *f*
Bundeskanzler M, **-in** F canciller *m/f* federal; **Bundesrepublik** F República Federal
Bungalow M bungaló
bunt multicolor
Burg F castillo *m*; fortaleza
Bürger M, **-in** F ciudadano *m*, -a *f*; **Bürgermeister** M, **-in** F alcalde *m*, alcaldesa *f*; **Bürgersteig** M acera *f*
Büro N oficina *f*
Bürste F cepillo *m*
Bus M autobús; *Reise* autocar; **Busbahnhof** M estación *f* de autobuses

Busen M pecho, seno
Busfahrer M, **-in** F conductor *m*, -a *f* de autobús; **Bushaltestelle** F parada de autobuses; **Busreise** F viaje *m* en autocar
Bußgeld N multa *f*
Büstenhalter M sujetador
Busverbindung F enlace *m* de autobuses
Butter F mantequilla; **Butterbrot** N pan *m* con mantequilla; **Buttermilch** F suero *m* de mantequilla

C

Cabriolet N descapotable *m*
Café N café *m*
campen hacer camping; **Camper** M campista; **Camping** N camping *m*; **Campingplatz** M camping
CD F CD; **CD-Brenner** M grabadora *f* de CD; **CD-Player** M (reproductor de) CD; **CD-ROM** F CD-ROM
Cent M centavo; *Euro* céntimo
Champignon M champiñón
Chance F oportunidad
Charterflug M vuelo chárter; **Chartermaschine** F avión *m* chárter

Chassis N chasis *m*
chatten *Internet* charlar (por Internet), chatear
Check-in M check-in
Chemie F química; **chemisch** químico
Chicorée F endibia
Chile N Chile *m*; **Chilene**, **chilenisch** chileno
China N China *f*; **Chinese**, **chinesisch** chino
Chip M IT chip; *Spiel* ficha *f*
Chips MPL patatas *fpl* fritas
Chirurg M, **-in** F cirujano *m*, -a *f*
Chor M coro
Christ M cristiano; **christlich** cristiano
circa aproximadamente, cerca de
Cocktail M cóctel, combinado
Cola F cola
Computer M ordenador, computadora *f*
Costa Rica N Costa Rica *f*; **costa-ricanisch** costarricense
Creme F crema
Croissant N cruasán *m*
Cursor M cursor

D

da *hier* aquí; *dort* ahí; *weil* puesto que
dabei *Zeit* al mismo tiempo; *obwohl* aunque; **dabei**

sein participar; **dabei sein zu tun** estar haciendo
Dach N tejado *m*; **Dachgepäckträger** M portaequipajes, baca *f*
dagegen en contra; *Tausch* en cambio
daheim en casa
dahinten allá atrás
dahinter (allí) detrás, atrás
damals entonces
Dame F señora; *Schach* reina
Damenbinde F compresa higiénica; **Damenfriseur** M peluquero para señoras; **Damenmode** F moda femenina; **Damentoilette** F servicios *mpl* de señoras
Dämmerung F crepúsculo *m*
Dampf M vapor
Dampfer M buque de vapor
danach después
daneben al lado; *außerdem* además
Dänemark N Dinamarca *f*; **dänisch** danés
Dank M gracias *fpl*; **vielen Dank** muchas gracias; **dankbar** agradecido; **Dankbarkeit** F gratitud, agradecimiento *m*
danke: **danke!** ¡gracias!
danken agradecer, dar las gracias (**für** por); **ich danke Ihnen dafür** se lo agradezco
dann entonces
Darm M intestino; **Darmgrippe** F gripe intestinal
darum por eso
das el, la, lo; *hinweisend* eso, esto

Datei F *fichero m*
Daten PL datos *mpl*; *Termine* fechas *fpl*
Datum N fecha *f*
Dauer F duración; **Dauerkarte** F billete *m* de abono
dauern durar; continuar, seguir
dauernd continuamente
Dauerwelle F permanente
Daumen M pulgar
davor *räumlich* delante; *zeitlich* antes
Dealer M traficante; camello *umg*
Deck N cubierta *f*
Decke F manta; *Tisch* mantel *m*; *Zimmer* techo *m*
Delikatesse F comida exquisita
demnächst dentro de poco
Demokratie F democracia
Demonstration F manifestación
denken pensar (**an** en)
Denkmal N monumento *m*
dennoch sin embargo
Deo(dorant) N desodorante *m*
der el, la
deshalb por eso
desinfizieren desinfectar
deswegen por eso
Detail N detalle *m*
deutlich claro
deutsch alemán; **Deutsche(r)** M/F(M) alemán *m* alemana *f*; **Deutschland** N Alemania *f*
deutschsprachig de habla alemana

Devisen FPL divisas
Dezember M diciembre
Dia N diapositiva *f*
Dialekt M dialecto
Diamant M diamante
Diät F dieta, régimen *m*
dich te; *betont* a ti; **für dich** para ti
dicht *Nebel, Verkehr* denso; *undurchlässig* impermeable
Dichtung F poesía; TECH junta
dick gordo
die el, la; *hinweisend* esta, esa
Dieb M ladrón; chorizo *umg*; **Diebstahl** M robo, hurto; **Diebstahlversicherung** F seguro *m* contra el robo
Dienst M servicio
Dienstag M martes; **am Dienstag** el martes; **dienstags** los martes
diese este, esta
Dieselmotor M motor diesel; **Dieselöl** N gasóleo *m*, gasoil *m*
Digitalkamera F cámera digital
Ding N cosa *f*, objeto *m*; *Angelegenheit* asunto *m*
dir te; *betont* a ti; **von dir** de ti
direkt directo; **Direktflug** M vuelo directo
Direktor M, **-in** F director *m*, -a *f*
Diskette F disquete *m*
Diskothek F discoteca
Doktor M doctor
Dokument N documento *m*

dolmetschen interpretar; **Dolmetscher** M, **-in** F intérprete *m/f*
Dom M catedral *f*
Donner M trueno; **donnern** tronar
Donnerstag M jueves; **am Donnerstag** el jueves; **donnerstags** los jueves
Doppel N doble *m*; **Doppelbett** N cama *f* de matrimonio
doppelt doble; **Doppelzimmer** N habitación *f* doble
Dorf N pueblo *m*, aldea *f*
dort allí
Dose F caja; *Konserve* lata
Dosenbier N cerveza *f* en lata; **Dosenöffner** M abrelatas
Dosis F dosis
Drachen M *Papier* cometa *f*; **Drachenfliegen** N vuelo *m* en ala-delta; **Drachenflieger** M, **-in** F aladeltista *m/f*
Draht M alambre; *dünn* hilo; **Drahtseilbahn** F teleférico *m*
draußen fuera; *im Freien* al aire libre
Dreck M *Schmutz* suciedad *f*; *Schlamm* lodo; *Müll* basura *f*; **dreckig** sucio
drei tres; **Dreibettzimmer** N habitación *f* de tres camas
Dreieck N triángulo *m*
dreißig treinta; **dreizehn** trece
dringend urgente
drinnen dentro

Drittel N tercio *m*, tercera parte *f*
Droge F droga; **drogensüchtig** drogadicto; **Drogerie** F droguería
drohen amenazar; **Drohung** F amenaza
drüben al otro lado; **dort drüben** allí
Druck M presión *f*; *Buch* impresión *f*; *Bild* estampa *f*; **drucken** imprimir
drücken apretar; *Hand* estrechar
Drucker M impresora *f*
DSL N TEL DSL *f*
du tú
Duft M aroma, perfume
duften oler (**nach** a)
dumm tonto
Düne F duna
dunkel oscuro; **Dunkelheit** F oscuridad
dünn fino; *schlank* delgado
durch *örtlich* por, a través de; *mittels* por (medio de)
durchaus absolutamente; **durchaus nicht** de ningún modo
durchbrennen *Sicherung* fundirse
durcheinander en desorden; **Durcheinander** N desorden *m*; *Trubel* jaleo *m*
Durchfahrt F paso *m*
Durchfall M diarrea *f*
Durchgang M paso; **Durchgang verboten** prohibido el paso
durchgebraten bien hecho
durchgehend *Zug* directo; **durchgehend geöff-**

net horario continuo
durchlassen dejar pasar
Durchreise F **auf der Durchreise sein** estar de paso
Durchsage F aviso *m*
Durchschnitt M promedio; **im Durchschnitt** por término medio; **durchschnittlich** por término medio
durchsichtig transparente
durchstreichen tachar, borrar
dürfen poder; **darf man?** ¿se puede?, ¿está permitido?
Durst M sed *f*; **Durst haben** tener sed
Dusche F ducha; **duschen** ducharse
düster sombrío, tenebroso
Dutzend N docena *f*
DVD F DVD *m*; **DVD-Brenner** M grabadora *f* de DVD; **DVD-Player** M (reproductor de) DVD
DVD-Rekorder M (grabadora *f* de) DVD

E

Ebbe F marea baja, bajamar
Ebene F llanura
ebenfalls también
ebenso igualmente; **ebenso ... wie** tan ... como

Echo N eco *m*
echt *rein* puro; *typisch* típico; *Haar* natural; *Dokument* auténtico; *adv umg* verdaderamente; **echt?** ¿de verdad?
EC-Karte F tarjeta EC
Eckball M saque de esquina, córner
Ecke F *innen* rincón *m*; *außen* esquina
Eckzahn M colmillo, (diente) canino
Economyclass F clase económica
Ecuador N Ecuador *m*; **ecuadorianisch** ecuatoriano
edel noble; *Stein, Metall* precioso
egal igual; **das ist mir egal** me da lo mismo *od* igual
Ehe F matrimonio *m*; **Ehefrau** F esposa
ehemalig antiguo
Ehemann M marido, esposo; **Ehepaar** N matrimonio *m*
eher *früher* antes; *lieber* más bien
Ehering M anillo de boda, alianza *f*
Ehre F honor *m*
ehrlich sincero; honrado; **Ehrlichkeit** F sinceridad; honradez
Ei N huevo *m*
Eiche F roble *m*
Eid M juramento
Eierbecher M huevera *f*
Eierkuchen M tortilla *f*
Eifer M celo; **Eifersucht** F celos *mpl*; **eifersüchtig** celoso (**auf** de)

eigen propio; *gesondert* particular; **eigenartig** raro, extraño; **Eigenschaft** F calidad; característica

eigentlich en el fondo; bien mirado

Eigentum N propiedad *f*; **Eigentümer** M propietario

eignen: **sich eignen** ser adecuado (**für** para)

Eilbrief M carta *f* urgente

Eile F prisa; rapidez

eilen apresurarse; *dringend* urgir; **es eilt** corre prisa

eilig urgente; **es eilig haben** tener prisa

Eimer M cubo

ein un, una

einatmen inspirar, aspirar

Einbahnstraße F calle de dirección única

Einbettkabine F camarote *m* individual

Einbildung F *Dünkel* presunción; *Fantasie* imaginación

einbrechen JUR cometer robo con fractura; escalar; *stürzen* hundirse; **Einbrecher** M salteador de pisos

Einbruch M JUR robo con fractura

einchecken FLUG embarcar; *im Hotel* registrarse; *Gepäck* facturar

Eindruck M impresión *f*

einerseits: **einerseits ... andererseits** por un lado ... por otro lado

einfach sencillo; *Fahrkarte* de ida

Einfahrt F entrada

Einfall M *Idee* idea *f*

Einfluss M influencia *f* (**auf** en, sobre); **einflussreich** de mucha influencia
einfrieren congelar
Einfuhr F importación
einführen introducir; *Ware* importar; **Einführung** F introducción
Eingang M entrada *f*; *U-Bahn* boca *f*
eingebildet *Person* presumido
eingeschrieben *Brief* certificado
eingleisig BAHN de una vía
einhängen TEL colgar
einheimisch nativo, del país; WIRTSCH nacional; **Einheimische(r)** M/F(M) indígena *m/f*, nativo *m*, -a *f*
Einheit F unidad; TEL paso *m*
einig: **sich einig sein** estar de acuerdo
einige unos, algunos
einigen: **sich einigen** ponerse de acuerdo
Einkauf M compra *f*; **einkaufen** comprar; **einkaufen gehen** ir de compras
Einkaufsbummel M vuelta *f* por las tiendas; **Einkaufsstraße** F calle comercial; **Einkaufswagen** M carrito de compra; **Einkaufszentrum** N centro *m* comercial
Einkommen N ingresos *mpl*, renta *f*
einladen *Last* cargar (**in** en); *Gast* invitar (**zu** a); convidar
Einladung F invitación
einlegen poner; *Pause* intercalar
einleiten introducir

Einleitung F introducción
einloggen IT **sich einloggen** conectarse
einlösen *Scheck* cobrar
einmal una vez; **auf einmal** de repente, *gleichzeitig* a la vez; **einmalig** único
einmischen: **sich einmischen** meterse
einnehmen *Medikament* tomar; *Geld* cobrar
einpacken envolver; *in den Koffer* meter en la maleta
einreiben friccionar (**mit** con)
einreichen presentar
Einreise F entrada; **einreisen** entrar; **Einreisevisum** N visado *m* de entrada
Einrichtung F *Möbel* mobiliario *m*; *Stelle* institución
eins un, uno
einsam solo; *Person a.* solitario; *abgelegen* aislado, apartado; **Einsamkeit** F soledad; aislamiento *m*
Einsatz M *Geld* puesta *f*; *Anstrengung* esfuerzo
einscannen escanear
einschalten *Gerät* conectar; *Licht* encender; TV poner
einschenken echar (de beber)
einschlafen dormirse; *Glieder* entumecerse
einschließen encerrar
einschließlich inclusive, incluido
Einschreibebrief M carta *f* certificada
einseitig unilateral; *parteiisch* parcial
einsenden enviar, remitir
einspurig de un carril

einsteigen subir (**in** a)
einstellen TECH ajustar; FOTO enfocar; *Arbeitskräfte* contratar
einstweilen por el momento
einteilig de una pieza
Eintopf M puchero
eintragen inscribir, registrar; **Eintragung** F inscripción, registro *m*
eintreffen llegar (**in** a)
eintreten entrar (**in** en)
Eintritt M entrada *f*; *Verein* ingreso
Eintrittskarte F entrada, localidad
einverstanden; **einverstanden sein** estar de acuerdo (**mit** con); **einverstanden!** ¡de acuerdo!
Einwand M objeción *f*, reparo
Einwanderer M inmigrante; **einwandern** inmigrar; **Einwanderung** F inmigración
einwandfrei impecable, irreprochable
einwerfen *Brief* echar; *Münze* introducir
einwickeln envolver
Einwohner M, **-in** F habitante *m/f*
einzahlen pagar, ingresar; **aufs Konto einzahlen** ingresar en la cuenta; **Einzahlung** F pago *m*, ingreso *m*
Einzel N individual *m*; **Einzelbett** N cama *f* individual; **Einzelheit** F detalle *m*; **Einzelkabine** F camarote *m* individual
einzeln *abgetrennt* separado, suelto; *nacheinander* uno por uno
Einzelzimmer N habitación *f* individual; **Einzel-**

zimmerzuschlag M suplemento por habitación individual
einzig único; **nicht ein einziges Mal** ni una sola vez
Eis N hielo *m*; *Speise* helado *m*; **Eisbecher** M copa *f* de helado; **Eisbeutel** M bolsa *f* de hielo; **Eisdiele** F heladería
Eisen N hierro *m*
Eisenbahn F ferrocarril *m*
eisig helado, glacial
Eiswürfel M cubito de hielo
Eiter M pus; **eitern** supurar
Ekel M asco; repugnancia *f*; **ekelhaft** asqueroso; repugnante
elastisch elástico; **elastische Binde** *f* venda elástica
Elefant M elefante
elegant elegante
Elektriker M, **-in** F electricista *m/f*; **elektrisch** eléctrico; **Elektrizität** F electricidad
Elektrogeschäft N tienda *f* de electrodomésticos *mpl*; **Elektroherd** M cocina *f* eléctrica
elend miserable; deplorable; **Elend** N miseria *f*
elf once
Ellbogen M codo
El Salvador N El Salvador *m*
Eltern PL padres *mpl*; **Elternzeit** F permiso *m* por el nacimiento de un hijo
E-Mail F correo *m* electrónico; e-mail *m*; **E-Mail-Adresse** F dirección electrónica

Empfang M recepción *f*; *Begrüßung* acogida *f*; **empfangen** recibir; **Empfänger** M TV receptor; *Post* destinatario; **Empfangschef** M jefe de recepción; **Empfangsdame** F recepcionista
empfehlen recomendar
empfindlich sensible (**gegen** a); *leicht gekränkt* susceptible
empörend indignante, escandaloso
Ende N fin *m*, final *m*; *Abschluss* terminación *f*, conclusión *f*; **Ende April** a finales de abril
enden acabar, terminar
endgültig definitivo
Endhaltestelle F (parada) final
Endivie F escarola
endlos interminable, sin fin
Endspiel N final *f*; **Endspurt** M sprint final; **Endstation** F (estación) terminal
Energie F energía; **Energieversorgung** F abastecimiento *m* energético
eng estrecho; *Kleidung* ajustado; *gedrängt* apretado
England N Inglaterra; **englisch** inglés; **Englisch sprechen** hablar inglés
Enkel M, **-in** F nieto *m*, -a *f*
enorm enorme
Entbindung F MED parto *m*
entdecken descubrir; **Entdeckung** F descubrimiento *m*
Ente F pato *m*
entfernen quitar; **sich entfernen** alejarse
Entfernung F distancia

entführen secuestrar; **Entführer** M secuestrador; **Entführung** F secuestro *m*
entgegen *Richtung* hacia; *Gegensatz* en contra de
entgegengesetzt opuesto
entgegenkommen *Person* ir al encuentro; AUTO venir en sentido contrario; **entgegennehmen** aceptar, tomar
entgegnen contestar
entgleisen descarrilar
enthaltsam abstinente
entkoffeiniert descafeinado
entkommen escaparse
entladen descargar
entlang a lo largo de; **hier entlang** por aquí
entlassen despedir; MED dar de alta; **Entlassung** F despido *m*; MED alta *(el)*
entleeren vaciar
entlegen aislado, apartado
entmutigen desanimar
entschädigen indemnizar, compensar; **Entschädigung** F indemnización; *Ersatz* compensación
entscheiden decidir (**über** sobre); **sich entscheiden** decidirse (**für** por); **entscheidend** decisivo; **Entscheidung** F decisión
entschieden decidido, resuelto
entschließen: **sich entschließen** decidirse (**zu** a)
entschlossen resuelto, determinado; **Entschluss** M resolución *f*, decisión *f*
entschuldigen excusar, disculpar; **sich entschul-**

digen excusarse; **entschuldigen Sie!** ¡perdone!
Entschuldigung F excusa, disculpa; **Entschuldigung!** ¡perdón!
Entsetzen N horror *m*
entsetzlich horrible, terrible
entspannen: *Person* **sich entspannen** relajarse
Entspannung F relajamiento *m*
entstehen formarse (**aus** de); *Streit* surgir; **Entstehung** F formación; origen *m*
enttäuschen desengañar, desilusionar; **Enttäuschung** F desengaño *m*, desilusión
entweder: **entweder … oder** o … o, o bien … o bien
entwerten *Fahrschein* cancelar; **Entwerter** M canceladora *f* de billetes
entwickeln desarrollar; FOTO revelar
Entzündung F inflamación
Epoche F época
er él
Erbe[1] M *Person* heredero
Erbe[2] N herencia *f*
erben heredar
erblich hereditario
erblicken ver
erbrechen vomitar
Erbse F guisante *m*
Erdbeben N terremoto *m*
Erdbeere F fresa
Erdboden M suelo, tierra *f*
Erde F tierra; *Boden* suelo *m*

erden TECH conectar a tierra
Erdgas N gas *m* natural
Erdgeschoss N planta *f* baja
Erdhalbkugel F hemisferio *m*; **Erdkunde** F geografía; **Erdnuss** F cacahuete *m*; **Erdöl** N petróleo *m*; **Erdrutsch** M desprendimiento de tierras; **Erdteil** M continente
Erdung F TECH toma de tierra
ereignen: **sich ereignen** suceder, ocurrir
Ereignis N suceso *m*, acontecimiento *m*
erfahren *Nachricht* enterarse de, saber; *erleben* experimentar; *bewandert* experimentado; **Erfahrung** F experiencia
erfinden inventar; **Erfinder** M, **-in** F inventor *m*, -a *f*; **Erfindung** F invento *m*
Erfolg M éxito
erforderlich necesario, preciso
erfordern requerir
erforschen explorar; investigar
erfreulich agradable
erfrieren morirse de frío
erfrischen refrescar; **erfrischend** refrescante; **Erfrischung** F *Getränk* refresco *m*
ergänzen completar, complementar
Ergebnis N resultado *m*
ergreifen coger, tomar; *Gelegenheit* aprovechar
erhalten recibir; *bewahren* conservar
erhöhen aumentar
erholen: **sich erholen** descansar, recrearse; **Erholung** F *Ruhe* descanso *m*; *Genesung* recupera-

ción
erinnern recordar; **sich erinnern** acordarse (**an** de); recordar; **Erinnerung** F recuerdo *m*; *Gedächtnis* memoria
erkälten: **sich erkälten** resfriarse; **erkältet** resfriado; **Erkältung** F resfriado *m*
erkennen reconocer (**an** por)
erklären *erläutern* explicar; POL declarar; **Erklärung** F explicación; POL declaración
erkundigen: **sich erkundigen** informarse (**nach** de, **über** sobre)
erlauben permitir; tolerar
Erlaubnis F permiso *m*
erleben vivir; experimentar
Erlebnis N *Abenteuer* aventura *f*; *Ereignis* acontecimiento *m*
erleiden *Schaden* sufrir
ermäßigen *Preis* reducir; **Ermäßigung** F reducción, rebaja
ermöglichen facilitar, hacer posible
ermorden asesinar
ernähren alimentar, nutrir; *Unterhalt* mantener; **Ernährung** F alimentación
ernst serio; grave; **Ernst** M seriedad *f*; gravedad *f*; **im Ernst** en serio
Ernte F cosecha, recolección
ernten cosechar, recolectar
eröffnen abrir; *feierlich* inaugurar; **Eröffnung** F apertura; inauguración
Erpresser M chantajista; **Erpressung** F chantaje

m
erreichen *a. Zug* alcanzar; *Ort* llegar a; *fig* conseguir, lograr
errichten *Gebäude* construir
erröten ponerse colorado
Ersatz M remplazo; *Entschädigung* compensación *f*; *Zahn* prótesis *f*; **Ersatzrad** N, **-reifen** M rueda *f* de recambio; **Ersatzspieler** M reserva; **Ersatzteil** N pieza *f* de recambio *od* de repuesto
erscheinen aparecer; *Buch* publicarse
erschießen fusilar
erschöpft agotado, rendido
erschrecken asustar
erschüttern sacudir; *fig* conmover, emocionar; **Erschütterung** F *Stoß* sacudida; *fig* emoción
erschweren dificultar
ersetzen remplazar; *Schaden* reparar
erst *zuerst* primero
erstaunlich sorprendente
erste primero; **Erste Hilfe** *f* primeros auxilios *mpl*; **das erste Mal** la primera vez; **zum ersten Mal** por primera vez
erstens primero
ersticken ahogarse, asfixiarse
erstrecken: **sich erstrecken** extenderse (**über** sobre; **bis** hasta)
ertragen soportar; aguantar
ertrinken ahogarse
erwachsen adulto
Erwachsene(r) M/F(M) adulto *m*, -a *f*

erwähnen mencionar
Erwähnung F mención
erwärmen calentar
erwarten esperar; contar con
Erwartung F espera
erwidern *antworten* contestar, responder (**auf** a); *Gruß* devolver; **Erwiderung** F contestación, respuesta
erwischen atrapar, pillar
erzählen contar; **Erzähler** M, **-in** F narrador *m*, -a *f*; **Erzählung** F cuento *m*, narración
erzeugen producir; **Erzeuger** M productor; **Erzeugnis** N producto *m*
erziehen educar; **Erziehung** F educación
es ello, esto; **es gibt** hay; **es regnet** llueve; **ich weiß es** lo sé
Esel M burro, asno
Espresso M café solo
essbar comestible
essen comer; **Essen** N comida *f*
Essenszeit F hora de comer
Essig M vinagre; **Essiggurke** F pepinillo *m* en vinagre
Esszimmer N comedor *m*
Etage F piso *m*, planta
Etat M presupuesto
E-Ticket N billete *m* electrónico, ticket *m* electrónico
Etui N estuche *m*
etwa *ungefähr* aproximadamente

etwas algo, alguna cosa; *ein wenig* un poco
EU F (**Europäische Union**) UE (*Unión Europea*)
euch vosotros
euer vuestro
EU-Erweiterung F ampliación de la UE
Eule F lechuza
Euro M euro
Europa N Europa *f*; **europäisch** europeo
Euroscheck M eurocheque; **Euroscheckkarte** F tarjeta de eurocheque
evangelisch protestante
eventuell *vielleicht* eventualmente
ewig eterno; **Ewigkeit** F eternidad
Examen N examen *m*
Exemplar N ejemplar *m*
Exil N exilio *m*, destierro *m*
existieren existir
Expedition F expedición
Experte M, **Expertin** F experto *m*, -a *f*
explodieren estallar, explotar; **Explosion** F explosión
Export M exportación *f*
exportieren exportar
extra extra

F

fabelhaft magnífico, estupendo
Fabrik F fábrica
Fach N *Regal* casilla *f*; *fig* especialidad *f*; **Facharbeiter** M, **-in** F obrero *m* especializado, obrera *f* especializada; **Facharzt** M, **-ärztin** F médico *m*, -a *f* especialista; **Fachfrau** F experta; **Fachmann** M experto
Fackel F antorcha
Faden M hilo
Fahne F bandera
Fahrbahn F calzada
Fähre F transbordador *m*; ferry *m*
fahren ir, viajar (**mit** en); *lenken* conducir; **Fahrer** M, **-in** F conductor *m*, -a *f*; **Fahrgast** M viajero
Fahrkarte F billete *m*; **Fahrkartenautomat** M máquina *f* expendedora de billetes; **Fahrkartenschalter** M despacho de billetes
Fahrplan M horario; **fahrplanmäßig** regular
Fahrpreis M precio del billete; **Fahrpreisermäßigung** F reducción del precio del billete, tarifa reducida
Fahrprüfung F examen *m* de conducir
Fahrrad N bicicleta *f*; **Fahrradverleih** M alquiler de bicicletas

Fahrschein M billete; **Fahrspur** F carril *m*; **Fahrstuhl** M ascensor
Fahrt F viaje *m*; **einfache Fahrt** ida; *Fahrkarte* billete sencillo; **auf der Fahrt** en el viaje; **in voller Fahrt** en plena marcha
Fahrzeug N vehículo *m*; **Fahrzeughalter** M titular del vehículo
fair leal; SPORT limpio
Fall M caída *f*; *Angelegenheit* asunto, caso; **auf keinen Fall** en ningún caso, de ningún modo
fallen caer; *sinken* bajar
fällig WIRTSCH pagadero; **fällig werden** vencer
falls en caso de que; si
Fallschirm M paracaídas; **Fallschirmspringen** N paracaidismo *m*
falsch falso; *Haare, Zähne* postizo
fälschen falsificar
Fälschung F falsificación
Familie F familia
Familienname M apellido; **Familienstand** M estado civil
fangen coger; *Feuer* prender
Fantasie F fantasía, imaginación
fantastisch fantástico; *großartig* estupendo
Farbe F color *m*; *Material* pintura
färben teñir
Farbfernsehen N televisión *f* en color; **Farbfilm** M película *f* en color; FOTO carrete de color
farbig de color
Fasching M carnaval

Fass N barril *m*, tonel *m*; **Fassbier** N cerveza *f* de barril
fassen coger (**an** de; **bei** por); *begreifen* comprender
Fassung F *Glühbirne* portalámparas *m*; *Text* versión; *fig* serenidad
fast casi
fasten ayunar
faul *Person* perezoso; *verfault* podrido
Faust F puño *m*; **Faustschlag** M puñetazo
Fax N fax *m*; **faxen** mandar un fax
Februar M febrero
Feder F pluma; TECH resorte *m*; **Federball** M volante; *Spiel* badmintón *m*
fehlen faltar; **was fehlt Ihnen?** ¿qué le pasa a usted?
Fehler M falta *f*, error
Feier F fiesta; *Festlichkeit* festividad; **Feierabend** M fin del trabajo
feiern celebrar
Feiertag M día de fiesta
feige cobarde
Feige F *Frucht* higo *m*
Feigling M cobarde
Feile F lima
fein fino; *vornehm* distinguido
Feind M enemigo; **feindlich** enemigo
Feld N campo *m*; **Feldweg** M camino vecinal
Felge F llanta
Fell N piel *f*

Fels(en) M roca *f*
Fenster N ventana *f*; *Fahrzeug* ventanilla *f*; **Fensterladen** M contraventana *f*; **Fensterplatz** M asiento de ventanilla; **Fensterscheibe** F cristal *m*, vidrio *m*
Ferien PL vacaciones *fpl*; **in die Ferien fahren** irse de vacaciones; **Ferienhaus** N chalé *m*; *auf dem Land* casa *f* rural; **Ferienkurs** M cursillo de verano; **Ferienlager** N campamento *m* de vacaciones; **Ferienwohnung** F apartamento *m* de vacaciones
Ferkel N cochinillo *m*
fern lejos; **fern von** lejos de; **von fern** desde lejos; **Fernbedienung** F mando *m* a distancia
Ferne F lejanía; **in der Ferne** a lo lejos
Ferngespräch N conferencia *f* interurbana; **Fernglas** N prismáticos *mpl*; **Fernlicht** N luz *f* de carretera **Fernreise** F viaje *m* a larga distancia
fernsehen ver *od* mirar la televisión; **Fernsehen** N televisión *f*; **Fernseher** M televisor; **Fernsehprogramm** N programa *m* de (la) televisión
Fernverkehr M BAHN servicio de largo recorrido; AUTO tráfico a gran distancia
Ferse F talón *m*
fertig *beendet* concluido; *bereit* listo; *Essen* preparado; **fertig machen** terminar; *Rechnung* preparar; **Fertiggericht** N plato *m* precocinado; **Fertighaus** N casa *f* prefabricada
Fest N fiesta *f*
fest *solide* sólido; *dauerhaft* fijo; *befestigt* fijado

festhalten: **sich festhalten** agarrarse (**an** a)
Festland N tierra *f* firme
festlich de fiesta; *feierlich* solemne
festnehmen detener
Festnetz N TEL teléfono *m* fijo; **Festplatte** F disco *m* duro; **Festpreis** M precio fijo
Festspiele NPL festival *m*
feststellen *prüfen* comprobar; *bemerken* notar
fett graso; *Person* gordo; **Fett** N grasa *f*; **fettig** *Haar* grasiento
feucht húmedo
Feuchtigkeit F humedad; **Feuchtigkeitscreme** F crema hidratante
Feuer N fuego *m*; *Brand* incendio *m*; **feuergefährlich** inflamable; **Feuerlöscher** M extintor de incendios; **Feuerwehr** F bomberos *mpl*; **Feuerwerk** N fuegos *mpl* artificiales; **Feuerzeug** N mechero *m*
Fieber N fiebre *f*; **Fiebermittel** N febrífugo *m*
Figur F figura; ANAT talla, estatura
Filet N filete *m*; **Filetsteak** N solomillo *m*
Filiale F sucursal
Film M película *f*; FOTO carrete
filmen filmar
Filmfestspiele NPL festival *m* cinematográfico; **Filmkamera** F tomavistas *m*
Filter M filtro; **Filterkaffee** M café americano; **Filterzigarette** F cigarrillo *m* con filtro
Filzschreiber M, **Filzstift** M rotulador
Finanzamt N Delegación *f* de Hacienda

Finanzen FPL finanzas
finanziell financiero, económico
finden encontrar, hallar
Finger M dedo
finster oscuro; **Finsternis** F oscuridad
Firma F empresa
Fisch M pez; *zubereitet* pescado; ASTROL **Fische** Piscis; **er ist Fisch** es Piscis; **fischen** pescar
Fischer M pescador; **Fischerboot** N barco *m* pesquero; **Fischerdorf** N pueblo *m* pesquero; **Fischerei** F pesca
Fischgeschäft N pescadería *f*; **Fischmarkt** M mercado de pescado; **Fischsuppe** F sopa de pescado
fit en forma
FKK F (des)nudismo *m*; **FKK-Strand** M playa *f* para nudistas
flach llano; **Flachbildschirm** M IT, TV pantalla *f* plana
Fläche F superficie
Flachland N país *m* llano, llanura *f*
Flagge F bandera
Flamme F llama
Flasche F botella
Flaschenbier N cerveza *f* en botella; **Flaschenöffner** M abridor; **Flaschenpfand** N depósito *m*
Flatrate F tarifa plana
Fleck M mancha *f*; **Fleckentferner** M quitamanchas

Fleisch N carne *f*; **Fleischbrühe** F caldo *m* de carne
Fleischer M, **-in** F carnicero *m*, -a *f*
Fleischerei F carnicería
Fleischspieß M pincho de carne
fleißig asiduo, activo
flicken remendar; *Reifen* poner un parche a
Flieder M lila *f*
Fliege F mosca
fliegen volar
Flieger M aviador; *Flugzeug* avión
fliehen huir (**vor** de)
fließen correr
fließend corriente; *sprechen* con fluidez; **fließend Kalt- und Warmwasser** agua *f* (*el*) corriente fría y caliente
flimmern centellear, parpadear
flink ágil
Flirt M flirteo; **flirten** flirtear
Flitterwochen FPL luna *f* de miel
Floh M pulga *f*; **Flohmarkt** M rastro
Floß N balsa *f*
Flosse F ZOOL aleta
Fluch M maldición *f*, juramento; *Kraftwort* taco, palabrota *f*; **fluchen** maldecir, jurar, soltar tacos
Flucht F fuga, huida
flüchten fugarse, darse a la fuga
Flug M vuelo
Flügel M ala *f* (*el*); MUS piano de cola
Fluggesellschaft F compañía aérea; **Flugha-**

fen M aeropuerto; **Flugkapitän** M comandante, piloto; **Fluglotse** M controlador aéreo; **Flugnummer** F número *m* de vuelo; **Flugplan** M horario de vuelos; **Flugschein** M billete de avión; **Flugschreiber** M caja *f* negra; **Flugticket** N pasaje *m* de avión; **Flugverbot** N prohibición *f* de vuelos
Flugzeug N avión *m*; **Flugzeugabsturz** M accidente de aviación; **Flugzeugentführer** M secuestrador aéreo; **Flugzeugentführung** F secuestro *m* aéreo
Fluss M río
flüssig líquido; **Flüssigkeit** F líquido *m*
flüstern susurrar
Flut F pleamar, marea alta
Föhn M *Haare* secador de pelo
Folge F consecuencia; *Fortsetzung* continuación; TV *Serie* episodio *m*
folgen seguir; suceder (**auf a**)
Folklore F folklore *m*; **folkloristisch** folklórico
fordern exigir; *Rechte* reivindicar; **Forderung** F exigencia; *Rechte* reivindicación
Forelle F trucha
Form F forma
Formalität F trámite *m*; formalidad
Format N tamaño *m*
formatieren formatear
Formular N formulario *m*
forschen investigar
fort *verloren* perdido; **er ist fort** se ha ido; **fortfah-**

ren *wegfahren* salir, partir (**nach** para); *weitermachen* continuar (**mit** con); **fortgehen** marcharse, irse
Fortschritt M progreso
fortsetzen continuar, seguir
Fortsetzung F continuación
Foto N foto *f*; **ein Foto machen** sacar una foto; **Fotogeschäft** N (tienda *f* de) artículos *mpl* fotográficos; **Fotograf** M, **-in** F fotógrafo *m*, -a *f*; **Fotografie** F fotografía; **fotografieren** fotografiar, sacar una foto; **Fotohandy** N teléfono *m* con cámara integrada; **Fotokopie** F fotocopia
Fracht F carga; FLUG, SCHIFF flete *m*
Frage F pregunta
fragen preguntar (**nach** por)
Franken M **Schweizer Franken** franco suizo
frankieren franquear
Frankreich N Francia *f*
Franzose M, **Französin** F francés *m*, francesa *f*; **französisch** francés
Frau F mujer; *Anrede* señora
Frauenarzt M, **-ärztin** F ginecólogo *m*, -a *f*
Fräulein N señorita *f*
frech impertinente, fresco *umg*; **Frechheit** F impertinencia, frescura *umg*
frei libre
Freibad N piscina *f* descubierta; **Freigepäck** N franquicia *f* de equipaje
freihaben tener libre
Freiheit F libertad; **Freikarte** F entrada gratuita;

Freilichtbühne F teatro *m* al aire libre
freimachen *Brief* franquear
Freistoß M SPORT saque libre
Freitag M viernes; **am Freitag** el viernes; **freitags** los viernes
freiwillig voluntario; **Freiwillige(r)** M/F(M) voluntario *m*, -a *f*
Freizeit F tiempo *m* libre, ocio *m*
fremd *unbekannt* desconocido; *ortsfremd* forastero; *ausländisch* extranjero; **Fremde** M forastero; *Ausländer* extranjero
Fremdenführer M, **-in** F guía *m/f* turístico, -a; **Fremdenverkehr** M turismo; **Fremdenverkehrsbüro** N oficina *f* de turismo
Fremdsprache F lengua extranjera
fressen *Tiere* comer
Freude F alegría
freuen: **sich freuen** alegrarse (**über** de); **das freut mich** me alegro
Freund M, **-in** F amigo *m*, -a *f*; *fest* novio *m*, -a *f*; **freundlich** amable; **Freundschaft** F amistad
Frieden M paz *f*
Friedhof M cementerio; **friedlich** pacífico
frieren *Empfinden* tener frío; **es friert** está helando
frisch fresco; *Kraft* nuevo; *munter* vivo; **Frischhaltebeutel** M bolsa *f* de conservación fresca
Friseur M, **-in** F peluquero *m*, -a *f*
frisieren peinar
Frisiersalon M peluquería *f*
froh contento (**über** de)

fröhlich alegre
fromm devoto, piadoso
Frömmigkeit F devoción, piedad
Fronleichnam M (día del) Corpus
Frosch M rana *f*
Frost M helada *f*; **Frostschutzmittel** N anticongelante *m*
Frucht F fruta; **Fruchtsalat** M macedonia *f* de frutas
früh temprano; **sehr früh morgens** muy de madrugada; **früher** *vorher, ehemals* antes
Frühjahr N, **Frühling** M primavera *f*; **im Frühjahr** en primavera
Frühstück N desayuno *m*; **frühstücken** desayunar; **Frühstücksraum** M sala *f* de desayuno
Fuchs M zorro
fühlen sentir
führen guiar, conducir; *leiten* dirigir
Führer M *Buch* guía *f*; *Person* guía *m/f*; **Führerschein** M permiso de conducir
Führung F visita guiada
füllen llenar (**mit** de, con); GASTR rellenar
Fund M hallazgo; *Fundsache* objeto hallado; **Fundbüro** N oficina *f* de objetos perdidos
fünf cinco; **fünfhundert** quinientos; **fünfzehn** quince; **fünfzig** cincuenta
Funk M radio *f*; **über Funk** por radio
Funktion F función; **funktionieren** funcionar
für para; *um ...willen* por; *zugunsten von* a favor de; **für zehn Euro** por diez euros; **für drei Tage** por

tres días
Furcht F miedo *m*, temor *m* (**vor** a); **furchtbar** *schrecklich* terrible, horrible
fürchten temer (**um** por); **sich fürchten** tener miedo (**vor** a)
furchtsam temeroso, miedoso
Fuß M pie; **zu Fuß gehen** ir a pie, andar
Fußball M balón; *Spiel* fútbol; **Fußballspieler** M futbolista
Fußboden M suelo
Fußgänger M peatón; **Fußgängerüberweg** M paso de peatones *od* cebra; **Fußgängerzone** F zona peatonal
Fußtritt M puntapié
Futter N *Vieh* comida *f*; *Kleid* forro *m*
füttern *Kind* dar de comer; *Tier* echar de comer; *Kleidung* forrar

G

Gabel F *Besteck* tenedor *m*
gähnen bostezar
Galerie F galería
Galle F bilis
Gallenblase F vesícula biliar; **Gallenkolik** F cólico *m* hepático; **Gallenstein** M cálculo biliar

Gang M *Gehen* andar; *Verlauf* marcha *f*; AUTO marcha *f*; GASTR plato; **Gangschaltung** F cambio *m* de velocidad *od* marchas
Ganove M truhán, golfo
Gans F ganso *m*
Gänsehaut F carne de gallina
ganz *vollständig* completo; *heil* intacto; **den ganzen Tag** todo el día
gar *Speisen* en su punto; **gar nicht** de ningún modo
Garage F garaje *m*
Garantie F garantía; **garantieren** garantizar; **Garantieschein** M certificado de garantía
Garderobe F vestidos *mpl*, ropa; *Kleiderablage* guardarropa *m*; **Garderobenmarke** F ficha de guardarropa
Garn N hilo *m*
Garnele F gamba, camarón *m*
Garten M jardín; *Obst, Gemüse* huerto
Gärtner M, **-in** F jardinero *m*, -a *f*
Gärtnerei F jardinería
Gas N gas *m*; **Gas geben** acelerar
Gasheizung F calefacción de gas; **Gasherd** M cocina *f* de gas; **Gaskocher** M hornillo de gas; **Gaspedal** N acelerador *m*
Gasse F callejón *m*, calleja
Gast M huésped; *eingeladen* invitado
Gästebuch N álbum *m* de visitantes; **Gästezimmer** N cuarto *m* de huéspedes
Gastfreundschaft F hospitalidad; **Gastgeber** M, **-in** F anfitrión *m*, anfitriona *f*; **Gasthof** M

fonda *f*, posada *f*; **Gaststätte** F restaurante *m*
Gasuhr F contador *m* de gas
Gate N puerta *f* (de embarque)
Gauner M estafador
Gebäck N galletas *fpl*; pasteles *mpl*
gebacken cocido al horno; *Pfanne* frito
Gebäude N edificio *m*
geben dar; **geben Sie mir bitte** déme, por favor; **es gibt** hay; **was gibt es zum Essen?** ¿qué hay para comer?
Gebet N oración *f*
Gebiet N región *f*, zona *f*
Gebirge N sierra *f*, montaña *f*; **gebirgig** montañoso
Gebirgspass M puerto, paso, *Engpass* desfiladero
Gebiss N dentadura *f*; *künstlich* dentadura *f* postiza
Gebläse N ventilador *m*
geboren nacido
gebraten asado; *in der Pfanne* frito
Gebrauch M uso, empleo
gebrauchen usar, emplear
Gebrauchsanweisung F instrucciones *fpl* para el uso
gebraucht usado; WIRTSCH de segunda mano, de ocasión; **Gebrauchtwagen** M coche de segunda mano
Gebühr F tasa, tarifa
gebührenpflichtig sujeto a tasas; *Autobahn* de peaje

Geburt F nacimiento *m*
Geburtsdatum N fecha *f* de nacimiento; **Geburtsort** M lugar de nacimiento; **Geburtstag** M cumpleaños
Gedächtnis N memoria *f*
Gedanke M idea *f*, pensamiento
Gedeck N cubierto *m*
Gedicht N poesía *f*, poema *m*
Geduld F paciencia; **geduldig** paciente
gedünstet estofado, rehogado
geeignet apropiado, adecuado (**für, zu** para)
Gefahr F peligro *m*; *Wagnis* riesgo *m*
gefährden poner en peligro; *bedrohen* amenazar; **gefährlich** peligroso; *gewagt* arriesgado
Gefälle N desnivel *m*; pendiente *f*
gefallen gustar; **das gefällt mir** eso me gusta
Gefallen M favor; **e-n Gefallen tun** hacer un favor
Gefangene M JUR detenido, preso
Gefängnis N cárcel *f*, prisión *f*
Gefäß N recipiente *m*; *a.* ANAT vaso *m*
gefasst *fig* sereno; **gefasst sein auf** estar preparado para
Geflügel N aves *fpl* de corral
gefrieren helarse; congelarse
Gefrierfach N congelador *m*; **Gefriertruhe** F (arcón *m*) congelador *m*
Gefühl N sentimiento *m*; *körperlich* sensación *f*; **gefühllos** insensible (**gegen** a)
gefüllt GASTR relleno
gegen contra; *zeitlich* hacia; *Tausch* en cambio de

Gegend F región; *Umgebung* alrededores *mpl*
Gegenfahrbahn F vía opuesta
Gegensatz M contraste; **im Gegensatz zu** contrariamente a
gegensätzlich contrario, opuesto
gegenseitig mutuo, recíproco
Gegenstand M objeto; *Thema* asunto, tema
Gegenteil N lo contrario; **im Gegenteil** al contrario
gegenüber enfrente (**von** de)
Gegenverkehr M circulación *f* en sentido contrario
Gegenwart F presente *m*, actualidad; **in Gegenwart von** en presencia de
Gegenwind M viento contrario
Gegner M, **-in** F adversario *m*, -a *f*; *Feind* enemigo *m*, -a *f*
gegrillt a la parilla, a la brasa
Gehalt[1] M contenido (**an** en)
Gehalt[2] N *Bezahlung* sueldo *m*
geheim secreto; **Geheimnis** N secreto *m*; misterio *m*; **Geheimzahl** F código *m* secreto
gehen ir; *zu Fuß* andar, caminar; *weggehen* irse, marcharse; *Zug* salir; **gehen um** *Thema* tratarse de; **das Fenster geht auf die Straße** la ventana da a la calle; **das geht nicht** no es posible; **es geht mir gut** estoy bien; **wie gehts?** ¿qué tal?; **wie geht es Ihnen?** ¿cómo está usted?
Gehirn N cerebro *m*; **Gehirnerschütterung** F conmoción cerebral

Gehör N oído *m*
gehorchen obedecer
gehören pertenecer a, ser de; **wem gehört ...?** ¿de quién es ...?
Gehsteig M acera *f*
Geier M buitre
Geige F violín *m*
Geisel F rehén *m*; **Geiselnahme** F toma de rehenes
Geist M espíritu; *Spuk a.* fantasma
Geisterbahn F túnel *m* de los sustos
Geistesgegenwart F presencia de ánimo; **geistesgestört** demente
geistig mental, intelectual; **geistig behindert** mentalmente impedido
geistreich ingenioso; gracioso
geizig avaro
Gelächter N risa *f*
Gelände N terreno *m*; *Ausstellung* recinto *m*
gelaunt: **gut gelaunt sein** estar de buen humor; **schlecht gelaunt sein** estar de mal humor
gelb amarillo; **Gelbsucht** F ictericia
Geld N dinero *m*; **Geldautomat** M cajero automático; **Geldbeutel** M, **-börse** F monedero *m*; **Geldkarte** F tarjeta monedero; **Geldschein** M billete de banco; **Geldstrafe** F multa; **Geldstück** N moneda *f*; **Geldwechsel** M cambio
Gelee N jalea *f*
gelegen *passend* conveniente, oportuno; **gelegen kommen** venir a propósito

Gelegenheit F ocasión
Gelenk N articulación *f*
Geliebte(r) M/F(M) querido *m*, -a *f*, amante *m,f*
gelingen salir bien; lograr
gelten *gültig sein* ser válido
Gemälde N pintura *f*, cuadro *m*; **Gemäldegalerie** F galería de pinturas
gemein común; *niederträchtig* infame, feo
Gemeinde F municipio *m*; REL parroquia
Gemeinheit F infamia, vileza; *Handlung* canallada
gemeinsam común, colectivo; *zusammen* en común, juntos
gemischt mezclado, mixto; **gemischter Salat** *m* ensalada *f* mixta
Gemüse N verdura *f*; *Hülsenfrüchte* legumbres *fpl*; **Gemüsehändler** M, **-in** F verdulero *m*, -a *f*
gemütlich cómodo, confortable; *angenehm* agradable
genau exacto, preciso; **Genauigkeit** F exactitud, precisión
genehmigen permitir, autorizar; **Genehmigung** F permiso *m*, autorización
genial genial
Genick N nuca *f*; cerviz *f*
Genie N genio *m*; ingenio *m*
genießen gozar de, disfrutar (de)
genug bastante, suficiente; **genug!** ¡basta ya!
Genuss M placer, goce
geöffnet abierto

Gepäck N equipaje *m*; **Gepäckabfertigung** F facturación de equipajes; **Gepäckaufbewahrung** F depósito *m* de equipajes; BAHN consigna; **Gepäckausgabe** F entrega de equipajes; **Gepäckband** N cinta *f* de equipajes;; **Gepäckschein** M talón de equipajes; **Gepäckstück** N bulto *m*; **Gepäckträger** M *Person* mozo; *Fahrrad* portaequipajes; AUTO baca *f*

gerade recto, derecho; *soeben* ahora mismo; **Gerade** F recta; **geradeaus** (todo) derecho, todo seguido

Gerät N *Apparat* aparato *m*; *Werkzeug* herramienta *f*

geräuchert ahumado

Geräusch N ruido *m*

gerecht justo; *Strafe* merecido

Gerechtigkeit F justicia

Gerede N habladurías *fpl*, chisme *m*

Gericht N *Essen* plato *m*; JUR tribunal *m*

gern con mucho gusto; **gern geschehen!** ¡de nada!, ¡no hay de qué!

Geruch M olor (**nach** de)

Gerücht N rumor *m*

gesalzen salado; *umg Preis* exorbitante, por las nubes

Gesang M canto; *Lied* canción *f*

Geschäft N negocio *m*; *Laden* tienda *f*; **geschäftlich** comercial, de negocios

Geschäftsfrau F mujer de negocios; **Geschäftsführer** M, **-in** F gerente *m/f*; **Geschäftsmann**

M hombre de negocios; **Geschäftsreise** F viaje *m* de negocios; **Geschäftsstunden** PL *Amt* horas de oficina; *Laden* horario *m* comercial
geschehen ocurrir, suceder, pasar
Geschenk N regalo *m*; **Geschenkpapier** N papel *m* de regalo
Geschichte F historia; *Erzählung* cuento *m*
geschickt hábil, mañoso
geschieden divorciado
Geschirr N *Essen* vajilla *f*; *Küche* batería *f* de cocina; **Geschirrspülmaschine** F lavavajillas *m*, lavaplatos *m*
Geschlecht N sexo *m*; *Gattung* género *m*; **geschlechtlich** sexual
Geschlechtskrankheit F enfermedad venérea; **Geschlechtsverkehr** M relaciones *fpl* sexuales
geschlossen cerrado
Geschmack M gusto; *Speise* sabor; **geschmacklos** *fad* soso, insípido; *fig* de mal gusto; **geschmackvoll** de buen gusto
geschmort estofado
Geschoss N *Waffe* proyectil *m*; *Stockwerk* piso *m*, planta *f*
Geschrei N griterío *m*
Geschwindigkeit F velocidad
Geschwindigkeitsbegrenzung F limitación de velocidad; **Geschwindigkeitsüberschreitung** F exceso *m* de velocidad
Geschwister PL hermanos *mpl*
geschwollen MED hinchado

Geschwulst F tumor *m*; *Schwellung* hinchazón *m*
Geschwür N úlcera *f*
gesellig sociable, comunicativo
Gesellschaft F sociedad; *a. Begleitung* compañía; *Versammlung* reunión; **gesellschaftlich** social
Gesetz N ley *f*; **gesetzlich** legal; *rechtmäßig* legítimo; **gesetzwidrig** ilegal; *unrechtmäßig* ilegítimo
Gesicht N cara *f*
Gesichtscreme F crema facial; **Gesichtspunkt** M punto de vista
gespannt tenso, tirante; **gespannt sein auf** esperar con impaciencia
gespickt GASTR mechado
Gespräch N conversación *f*; TEL conferencia *f*; *Anruf* llamada *f*
gesprächig comunicativo
Gestalt F forma, figura; *Wuchs* talla, estatura
Geständnis N confesión *f*
Gestank M mal olor
gestatten permitir; **gestatten Sie?** ¿me permite?
Geste F gesto *m*
Gestein N roca *f*
Gestell N *Brille* montura *f*; *Stütze* soporte *m*
gestern ayer; **gestern Abend** anoche; **gestern Morgen** ayer por la mañana
gesund sano; *heilsam* saludable; **Gesundheit** F salud; **Gesundheit!** ¡Jesús!
Getränk N bebida *f*
Getränkeautomat M máquina *f* expendedora de

bebidas; **Getränkekarte** F carta de vinos y bebidas
Getreide N cereales *mpl*
getrennt separado; por separado
Getriebe N engranaje *m*; AUTO caja *f* de cambios
Gewalt F *Stärke* fuerza; *Zwang* violencia; **gewaltig** fuerte; *ungeheuer* enorme; **gewaltlos** sin violencia; **gewalttätig** violento, brutal
gewandt *flink* ágil; *geschickt* hábil; **gewandt sein** *Auftreten* tener mundo
Gewehr N fusil *m*; *Jagd* escopeta *f*
Gewerkschaft F sindicato *m*; **Gewerkschafter** M, **-in** F sindicalista *m/f*
Gewicht N peso *m*; *fig* importancia *f*
Gewinn M ganancia *f*; WIRTSCH beneficio; *Lotterie* premio; **gewinnen** ganar; **Gewinner** M ganador; *Sieger* vencedor; *Lotterie* agraciado
gewiss cierto; seguro; **ein gewisser Herr X** un cierto señor X; **ganz gewiss** seguramente
Gewissen N conciencia *f*; **gewissenhaft** concienzudo, escrupuloso
Gewissheit F certeza, seguridad
Gewitter N tormenta *f*
gewöhnen: **sich gewöhnen an** acostumbrarse a
Gewohnheit F costumbre
gewöhnlich *alltäglich* corriente; *unfein* ordinario, vulgar; *im Allgemeinen* en general
Gewürz N especia *f*; condimento *m*
Gezeiten PL marea *f*
Gier F avidez (**nach** de); *Essen* voracidad; **gierig**

ávido (**nach** de); *Essen* voraz
gießen regar; **es gießt (in Strömen)** llueve a cántaros
Gift N veneno *m*; MED tóxico *m*; **giftig** venenoso; MED tóxico; **Giftmüll** M residuos *mpl* tóxicos; **Giftschlange** F serpiente venenosa
Gipfel M cumbre *f*, cima *f*
Gips M yeso; **Gipsverband** M vendaje de yeso
Girokonto N cuenta *f* corriente
Gitarre F guitarra
Gitter N reja *f*; verja *f*
Glanz M brillo, lustre
glänzen brillar
Glas N cristal *m*, vidrio *m*; *Gefäß* vaso *m*; *mit Stiel* copa *f*; **Glascontainer** M contenedor de vidrio
glatt liso; *rutschig* resbaladizo; **Glatteis** N hielo *m* resbaladizo
Glatze F calva
Glaube M fe *f* (**an** en); creencia *f*
glauben creer (**an** en); *vermuten* suponer
gläubig REL creyente; *fig* confiado
gleich igual; *sofort* en seguida; **bis gleich** hasta luego; **das ist mir gleich** me da igual; **gleichberechtigung** F igualdad de derechos
gleichen parecerse a; **sich gleichen** parecerse
gleichfalls igualmente; **danke, gleichfalls!** ¡gracias, igualmente!
gleichgeschlechtlich del mismo sexo; homosexual
Gleichgewicht N equilibrio *m*; **Gleichheit** F

igualdad; **gleichmäßig** regular, uniforme; **gleichzeitig** al mismo tiempo
Gleis N vía *f*; *Schiene* riel *m*
gleiten deslizarse; *rutschen* resbalar; **gleitende Arbeitszeit** *f* horario *m* flexible
Gletscher M glaciar, helero
Glied N *Körper* miembro *m*; *Kette* eslabón *m*
glitzern destellar, centellear
Globalisierung F globalización; **Globalisierungsgegner** M antiglobalizador
Glocke F campana; *Klingel* timbre *m*
Glockenspiel N carillón *m*; **Glockenturm** M campanario
Glotze F *umg* teletonta, caja tonta
Glück N suerte *f*; *Glücklichsein* felicidad *f*; **viel Glück!** ¡mucha suerte!; **zum Glück** por suerte
glücklich feliz; *fig* afortunado; **glücklicherweise** afortunadamente; **Glückwunsch** M felicitación *f*; **herzlichen Glückwunsch zum Geburtstag** feliz cumpleaños
Glühbirne F bombilla
Glut F ardor *m*
glutenfrei sin gluten
Gnade F gracia
Gold N oro *m*; **golden** de oro; **Goldene Hochzeit** *f* bodas *fpl* de oro
Goldmedaille F medalla de oro
Golf[1] M GEOG golfo
Golf[2] N SPORT golf *m*; **Golfball** M pelota *f* de golf; **Golfplatz** M campo de golf; **Golfschlä-**

ger M palo de golf
Gotik F gótico *m*
Gott M Dios; **Gott sei Dank!** ¡gracias a Dios!
Gottesdienst M oficio, culto
Grab N tumba *f*, sepultura *f*
graben cavar; **Graben** M foso, zanja *f*; *Straße* cuneta *f*
Grad M grado; **10 Grad unter null** diez grados bajo cero
Gramm N gramo *m*
Granatapfel M granada *f*
Grapefruit F pomelo *m*
Gras N hierba *f*
grässlich horrible, espantoso; atroz
Gräte F espina
gratis gratis, gratuitamente
Gratulation F felicitación, parabién *m*; **gratulieren** felicitar (**zu** por)
grau gris
grauenhaft horrible, espantoso
grausam cruel
grell *Licht* deslumbrante; *Farbe* llamativo, chillón
Grenze F frontera; *fig* límite *m*
Grenzkontrolle F revisión de aduana; **Grenzübergang** M paso fronterizo; *Stelle* puesto fronterizo
Grieß M sémola *f*
Griff M asidero, empuñadura *f*; *Koffer* asa *f* (*el*); *Stiel* mango
Grill M parrilla *f*; **vom Grill** a la parrilla; **grillen**

asar a la parrilla; **Grillplatte** F parrillada; **Grillrestaurant** N grillroom *m*, parrilla *f*
Grippe F gripe
grob grueso; *Stoffe* burdo; *Person* grosero, rudo
groß grande; *hochgewachsen* alto; **großartig** grandioso; magnífico
Größe F tamaño *m*; *Kleidung* talla; *Schuhe* número *m*
Großeltern PL abuelos *mpl*; **Großmutter** F abuela
Großstadt F gran ciudad, metrópoli
Großvater M abuelo
großzügig generoso
grün verde; **grüne Versicherungskarte** *f* carta verde
Grünanlage F parque *m*, zona verde
Grund M *Boden* terreno; *im Wasser* fondo; *Ursache* causa *f*, razón *f*
gründen fundar; establecer
Grundgesetz N *Verfassung* constitución *f*; **Grundlage** F base, fundamento *m*
gründlich a fondo
Gründonnerstag M Jueves Santo
Grundsatz M principio; **grundsätzlich** en principio
Grundschule F escuela primaria
Grundstück N finca *f*; *Bauplatz* solar *m*
Gründung F fundación; establecimiento *m*
Gruppe F grupo *m*; *Arbeit* equipo *m*; MUS conjunto *m*

Gruppenreise F viaje *m* colectivo
Gruß M saludo; **viele Grüße von mir** muchos recuerdos de mi parte (**an** a); **mit herzlichen Grüßen** con cordiales saludos; *Brief* un abrazo; **mit freundlichen Grüßen** cordialmente; *förmlicher* atentamente
grüßen saludar; **grüßen Sie ihn von mir** salúdele de mi parte
Guatemala N Guatemala *f*; **guatemaltekisch** guatemalteco
gültig válido
Gummi M,N goma *f*, caucho *m*; **Gummiband** N elástico *m*; **Gummistiefel** M bota *f* de goma
günstig favorable; *passend* oportuno; *vorteilhaft* ventajoso
Gurke F pepino *m*
Gurt M correa *f*; AUTO, FLUG cinturón
Gürtel M cinturón; **Gürtelreifen** M neumático radial
gut buen(o); **es geht mir gut** estoy bien; **es ist gut** está bien
Gut N bien *m*; *Landgut* finca *f*; **alles Gute!** ¡que le vaya bien!
Güte F bondad; *Ware* calidad
Güterbahnhof M estación *f* de mercancías; **Güterzug** M tren de mercancías
Guthaben N crédito *m*
gutmütig bondadoso
Gutschein M vale, bono
Gymnasium N colegio *m*

Gymnastik F gimnasia
Gynäkologe M, **-login** F ginecólogo *m*, -a *f*

H

Haar N pelo *m*; **Haarbürste** F cepillo *m* del pelo; **Haarfarbe** F color *m* del pelo; **Haarfestiger** M fijador; **Haarklammer** F pinza, clip *m*; **Haarnadelkurve** F curva en herradura; **Haarschnitt** M corte del pelo; **Haarspange** F pasador *m*; **Haarspray** M,N laca *f*; **haarsträubend** espeluznante; **Haarwaschmittel** N champú *m*
haben tener; **dabei haben** llevar encima; **etwas dagegen haben** estar en contra; **was haben Sie?** ¿qué tiene usted?, ¿qué le pasa a usted?
Hackfleisch N carne *f* picada
Hafen M puerto; **Hafenrundfahrt** F paseo *m* por el puerto; **Hafenstadt** F puerto *m*; **Hafenviertel** N barrio *m* portuario
Hafer M avena *f*; **Haferflocken** FPL copos *mpl* de avena
Haft F arresto *m*, prisión
haften JUR responder (**für** de); *kleben* pegar
Haftpflichtversicherung F seguro *m* de responsabilidad civil
Hagel M granizo, pedrisco

hageln granizar; **es hagelt** graniza
Hahn M gallo; *Wasser* grifo; *Gas* llave *f*
Hai M tiburón
Haken M gancho; *Kleider* percha *f*
halb medio; **e-e halbe Stunde** media hora; **um halb acht** a las siete y media
halbieren partir en dos
Halbinsel F península; **Halbpension** F media pensión; **halbroh** *Steak* medio hecho; **halbtrocken** *Wein* semiseco, medium; **Halbzeit** F SPORT medio tiempo *m*; **erste, zweiteHalbzeit** primer, segundo tiempo
Hälfte F mitad
Halle F sala; *Bahnhof* vestíbulo *m*; *Hotel* hall *m*; SPORT gimnasio *m*
Hallenbad N piscina *f* cubierta
Hals M cuello; *innen* garganta *f*; **Halsband** N collar *m*; **Halsentzündung** F inflamación de la garganta; **Halskette** F collar *m*
Hals-Nasen-Ohren-Arzt M, **-Ärztin** F otorrinolaringólogo *m*, -a *f*, otorrino *m/f*
Halsschmerzen MPL dolor *m* de garganta; **Halstuch** N pañuelo *m*
Halt M alto; *Stopp* parada *f*; *Stütze* apoyo; **halt!** ¡alto!
haltbar conservable
halten tener; *festhalten* sujetar; *stehen bleiben* pararse
Haltestelle F parada
Halteverbot N estacionamiento *m* prohibido;

eingeschränktes **Halteverbot** estacionamiento *m* limitado
Hamburger M GASTR hamburguesa *f*
Hammel M carnero
Hammer M martillo
Hand F mano
Handarbeit F *Stickerei etc* labor; *von Hand* hecho a mano; **Handbremse** F freno *m* de mano
Handel M comercio; **handeln** obrar; WIRTSCH negociar; *feilschen* regatear; **sich handeln um** tratarse de
Handfeger M escobilla *f*; **Handgelenk** N muñeca *f*; **Handgepäck** N equipaje *m* de mano
Handheld M ordenador de mano
Händler M, **-in** F comerciante *m/f*
handlich fácil de manejar
Handlung F acción; *Laden* tienda; **Handlungsweise** F modo *m* de obrar
Handschellen FPL esposas
Handschrift F escritura, letra; *Text* manuscrito *m*; **handschriftlich** escrito a mano
Handschuh M guante; **Handtasche** F bolso *m*; **Handtuch** N toalla *f*; **Handvoll** F puñado *m*; **Handwerk** N *Beruf* oficio *m*; **Handwerker** M, **-in** F artesano *m*, -a *f*
Handy N móvil *m*, teléfono *m* móvil; **Handynummer** F número *m* de movil
Hang M *Berg* pendiente *f*; cuesta *f*; *Tendenz* inclinación *f*
Hängematte F hamaca

hängen colgar, pender (**an** de)
Hardware F hardware *m*
harmlos inofensivo
Harmonie F armonía
Harpune F arpón *m*
hart duro; **hartnäckig** tenaz, obstinado
Hase M liebre *f*
Hass M odio; **hassen** odiar
hässlich feo
hastig a toda prisa; precipitado
hauchen soplar
hauen golpear, batir
Haufen M montón; *Stapel* pila *f*
häufig a menudo, con frecuencia
Haupt... principal; **Haupt...bahnhof** M estación *f* central; **Haupt...eingang** M entrada *f* principal; **Haupt...gericht** N plato *m* principal; **Haupt...gewinn** M primer premio, gordo *umg*; **Haupt...rolle** F papel *m* principal; **Haupt...sache** F lo principal
hauptsächlich principal; *vor allem* sobre todo
Hauptsaison F temporada alta; **Hauptstadt** F capital; **Hauptstraße** F calle mayor *od* principal; **Hauptverkehrsstraße** F arteria principal; **Hauptverkehrszeit** F hora punta
Haus N casa *f*; **nach Hause** a casa; **zu Hause** en casa
Hausfrau F ama (*el*) de casa; **Haushalt** M hogar, casa *f*; **Haushaltsgeräte** PL electrodomésticos *mpl*; **Hausherr** M amo de casa; **Hausmeister**

M, **-in** F conserje *m/f*, portero *m*, -a *f*; **Hausnummer** F número *m* de la casa; **Hausschlüssel** M llave *f* de (la) casa; **Hausschuh** M zapatilla *f*; **Haustier** N animal *m* doméstico
Haut F piel; *Gesicht* cutis *m*; **Hautarzt** M, **-ärztin** F dermatólogo *m*, -a *f*
heben levantar, alzar
Hecht M lucio
Heck N SCHIFF popa *f*; AUTO parte *f* trasera
Hecke F seto *m*
Heckmotor M motor trasero; **Heckscheibe** F luneta trasera; **Heckscheibenwischer** M limpiaparabrisas trasero
Hefe F levadura
Heft N cuaderno *m*; *Griff* puño *m*
heftig violento; impetuoso; fuerte
Heftpflaster N esparadrapo *m*
Heide[1] M REL pagano
Heide[2] F *Land* brezal *m*
Heidelbeere F arándano *m*
heilen curar, sanar
heilig santo; **Heiligabend** M Nochebuena *f*; **Heilige(r)** M/F(M) santo *m*, -a *f*
Heilquelle F aguas *fpl* medicinales
Heim N residencia *f*; *Zuhause* hogar *m*, casa *f*
Heimat F país *m* natal, patria; **Heimatadresse** F dirección fija
Heimfahrt F regreso *m*, vuelta
heimlich en secreto, a hurtadillas
heimtückisch pérfido, alevoso

Heimweg M regreso, vuelta *f*
Heimweh N añoranza *f*, nostalgia *f*; **Heimweh haben** sentir añoranza
heiser ronco, enronquecido
heiß (muy) caliente; *Klima, Land* cálido; *Wetter* caluroso; **es ist heiß** hace calor; **heiß laufen** (re)calentarse
heißen llamarse; **wie heißen Sie?** ¿cómo se llama usted?; **ich heiße ...** me llamo ...; **das heißt** es decir
heiter sereno; *fröhlich* alegre; *Himmel* despejado, claro
heizen calentar
Heizkörper M radiador; **Heizlüfter** M termoventilador; **Heizofen** M estufa *f*
Heizung F calefacción
hektisch febril, agitado
Held M, **-in** F héroe *m*, heroína *f*
helfen ayudar
Helfer M, **-in** F ayudante *m/f*
hell claro; *Himmel* despejado; *Bier* rubio; **hellblau** azul claro
Helm M casco
Hemd N camisa *f*
Henne F gallina
her aquí, acá
herab hacia abajo; **herabsetzen** reducir
herauf hacia arriba; **von unten herauf** de abajo arriba, desde abajo; **heraufkommen** subir
heraus fuera, afuera; **herausbekommen** *Geld*

recibir de vuelta; *Flecken* quitar; *erfahren* llegar a saber; **herausfinden** descubrir, averiguar; **herausfordern** provocar, desafiar; **Herausforderung** F provocación, desafío *m*
herausgeben *Geld* dar la vuelta; *Buch* publicar; **können Sie herausgeben?** ¿tiene cambio?
herauskommen salir; *Buch* publicarse, aparecer; *Ergebnis* resultar
herb amargo; *Kritik* agrio; *Wein* seco
Herbst M otoño; **im Herbst** en otoño
Herd M cocina *f*, fogón
Herde F rebaño *m*, manada
herein adentro; **herein!** ¡adelante!, ¡pase!; **hereinfallen** *Loch* caer; **darauf hereinfallen** *umg* llevarse un chasco; **hereinkommen** entrar
Hering M arenque; *Zelt* piquete
Herkunft F origen *m*, procedencia
Herr M señor
Herrenfriseur M peluquería *f* de caballeros; **Herrenmode** F moda masculina; **Herrenrad** N bicicleta *f* de hombre; **Herrentoilette** F servicios *mpl* para caballeros
herrlich magnífico, excelente
herstellen producir; **Hersteller** M productor; **Herstellung** F producción
herüber a este lado, hacia aquí
herum: **dort herum** por allí; **um … herum** alrededor de
herunter hacia abajo; **herunterfahren** bajar; IT cerrar; **herunterkommen** bajar; **herunterla-**

den bajar
hervorragend excelente
hervorrufen causar, motivar
Herz N corazón *m*; **Herzanfall** M ataque cardíaco; **Herzbeschwerden** FPL trastornos *mpl* cardíacos; **Herzinfarkt** M infarto del miocardio; **herzkrank** enfermo del corazón; **herzlich** cordial; **herzliche Grüße** cordiales saludos
Herzschrittmacher M marcapasos
heulen *Tier* aullar; *weinen* llorar
Heuschnupfen M fiebre *f* del heno
Heuschrecke F langosta
heute hoy; **heute in vierzehn Tagen** de hoy en quince días; **heute Morgen** esta mañana; **heute vor acht Tagen** hace ocho días
heutig de hoy
Hexe F bruja
Hexenschuss M lumbago
Hieb M golpe
hier aquí; **hier entlang** por aquí
hierher acá, para acá
Hilfe F ayuda, asistencia; auxilio *m*, socorro *m*; **Hilfe!** ¡socorro!
hilflos desamparado; desvalido
Himbeere F frambuesa
Himmel M cielo; **Himmelfahrt** F REL Ascensión
hin hacia allí, hacia allá; **hin und her** de un lado para otro; **hin und wieder** a veces, de vez en cuando; **hin und zurück** BAHN ida y vuelta; **wo ist er hin?** ¿adónde ha ido?

hinauf arriba, hacia arriba; **hinaufbringer** subir; **hinaufgehen** subir
hinaus (hacia) afuera; **hinaus!** ¡fuera!; **hinausgehen** salir
hindern impedir
Hindernis N obstáculo *m*
hinein adentro, para adentro; **hineingehen** entrar
Hinfahrt F ida
hinfallen caerse
Hinflug F (vuelo *m* de) ida; **Hin- und Rückflug** vuelo *f* de ida y de regreso
hinken cojear
hinlegen poner, colocar; **sich hinlegen** acostarse, tumbarse
hinten detrás, atrás; **nach hinten** hacia atrás; **von hinten** por detrás
hinter detrás de, tras; *zeitlich* después de; **hintereinander** uno tras otro; **drei Tage hintereinander** tres días seguidos; **Hintergrund** M fondo; **hinterher** detrás; *zeitlich* después, luego
hinterlassen dejar; **hinterlegen** depositar
Hintern M *umg* trasero, culo
Hinterrad N rueda *f* trasera
hinunter abajo, hacia abajo; **die Straße hinunter** calle abajo; **hinunterbringen** bajar; **hinuntergehen** bajar
Hinweg M ida *f*
Hinweis M indicación *f*; **hinweisen**: **hinweisen auf** indicar, señalar; advertir; **Hinweisschild** N

letrero *m* indicador
Hirn N cerebro *m*; GASTR sesos *mpl*
Hitze F calor *m*
Hitzschlag M insolación *f*
Hobby N hobby *m*, afición *f*
hoch alto, elevado; MUS agudo; *Alter* avanzado; **Hoch** N *Wetter* anticiclón *m*
Hochaltar M altar mayor; **hochdeutsch** alto alemán; **Hochdruckgebiet** N área *f* (*el*) de alta presión; **hochfahren** *Computer* inicializar
Hochsaison F temporada alta; **Hochschule** F universidad; **Hochsommer** M pleno verano; **Hochspannung** F alta tensión
höchstens a lo sumo, a lo más; **Höchstgeschwindigkeit** F velocidad máxima; **zulässige Höchstgeschwindigkeit** velocidad límite
Hochwasser N crecida *f*; *Überschwemmung* inundación *f*
Hochzeit F boda
Hocker M taburete
Hof M patio; *Bauern* granja *f*, finca *f*
hoffen esperar; **hoffentlich** ojalá
Hoffnung F esperanza; espera
höflich cortés; *galant* galante; atento; **Höflichkeit** F cortesía
Höhe F altura; GEOG altitud; *Geldbetrag* importe *m*; **das ist doch die Höhe!** *umg* ¡es el colmo!
Höhepunkt M punto culminante
Höhle F cueva
holen *gehen* ir a buscar; *kommen* venir a buscar;

Brot etc ir por; *Arzt* llamar; **holen lassen** mandar buscar
Hölle F infierno *m*; **höllisch** infernal
Holz N madera *f*; *Brennholz* leña *f*
Homoehe F *umg* matrimonio *m* homosexual
honduranisch hondureño **Honduras** N Honduras *f*
Honig M miel *f*; **Honigmelone** F melón *m*
hören oír; *zuhören* escuchar; **Hörer** M oyente; TEL auricular; **Hörgerät** N audífono *m*
Horizont M horizonte; **horizontal** horizontal
Horn N cuerno *m*
Hörnchen N media luna *f*, cruasán *m*
Hornisse F avispón *m*
Horoskop N horóscopo *m*
Hose F pantalón *m*
Hosenanzug M traje-pantalón; **Hosenrock** M falda *f* pantalón; **Hosentasche** F bolsillo *m*; **Hosenträger** MPL tirantes
Hotel N hotel *m*; **Hotelhalle** F hall *m*; **Hotelreservierung** F reservación de(l) hotel; **Hotelverzeichnis** N lista *f* de hoteles; **Hotelzimmer** N habitación *f* de hotel
Hubraum M cilindrada *f*
hübsch bonito; guapo
Hubschrauber M helicóptero; **Hubschrauberlandeplatz** M helipuerto
huckepack: **huckepack tragen** llevar a cuestas
Hüfte F cadera
Hügel M colina *f*, cerro

hügelig accidentado
Huhn N gallina *f*; GASTR pollo *m*
Hühnerauge N callo *m*
Hülle F funda
Hummel F abejorro *m*
Hummer M bogavante
Humor M humor; **humorvoll** humorístico
humpeln cojear
Hund M perro
Hundefutter N alimento *m* para perros; **Hundemarke** F chapa de perro; **hundemüde** *umg* hecho polvo
hundert cien
Hunger M hambre *f* (*el*); **ich habe Hunger** tengo hambre
hungern pasar hambre; *fasten* ayunar; **hungrig** hambriento
Hupe F bocina, claxon *m*
hupen tocar la bocina
hüpfen brincar, saltar
Hure F *umg* fulana, puta
husten toser; **Husten** M tos *f*; **Hustenbonbon** N pastilla *f* contra la tos; **Hustenmittel** N antitusígeno *m*; **Hustensaft** M jarabe pectoral
Hut M sombrero
Hütte F cabaña, choza
Hybridauto N coche *m* híbrido; **Hybridfahrzeug** N vehículo *m* híbrido
Hygiene F higiene; **hygienisch** higiénico

I

iberisch ibérico; **die Iberische Halbinsel** *f* la Península Ibérica
ich yo; **ich bin es** soy yo
ideal ideal
Idee F idea; ocurrencia
Idiot M idiota; **idiotisch** idiota
idyllisch idílico
Igel M erizo
ihm le; *betont* a él; **von ihm** de él
ihn le, lo; *betont* a él; **für ihn** para él
ihnen les; *betont* a ellos, a ellas; **Ihnen** le, les; *betont* a usted, a ustedes
ihr[1] le; *betont* a ella; **von ihr** de ella
ihr[2] *Besitz* su
illegal ilegal
Illustrierte F revista
Imbiss M refrigerio, tentempié *umg*; **Imbissstube** F snack-bar *m*, cafetería
immer siempre; **immer besser** cada vez mejor; **immer mehr** cada vez más; **noch immer** todavía
Immobilie F inmueble *m*
immun inmune (**gegen** contra)
impfen vacunar (**gegen** contra)
Impfpass M certificado de vacuna; **Impfstoff** M

vacuna *f*
Impfung F vacunación
Import M importación *f*
importieren importar
in en; **in Spanien** en España; **in drei Stunden** en tres horas; *binnen* dentro de tres horas; **ins Theater gehen** ir al teatro; **im Norden** por el norte, al norte
inbegriffen incluido; **alles inbegriffen** todo incluido
Industrie F industria
Infektion F infección
Inflation F inflación
Information F información (**über** sobre)
informieren informar; **sich informieren** informarse, enterarse (**über** de, sobre)
Ingenieur M ingeniero
Inhaber M titular; *Geschäft* dueño, propietario
Inhalt M contenido
Inlandsflug M vuelo nacional
innen dentro, en el interior; **nach innen** adentro, hacia (a)dentro
Innenminister M ministro del Interior; **Innenstadt** F centro *m* urbano, centro *m* de la ciudad
innere interior, interno; **innere Verletzungen** *fpl* lesiones internas
Innereien FPL asaduras; *Geflügel* menudillos *mpl*
innerhalb dentro de; *innen* en el interior
innerlich por dentro; **innerlich anzuwenden** para uso interno
inoffiziell no oficial, oficioso

Insasse M AUTO ocupante
Insekt N insecto *m*
Insektenbekämpfungsmittel N insecticida *f*; **Insektenschutzmittel** N repelente *m* contra insectos; **Insektenstich** M picadura *f* de insecto
Insel F isla; *klein* islote *m*
Installateur M, **-in** F fontanero *m*, -a *f*; **installieren** instalar
Instinkt M instinto
Instrument N instrumento *m*
Insulin N insulina *f*
intelligent inteligente; **Intelligenz** F inteligencia
intensiv intenso, intensivo; **Intensivstation** F unidad de vigilancia intensiva
Intercity® M BAHN Intercity *Spanien etwa* Talgo
interessant interesante; **Interesse** N interés *m* (**für** por); (**sich**) **interessieren** interesar(se) (**für** por)
interkulturell intercultural
international internacional
Internet N Internet *m*; **Internetadresse** F dirección en Internet; **Internetanbieter** M proveedor de Internet; **Internetanschluss** M acceso a Internet; **Internetcafé** N cibercafé *m*, ciberbar *m*; **Internetsurfer** M internauta
Internist M, **-in** F internista *m/f*
Interrailkarte F billete *m* Inter-Rail
Interview N entrevista *f*, interviú *m/f*
inzwischen entretanto
irgendein algún, alguno; *verneint* ningún, ningu-

no; **irgendwer** alguien; **irgendwie** de cualquier modo; **irgendwo** en alguna parte, en cualquier sitio
irren *herum* vagar, errar; **sich irren** estar equivocado, equivocarse
Irrtum M error, equivocación *f*
Ischias M,N ciática *f*
Islam M islam
Italien N Italia *f*; **italienisch** italiano

J

ja sí; **ich glaube,** ja creo que sí
Jacht F yate *m*; **Jachthafen** M puerto de recreo
Jacke F chaqueta
Jackett N chaqueta *f*, americana *f*
Jagd F caza; **auf die Jagd gehen** ir de caza
jagen cazar
Jäger M, **-in** F cazador *m*, -a *f*
Jahr N año *m*
jahrelang durante muchos años
Jahresende N fin *m* de año; **Jahrestag** M aniversario; **Jahreszeit** F estación (del año)
Jahrhundert N siglo *m*; **im 20. Jahrhundert** en el siglo XX; **Jahrhundertfeier** F centenario *m*
jährlich anual

Jahrmarkt M feria *f*
Jahrzehnt N decenio *m*, década *f*
Januar M enero
je *jemals* alguna vez; *pro* por; **für je 10 Wörter** por cada diez palabras; **je mehr…, desto** cuanto más…, tanto más
Jeans PL vaqueros *mpl*, tejanos *mpl*
jede cada; *jedermann* cada uno; **jeden Tag** cada día; **jedes Mal** cada vez; **jederzeit** siempre; en cualquier momento
jedoch sin embargo, pero; **jemals** jamás
jemand alguien; **jener**, **jene** aquel, aquello
jenseits al otro lado (**von** de)
jetzt ahora; actualmente; **eben jetzt** ahora mismo
Jodtinktur F tintura de yodo
joggen hacer footing
Joghurt M,N yogur *m*
Johannisbeere F grosella
Journalist M, **-in** F periodista *m/f*
Juckreiz M picor, comezón *f*
Jugend F juventud; *junge Leute* jóvenes *mpl*; **Jugendherberge** F albergue *m* juvenil; **Jugendherbergsausweis** M carné de alberguista; **Jugendliche(r)** M/F(M) adolescente *m/f*
Juli M julio
jung joven; **junge Frau** *f*, **junger Mann** *m* joven *m/f*
Junge[1] M muchacho, chico
Junge[2] N *Tier* cachorro *m*
Jungfrau F virgen; ASTROL Virgo
Juni M junio

Junkfood N comida *f* basura
Junkie M yonqui
Justiz F justicia
Juwel N,M joya *f*, alhaja *f*
Juwelier M, **-in** F joyero *m*, -a *f*

K

Kabarett N cabaret *m*
Kabel N cable *m*; **Kabelfernsehen** N televisión *f* por cable
Kabeljau M bacalao, abadejo
Kabine F cabina; caseta; SCHIFF camarote *m*
Käfer M escarabajo
Kaffee M café; **Kaffee mit etwas Milch** café cortado; **Kaffee mit Milch** café con leche; **schwarzer Kaffee** café solo; **e-e Tasse Kaffee** una taza de café *od* un café
Kaffeekanne F cafetera
Käfig M jaula *f*
kahl *Kopf* calvo; *Baum* deshojado
Kai M muelle
Kaiser M, **-in** F emperador *m*, emperatriz *f*; **Kaiserreich** N imperio *m*
Kajak N kayak *m*
Kajalstift M lápiz de ojos

Kajüte F camarote *m*
Kakao M cacao; *Getränk* chocolate
Kakerlak M cucaracha *f*
Kaktus M cacto, cactus
Kalb N ternero *m*; GASTR ternera *f*; **Kalbfleisch** N (carne *f* de) ternera *f*
Kalbsbraten M ternera *f* asada; **Kalbshachse** F pierna de ternera
Kalender M calendario; *Termin* agenda *f*
kalt frío; **es ist kalt** hace frío; **mir ist kalt** tengo frío
Kälte F frío *m*
Kaltfront F frente *m* de frío
Kamel N camello *m*
Kamera F *Film* cámara, tomavistas *m*; FOTO cámara fotográfica
Kamerad M, **-in** F compañero *m*, -a *f*, camarada *m/f*
Kamillentee M manzanilla *f*
Kamin M chimenea *f*
Kamm M peine
kämmen peinar
Kampf M lucha *f*, combate; SPORT encuentro, partido
kämpfen combatir, luchar (**gegen** contra; **um, für** por)
Kanal M canal
Kaninchen N conejo *m*
Kanister M bidón
Kännchen N jarrita *f*
Kanne F jarro *m*

Kanone F cañón *m*
Kante F canto *m*; *Rand* borde *m*
Kantine F comedor *m*; cantina
Kanu N canoa *f*, piragua *f*
Kanzel F púlpito *m*
Kanzler M, **-in** F canciller *m/f*
Kapelle F capilla; MUS orquesta
Kaper F alcaparra
Kapital N capital *m*
Kapitän M capitán; FLUG comandante
Kapitel N capítulo *m*
Kapsel F cápsula
kaputt estropeado, roto; *umg erschöpft* hecho polvo
Karaffe F garrafa
Karfreitag M Viernes Santo
Karibik F Caribe *m*
kariert *Stoff* de cuadros
Karneval M carnaval
Karo N cuadrado *m*; *Stoff* cuadro *m*
Karosserie F carrocería
Karotte F zanahoria
Karpfen M carpa *f*
Karte F *Land* mapa *m*; *Eintritt* entrada; *Spiel* carta, naipe *m*; *Post* tarjeta; *Speise* lista, carta
Kartenspiel N juego *m* de naipes *od* de cartas; **Kartentelefon** N teléfono *m* de tarjeta; **Kartenverkauf** M venta *f* de localidades
Kartoffel F patata; **Kartoffelbrei** M, **-püree** N puré *m* de patatas

Karton M cartón; *Schachtel* caja *f*
Karussell N tiovivo *m*, caballitos *mpl*
Karwoche F Semana Santa
Käse M queso; **Käsebrötchen** N bocadillo *m* de queso
Kaskoversicherung F seguro *m* a todo riesgo
Kasse F caja; *Eintritt* taquilla
Kassenzettel M tique, ticket
Kassette F MUS casete *m,f*; *Bücher* estuche *m*; **Kassettenrekorder** M casete
Kassierer M, **-in** F cajero *m*, -a *f*
Kastagnetten FPL castañuelas
Kastanie F castaña; *Baum* castaño *m*
Kastilien N Castilla *f*; **kastilisch** castellano
Katalane M, **-in** F catalán *m*, catalana *f*; **katalanisch** catalán; **Katalonien** N Cataluña *f*
Katalysator M catalizador
Katarrh M catarro
katastrophal catastrófico; **Katastrophe** F catástrofe
Kater M gato; *fig* resaca *f*
Kathedrale F catedral
katholisch católico
Katze F gato *m*; *weibliches Tier* gata
kauen mascar, masticar
Kauf M compra *f*
kaufen comprar
Kaufhaus N grandes almacenes *mpl*; **Kaufmann** M comerciante
Kaugummi M chicle

kaum apenas
Kaviar M caviar
Kegel M bolo; **Kegelbahn** F bolera
kegeln jugar a los bolos
Kehle F garganta
kehren *fegen* barrer; **Kehricht** M basura *f*; **Kehrschaufel** F pala
Keilriemen M correa *f* trapezoidal
kein ningún, ninguno; no; **kein Mensch** nadie; **ich habe kein Geld** no tengo dinero
Keks M galleta *f*
Kelle F *Schöpflöffel* cucharón *m*; *Maurer* paleta
Keller M sótano
Kellerei F bodega; *Sekt* cava
Kellner M, **-in** F camarero *m*, -a *f*
kennen conocer; *wissen* saber; **kennenlernen** conocer
Kenntnis F conocimiento *m*
Kennzeichen N característica *f*; AUTO matrícula *f*; **besondere Kennzeichen** *pl* señas *fpl* particulares
Kerze F vela; candela
Ketchup N catchup *m*
Kette F cadena; *Hals* collar *m*
Keule F maza; *Tier* pierna; *Geflügel* muslo *m*
Kfz-Schein M permiso de circulación
Kiefer[1] M ANAT maxilar, mandíbula *f*
Kiefer[2] F BOT pino *m*
Kilo(gramm) N kilo(gramo) *m*
Kilometer M kilómetro; **Kilometergeld** N kilometraje *m*

Kind N niño *m*; **als Kind** de niño
Kinderarzt M, **-ärztin** F pediatra *m/f*; **Kinderbetreuung** F cuidado *m* de los niños; **Kinderbett** N cama *f* de niño; **Kinderermäßigung** F reducción para niños; **Kinderfahrkarte** F billete *m* para niños; **Kindergarten** M jardín de infancia, guardería *f*; **Kindergärtnerin** F maestra de párvulos; **Kinderkleidung** F ropa para niños; **Kinderlähmung** F poliomielitis; **Kindersitz** M AUTO silla *f* (de coche) para niños; **Kinderspielplatz** M parque infantil; **Kinderwagen** M cochecito de niño
Kinn N barbilla *f*
Kino N cine *m*; **ins Kino gehen** ir al cine
Kiosk M quiosco, kiosco
Kirche F iglesia
Kirchturm M torre *f* de la iglesia
Kirschbaum M cerezo; **Kirsche** F cereza; **Kirschwasser** N kirsch *m*
Kissen N almohada *f*; *Sofa* cojín *m*; **Kissenbezug** M funda *f*
Kiste F caja, cajón *m*
Klage F queja; JUR demanda
klagen quejarse; JUR demandar
Klang M sonido; *Stimme* tono
Klappbett N cama *f* plegable; **Klappstuhl** M silla *f* plegable
klar claro; *durchsichtig* transparente; *Himmel* despejado
Klasse F clase; *fig* categoría; *Fahrkarte* **erster,**

zweiter Klasse de primera, segunda clase; **klasse!** *umg* ¡estupendo!
klassisch clásico
klauen *umg* mangar
Klavier N piano *m*
kleben pegar; *haften* pegarse (**an** a)
Klebstoff M pegamento; *Leim* cola *f*; **Klebstreifen** M cinta *f* adhesiva
Klee M trébol
Kleid N vestido *m*, traje *m*
Kleiderbügel M percha *f*; **Kleiderhaken** M colgador; **Kleiderschrank** M armario ropero
Kleidung F ropa, vestidos *mpl*
klein pequeño; *Körpergröße* bajo; **kleiner Finger** *m* meñique; **Kleingeld** N (dinero) suelto *m*
klemmen atascarse
klettern subir (**auf** a), trepar
klicken hacer clic (**auf** sobre); **Klicken** N clic *m*
Klima N clima *m*; *fig* ambiente *m*; **Klimaanlage** F aire *m* acondicionado; **Klimaschutz** M protección *f* del clima; **Klimawandel** M cambio del clima
Klingel F timbre *m*; **klingeln** tocar el timbre; TEL sonar; **es klingelt** llaman; **Klingelton** M TEL politono
Klinik F clínica
Klippe F peña, roca; escollo *m*
Klo N retrete *m*, servicio(s) *m(pl)*, wáter *m*; **Klopapier** N papel *m* higiénico
klopfen golpear; *Motor* picar; *Herz* latir; **an die Tür**

klopfen llamar (a la puerta)
Kloß M GASTR albóndiga *f*
Kloster N convento *m*; monasterio *m*
klug inteligente; *vernünftig* sensato
knapp escaso; *eng anliegend* ceñido, ajustado
Kneipe F tasca
Knie N rodilla *f*; **Kniebeuge** F flexión de rodillas
knien estar arrodillado; *niederknien* ponerse de rodillas
Kniescheibe F rótula
Knoblauch M ajo; **Knoblauchknolle** F cabeza de ajo; **Knoblauchzehe** F diente *m* de ajo
Knöchel M *Finger* nudillo; *Fuß* tobillo
Knochen M hueso; **Knochenbruch** M fractura *f*
Knopf M botón; **auf den Knopf drücken** pulsar el botón
Knoten M nudo; *Haar* moño
knurren *Hund* gruñir; *Mensch* refunfuñar; **mein Magen knurrt** *umg* me suenan las tripas
knutschen *umg* besuquear
Koch M cocinero
kochen *Speisen* guisar, cocinar; *Tee, Kaffee* hacer; *Wasser* hervir
Kocher M hornillo
kochfertig listo para cocinar; **Kochgelegenheit**: **mit Kochgelegenheit** con derecho a cocina
Köchin F cocinera
Kochnische F rincón-cocina *m*
Köder M cebo

Koffer M maleta *f*; **den Koffer packen** hacer la maleta; **Kofferkuli®** M carrito de equipaje; **Kofferraum** M maletero
Kohl M col *f*, berza *f*
Kohle F carbón *m*
Kohlensäure F *chem* ácido *m* carbónico; *Getränk* gas *m*
Kohlrabi M colinabo
Koje F litera
Kokosnuss F coco *m*
Kolben M TECH émbolo
Kolibakterien FPL colibacilos *mpl*
Kolik F cólico *m*
Kollege M, **Kollegin** F colega *m/f*, compañero *m*, -a *f*
Kolonne F columna; AUTO caravana
kolumbianisch colombiano; **Kolumbien** N Colombia *f*
Komfort M confort, comodidad *f*; **mit allem Komfort** con todo confort
komfortabel confortable, cómodo
komisch cómico, jocoso; *seltsam* raro, curioso
kommen venir; *vom Sprechenden weg* ir; **kommenden Montag** el lunes que viene; **wie komme ich zum Bahnhof?** ¿por dónde se va a la estación?; **ich komme schon** ya voy; **über Madrid kommen** pasar por Madrid; **zu spät kommen** llegar tarde
Kommunikation F comunicación
Kommunion F comunión
Komödie F comedia

Kompass M brújula *f*; FLUG compás
kompliziert complicado, complejo
Kondensmilch F leche condensada
Konditorei F pastelería, repostería
Kondom N condón *m*
Konferenz F conferencia
Konfession F confesión
Konfitüre F confitura
König M, **-in** F rey *m*, reina *f*
konkret concreto
Konkurrent M, **-in** F competidor *m*, -a *f*; rival *m/f*; **Konkurrenz** F competencia; *Konkurrenten* competidores *mpl*
können poder; *gelernt haben* saber; **können Sie schwimmen?** ¿sabe nadar?; **könnten Sie mir sagen, wo ...?** ¿me podría decir dónde ...?
Konsequenz F consecuencia
konservativ conservador
Konserve F conserva; **Konservendose** F lata de conserva
konstant constante
Konsul M, **-in** F cónsul *m/f*; **Konsulat** N consulado *m*
Konsum M consumo
Kontakt M contacto; **Kontaktlinse** F lente de contacto
Kontinent M continente
Konto N cuenta *f*; **Kontonummer** F número *m* de la cuenta
Kontrast M contraste

Kontrolle F control *m*, revisión; verificación; **Kontrolleur** M, **-in** F controlador *m*, -a *f*; **kontrollieren** controlar, revisar; verificar
Kontrolllampe F piloto *m*
konvertieren TECH convertir
Konzert N concierto *m*; *Solo* recital *m*; **Konzertsaal** M sala *f* de conciertos
Kopf M cabeza *f*; **pro Kopf** por cabeza
Kopfhörer M auricular; **Kopfkissen** N almohada *f*; **Kopfsalat** M lechuga *f*; **Kopfschmerzen** PL dolor *m* de cabeza; **Kopfschmerztablette** F pastilla para el dolor de cabeza; **Kopfstütze** F reposacabezas *m*; **Kopftuch** N pañuelo *m*
Kopie F copia; imitación
Koralle F coral *m*; **Korallenriff** N arrecife *m* de coral
Korb M cesta *f*; *groß* cesto; **Korbball** M baloncesto
Korken M corcho, tapón; **Korkenzieher** M sacacorchos
Körper M cuerpo; **körperbehindert** minusválido; **körperlich** corporal; físico; **Körperpflege** F aseo *m* personal
korrekt correcto
korrigieren corregir; enmendar
Kosmetik F cosmética; **Kosmetika** PL cosméticos *mpl*; **Kosmetiksalon** M salón de belleza
Kost F comida; *Ernährung* alimentación
kostbar precioso
kosten *Speise* probar; *Geld* valer, costar; **was kostet**

das? ¿cuánto vale *od* es?
Kosten PL *Ausgaben* gastos *mpl*; **kostenlos** gratuito, gratis
köstlich delicioso; *erheiternd* gracioso, divertido
Kostüm N *Damen* traje *m* de chaqueta; *Verkleidung* disfraz *m*
Kotelett N chuleta *f*
Koteletten PL patillas *fpl*
Kotflügel M guardabarros, aleta *f*
kotzen *umg* vomitar
Krabbe F gamba, camarón *m*
Krach M ruido; *Streit* bronca *f*
Kraft F fuerza; **Kraftbrühe** F caldo *m*, consomé *m* **Kraftfahrzeug** N automóvil *m*; **Kraftfahrzeugschein** M permiso de circulación
kräftig fuerte; vigoroso
Kraftstoff M carburante; **Kraftwerk** N central *f* eléctrica
Kragen M cuello; **Kragenweite** F medida del cuello
Krampf M calambre, espasmo; **Krampfader** F variz; **krampflösend** antiespasmódico
Kran M grúa *f*
krank enfermo; **krank werden** ponerse enfermo
Krankenhaus N hospital *m*; **in ein Krankenhaus kommen** ingresar en un hospital
Krankenkasse F seguro *m* de enfermedad; **Krankenpfleger** M enfermero; **Krankenschein** M volante del seguro; **Krankenschwester** F enfermera; **Krankenversiche-**

rung F seguro *m* de enfermedad; **Krankenwagen** M ambulancia *f*
Krankheit F enfermedad
Krater M cráter
kratzen rascar; *Katze* arañar; **sich am Kopf kratzen** rascarse la cabeza
Kratzer M arañazo, rasguño
kraulen acariciar; SPORT nadar a crol
Kraut N hierba *f*; *Kohl* col *f*, berza *f*; **feine Kräuter** hierbas *fpl* finas
Kräuterkäse M queso de hierbas finas; **Kräutertee** M tisana *f*, infusión *f* de hierbas
Krawatte F corbata
kreativ creativo
Krebs M ZOOL cangrejo; MED cáncer; ASTROL Cáncer
Kredit M crédito; **Kreditkarte** F tarjeta de crédito
Kreis M círculo; *Strom* circuito; *Verwaltung* distrito
Kreislauf M *Blut* circulación *f*; **Kreislaufstörungen** FPL trastornos *mpl* circulatorios
Kreisverkehr M tráfico giratorio
Kreuz N cruz *f*; *umg* ANAT espalda *f*; **Rotes Kreuz** Cruz *f* Roja
kreuzen cruzar; **sich kreuzen** cruzarse
Kreuzfahrt F crucero *m*; **Kreuzgang** M claustro
Kreuzung F cruce *m*; intersección
Kreuzworträtsel N crucigrama *m*
kriechen arrastrarse; *Tier* reptar

Kriechspur F AUTO carril m para vehículos lentos
Krieg M guerra f
kriegen *umg* obtener, conseguir; *Krankheit* pescar
Krimi M *Roman* novela f policíaca; *Film* película f policíaca; **Kriminalpolizei** F brigada de investigación criminal
Krise F crisis
Kristall M,N cristal m
Kritik F crítica; *Buch* reseña; **Kritiker** M, **-in** F crítico m, -a f; **kritisch** crítico; **kritisieren** criticar
Krokette F croqueta
Krokodil N cocodrilo m
Krone F corona
Krücke F muleta
Krug M cántaro, jarro
Krümel M miga f
krumm *gebogen* curvado; *verbogen* torcido
Kruste F costra; *Brot* corteza
Kruzifix N crucifijo m
Kuba N Cuba f; **kubanisch** cubano
Küche F cocina
Kuchen M pastel; **Kuchengabel** F tenedor m para pasteles
Kugel F bola; *Geschoss* bala; **Kugelschreiber** M bolígrafo; **Kugelstoßen** N SPORT lanzamiento m de peso
Kuh F vaca
kühl fresco; *fig* frío; **kühl aufbewahren** conservar en frío; **es ist kühl** hace fresco; **kühlen** refrescar, enfriar

Kühler M AUTO radiador; **Kühlerhaube** F capó *m*

Kühlfach N congelador *m*; **Kühlschrank** M nevera *f*, frigorífico; **Kühltasche** F bolsa isotérmica; **Kühltruhe** F congelador *m*; **Kühlwasser** N aguas *fpl* de refrigeración

Kuli M *umg Kugelschreiber* boli

Kultur F cultura; **Kulturbeutel** M neceser; **kulturell** cultural; **Kulturzentrum** N centro *m* cultural

Kümmel M comino; *Schnaps* cúmel

Kummer M pena *f*, pesar; *Sorge* preocupación *f*

kümmern preocupar; **sich kümmern um** ocuparse de, cuidar de

Kunde M cliente

Kundendienst M servicio posventa; **Kundenservice** M servicio al cliente

Kündigung F despido *m*

Kundschaft F clientela

künftig futuro, venidero

Kunst F arte *m*

Kunstausstellung F exposición de arte; **Kunstgeschichte** F historia del arte; **Kunsthandwerk** N artesanía *f*

Künstler M, **-in** F artista *m/f*; **künstlich** artificial

Kunststoff M plástico

Kupfer N cobre *m*

Kupplung F embrague *m*

Kur F cura; *Behandlung* tratamiento *m*

Kurbelwelle F cigüeñal *m*
Kürbis M calabaza *f*
Kurhaus N casino *m*; **Kurort** M balneario
Kurs M *Wechsel* cambio; SCHIFF rumbo; *Lehrgang* curso; **Kurswagen** M coche directo
Kurtaxe F tasa de balneario
Kurve F curva, viraje *m*
kurz corto; breve; **vor Kurzem** hace poco; **kurzärmelig** de mangas cortas
kürzen acortar
kurzfristig a corto plazo; **Kurzparkzone** F zona azul; **Kurzschluss** M cortocircuito; **kurzsichtig** miope; **Kurzwahl** F marcado *m* directo
Kuss M beso
küssen besar
Küste F costa
Kutsche F coche *m* de caballos
Kutteln FPL callos *mpl*

L

labil inestable
Labor N laboratorio *m*
Labyrinth N laberinto *m*, dédalo *m*
lächeln sonreír; **Lächeln** N sonrisa *f*
lachen reír; **lachen über** reírse de; **Lachen** N risa

f
lächerlich ridículo
Lachs M salmón
Lack M laca *f*, barniz; AUTO pintura *f*; **Lackleder** N charol *m*
Ladegerät N cargador *m*; **laden** cargar
Laden M tienda *f*; *Fenster* postigo; *Rollladen* persiana *f*; **Ladenschlusszeit** F horario *m* comercial *od* de apertura
Ladung F carga
Lage F situación; *Zustand* estado *m*; *räumlich* sitio *m*; **in der Lage sein, zu** estar en condiciones de
Lager N campamento *m*; *Vorrat* almacén *m*, depósito *m*; TECH cojinete *m*; **Lagerfeuer** N hoguera *f*
lagern poner; *campen* acampar; *Vorrat* estar almacenado
Lagune F laguna
lahm cojo
Laie M profano; REL laico, lego
Laken N sábana *f*
laktosefrei sin lactosa
Lama N llama *m*
Lamm N cordero *m*; **Lammbraten** M cordero asado; **Lammfell** N piel *f* de cordero; **Lammfleisch** N carne *f* de cordero
Lampe F lámpara
Land N *Staat* país *m*; *nicht Stadt* campo *m*; **an Land gehen** desembarcar; **auf dem Land** en el campo
Landebahn F pista de aterrizaje

landen FLUG aterrizar; SCHIFF atracar
Länderspiel N partido *m* internacional
Landesinnere N interior *m* del país **Landessprache** F idioma *m* nacional; **Landeswährung** F moneda nacional
Landhaus N casa *f* de campo; **Landkarte** F mapa *m*; **Landschaft** F paisaje *m*; *Gegend* comarca
Landsmann M, **Landsmännin** F compatriota *m/f*, paisano *m*, -a *f*
Landstraße F carretera
Landung F SCHIFF arribada; FLUG aterrizaje *m*; **Landungsbrücke** F desembarcadero *m*
Landweg M: **auf dem Landweg** por tierra
Landwein M vino de la tierra; **Landwirt** M, **-in** F agricultor *m*, -a *f*; **Landwirtschaft** F agricultura
lang largo; *hoch* alto; **da lang** por ahí; **drei Jahre lang** durante tres años; **seit langer Zeit** desde hace mucho tiempo
langärmelig de mangas largas
Länge F largo *m*; *a.* GEOG longitud; **sich in die Länge ziehen** prolongarse
langen *reichen* ser suficiente, bastar; **jetzt langt's aber!** ¡basta ya!
Längengrad M grado de longitud
Langeweile F aburrimiento *m*
langfristig a largo plazo
Langlauf M esquí de fondo
langsam lento; **langsam sprechen** hablar despacio; **langsam fahren!** ¡despacio!

Langspielplatte F elepé *m*
längst desde hace mucho tiempo
Languste F langosta
langweilen: **sich langweilen** aburrirse
langweilig aburrido, pesado
Lappen M trapo
Laptop M ordenador portátil
Lärm M ruido, barullo
Laser M láser; **Laserdrucker** M impresora *f* láser
lassen dejar; *veranlassen* hacer, mandar; **lasst uns gehen!** ¡vámonos!; **warten lassen** hacer esperar
Last F carga; *Gewicht* peso *m*
Laster[1] N vicio *m*
Laster[2] M, **Lastwagen** M camión
Lateinamerika N América *f* Latina; **lateinamerikanisch** latinoamericano; **lateinisch** latino
Laterne F linterna; *Straße* farol *m*
Latzhose F pantalón *m* con peto
lau tibio, templado
Laub N follaje *m*, hojas *fpl*
Lauch M puerro
laufen correr; *zu Fuß gehen* andar; *Motor* marchar; *Film* proyectarse; **Läufer** M corredor; *Schach* alfil; *Teppich* alfombrilla *f*
Laufmasche F carrera; **Laufwerk** N IT unidad *f*
Laune F humor *m*; *Einfall* capricho *m*; **gute Laune haben** estar de buen humor
Laus F piojo *m*
laut ruidoso; *Stimme* alto

läuten tocar; TEL sonar; **es läutet** *Klingel* llaman
Lautsprecher M altavoz; **Lautstärke** F volumen *m*
lauwarm tibio, templado
Lava F lava
Lawine F avalancha, alud *m*
leben vivir; **Leben** N vida *f*; *Treiben* movimiento *m*; animación *f*; **lebendig** viviente, vivo; *belebt* animado
Lebensgefahr F peligro *m* de muerte; **Lebenshaltungskosten** PL coste *m* de la vida
Lebensmittel NPL víveres *mpl*; comestibles *mpl*; **Lebensmittelabteilung** F departamento *m* de comestibles; **Lebensmittelgeschäft** N tienda *f* de comestibles; **Lebensmittelvergiftung** F intoxicación alimenticia
Lebenspartner M compañero (de vida); **Lebenspartnerschaft** F *etwa* pareja de hecho; **Lebensversicherung** F seguro *m* de vida
Leber F hígado *m*; **Leberpastete** F paté *m* de hígado
Lebewesen N ser *m* vivo
lebhaft vivo; *belebt* animado; *Verkehr* intenso
lecker exquisito, sabroso, rico
Leder N cuero *m*; *weich* piel *f*; **Lederwaren** FPL *feine* marroquinería *f*
leer vacío; *Batterie* descargado; *unbewohnt* desocupado
leeren vaciar; **den Briefkasten leeren** recoger las cartas

Leergut N envases *mpl* de vuelta; **Leerlauf** M marcha *f* en vacío
Leerung F *Briefkasten* recogida
legal legal
legen poner, colocar; *Haare* marcar; **sich legen** tenderse; *nachlassen* calmarse; *Wind, Zorn* amainar
Lehre F *Ausbildung* aprendizaje *m*; **lehren** enseñar; **Lehrer** M, **-in** F profesor *m*, a *f*; maestro *m*, -a *f*
Leibesvisitation F cacheo *m*
Leiche F cadáver *m*
leicht *an Gewicht* ligero; *einfach* fácil, sencillo; **Leichtathletik** F atletismo *m*; **leichtsinnig** imprudente, descuidado
Leid N pena *f*
leiden padecer (**an** de), sufrir (**an** de); **nicht leiden können** no poder tragar; **Leidenschaft** F pasión (**für** por)
leider desgraciadamente, por desgracia
leidtun es tut mir leid lo siento; **sie tut mir leid** ella me da lástima
Leihbücherei F biblioteca de préstamo; **leihen** prestar; *entleihen* tomar prestado; **Leihgebühr** F alquiler *m*; **Leihwagen** M coche de alquiler
Leine F cuerda
Leinwand F lienzo *m*; *Kino* pantalla
leise silencioso; *Stimme*, TV bajo; **leiser stellen** bajar
leisten rendir; *Hilfe* prestar; **sich leisten können** poder permitirse

Leistung F rendimiento *m*; *a.* ELEK potencia; **Leistungssport** M deporte de competición
Leiter¹ F escalera
Leiter² M, **-in** F director *m*, -a *f*; jefe *m*, jefa *f*
Leitplanke F valla protectora
Leitung F dirección; ELEK, TEL línea; *Gas, Wasser* conducción; **Leitungswasser** N agua *f* (*el*) del grifo
Lektüre F lectura
Lende F lomo *m*
lenken dirigir, guiar; AUTO conducir
Lenker M *Fahrrad* manillar; AUTO volante; *Fahrer* conductor
Lenkrad N volante *m*; **Lenkradschloss** N dispositivo *m* antirrobo; **Lenkstange** F manillar *m*
Lenkung F AUTO dirección
lernen aprender; estudiar
lesen leer
leserlich legible
Lesestoff M lectura *f*
letzte último; **letzte Woche** la semana pasada
Leuchtturm M faro
Leukoplast® N esparadrapo *m*
Leute PL gente *f*; **die jungen Leute** los jóvenes
liberal liberal
Libero M líbero
Licht N luz *f*; **Lichtbildervortrag** M conferencia *f* con proyecciones; **lichtempfindlich** sensible a la luz; **Lichthupe** F avisador *m* luminoso; **Lichtmaschine** F dínamo; **Lichtschalter** M

interruptor
Lichtung F calvero *m*, claro *m*
Lid N párpado *m*; **Lidschatten** M sombra *f* de ojos
lieb simpático; amable; querido; **liebe Frau X** estimada señora X; **lieber Hans** querido Juan
Liebe F amor *m*; **lieben** querer; *körperlich* hacer el amor
liebenswürdig amable; **das ist sehr liebenswürdig (von Ihnen)** (es usted) muy amable
Liebesbrief M carta *f* de amor
Liebhaber M, **-in** F *a. Sammler* amante *m/f*
Lied N canción *f*; **Liedermacher** M, **-in** F cantautor *m*, -a *f*
Lieferant M, **-in** F proveedor *m*, -a *f*; suministrador *m*, -a *f*; **liefern** suministrar; *übergeben* entregar; **Lieferwagen** M camioneta *f*
Liege F tumbona
liegen estar echado; *sich befinden* estar; *Ort* estar situado; **liegen lassen** dejar
Liegesitz M asiento reclinable; **Liegestuhl** M tumbona *f*; **Liegewagen** M coche literas; **Liegewagenplatz** M plaza *f* acostada; **Liegewiese** F césped *m* solario
Lift M ascensor; *Ski* telesquí
Likör M licor
lila lila
Limo F, **Limonade** F limonada
Linie F línea
Linienbus M autobús de línea; **Linienflug** M

vuelo regular
linke izquierdo
links a la izquierda
Linse F *opt* lente; BOT lenteja
Lippe F labio *m*; **Lippenstift** M lápiz de labios
Liste F lista
Liter M,N litro *m*
Lkw M camión; **Lkw-Fahrer** M camionero; **Lkw--Maut** F peaje *m* para camiones
Loch N agujero *m*; orificio *m*; *Öffnung* abertura *f*
Locke F rizo *m*, bucle *m*
locken atraer
Lockenwickler M bigudí, rulo
locker flojo, aflojado; *lose* suelto
lockern aflojar, relajar
Löffel M cuchara *f*
Loge F THEAT palco *m*
logisch lógico
Lohn M salario
lohnen: **sich lohnen** valer la pena
lokal local; **Lokal** N local *m*; *Gaststätte* restaurante *m*; **Lokalblatt** N, **-zeitung** F periódico *m* local
Lokführer M, **-in** F maquinista *m/f*; **Lokomotive** F locomotora
Los N *Lotterie* billete *m* de lotería; *Schicksal* destino *m*, suerte *f*
los suelto; **los!** ¡vámonos!; **was ist los?** ¿qué pasa?; **da ist schwer was los** hay mucho jaleo
löschen apagar; *Daten* borrar

lose flojo; *unverpackt* a granel
lösen *Fahrkarte* sacar; *Problem* resolver, solucionar; *Rätsel* adivinar; **sich lösen** desprenderse
losgehen *beginnen* comenzar, empezar; *weggehen* irse, marcharse
loslassen soltar
löslich soluble
Lösung F solución
Lotion F loción
Löwe M león; ASTROL Leo
Lücke F vacío *m*, hueco *m*; *fig* laguna
Luft F aire *m*; **frische Luft schnappen** tomar el aire
Luftballon M globo; **luftdicht** hermético; **Luftdruck** M presión *f* atmosférica
lüften ventilar, airear
Luftkissenboot N aerodeslizador *m*; **Luftkurort** M balneario climático; **Luftloch** N FLUG bache *m*; **Luftmatratze** F colchón *m* neumático; **Luftpost** F correo *m* aéreo; **mit Luftpost** por avión; **Luftpumpe** F bomba de inflar; **Luftverschmutzung** F polución del aire; **Luftweg** M vía *f* aérea
Lüge F mentira; **lügen** mentir
Lügner M mentiroso
Lunchpaket N bolsa *f* de merienda
Lunge F pulmón *m*; **Lungenentzündung** F pulmonía
Lupe F lupa
Lust F *Verlangen* ganas *fpl*; *Wunsch* deseo *m*; **Lust haben zu** tener ganas de; **worauf haben Sie Lust?**

¿qué le apetece?; **lustig** *vergnügt* alegre; *belustigend* divertido
Lutscher M pirulí
luxuriös lujoso, de lujo
Luxus M lujo; **Luxushotel** N hotel *m* de lujo

M

machen hacer; **das macht nichts** no importa; **Licht machen** encender la luz; **wie viel macht das?** ¿cuánto es?
Macho M machista
Macht F poder *m*; *Stärke* fuerza
mächtig poderoso; *stark* fuerte
machtlos sin poder, impotente
Mädchen N muchacha *f*, chica *f*; **Mädchenname** M apellido de soltera
Magazin N *Lager* almacén *m*; *Zeitschrift* revista *f*
Magen M estómago; **sich den Magen verderben** indigestarse
Magenbitter M estomacal; **Magenschmerzen** MPL dolor *m* de estómago; **Magenverstimmung** F indigestión
mager *Person* flaco; *Fleisch* magro; **Magermilch** F leche desnatada
Magnet M imán

Mahlzeit F comida; **Mahlzeit!** ¡que aproveche!
Mai M mayo
Mail F mail *m*; correo-e *m*; **Mailbox** F mail-box *m*, buzón *m* electrónico; **mailen** mandar un mail, mandar un correo electrónico
Mais M maíz; **Maiskolben** M mazorca *f*
Majoran M mejorana *f*
Make-up N maquillaje *m*
mal: **einmal** una vez; **zwei mal drei ist sechs** dos por tres son seis
Mal N vez *f*; *Zeichen* marca *f*, señal *f*; **ein anderes Mal** otra vez; **jedes Mal** cada vez; **mit einem Mal** de repente; **zum ersten Mal** por primera vez
malen pintar; **Maler** M, **-in** F pintor *m*, -a *f*; **Malerei** F pintura; **malerisch** pintoresco
Mama F, **Mami** F mamá
man uno, se; **man muss es tun** hay que hacerlo; **man spricht Deutsch** se habla alemán
Manager M, **-in** F ejecutivo *m*, -a *f*, manager *m/f*
manche PL algunos
manchmal a veces, de vez en cuando
Mandarine F mandarina
Mandel F BOT almendra; ANAT amígdala; **Mandelentzündung** F amigdalitis
Mangel M *Fehlen* falta *f* (**an** de); *Fehler* defecto; **mangelhaft** defectuoso
Mangold M acelga *f*
Maniküre F manicura
Mann M hombre; *Gatte* marido; **junger Mann** joven

männlich masculino
Mannschaft F SPORT equipo *m*; SCHIFF, FLUG tripulación
Mantel M abrigo
Mappe F *Akten* cartera
Märchen N cuento *m* (de hadas)
Margarine F margarina
Marinade F escabeche *m*
mariniert en escabeche
Mark N ANAT tuétano *m*
Marke F *Brief* sello *m*; WIRTSCH marca
Markise F toldo *m*
Markt M mercado; **auf den Markt gehen** ir al mercado
Markthalle F mercado *m* (cubierto); **Marktplatz** M plaza *f*, mercado
Marmelade F mermelada
Marmor M mármol
marokkanisch marroquí; **Marokko** N Marruecos *m*
Marone F castaña; *Pilz* boleto *m*
Marsch M marcha *f*; **marschieren** marchar; **Marschroute** F itinerario *m*
März M marzo
Marzipan N mazapán *m*
Maschine F máquina; **mit der Maschine schreiben** escribir a máquina
Masern PL sarampión *m*
Maske F máscara; *Verkleidung* disfraz *m*; *Kosmetik* mascarilla

Maß N medida *f*; *Mäßigung* moderación *f*; **Maß nehmen** tomar la medida; **nach Maß** a medida
Massage F masaje *m*
Masse F masa; *Menschen* muchedumbre
Massenkarambolage F colisión en cadena; **Massenmedien** NPL medios *mpl* de comunicación; **massenweise** en masa, en grandes cantidades
Masseur M, **-in** F masajista *m/f*
massieren dar un masaje
mäßig *mittelmäßig* regular; *Preis* moderado
Maßnahme F medida
Maßstab M *Landkarte* escala *f*
Mast M SCHIFF mástil; *Leitung* poste
Matador M, **-in** F matador *m*, -a *f*
Materie F materia; **materiell** material
Mathematik F matemáticas *fpl*
Matinee F función matinal
Matratze F colchón *m*
matt FOTO, *Schach* mate; *Glas* opaco
Matte F estera, esterilla
Mauer F muro *m*
Maul N boca *f*; **Maulesel** M mulo; **Maulkorb** M bozal; **Maultier** N mulo *m*
Maurer M, **-in** F albañil *m/f*
Maus F *a.* IT ratón *m*; **Mauspad** M alfombrilla *f* del ratón
Maut F peaje *m*; **Mautstraße** F carretera *f* de peaje
Mayonnaise F mayonesa

Mechaniker M mecánico
Medaille F medalla
Medien PL medios *mpl* de comunicación
Medikament N medicamento *m*
Medizin F medicina; **medizinisch** medicinal; *ärztlich* médico
Meer N mar *m,f*; **Meerblick** M vista *f* al mar; **Meerenge** F estrecho *m*
Meeresfrüchte FPL mariscos *mpl*; **Meeresspiegel** M nivel del mar
Meerrettich M rábano picante; **Meerwasser** N agua *f* (*el*) de mar
Mehl N harina *f*
mehr más (**als** que; *bei Zahlen* de); **nicht mehr** *zeitlich* ya no; **nichts mehr** nada más; **umso mehr** tanto más; **viel mehr** mucho más; **mehrere** varios
Mehrfahrtenkarte F tarjeta multiviaje; **Mehrheit** F mayoría; **mehrmals** varias veces; **Mehrwertsteuer** F impuesto *m* sobre el valor añadido; IVA *m*
meiden evitar
Meile F *See* milla
mein mi
meinen opinar; *glauben* creer; *denken* pensar; *bedeuten* querer decir; **was meinen Sie dazu?** ¿qué le parece?; **das will ich meinen!** ¡ya lo creo!
meinetwegen por mí
Meinung F opinión, parecer *m*
meiste la mayoría; **die meisten Leute** la mayoría de la gente

meistens la mayoría de las veces
Meister M, **-in** F maestro *m*, -a *f*; SPORT campeón *m*, campeona *f*; **Meisterschaft** F SPORT campeonato *m*
melden *mitteilen* comunicar; *anzeigen* denunciar; **sich melden** *erscheinen* presentarse (**bei** a), personarse; TEL contestar; *von sich hören lassen* dar señal de vida
Meldung F información; TV noticia
Melodie F melodía
Melone F *Honigmelone* melón *m*; *Wassermelone* sandía
Memorystick M memory stick *f*, tarjeta *f* de memoria extraíble
Menge F cantidad, multitud; *fig* muchedumbre
Mensch M hombre; *Person* persona *f*; **Menschheit** F humanidad; **menschlich** humano
Menü N menú *m*
Merkblatt N hoja *f* informativa
merken darse cuenta de, notar; **sich merken** recordar, no olvidar
Merkmal N característica *f*; **merkwürdig** curioso, raro
Messe F WIRTSCH feria; REL misa; **Messegelände** N recinto *m* ferial; **Messehalle** F pabellón *m*
messen medir
Messer N cuchillo *m*
Messestand M stand
Messing N latón *m*
Metall N metal *m*

Meter M,N metro *m*; **Metermaß** N metro *m* plegable
Metro F metro *m*
Metzger M, **-in** F carnicero *m*, -a *f*; **Metzgerei** F carnicería
mexikanisch mejicano, mexicano; **Mexiko** N México *m*, Méjico *m*
mich me; *betont* mí; **für mich** para mí
mies *umg* malo, feo; **ganz miese Laune** humor *m* de mil demonios; **ich fühle mich mies** me siento muy mal
Miesmuschel F mejillón *m*
Mietauto N coche *m* de alquiler; **Mietdauer** F duración del alquiler
Miete F alquiler *m*; **mieten** alquilar; **Mieter** M, **-in** F *Wohnung* inquilino *m*, -a *f*
Mietvertrag M contrato de alquiler; *Wohnung* contrato *m* de inquilinato; **Mietwagen** M coche de alquiler
Migräne F jaqueca
Mikrofon N micrófono *m*
Mikrowelle F microonda; **mikrowellengeeignet** apropriado para microonda; **Mikrowellenherd** M (horno) microondas
Milbe F ácaro *m*
Milch F leche; **Milchflasche** F botella de leche; *Baby* biberón *m*; **Milchkaffee** M café con leche; **Milchpulver** N leche *f* en polvo; **Milchshake** M batido de leche
mild suave; *Klima* templado

Militär N fuerzas *fpl* armadas; **Militärdiktatur** F dictadura militar
militärisch militar
Millimeter M,N milímetro *m*
Million F millón *m*
Millionär M, **-in** F millonario *m*, -a *f*
Minarett N minarete *m*, alminar *m*
Minderheit F minoría; **minderjährig** menor de edad
Mindestabstand M distancia *f* mínima; **Mindestalter** N edad *f* mínima
mindestens por lo menos, al menos
Mineral N mineral *m*; **Mineralwasser** N agua *f* (*el*) mineral
Minigolf N minigolf *m*; **Minirock** M minifalda *f*
Minister M, **-in** F ministro *m*, -a *f*; **Ministerpräsident** M, **-in** F presidente *m*, -a *f* del gobierno
minus menos; **drei Grad minus** tres grados bajo cero
Minute F minuto *m*
mir me; *betont* a mí; **von mir** de mí
mischen mezclar; *Karten* barajar
Mischung F mezcla
Missbrauch M abuso
missbrauchen abusar de
Misserfolg M fracaso
misshandeln maltratar; **Misshandlung** F malos tratos *mpl*
misstrauen desconfiar; **Misstrauen** N desconfianza *f*

Missverständnis N malentendido *m*
Mist M estiércol
mit con; **mit dem Auto fahren** ir en coche; **mit der Post** por correo; **mit dir** contigo; **mit mir** conmigo; **mit ihm** con él; **mit zehn Jahren** a los diez años
mitbringen traer
Mitbringsel N pequeño regalo *m*
mitfahren: **darf ich mit Ihnen mitfahren?** ¿puedo ir con usted?
Mitglied N miembro *m*; *Verein* socio *m*
Mitgliedsausweis M carné de socio; **Mitgliedsbeitrag** M cuota *f* de socio
Mitleid N compasión *f*, lástima *f*
mitmachen participar (**bei** en), tomar parte (**bei** en)
Mitreisende(r) M/F(M) compañero *m*, -a *f* de viaje
Mittag M mediodía; **gegen Mittag** hacia mediodía; **heute Mittag** (hoy) a mediodía; **zu Mittag essen** almorzar, comer; **Mittagessen** N almuerzo *m*, comida *f*
mittags a mediodía; **um 12 Uhr mittags** a las doce de la mañana; **Mittagsruhe** F siesta; **Mittagsschlaf** M siesta *f*; **Mittagsschlaf halten** dormir la siesta
Mitte F medio *m*; *Zentrum* centro *m*; *Strecke* mitad; **Mitte April** a mediados de abril
mitteilen comunicar, hacer saber
Mitteilung F comunicación
Mittel N medio *m*; *Hilfe* recurso *m*; MED remedio *m* (**gegen** contra)

Mittelalter N Edad *f* Media; **mittelalterlich** medieval, de la Edad Media
Mittelamerika N Centroamérica *f*
Mittelfinger M dedo del corazón
Mittelklasse F categoría media; **Mittelklassewagen** M coche (de tipo) medio
mittelmäßig mediano, regular
Mittelmeer N Mediterráneo *m*; **Mittelmeerklima** N clima *m* mediterráneo; **Mittelmeerländer** NPL países *mpl* mediterráneos
Mittelpunkt M centro; **Mittelstreifen** M (franja *f*) mediana *f*
mitten: **mitten in, auf** en medio de; **mitten im Sommer** en pleno verano; **mitten in der Nacht** en plena noche
Mitternacht F medianoche; **um Mitternacht** a medianoche
mittlere medio; *durchschnittlich* mediano
Mittwoch M miércoles; **am Mittwoch** el miércoles; **mittwochs** los miércoles
Mixer M batidora *f*
Möbel PL muebles *mpl*
Mobilfunk M telefonía *f* móvil; **Mobilfunkanbieter** M proveedor de telefonía móvil; **Mobiltelefon** N teléfono *m* móvil
möbliert amueblado
Mode F moda; **in Mode sein** estar de moda, estar en boga
Modefarbe F color *m* de moda; **Modegeschäft** N tienda *f* de modas

Modell N modelo *m*; **Modellversuch** M prueba *f* piloto
Modem N modem *m*
Modenschau F desfile *m* de modas
modern moderno
Modeschmuck M bisutería *f*
Mofa N velomotor *m*
mögen querer; *wünschen* desear; **das mag ich nicht** eso no me gusta; **ich möchte gern** quisiera; **ich möchte lieber** prefiero; **sie mag mich nicht** ella no me quiere;
möglich posible; **das ist gut möglich** es muy posible; **so bald wie möglich** cuanto antes; **Möglichkeit** F posibilidad
Möhre F, **Mohrrübe** F zanahoria
Mole F muelle *m*
Moment M momento, instante; **im Moment** por el momento
momentan momentáneo, actual; *im Moment* por el momento
Monat M mes; **zweimal im Monat** dos veces al mes; **monatlich** mensual; *jeden Monat* mensualmente, al mes
Monatsgehalt N sueldo *m* mensual; **Monatskarte** F abono *m* mensual
Mönch M monje
Mond M luna *f*; **Mondfinsternis** F eclipse *m* lunar; **Mondschein** M luz *f* de la luna; **im Mondschein** a la luz de la luna
Montag M lunes; **am Montag** el lunes; **montags**

los lunes
Monteur M, **-in** F montador *m*, -a *f*
Moor N pantano *m*; **Moorbad** N MED baño *m* de fango
Moped N ciclomotor *m*
Moral F moral; *Fabel* moraleja; **moralisch** moral
Morast M lodo, cieno
Mord M asesinato
Mörder M, **-in** F asesino *m*, -a *f*
morgen mañana; **morgen früh** mañana por la mañana; **bis morgen** hasta mañana
Morgen M mañana *f*; **guten Morgen!** ¡buenos días!; **Morgengrauen** N amanecer *m*
morgens por la mañana; **um sechs Uhr morgens** a las seis de la mañana
Mosaik N mosaico *m*
Moschee F mezquita
Moskito M mosquito
Moslem M musulmán, mahometano
Most M mosto
Motel N motel *m*
Motiv N motivo *m*; MUS tema *m*
Motor M motor; **Motorboot** N lancha *f* motora; **Motorhaube** F capó *m*; **Motoröl** N aceite *m* de motor; **Motorrad** N motocicleta *f*, moto *f* *umg*; **Motorradfahrer** M, **-in** F motociclista *m/f*; **Motorroller** M escúter; **Motorschaden** M avería *f* del motor
Motte F polilla
Motto M lema

Möwe F gaviota
MP3-Player M (reproductor de) MP3
Mücke F mosquito *m*; **Mückenstich** M picadura *f* de mosquito
müde cansado
Mühe F esfuerzo *m*, pena; *Umstände* molestia; **machen Sie sich keine Mühe** no se moleste
Mühle F molino *m*
Müll M basura *f*; **Müllabfuhr** F recogida de basuras
Mullbinde F venda de gasa
Mülldeponie F vertedero *m* de basuras; **Mülleimer** M cubo de la basura; **Mülltrennung** F recogida selectiva de basuras
Multi M *umg* multinacional *f*
multikulturell multicultural **Multimedia...** ... multimedia
Mund M boca *f*
münden desembocar (**in** en)
mündlich verbal; *Prüfung* oral
Mündung F desembocadura
Mundwasser N agua *f* (*el*) dentífrica
munter alegre; *wach* despierto
Münze F moneda; **Münztelefon** N teléfono *m* (público) de monedas
Muschel F *Schale* concha; *essbar* marisco *m*; *Miesmuschel* mejillón *m*
Museum N museo *m*
Musik F música; **Musiker** M, **-in** F músico *m*, -a *f*; **Musikinstrument** N instrumento *m* musical

Muskatnuss F nuez moscada
Muskel M músculo; **Muskelkater** M agujetas *fpl*
Müsli N muesli *m*
müssen deber, tener que; **man muss** hay que
Mut M valor, ánimo; **mutig** valiente
Mutter F madre; *Schrauben* tuerca; **Muttermal** N lunar *m*; **Muttersprache** F lengua materna
Mütze F gorro *m*; gorra

N

na: **na!** ¡vaya!; **na ja!, na gut!** bueno; **na und?** ¿y qué?; **na so was!** ¡no me diga!; ¡vaya!
Nabel M ombligo
nach *räumlich* a, para; hacia; *zeitlich* después de; *gemäß* según, conforme a; **nach Hause gehen** ir a casa; **nach oben** hacia arriba; **nach rechts** a la derecha; **nach und nach** poco a poco; **nach wie vor** ahora como antes; **der Zug nach** el tren para *od* con destino a; **es ist fünf nach zwei** son las dos y cinco
Nachbar M, **-in** F vecino *m*, -a *f*; **Nachbarschaft** F vecindad; *die Nachbarn* vecinos *mpl*
nachdem después de; **je nachdem** depende de; según
nachdenken reflexionar (**über** sobre)

nacheinander uno tras otro
Nachfolger M sucesor
Nachfrage F demanda (**nach** de)
nachfüllen rellenar
nachgeben ceder
nachgehen *folgen* seguir; *Uhr* ir atrasado
nachher después, luego; **bis nachher!** ¡hasta luego!
Nachlass M *Preis* descuento, rebaja *f*; *Erbe* legado
nachlässig negligente, descuidado
nachmachen imitar, copiar
Nachmittag M tarde *f*; **heute Nachmittag** esta tarde; **am späten Nachmittag** al atardecer
nachmittags por la tarde; *täglich* todas las tardes, por las tardes; **um zwei Uhr nachmittags** a las dos de la tarde
Nachnahme F reembolso *m*
Nachname M apellido
nachrechnen repasar la cuenta
Nachricht F noticia; *Mitteilung* comunicación, aviso *m*; **Nachrichten** *pl* TV noticias *fpl*
Nachsaison F temporada baja
nachschicken *Post* hacer seguir
nachsehen comprobar, controlar
Nachsendeadresse F nueva direccion (del destinatario); **nachsenden** *Post* hacer seguir
Nachspeise F postre *m*
nächste *Reihe* siguiente; *Entfernung* próximo; cercano; **nächste Woche** la semana que viene; **nächstes Mal** la próxima vez; **die nächsten Angehörigen**

los parientes más cercanos; **in den nächsten Tagen** uno de estos días
Nacht F noche; **gestern Nacht** anoche; **gute Nacht!** ¡buenas noches!; **heute Nacht** esta noche
Nachtcreme F crema de noche; **Nachtdienst** M turno de noche
Nachteil M desventaja *f*, inconveniente
Nachtflug M vuelo nocturno; **Nachthemd** N camisón *m*
Nachtigall F ruiseñor *m*
Nachtisch M postre
Nachtleben N vida *f* nocturna; **Nachtlokal** N club *m* nocturno; **Nachtportier** M portero de noche
nachts de noche, por la noche; **um ein Uhr nachts** a la una de la noche
Nachtschicht F turno *m* de noche; **Nachtschwester** F enfermera de noche; **Nachttisch** M mesita *f* de noche; **Nachtwächter** M guardia nocturno; **Nachtzug** M tren de la noche
Nachweis M *Beweis* prueba *f*, comprobación *f*; *Beleg* comprobante; **nachweisen** probar, demostrar
Nachwuchs M nueva generación *f*; *umg Kinder* prole *f*
Nacken M nuca *f*; **Nackenstütze** F reposacabezas *m*
nackt desnudo; **Nacktbaden** N nudismo *m*; **Nacktbadestrand** M playa *f* nudista
Nadel F aguja; **Nadelbaum** M conífera *f*

Nagel M clavo; *Finger* uña *f*; **Nagelfeile** F lima para las uñas; **Nagellack** M esmalte de uñas; **Nagellackentferner** M cuitaesmalte
nah(e) *räumlich* cercano, vecino; *a. zeitlich* próximo; **nahe bei** cerca de; **ganz nah** muy cerca
Nähe F cercanía, proximidad; **in der Nähe von** cerca de; **hier in der Nähe** aquí cerca
nähen coser
nähern: **sich nähern** aproximarse
Nähmaschine F máquina de coser
nahrhaft nutritivo
Nahrung F alimento *m*; *Kost* comida
Nahrungsmittel N alimento *m*
Naht F costura; MED sutura
Nahverkehr M tráfico de cercanías; **Nahverkehrszug** M tren de cercanías
Nähzeug N útiles *mpl* de costura
naiv ingenuo, cándido
Name M nombre; **wie ist Ihr Name?** ¿cuál es su nombre?; **mein Name ist X** me llamo X
Namenstag M (día del) santo
nämlich a saber, o sea
nanu! ¡hombre!, ¡caramba!
Narbe F cicatriz
Narkose F anestesia
naschen comer golosinas
Nase F nariz; **pro Nase** *umg* por barba
Nasenbluten N: **Nasenbluten haben** sangrar por la nariz
nass mojado; **nass werden** mojarse

Nässe F humedad
Nation F nación
national nacional; **Nationalfeiertag** M fiesta *f* nacional; **Nationalpark** M parque nacional; **Nationaltracht** F traje *m* nacional *od* regional
Natur F naturaleza
natürlich natural; **natürlich!** ¡desde luego!, ¡claro que sí!; **natürlich nicht!** ¡claro que no!
Naturschutz M protección *f* de la naturaleza; **Naturschützer** M, **-in** F defensor *m*, -a *f* de la naturaleza, ecologista *m/f*; **Naturschutzgebiet** N reserva *f* natural
Navi N *umg*, **Navigationsgerät** N navegador *m* (de coche); **Navigationssystem** N sistema *m* de navegación
Nebel M niebla *f*; *Meer* bruma *f*; **Nebelscheinwerfer** M faro antiniebla; **Nebelschlussleuchte** F luz antiniebla trasera
neben al lado de, junto a; *außer* además de; **nebenan** al lado; **gleich nebenan** aquí al lado; **nebenbei** *außerdem* además; *beiläufig* de paso
nebeneinander uno al lado de otro
Nebeneingang M entrada *f* lateral; **Nebenfluss** M afluente; **Nebengebäude** N dependencia *f*; **Nebenstraße** F carretera secundaria; *Seitenstraße* calle lateral
neblig nebuloso, brumoso; **es ist neblig** hace niebla
Neffe M sobrino
negativ negativo; **Negativ** N FOTO negativo *m*

nehmen *a. Bus, Taxi* coger; tomar; *annehmen* aceptar; *wegnehmen* quitar; *herausnehmen* sacar; *Essen* servirse; *Einkaufen* quedarse (con)
Neid M envidia *f*
Neigung F inclinación; *Vorliebe* afición
nein no; **Nein sagen** decir que no
Nektarine F nectarina
Nelke F clavel *m*; *Gewürz* clavo *m*
nennen llamar; *erwähnen* mencionar; **sich nennen** llamarse
Nepp M *umg* timo; **das ist der reinste Nepp** es un timo; **neppen** *umg* clavar
Nerv M nervio; **nervös** nervioso; **nervös machen** poner nervioso
Nest N nido *m*
nett *hübsch* bonito; *freundlich* amable, simpático; **ein netter Abend** una velada agradable
netto neto
Netz N red *f a.* IT; *Gepäck* rejilla *f*; **kein Netz haben** no tener cobertura; **Netzwerk** N red *f*
neu nuevo; **die neueste Mode** la última moda; **Neubau** M edificio nuevo; *im Bau* casa *f* en construcción
Neugier F curiosidad; **neugierig** curioso
Neuigkeit F novedad
Neujahr N Año *m* Nuevo
neulich hace poco, el otro día
neun nueve; **neunzehn** diecinueve; **neunzig** noventa
neutral neutro; POL neutral

Nicaragua N Nicaragua *f*; **nicaraguanisch** nicaragüense
nicht no; **nicht einmal** ni siquiera; **nicht mehr** ya no; **nicht nur ..., sondern auch** no sólo ... sino también; **nicht viel** no mucho; **nicht wahr?** ¿verdad?; **auch nicht** tampoco; **ich auch nicht** yo tampoco; **noch nicht** todavía no; **überhaupt nicht** de ninguna manera; **wirklich nicht** de verdad que no
Nichte F sobrina
Nichtraucher M no fumador
nichts nada; **nichts mehr** nada más; **nichts Neues** nada de nuevo; **ich weiß nichts** no sé nada
Nichtschwimmer M, **-in** F no nadador(a); **Nichtschwimmerbecken** N piscina *f* para no nadadores
nicken *zustimmend* asentir con la cabeza; *Gruß* saludar con la cabeza
Nickerchen N *umg* siestecita *f*; **ein Nickerchen machen** descabezar un sueño
nie nunca, jamás; **nie mehr** nunca más; **jetzt oder nie** ahora o nunca
Niederlage F derrota, fracaso *m*
Niederschläge MPL precipitaciones *fpl*; **niederschlagsarm** de escasas precipitaciones; **niederschlagsreich** con abundantes lluvias
niedrig bajo
niemals nunca, jamás
niemand nadie; **es ist niemand da** no hay nadie, no está nadie
Niere F riñón *m*

nieseln lloviznar
Nieselregen M llovizna *f*
niesen estornudar
nirgends en ninguna parte
Niveau N nivel *m*
nobel noble; *freigebig* generoso; **Nobelhotel** N hotel *m* de lujo
noch todavía; **noch nicht** todavía no; **noch nie** nunca; **noch ein Bier, bitte!** ¡otra cerveza, por favor!; **noch einmal** otra vez; **noch etwas?** ¿algo más?; **noch heute** hoy mismo; **noch immer** todavía
nochmals otra vez, una vez más
Nonne F monja
Nonstop-Flug M vuelo sin escala
Norden M norte; **im Norden (von)** al norte (de); **nach Norden** hacia el norte
nördlich del norte; **nördlich von** al norte de
Nordsee F mar *m* del Norte
Nordseite F lado *m* norte; **Nordwind** M viento del norte
normal normal; **Normalbenzin** N gasolina *f* normal; **normalerweise** normalmente
Not F *Elend* miseria; *Bedrängnis* apuro *m*; *Knappheit* escasez
Notar M, **-in** F notario *m*, -a *f*
Notarzt M, **-ärztin** F médico *m*, -a *f* de urgencia; **Notausgang** M, **-ausstieg** M salida *f* de emergencia; **Notbremse** F freno *m* de emergencia; **Notdienst** M servicio de emergencia

Note F nota
Notfall M caso de urgencia; **im Notfall** en caso de urgencia
notieren apuntar
nötig necesario, preciso; **nötig haben** necesitar
Notiz F nota, apunte *m*; *Zeitung* noticia; **sich Notiz en machen** tomar apuntes; **Notizblock** M bloc de notas; **Notizbuch** N libreta *f*, agenda *f*
Notlage F apuro *m*, emergencia; **Notlandung** F aterrizaje *m* forzoso; **Notquartier** N alojamiento *m* provisional; **Notruf** M llamada *f* de socorro; **Notrufnummer** F número *m* de teléfono de emergencia; **Notrufsäule** F poste *m* de socorro; **Notwehr** F legítima defensa; **notwendig** necesario
November M noviembre
nüchtern sobrio; *ohne Essen* en ayunas
Nudel F pasta
Nugat M *etwa* turrón de chocolate
null cero; **null Uhr** cero horas, medianoche; **drei Grad über null** tres grados sobre cero
Nummer F número *m*; **nummerieren** numerar; **Nummernschild** N AUTO matrícula *f*
nun ahora; *also* pues; **von nun an** a partir de ahora; **was nun?** ¿y ahora qué?
nur sólo, solamente
Nuss F nuez; **Nussbaum** M nogal; **Nussknacker** M cascanueces
nutzen, **nützen** *benützen* utilizar; *nützlich sein* servir; **es nützt nichts** es inútil, no sirve para nada

Nutzen M utilidad *f*
nützlich útil; **nutzlos** inútil

O

Oase F oasis *m*
ob si; **und ob!** ¡ya lo creo!
oben arriba; en lo alto; **dort oben** allí arriba; **nach oben** hacia arriba; **rechts oben** arriba a la derecha; **oben ohne** con los pechos al aire
Ober M camarero
obere superior
Oberfläche F superficie; **oberflächlich** superficial; **Obergeschoss** N piso *m* alto; **oberhalb** por encima (de); **Oberkörper** M tronco; **Oberteil** N parte *f* superior; *Bikini* sujetador *m*
Objekt N objeto *m*
Objektiv N FOTO objetivo *m*
Obst N fruta *f*; **Obsthändler** M, **-in** F frutero *m*, -a *f*; **Obstkuchen** M pastel de frutas; **Obstplantage** F huerta; **Obstsalat** M macedonia *f* de frutas
obwohl aunque, si bien
Ochse M buey
oder o
Ofen M estufa *f*; *Backofen* horno

offen abierto; *aufrichtig* sincero; *Stelle* vacante; **offener Wein** vino *m* en garrafa
offensichtlich por lo visto
öffentlich público; **Öffentlichkeit** F público *m*
offiziell oficial; **Offizier** M oficial
offline desconectado
öffnen abrir; **Öffner** M *Flaschen* abridor; *Dosen* abrelatas; **Öffnung** F orificio *m*; *Loch* agujero *m*; **Öffnungszeiten** FPL horas de apertura
oft a menudo, muchas veces; **wie oft?** ¿cuántas veces?
ohne sin; **ohne Weiteres** sin más
ohnmächtig desmayado; **ohnmächtig werden** desmayarse, perder el sentido
Ohr N *außen* oreja *f*; *innen* oído *m*
Ohrenarzt M, **-ärztin** F otólogo *m*, -a *f*; **Ohrenschmerzen** MPL dolor *m* de oído
Ohrfeige F bofetada; **Ohrring** M pendiente, arete
Ökologie F ecología; **ökologisch** ecológico
Oktanzahl F índice *m* de octano
Oktober M octubre
Öl N aceite *m*; *Erdöl* petróleo *m*; *Malerei* óleo *m*; **Ölbaum** M olivo; **Ölgemälde** N pintura *f* al óleo; **Ölheizung** F calefacción de fueloil
Olive F aceituna; **Olivenöl** N aceite *m* de oliva
Ölpest F marea negra; **Ölsardine** F sardina en aceite; **Ölstand** M nivel del aceite; **Ölwechsel** M cambio de aceite
Olympiade F olimpiada; **olympisch** olímpico;

olympische Spiele *npl* Juegos *mpl* Olímpicos
Omelett N tortilla *f*
Omnibus M autobús; *Reisebus* autocar
Onkel M tío
online en línea; **Online-Check-in** M check-in en línea; **Onlinedienst** M servicio en línea; **Onlineshop** M tienda *f* en línea *od* virtual
Oper F ópera
Operation F operación; **Operationssaal** M quirófano
Operette F opereta
operieren operar; **sich operieren lassen** operarse
Opfer N víctima *f*; *Verzicht* sacrificio *m*
Optiker M, **-in** F óptico *m*, -a *f*
orange *Farbe* (de color) naranja
Orange F naranja; **Orangeade** F naranjada; **Orangenbaum** M naranjo; **Orangensaft** M zumo de naranja
Orchester N orquesta *f*
Orden M REL orden *f*; *Auszeichnung* condecoración *f*
ordentlich ordenado, en orden
Ordnung F orden *m*; **in Ordnung!** ¡está bien!, ¡conforme!; **in Ordnung sein** *Motor, Gerät* funcionar bien
Orgel F órgano *m*
orientieren: **sich orientieren** orientarse
Orientierung F orientación
Orkan M huracán
Ort M *Stelle* lugar, sitio; *Ortschaft* población *f*

Orthopäde M, **Orthopädin** F ortopedista *m/f*
örtlich local
Ortschaft F población; **Ortsgespräch** N conferencia *f* urbana; **Ortszeit** F hora local
Osten M este; **im Osten (von)** al este (de); **nach Osten** hacia el este
Osterferien PL vacaciones *fpl* de Pascua *od* Semana Santa; **Ostermontag** M Lunes de Pascua
Ostern N Pascua *f* (de Resurrección); **fröhliche Ostern!** ¡felices Pascuas!
Österreich N Austria *f*; **Österreicher**, **österreichisch** austríaco
östlich del este, oriental; **östlich von** al este de
Ostsee F Mar *m* Báltico
Ostwind M viento del este
Overall M mono
Ozean M océano
Ozon N ozono *m*; **Ozonalarm** M alarma *f* por ozono; **Ozonloch** N agujero *m* de ozono

P

paar: **ein paar** algunos, unos cuantos; **ein paar Mal** algunas veces; **ein paar Tage** un par de días; **vor ein paar Tagen** hace algunos días
Paar N *Sachen* par *m*; *Lebewesen* pareja *f*; **ein Paar**

Schuhe un par de zapatos
Päckchen N paquete *m*; *Post* pequeño paquete *m*; *Zigaretten* cajetilla *f*
packen *ergreifen* coger, agarrar; **Koffer packen** hacer la maleta
Packpapier N papel *m* de envolver
Packung F paquete *m*; *Schachtel* caja
Paddel N canalete *m*; **Paddelboot** N canoa *f*, piragua *f*; **paddeln** bogar en canoa
Paket N paquete *m*; **Paketkarte** F boletín *m* de expedición
Palast M palacio
Palme F palmera; **Palmsonntag** M Domingo de Ramos
Pampelmuse F pomelo *m*
Panama N Panamá *m*; **panamaisch** panameño
Panda M (oso) panda
Pandemie F pandemia
paniert empanado, rebozado
Panik F pánico *m*; **Panikmache** F alarmismo *m*; **panisch** pánico
Panne F avería; **Pannenhilfe** F auxilio *m* en carretera
Panorama N panorama *m*
Pantoffel M zapatilla *f*
Papagei M papagayo, loro
Papier N papel *m*; **Papiere** *pl Ausweis* papeles *mpl*, documentación *f*
Papierkorb M papelera *f*; **Papiertaschentuch** N pañuelo *m* de papel

Pappe F cartón *m*
Pappel F álamo *m*, chopo *m*
Paprika M *Gewürz* pimentón; **Paprikaschote** F pimiento *m*
Papst M papa
Paradies N paraíso *m*
Paragraf M JUR artículo; *Absatz* párrafo
Paraguay N Paraguay *m*; **paraguayisch** paraguayo
parallel paralelo (**zu** a)
Parfüm N perfume *m*
Park M parque
parken aparcar, estacionar; **Parken verboten** estacionamiento prohibido
Parkett N parqué *m*; THEAT platea *f*
Parkgebühr F tarifa de aparcamiento; **Parkhaus** N parking *m*, garaje *m* para aparcamiento; **Parkkralle** F cepo *m*; **Parkplatz** M aparcamiento, parking; **Parkscheibe** F disco *m* de estacionamiento; **Parkuhr** F parquímetro *m*; **Parkverbot** N prohibición *f* de estacionamiento
Parlament N parlamento *m*
Partei F *a.* POL partido *m*; JUR parte
Parterre N planta *f* baja
Partie F partida; SPORT partido *m*
Partner M, **-in** F M WIRTSCH socio *m*, -a *f*; *Spiel* compañero *m*, -a *f*; **Partnerstadt** F ciudad hermanada *od* gemelada
Party F guateque *m*, fiesta
Pass M *Ausweis* pasaporte *m*; *Berg* puerto; paso

Passagier M viajero; SCHIFF, FLUG pasajero
Passbild N foto *f* de carné
passen encajar (**zu** con); *Kleidung* sentar bien, ir bien; *Kartenspiel* pasar; **das passt mir gut** me conviene, me viene bien
passieren *Grenze* pasar; *geschehen* pasar, ocurrir
Passivrauchen N fumar *m* pasivamente
Passkontrolle F control *m* de pasaportes
Pastete F paté *m*; empanada
Pate M padrino
Patent N patente *m*
Pater M padre
Patient M, **-in** F paciente *m/f*
Patin F madrina
pauschal global; **Pauschalarrangement** N paquete *m* turístico; **Pauschalpreis** M precio global; **Pauschalreise** F viaje *m* todo incluido
Pause F pausa; descanso *m*; THEAT entreacto *m*
Pay-TV N televisión *f* de pago
Pazifik M Pacífico
PC M ordenador (personal)
Pech N *Unglück* mala suerte *f*; desgracia *f*; **Pech haben** tener mala suerte
Pedal N pedal *m*
peinlich embarazoso; *unangenehm* desagradable
Pelz M piel *f*; **Pelzmantel** M abrigo de piel
Penis M pene
Penizillin N penicilina *f*
Pension F *Herberge* pensión; *Rente* jubilación; **in Pension gehen** jubilarse; **Pensionszimmer** N

habitación *f*
perfekt perfecto
Periode F período *m*; *Menstruation* menstruación, regla
Perle F perla; **Perlmutt** N nácar *m*
Person F persona; THEAT personaje *m*
Personal N personal *m*; **Personalausweis** M documento nacional de identidad (DNI); **Personalien** PL datos *mpl* personales; **Personenwagen** M turismo
persönlich personal; **Persönlichkeit** F personalidad; *Prominente* personaje *m*
Perspektive F perspectiva; *Sichtweise* punto *m* de vista
Peru N Perú *m*; **peruanisch** peruano
Perücke F peluca
Pessimist(in) M(F) pesimista; **pessimistisch** pesimista
Petersilie F perejil *m*
Petroleum N petróleo *m*; **Petroleumlampe** F lámpara de petróleo
Pfad M senda *f*, sendero
Pfand N prenda *f*; *Flasche* depósito *m*
Pfanne F sartén; **Pfannkuchen** M tortilla *f*, crepe *f*
Pfarrer M *katholisch* cura, párroco; *evangelisch* pastor
Pfeffer M pimienta *f*; **Pfefferminztee** M infusión *f* de menta; **Pfefferstreuer** M pimentero
Pfeife F pito *m*; *Tabak* pipa; **Pfeife rauchen** fumar

en pipa; **pfeifen** silbar
Pfeil M flecha *f*
Pferd N caballo *m*; **Pferderennen** N carrera *f* de caballos
Pfiff M silbido, pitada *f*
Pfifferling M cantarela *f*
Pfingsten N Pentecostés *m*
Pfirsich M melocotón
Pflanze F planta
Pflaster N *Straße* pavimento *m*; MED emplasto *m*; *HeftPflaster* esparadrapo *m*
Pflaume F ciruela
pflegen cuidar; **Pfleger** M, **-in** F MED enfermero, -a *f*
Pflicht F deber *m*
pflücken coger
Pförtner M, **-in** F portero *m*, -a *f*
Pfosten M poste
pfui! ¡puah!; *ekelhaft* ¡qué asco!
Pfund N libra *f*, medio kilo *m*; **ein Pfund Birnen** medio kilo de peras
Pfütze F charco *m*
Physik F física; **physikalisch** físico
Pianist M, **-in** F pianista *m/f*
Pickel M MED grano
Picknick N picnic *m*
Pilger M, **-in** F peregrino *m*, -a *f*; **Pilgerfahrt** F romería, peregrinación
Pille F píldora; **die Pille** la píldora
Pilot M, **-in** F piloto *m/f*

Pilz M hongo, seta *f*
PIN F código *m* secreto
Pinie F pino *m*; **Pinienkern** M piñón
Pinzette F pinza
Pistazie F pistacho *m*
Piste F pista
Pizza F pizza
Pkw M turismo
Plakat N cartel *m*
Plan M plan; *Karte* plano; **planen** proyectar; *vorhaben* proponerse
Planet M planeta
planmäßig metódico; *Ankunft* previsto
Planschbecken N piscina *f* para niños
Plantage F plantación
Plastik[1] F *Kunst* escultura
Plastik[2] N plástico *m*; **Plastiktüte** F bolsa de plástico
Plateau N meseta *f*, altiplanicie *f*
platt llano; **e-n Platten haben** *umg* tener un reventón
Platte F placa; *Metall* plancha; *Holz* tablero *m*; *Fliese* baldosa; *Schallplatte* disco *m*; **kalte Platte** fiambres *mpl*
Plattenspieler M tocadiscos
Plattfuß M pie plano; *umg Reifen* reventón, pinchazo
Platz M *Stelle* sitio, lugar; *öffentlich* plaza *f*; *Sitz* asiento; **Platz machen** hacer sitio; **Platz nehmen** tomar asiento; **im Zelt ist Platz für sechs Leute**

en la tienda caben seis personas; **ist dieser Platz frei?** ¿está libre este asiento?; **Platzanweiser** M, **-in** F acomodador *m*, -a *f*
Plätzchen N galleta *f*
platzen reventar, estallar
Platzkarte F reserva de asiento
plaudern charlar
pleite: *umg* **ich bin pleite** estoy sin blanca; **Pleite** F quiebra; *Misserfolg* fracaso *m*
Plombe F *Zahn* empaste *m*
plus más; **zehn Grad plus** diez grados sobre cero
Po M trasero; *umg* pompis
Pocken PL viruela *f*
Pokal M copa *f*
pokern jugar al póquer
Pol M polo
Polen N Polonia *f*
polieren pulir, dar brillo
Politik F política
Polizei F policía; **Polizeistunde** F hora de cierre; **Polizeiwache** F puesto *m* de policía
Polizist M, **Polizistin** F policía *m/f*
polnisch polaco
Pommes (frites) PL patatas *fpl* fritas
Pony¹ N poney *m*;
Pony² M *Frisur* flequillo
Popmusik F música pop
Popo M *umg* pompis
populär popular
Porno M *umg Film* película *f* pornográfica

Porree M puerro
Portal N portal *m*
Portier M portero; **Portiersloge** F portería
Portion F ración
Porto N franqueo *m*
Portugal N Portugal *m*; **Portugiese** M, **Portugiesin** F portugués *m*, portuguesa *f*; **portugiesisch** portugués
Porzellan N porcelana *f*
Position F posición
positiv positivo
Post F correo *m*; *Instution, Amt* correos *m*; **auf die/zur Post gehen** ir a correos; **ist Post für mich da?** ¿hay cartas para mí?
Postamt N oficina *f* de correos
Posten M puesto; *Amt* cargo
Postfach N apartado *m* de correos; **Postkarte** F (tarjeta) postal; **postlagernd** en lista de correos; **Postleitzahl** F código *m* postal; **Postsparbuch** N libreta *f* de ahorro postal
praktisch práctico; **praktischer Arzt** *m* médico de medicina general
Praline F bombón *m*
Präservativ N preservativo *m*
Präsident M, **-in** F presidente *m*, -a *f*
Praxis F práctica; *Arzt* consultorio *m*; *Anwalt* bufete *m*; **Praxisgebühr** F *etwa* tasas *fpl od* honorarios *mpl* de consulta
Preis M precio; *Prämie* premio; **zum halben Preis** a mitad de precio

Preiselbeere F arándano m encarnado
Preiserhöhung F aumento m de precios; **Preissenkung** F reducción de precios; **preiswert** de buen precio
Prellung F contusión
Premiere F estreno m
Prepaidhandy N móvil m prepago; **Prepaidkarte** F tarjeta prepago
Presse F prensa
Priester M, **-in** F sacerdote m, -isa f
prima *umg* estupendo
Prinzip N principio m; **aus Prinzip** por principio; **im Prinzip** en principio
privat privado, particular; **Privatbesitz** M propiedad f privada; **Privatpatient** M, **-in** F paciente m/f particular; **Privatstrand** M playa f particular
pro por; **pro Kopf** por cabeza; **pro Stück** por pieza
Probe F prueba; *Muster* muestra; **probieren** probar
Problem N problema m; **kein Problem!** ¡no hay problema!
Produkt N producto m; **produzieren** producir
Professor M, **-in** F catedrático m, -a f
Profi M profesional
Profil N perfil m; *Reifen* dibujo m
Profit M provecho; WIRTSCH beneficio
Programm N programa m a. IT; TV *Sender* canal m
Projektor M proyector
Promenade F paseo m; **Promenadendeck** N

cubierta *f* de paseo
Promille N tanto *m* por mil; *pl Blutalkohol* grado *m* de alcoholemia; **Promillegrenze** F límite *m* de alcoholemia
prompt pronto, rápido
Propangas N gas *m* propano
Prospekt M folleto, prospecto
prost: **prost!** ¡salud!; **prost Neujahr!** ¡feliz Año Nuevo!
Prostituierte F prostituta
Protest M protesta *f*
Protestant M, **-in** F protestante *m/f*; **protestantisch** protestante
protestieren protestar
Prothese F prótesis
Protokoll N acta *f (el)*; *Polizei* atestado *m*; **ein Protokoll aufnehmen** levantar acta
protzig fanfarrón; *Sachen* ostentoso
Proviant M provisiones *fpl*
Provider M proveedor de Internet
Provinz F provincia
provozieren provocar
Prozent N tanto *m* por ciento; **zu drei Prozent** al tres por ciento; **Prozentsatz** M porcentaje
Prozess M proceso; *Zivilprozess* pleito
Prozession F procesión
prüfen examinar; *nachprüfen* comprobar, revisar; **Prüfung** F examen *m*; *Kontrolle* revisión
Prügel PL paliza *f*; **Prügelei** F pelea; **prügeln** pegar; **sich prügeln** pegarse

Publikum N público *m*, audiencia *f*
Pudding M budín
Puder M polvos *mpl*; **Puderdose** F polvera
Pulli M, **Pullover** M jersey, suéter
Puls M pulso
Pulver N polvo *m*; **Pulverkaffee** M café en polvo
Pumpe F bomba; **pumpen** bombear; *umg verleihen* prestar; *umg sich leihen* tomar prestado
Punkt M punto; SPORT tanto; **Punkt zwei Uhr** a las dos en punto
pünktlich puntual; **pünktlich um zwei Uhr** a las dos en punto
Puppe F muñeca; **Puppentheater** N teatro *m* de guiñol
pur puro
Püree N puré *m*
Pute F pava; **Puter** M pavo
putzen limpiar; **Putzfrau** F mujer de limpieza; asistenta; **Putzlappen** M trapo
Pyjama M pijama
Pyramide F pirámide
Pyrenäen PL Pirineos *mpl*

Q

Quadrat N cuadrado *m*; **quadratisch** cuadrado; **Quadratmeter** M metro cuadrado
Qual F pena, tormenta
quälen atormentar; *misshandeln* maltratar
Qualität F calidad
Qualle F medusa
Quarantäne F cuarentena
Quark M requesón
Quartal N trimestre *m*
Quartier N alojamiento *m*
Quatsch M *umg* bobadas *fpl*
Quecksilber N mercurio *m*
Quelle F fuente
quer: **quer durch, quer über** a través de
Querschiff N nave *f* transversal; **Querstraße** F calle transversal
quetschen apretar; **sich den Finger quetschen** contusionarse el dedo
Quetschung F contusión
quietschen *Reifen, Tür* chirriar
quitt: **wir sind quitt** estamos en paz
Quitte F membrillo *m*
quittieren acusar recibo; **Quittung** F recibo *m*; **gegen Quittung** contra recibo

Quiz N concurso *m*; **Quizsendung** F programa *m* de concurso

R

Rabatt M rebaja *f*, descuento **fünf Prozent Rabatt** un cinco por ciento de descuento
Rache F venganza (**für** de, por)
Rachen M faringe *f*
rächen vengar; **sich rächen** vengarse (**an** de)
Rad N rueda *f*; *Fahrrad* bicicleta *f*, bici *f umg*; **Rad fahren** ir en bici(cleta)
Radarkontrolle F control *m* por radar
radeln *umg* ir en bici, pedalear
Radfahrer M, **-in** F ciclista *m/f*
Radiergummi M goma *f* de borrar
Radierung F aguafuerte *m*
Radieschen N rabanito *m*
Radio N radio *f*; **Radio hören** escuchar la radio
radioaktiv radiactivo; **Radioaktivität** F radiactividad
Radiorekorder M radiocasete; **Radiowecker** M radiodespertador
Radkappe F tapacubos *m*
Radler M, **-in** F ciclista *m/f*; **Radrennbahn** F velódromo *m*; **Radrennen** N carrera *f* ciclista;

Radtour F excursión en bicicleta; **Radweg** M pista para bicicletas, carril-bici *umg*
Rahmen M marco; *Fahrrad* cuadro; AUTO chasis
Rakete F cohete *m*
Ramsch M pacotilla *f*, baratillo
Rand M borde; *Kante* canto; *Blatt* margen; **Randstreifen** M arcén
Rang M rango; THEAT palco
Raps M colza *f*
rar raro; **Rarität** F rareza
rasch rápido
rasen ir a toda mecha
Rasen M césped
rasend *Tempo* vertiginoso; *Schmerz* atroz; *Beifall* frenético
Rasenmäher M cortacésped
Rasierapparat M maquinilla *f* de afeitar; *elektrisch* afeitadora *f*; **Rasiercreme** F crema de afeitar; **rasieren sich rasieren** afeitarse; **Rasierklinge** F hoja de afeitar; **Rasierwasser** N loción *f* para después del afeitado
Rast F descanso *m*; **rasten** descansar; **Rastplatz** M área *f* (*el*) de descanso; **Raststätte** F área (*el*) de servicio
Rat M consejo; **um Rat fragen** pedir consejo; **raten** *Rat* aconsejar; *erraten* adivinar; **Rathaus** N ayuntamiento *m*
Rätsel N acertijo *m*; *Geheimnis* enigma *m*, misterio *m*
Ratte F rata

rau áspero; *Klima* duro; *Stimme* ronco; *See* grueso
Raub M robo; **rauben** robar; **Räuber** M ladrón; **Raubüberfall** M atraco, asalto
Rauch M humo; **rauchen** *Feuer* humear; *Zigarette* fumar; **Rauchen verboten** prohibido fumar; **Raucher** M, **-in** F fumador, -a f; **Rauchverbot** N prohibición f de fumar
Raum M espacio; *Zimmer* pieza f, cuarto
Rausch M borrachera f; **seinen Rausch ausschlafen** dormir la mona
Rauschgift N estupefaciente m; **Rauschgiftsüchtige(r)** M toxicómano
Rausschmeißer M *umg* matón, apagabroncas
Reaktion F reacción
real real; **realistisch** realista; **Realität** F realidad
rechnen calcular; **Rechner** M calculadora f; *Computer* ordenador, computadora f
Rechnung F cuenta; **auf eigene Rechnung** por cuenta propia; **das geht auf meine Rechnung** eso corre por mi cuenta; **die Rechnung bitte!** ¡ la cuenta, por favor!
recht *ziemlich* bastante; *passend* oportuno; **wenn es Ihnen recht ist** si le parece bien; **recht haben** tener razón
Recht N derecho m; **das Recht haben zu** tener el derecho de; **ein Recht haben auf** tener derecho a
rechte derecho; **Rechteck** N rectángulo m
rechts a la derecha; **nach rechts** a la derecha; **sich rechts halten** llevar la derecha

Rechtsanwalt M, **-anwältin** F abogado *m*, -in *f*
Rechtschreibung F ortografía
Rechtsschutzversicherung F seguro *m* de asistencia jurídica
rechtzeitig a tiempo
Recycling N reciclaje *m*
Redakteur M, **-in** F redactor *m*, -a *f*; **Redaktion** F redacción
Rede F discurso *m*; **e-e Rede halten** pronunciar un discurso
reden hablar (**von** de, sobre); **Unsinn reden** decir tonterías
Redner M orador, conferenciante
Reederei F compañía naviera
Reflex M reflejo
Reformhaus N tienda *f* de productos dietéticos; **Reformkost** F alimentación dietética
Regal N estante *m*, estantería *f*
Regatta F regata
Regel F regla; *Menstruation* regla, menstruación; **in der Regel** normalmente, en general; **regelmäßig** regular; **regeln** regular; *in Ordnung bringen* arreglar
Regen M lluvia *f*; **Regenbogen** M arco iris; **Regenmantel** M impermeable; **Regenschauer** M chubasco; **Regenschirm** M paraguas
Regierung F gobierno *m*
Region F región; **regional** regional
Regisseur M, **-in** F director *m*, -a *f*
regnen llover; **es regnet** llueve; **regnerisch** llu-

vioso
Reh N corzo *m*
Reich N imperio *m*
reich rico (**an** en)
reichen *geben* pasar; *genügen* bastar, ser suficiente; *sich erstrecken* llegar, extenderse (**bis** hasta); **es reicht für alle** hay bastante para todos; **jetzt reichts!** ¡basta ya!; **mir reichts** estoy harto
reichlich abundante
Reichtum M riqueza *f*
reif maduro
Reifen M aro; AUTO neumático; **Reifendruck** M presión *f* del neumático; **Reifenpanne** F pinchazo *m*, reventón *f*; **Reifenwechsel** M cambio de neumáticos
Reihe F fila; *Anzahl* serie; *Abfolge* turno *m*; **der Reihe nach** por turno; **ich bin an der Reihe** es mi turno; **in der ersten Reihe** en la primera fila
Reihenfolge F orden *m*; **Reihenhaus** N chalet *m* adosado
rein puro; *sauber* limpio; *klar* claro; *Gold* fino, de ley
Reinfall M chasco
reinigen limpiar; **Reinigung** F limpieza; *chem* lavado *m* en seco; *Betrieb* tintorería; **in die Reinigung bringen** llevar a la tintorería
Reis M arroz
Reise F viaje *m*; **auf der Reise** en el viaje; **gute Reise!** ¡buen viaje!
Reiseandenken N recuerdo *m*; **Reiseapotheke** F botiquín *m* de viaje; **Reisebüro** N agencia

f de viajes; **Reisebus** M autocar; **Reisedokumente** NPL documentos de viaje; **Reiseführer** M *Buch* guía *f*; *Person siehe a. Reiseleiter*; **Reisegepäck** N equipaje *m*; **Reisegesellschaft** F grupo *m* turístico; **Reiseleiter** M, **-in** F guía *m/f* turístico, -a

reisen viajar, hacer un viaje; **reisen nach** ir a, marcharse a

Reisepass M pasaporte; **Reiseroute** F itinerario *m*; **Reisescheck** M cheque de viaje; **Reisetasche** F bolsa de viaje; **Reiseversicherung** F seguro *m* de viaje; **Reiseziel** N destino *m* (del viaje)

reißen *kaputtgehen* romperse; *Stoff* desgarrarse; *heraus* arrancar; **Reißnagel** M chincheta *f*; **Reißverschluss** M cremallera *f*; **Reißzwecke** F chincheta

reiten ir a caballo; SPORT practicar la equitación; **Reiter** M jinete; **Reiterin** F amazona; **Reitsport** M equitación *f*; **Reitturnier** N concurso *m* hípico; **Reitweg** M camino de herradura

reizend *entzückend* encantador; **Reizklima** N clima *m* estimulante; **Reizung** F MED irritación

Reklamation F reclamación

Reklame F publicidad, propaganda

Rekord M récord, marca *f*

relativ relativo

Religion F religión; **religiös** religioso; *fromm* piadoso

Reling F borda

Renaissance F renacimiento *m*
rennen correr; **Rennen** N carrera *f*
Rente F pensión; **in Rente gehen** jubilarse; **Rentner** M, **-in** F pensionista *m/f*, jubilado *m*, -a *f*
Reparatur F arreglo *m*; reparación; **Reparaturwerkstatt** F taller *m* de reparaciones; **reparieren** arreglar, reparar
Reporter M, **-in** F reportero *m*, -a *f*
Republik F república
Reserve F reserva; **Reservekanister** M bidón de reserva; **Reserverad** N rueda *f* de repuesto, rueda *f* de recambio
reservieren reservar; **Reservierung** F reserva
Respekt M respeto (**vor** a); **respektieren** respetar
Rest M resto; *Stoff* retal; **Reste** *mpl Speise* sobras *fpl*
Restaurant N restaurante *m*
restaurieren restaurar
restlich restante; *übrig* sobrante; **Restmüll** M residuos *mpl* no reciclables
Resultat N resultado *m*
retten salvar (**vor** de)
Rettung F salvamento *m*, rescate *m*
Rettungsboot N bote *m* salvavidas; **Rettungshubschrauber** M helicóptero de socorro; **Rettungsring** M salvavidas
Revolution F revolución
Rezept N receta *f*; **rezeptfrei** sin receta médica
Rezeption F recepción
rezeptpflichtig con receta médica

R-Gespräch N conferencia *f* de cobro revertido
Rhabarber M ruibarbo
Rheuma N reuma *m*
Rhythmus M ritmo
richten dirigir; *ordnen* arreglar; **richten auf** *Blick* fijar en; *Waffe* apuntar sobre
Richter M, **-in** F juez, -a *f*
Richtgeschwindigkeit F velocidad máxima aconsejada
richtig *genau* exacto, justo; *wahr* verdadero; **richtig!** ¡exacto!, ¡eso es!; **die Uhr geht richtig** el reloj anda bien
Richtung F dirección, sentido *m*; **in Richtung auf** con dirección a; **in Richtung Madrid** BAHN con destino a Madrid; **in entgegengesetzter Richtung** en sentido contrario
riechen oler; **gut riechen** oler bien; **es riecht nach** huele a
Riff N arrecife *m*
Rind N *Kuh* vaca *f*; *Ochse* buey *m*
Rinde F corteza
Rinderbraten M asado de vaca, asado de buey; **Rindfleisch** N carne *f* de vaca, carne *f* de buey
Ring M anillo; *Finger a.* sortija *f*; **Ringfinger** M dedo anular; **Ringstraße** F avenida de circunvalación, ronda
Rippe F costilla
Risiko N riesgo *m*; **auf eigenes Risiko** por riesgo propio; **riskant** arriesgado; **riskieren** arriesgar
Riss M *Stoff* roto, desgarrón; *Mauer, Haut* grieta *f*;

Schramme rasguño
Ritter M caballero
Roastbeef N rosbif *m*
Roaming N roaming *m*, itinerancia *f*; **Roaminggebühren** FPL tarifas de roaming
robust robusto
Rock[1] M *Kleidung* falda *f*
Rock[2] M MUS rock; **Rocksänger** M roquero
Rodel M trineo; **rodeln** ir en trineo
Roggen M centeno; **Roggenbrot** N pan *m* de centeno
roh crudo; *fig grob* bruto, grosero; **Rohbau** M obra *f* en bruto; **Rohkost** F régimen *m* crudo
Rohr N tubo *m*; BOT caña *f*
Rohstoff M materia *f* prima
Rollband N cinta *f* tansportadora
Rolle F rollo *m*; *Spule* bobina; *Garn* carrete *m*; THEAT papel *m*; **das spielt keine Rolle** no importa; **rollen** rodar; *Tränen* correr; **Roller** M *Kinder* patinete; *mit Motor* escúter *m*
Rollkoffer M maleta *f* trolley; **Rollkragenpullover** M jersey de cuello cisne; **Rollladen** M persiana *f*; **Rollstuhl** M sillón de ruedas; **Rolltreppe** F escalera mecánica
Roman M novela *f*
romanisch románico
romantisch romántico
röntgen examinar con rayos X; **Röntgenaufnahme** F radiografía
rosa rosa, rosado; **Rose** F rosa; **Rosé** M (vino) ro-

sado
Rosenkohl M col *f* de Bruselas
Rosenmontag M lunes de Carnaval
Rosine F uva pasa
Rost[1] M *Grillrost* parrilla *f*; **vom Rost** a la parrilla
Rost[2] M *Metall* herrumbre *f*, orín
rosten oxidarse
rösten *Brot* tostar; *Pfanne* saltear; *auf dem Rost* asar a la parrilla
rostfrei inoxidable; **rostig** oxidado
rot rojo; *Wein* tinto
Rotkohl M, **Rotkraut** N lombarda *f*
Rotwein M (vino) tinto
Roulade F filete *m* relleno
Roulette N ruleta *f*
Route F itinerario *m*, ruta; **Routenplaner** M sistema de navegación
Rübe F nabo *m*
rücken *schieben* empujar; apartar (**von** de); *Platz machen* correrse, hacer sitio
Rücken M espalda *f*; GASTR lomo; **Rückenlehne** F respaldo *m*; **Rückenmark** N médula *f* espinal; **Rückenschmerzen** MPL dolores de espalda; **Rückenschwimmen** N natación *f* de espalda
rückerstatten restituir, devolver; **Rückerstattung** F restitución, devolución
Rückfahrkarte F billete *m* de ida y vuelta; **Rückfahrscheinwerfer** M luz *f* de marcha atrás; **Rückfahrt** F viaje *m* de vuelta, viaje *m* de regre-

so; **Rückflug** M vuelo de regreso; **Rückgabe** F devolución
Rückgrat N espina *f* dorsal
Rückkehr F vuelta, regreso *m*; **Rücklicht** N luz *f* trasera; **Rückreise** F viaje *m* de vuelta *od* de regreso
Rucksack M mochila *f*
Rücksicht F consideración, miramiento *m*; **mit Rücksicht auf** por consideración a; **Rücksichtnahme** F consideración, miramiento *m*; **rücksichtslos** sin miramientos
Rücksitz M asiento trasero; **Rückspiegel** M retrovisor
rückwärts hacia atrás, para atrás; **rückwärtsfahren** dar marcha atrás; **Rückwärtsgang** M marcha *f* atrás
Rückweg M vuelta *f*, regreso
Ruder N remo *m*; **Ruderboot** N bote *m* de remos; **rudern** remar
Ruf M *Ausruf* grito; *Aufruf* llamada *f*; *fig* fama *f*, reputación *f*; **rufen** llamar (**nach** a); *schreien* gritar
Ruhe F calma, tranquilidad; *Schweigen* silencio *m*; *Ausruhen* descanso *m*; **Ruhe!** ¡silencio!; **lassen Sie mich in Ruhe!** ¡déjeme en paz!
Ruhestörung F disturbio *m*; **nächtliche Ruhestörung** alboroto *m* nocturno; **Ruhetag** M día de descanso
ruhig tranquilo; *still* silencioso; *Meer* en calma; **ruhig bleiben** conservar la calma; **in ruhiger Lage** en sitio tranquilo

Rührei N huevos *mpl* revueltos
Ruine F ruina; **ruinieren** arruinar
Rum M ron
Rummel M *Lärm* jaleo; **Rummelplatz** M feria *f*; parque de atracciones
Rumpsteak N entrecot *m*
rund redondo; *ungefähr* aproximadamente; **rund um die Stadt** alrededor de la ciudad
Rundblick M vista *f* panorámica
Runde F ronda; *Gesellschaft* tertulia, peña; SPORT vuelta; **e-e Runde ausgeben** pagar una ronda
Rundfahrt F vuelta, gira
Rundfunk M radio *f*
rundlich redondeado; *Person* regordete
Rundreise F gira
runter *umg* abajo **runterkommen**, **runterladen** bajar
Ruß M hollín
rüstig vigoroso, lozano
Rüstung F armamento *m*; *Ritter* armadura
Rutschbahn F tobogán *m*; **rutschen** deslizarse, resbalar; AUTO patinar; **rutschig** resbaladizo

S

Saal M sala *f*
Sache F cosa; *Gegenstand* objeto *m*; *Angelegenheit* asunto *m*, caso *m*; **sachlich** objetivo
Sachschaden M daño material; **Sachverständige(r)** M/F(M) experto, perito
Sack M saco; **Sackgasse** F callejón *m* sin salida
Safe M caja *f* fuerte
Safran M azafrán
Saft M jugo; *Frucht* zumo; **saftig** jugoso
Sage F leyenda; mito *m*
Säge F sierra
sagen decir; **Ja sagen** decir que sí; **schwer zu sagen** difícil de decir; **wie sagt man auf Spanisch?** ¿cómo se dice en español?
sägen serrar; *umg schnarchen* roncar
sagenhaft legendario; *großartig umg* fenomenal
Sahne F nata, crema; **Sahnetorte** F tarta de crema
Saison F temporada
Saite F cuerda
Sakko N, M chaqueta *f*, americana *f*
Sakristei F sacristía
Salami F salchichón *m*
Salat M ensalada *f*; **grüner Salat** lechuga *f*

Salbe F pomada, ungüento *m*
Salmonelle F salmonela
salopp *ungezwungen* informal; *nachlässig* descuidado
Salz N sal *f*; **salzig** salado; **Salzkartoffeln** FPL patatas cocidas; **Salzstreuer** M salero
sammeln recoger; coleccionar
Sammlung F colección; *Spenden* colecta
Samstag M sábado; **am Samstag** el sábado; **samstags** los sábados
Samt M terciopelo
sämtliche todos; **sämtliche Werke** *npl* obras *fpl* completas
Sanatorium N sanatorio *m*
Sand M arena *f*
Sandalen FPL sandalias
Sandbank F banco *m* de arena; **Sandburg** F castillo *m* de arena; **Sandkasten** M cajón de arena; **Sandstrand** M playa *f* de arena
Sandwich N sandwich *m*
sanft suave; dulce
Sänger M, **-in** F cantarín *m*, cantarina *f*; *Beruf* cantante *m/f*
sanitär sanitario; **sanitäre Anlagen** *fpl* instalaciones sanitarias
Sanitäter M sanitario
Sardelle F anchoa; **Sardine** F sardina
Satellit M satélite
satt *Essen* satisfecho
Sattel M silla *f* de montar; *Fahrrad, Motorrad* sillín

satthaben: **etw satthaben** estar harto de algo
Satz M *Sprache* frase *f*; *Sprung* salto; *Zusammengehöriges* juego; *Briefmarken* serie *f*; *Tennis* set; MUS movimiento
sauber limpio; **sauber machen** limpiar; **Sauberkeit** F limpieza
säubern limpiar (**von** de)
sauer ácido; *Geschmack, Geruch* agrio; **saure Gurke** *f* pepinillo *m* en vinagre; **saurer Regen** *m* lluvia *f* ácida; **Sauerkraut** M chucrut
Sauerstoff M oxígeno; **Sauerstoffflasche** F botella de oxígeno
saufen beber; *umg Mensch* empinar el codo
Säufer M borracho
saugen chupar; *Staubsauger* pasar la aspiradora; **Sauger** M *auf Flaschen* tetina *f*
Säugetier N mamífero *m*
Saugflasche F biberón *m*
Säugling M niño de pecho
Säule F columna
Saum M *Kleid* dobladillo
Sauna F sauna
S-Bahn® F suburbano *m*; **S-Bahnhof** M estación *f* del suburbano
scannen escanear; **Scanner** M escáner
schäbig *abgetragen* gastado; *armselig* miserable; *geizig* mezquino
Schach N ajedrez *m*; **Schach spielen** jugar al ajedrez
Schachbrett N tablero *m* de ajedrez

Schachtel F caja; cartón *m*; *Zigaretten* cajetilla
schade: **wie schade!** ¡qué lástima!, ¡qué pena!
Schädel M cráneo; **Schädelbruch** M fractura *f* del cráneo
schaden hacer daño; **Schaden** M daño; *Nachteil* perjuicio; **Schadenersatz** M indemnización *f* por daños y perjuicios
schädlich nocivo, perjudicial
Schadstoff M sustancia *f* nociva; **schadstoffbelastet** contaminante
Schaf N oveja *f*
Schäfer M pastor; **Schäferhund** M perro pastor; **deutscher Schäferhund** pastor alemán
schaffen *erschaffen* crear; *gründen* fundar; *erreichen* conseguir; *transportieren* llevar; **ich bin geschafft** estoy rendido
Schaffner M, **-in** F BAHN revisor *m*, -a *f*; *Bus* cobrador *m*, -a *f*
Schafskäse M queso de oveja
Schal M bufanda *f*
Schale F *Ei, Nuss* cáscara; *Frucht* piel; *Muschel* concha; *Gefäß* fuente; **schälen** pelar, mondar
Schall M sonido; **Schalldämpfer** M silenciador; **Schallplatte** F disco *m*
schalten AUTO cambiar de marcha; **in den dritten Gang schalten** poner la tercera; **Schalter** M ELEK interruptor; *Fahrkarten* taquilla *f*, despacho de billetes; *Post* ventanilla *f*; **Schaltjahr** N año *m* bisiesto
schämen: **sich schämen** tener vergüenza

Schande F vergüenza
scharf *Essen* picante; *Messer* afilado; *Foto* nítido; *Wind* cortante; **scharf sein auf** *umg* estar loco por
Schaschlik M,N pincho *m* de carne
Schatten M sombra *f*; **im Schatten** a la sombra; **schattig** sombreado
Schatz M tesoro; **mein Schatz!** ¡cariño!, ¡amor mío!
schätzen *Wert* evaluar (**auf** en); *würdigen* apreciar; **schätzungsweise** aproximadamente
schauderhaft horrible, terrible
schauen mirar
Schauer M *Regen* chubasco; *Schauder* escalofrío
Schaufel F pala
Schaufenster N escaparate *m*; **e-n Schaufensterbummel machen** mirar los escaparates
Schaukel F columpio *m*; **schaukeln** columpiarse; *Boot etc* balancearse
Schaum M espuma *f*; **Schaumbad** N baño *m* de espuma; **Schaumgummi** M goma *f* espuma; **Schaumwein** M vino espumoso
Schauspieler M, **-in** F actor *m*, actriz *f*
Scheck M cheque; **Scheckkarte** F tarjeta de cheque
Scheibe F disco *m*; *Wurst* rodaja; *Brot* rebanada; *Schinken, Käse* lonja; *Glas* cristal *m*, vidrio *m*; **e-e Scheibe Brot** una rebanada de pan
Scheibenwaschanlage F lavaparabrisas *m*; **Scheibenwischer** M limpiaparabrisas
scheiden *Ehe* divorciar; *trennen* separar; **sich**

scheiden lassen divorciarse (**von** de); **Scheidung** F *Ehe* divorcio *m*
Schein M *Geld* billete; *Bescheinigung* certificado; *Licht* luz *f*; *Anschein* apariencia *f*; **scheinbar** aparente
scheinen *Anschein* parecer; *glänzen* brillar; **die Sonne scheint** hace sol
Scheinwerfer M faro
Scheiße F *vulg* mierda; **scheißegal**: **das ist mir scheißegal** *vulg* me importa una mierda
Scheitel M raya *f*
scheitern fracasar
Schema N esquema *m*
Schenkel M muslo
schenken regalar
Schere F tijeras *fpl*
Scherz M broma *f*; **zum Scherz** en broma
scherzen bromear
Scheuerlappen M bayeta *f*
scheußlich horrible; asqueroso; *Verbrechen* atroz
Schicht F *Luft*, POL capa; *Arbeit* turno *m*
schick elegante, chic
schicken enviar, mandar
Schickeria F gente guapa
Schicksal N suerte *f*; *Bestimmung* destino *m*
Schiebedach N techo *m* corredizo
schieben empujar, mover
Schiedsrichter M árbitro
schief torcido; *geneigt* inclinado; *Schuhabsatz* gastado

schielen bizquear
Schienbein N espinilla *f*
Schiene F MED tablilla; BAHN raíl *m*
schießen tirar; *Tor* marcar; FOTO sacar
Schießscheibe F blanco *m*; **Schießstand** M polígono de tiro
Schiff N barco *m*, buque *m*; *Kirche* nave *f*; **mit dem Schiff fahren** ir en barco
Schiffbruch M naufragio; **Schifffahrtsgesellschaft** F compañía naviera
Schiffsarzt M médico de a bordo; **Schiffsbesatzung** F tripulación; **Schiffsreise** F viaje *m* en barco
Schild N rótulo *m*, letrero *m*; *Schutz* escudo *m*; *Auto* placa *f*; *Verkehrszeichen* señal *f*; *Preis* etiqueta *f*
schildern describir; *berichten* relatar; **Schilderung** F descripción
Schildkröte F tortuga
Schilf(rohr) N caña *f*
Schimmel M *Pferd* caballo blanco; BOT moho; **schimmelig** mohoso
schimpfen regañar, reprender; **Schimpfwort** N palabrota *f*, taco *m*
Schinken M jamón; **gekochter Schinken** jamón en dulce, jamón (de) York; **roher Schinken** jamón serrano; **Schinkenbrötchen** N bocadillo *m* de jamón
Schirm M *Regen* paraguas; *Sonne* sombrilla *f*; *Lampe* pantalla *f*

Schlacht F batalla; **schlachten** matar
Schlaf M sueño; **Schlafanzug** M pijama; **Schlafcouch** F sofá-cama *m*
schlafen dormir; **schlafen gehen** acostarse, ir a dormir; **schlafen Sie gut!** ¡que descanse Vd.!
Schlafmittel N somnífero *m*
schläfrig adormitado
Schlafsack M saco de dormir; **Schlafwagen** M coche-cama; **Schlafwagenplatz** M plaza *f* acostada; **Schlafzimmer** N dormitorio *m*
Schlag M golpe; ELEK calambre; **Schlag zehn Uhr** a las diez en punto; **Schlagader** F arteria; **Schlaganfall** M ataque de apoplejía
schlagen golpear; *verprügeln* pegar; *Herz* latir; *besiegen* vencer; *Rekord, Eier* batir; **in die Wand schlagen** *Nagel* clavar en la pared; **mit drei zu zwei schlagen** SPORT ganar a tres por dos
Schlager M canción *f* de moda
Schläger M *Tennis* raqueta *f*; *Golf* palo; *Hockey* stick; *Mensch* matón; **Schlägerei** F riña, pelea
Schlagloch N bache *m*; **Schlagsahne** F nata batida; **Schlagzeile** F titular *m*, cabecera; **Schlagzeug** N batería *f*
Schlamm M lodo, barro
Schlange F serpiente; *Menschen* cola; **Schlange stehen** hacer cola
schlank delgado, esbelto
schlappmachen flaquear, flojear
schlau astuto, avispado
Schlauch M tubo flexible; *Wasser* manguera *f*; *Rei-*

fen cámara *f* de aire; **Schlauchboot** N bote *m* neumático; **schlauchlos** sin cámara (de aire)
schlecht mal(o); *verdorben* podrido; pasado **mir ist schlecht** me siento mal; **es ist schlechtes Wetter** hace mal tiempo
Schleier M velo
schleifen *Messer* afilar; *Glas* tallar
Schleimhaut F mucosa
schlemmen regalarse
schleppen *nachziehen* arrastrar; *tragen* cargar (con)
Schlepplift M telearrastre
schleudern *werfen* lanzar; *Wäsche* centrifugar; *Auto* patinar
Schleuse F esclusa
schließen cerrar; **Schließfach** N consigna *f* automática; *Post* apartado *m* de correos
schließlich finalmente
schlimm mal(o); *ernst* grave
Schlips M corbata *f*
Schlitten M trineo
Schlittschuh M patín; **Schlittschuh laufen** patinar
Schloss N *Gebäude* palacio *m*; *Tür* cerradura *f*; *Koffer* cierre *m*
Schlosser M, **-in** F cerrajero *m*, -a *f*
Schlucht F desfiladero *m*
Schluckauf M hipo; **schlucken** tragar
Schlüpfer M *Frauen* bragas *fpl*
schlüpfrig *glatt* resbaladizo

Schluss M *Ende* fin, final; **Schluss machen** acabar, terminar
Schlüssel M llave *f*; **Schlüsselbein** N clavícula *f*; **Schlüsselbund** M,N llavero *m*; **Schlüsselloch** N ojo *m* de la cerradura
Schlusslicht N luz *f* trasera; **Schlussverkauf** M rebajas *fpl* de fin de temporada
schmal estrecho; **Schmalspurbahn** F ferrocarril *m* de vía estrecha
schmecken saber (**nach** a); **gut schmecken** tener buen sabor, saber bien; **das schmeckt mir nicht** no me gusta
schmelzen *Eis* derretirse, deshelarse; *Metall* fundir
Schmerz M dolor; **schmerzhaft** doloroso; **Schmerzmittel** N analgésico *m*, calmante *m*
Schmetterling M mariposa *f*
Schminke F maquillaje *m*; **schminken** maquillar; **sich schminken** maquillarse
Schmorbraten M estofado
Schmuck M adorno; *Juwelen* joyas *fpl*, alhajas *fpl*; *Mode* bisutería *f*
Schmuggel M contrabando; **schmuggeln** hacer contrabando; pasar de contrabando
Schmutz M suciedad *f*; *Straße* barro, lodo; **schmutzig** sucio
Schnäppchen N ganga *f*; **ein Schnäppchen machen** conseguir un chollo
Schnappschuss M instantánea *f*
Schnaps M aguardiente
schnarchen roncar

Schnecke F caracol *m*; *Gebäck* rosca
Schnee M nieve *f*; **Schneeball** M bola *f* de nieve; **Schneebesen** M batidor; **Schneefall** M nevada *f*; **Schneegrenze** F límite *m* de las nieves; **Schneeketten** FPL cadenas antideslizantes; **Schneemann** M monigote de nieve; **Schneepflug** M quitanieves; *Skilaufen* barrenieves
schneiden cortar; **ich habe mich in den Finger geschnitten** me he cortado el dedo
Schneider M, **-in** F sastre *m*, -a *f*; *DamenSchneider* modisto *m*, -a *f*
schneien nevar; **es schneit** nieva
schnell rápido; **mach schnell!** ¡date prisa!; **nicht so schnell!** ¡más despacio!
Schnellrestaurant N restaurante *m* rápido, snack-bar *m*; **Schnellstraße** F autovía; **Schnellzug** M (tren) rápido
Schnitt M corte; **im Schnitt** por término medio; **Schnittlauch** M cebollino; **Schnittwunde** F cortadura, corte *m*
Schnitzel N GASTR escalope *m*
Schnorchel M respirador
Schnuller M chupete
Schnupfen M resfriado, constipado
Schnupftabak M rapé
Schnur F cordón *m*; *Bindfaden* cordel *m*; ELEK flexible *m*
Schnurrbart M bigote
Schnürschuh M zapato de cordones; **Schnürsenkel** M cordón

Schock M choque
Schokolade F chocolate *m*
Scholle F *Erde* terrón *m*; *Eis* témpano *m*; ZOOL platija
schon ya; **schon gut!** ¡ya está bien!; **schon heute** hoy mismo; **ich komme schon!** ¡ya voy!; **sind sie schon da?** ¿han llegado ya?; **schon wieder** otra vez
schön hermoso, bello; **bitte schön!** ¡de nada!; **danke schön!** ¡muchas gracias!; **es ist schönes Wetter** hace buen tiempo
schonen tratar con cuidado; **sich schonen** cuidarse
Schönheit F belleza
Schonkost F régimen *m*, dieta
Schotter M gravilla *f*
Schrank M armario
Schranke F barrera
Schraube F tornillo *m*
Schraubenmutter F tuerca; **Schraubenschlüssel** M llave *f* de tuercas; **Schraubenzieher** M destornillador
Schreck M susto; **schrecklich** horrible; **wie schrecklich!** ¡qué horror!
Schrei M grito
schreiben escribir
Schreibmaschine F máquina de escribir; **Schreibtisch** M escritorio; **Schreibwarengeschäft** N papelería *f*
schreien gritar
Schrift F escritura; **schriftlich** por escrito;

Schriftsteller M, **-in** F escritor *m*, -a *f*
Schritt M paso; **Schritt fahren!** ¡ir al paso!
Schrittmacher M MED marcapasos
Schrott M chatarra *f*; **schrottreif** para el arrastre
Schublade F cajón *m*
schüchtern tímido
schuften *umg* bregar
Schuh M zapato; **Schuhcreme** F crema para el calzado; **Schuhgeschäft** N tienda *f* de calzado, zapatería *f*; **Schuhgröße** F número *m* del calzado; **ich habe Schuhgröße 40** calzo el cuarenta; **Schuhmacher** M, **-in** F zapatero *m*, -a *f*
Schuld F culpa; *Geld* deuda; **wer hat Schuld?** ¿quién tiene la culpa?; **ich bin schuld daran** la culpa es mía
schuldig culpable; **was bin ich Ihnen schuldig?** ¿cuánto le debo?
Schule F escuela
Schüler M **-in** F alumno *m* -a *f*; **Schüleraustausch** M intercambio de alumnos
Schulferien PL vacaciones *fpl* escolares; **Schuljahr** N año *m* escolar
Schulter F hombro *m*; GASTR paletilla; **Schulterblatt** N omóplato *m*
Schuppe F *Tier* escama; *Kopf* caspa
Schuss M tiro, disparo; *Spritzer* chorrito
Schüssel F fuente, plato *m*; *Waschschüssel* palangana
Schuster M, **-in** F zapatero *m*, -a *f*

Schüttelfrost M escalofríos *mpl*
schütteln agitar; **vor Gebrauch schütteln** agítese antes de usarlo
schütten echar; *ausgießen* verter; **es schüttet** *umg Regen* está lloviendo a cántaros
Schutz M protección *f* (**vor** de); **Schutz suchen** buscar refugio
Schütze M tirador; ASTROL Sagitario
schützen proteger (**vor, gegen** contra, de)
Schutzheilige(r) M/F(M) patrono *m*, -a *f*; **Schutzhütte** F refugio *m*; **Schutzimpfung** F vacunación preventiva
schwach débil
Schwäche F debilidad; **Schwächeanfall** M desmayo
Schwager M cuñado; **Schwägerin** F cuñada
Schwalbe F golondrina
Schwamm M esponja *f*
Schwan M cisne
schwanger encinta, embarazada; **Schwangerschaft** F embarazo *m*, gravidez
Schwanz M cola *f*
schwärmen entusiasmarse (**für** por)
schwarz negro; **schwarzer Kaffee** *m* café solo; **Schwarzbrot** N pan *m* negro
schwarzfahren viajar sin billete; **Schwarzfahrer** M viajero sin billete
Schwarz-Weiß-Film M película *f* en blanco y negro
Schwarzwurzel F salsifí *m* negro

schweigen callar(se); **Schweigen** N silencio *m*
schweigsam silencioso, callado
Schwein N cerdo *m*
Schweinebraten M asado de cerdo; **Schweinefleisch** N carne *f* de cerdo; **Schweinegrippe** F gripe porcina; **Schweinekotelett** N chuleta *f* de cerdo; **Schweinerei** F porquería; *Gemeinheit* cochinada
Schweiß M sudor
Schweiz F Suiza; **Schweizer** M, **-in** F suizo *m*, -a *f*; **Schweizer Käse** *m* queso suizo, gruyer(e); **schweizerisch** suizo
schwer pesado; *schwierig* difícil; *ernst* grave; *Essen* fuerte; **schwer krank** gravemente enfermo; **Schwerkraft** F gravedad
Schwester F hermana; *Krankenschwester* enfermera
Schwiegereltern PL suegros *mpl*; **Schwiegermutter** F suegra; **Schwiegersohn** M yerno; **Schwiegertochter** F nuera **Schwiegervater** M suegro
schwierig difícil; **Schwierigkeit** F dificultad
Schwimmbad N piscina *f*; **Schwimmbecken** N piscina *f*
schwimmen nadar; *Gegenstand* flotar; **schwimmen gehen** ir a nadar, ir a bañarse; **Schwimmer** M nadador
Schwimmflosse F aleta de natación; **Schwimmweste** F chaleco *m* salvavidas
Schwindel M *Betrug* fraude, estafa *f*; MED mareo,

vértigo; **schwindelfrei** libre de vértigo; **schwindeln** *lügen* mentir; *mogeln* hacer trampa; **Schwindler** M *Lügner* mentiroso; *Betrüger* estafador; **schwindlig**: **mir ist schwindlig** me mareo
Schwips M chispa *f*
schwitzen sudar, transpirar
schwören jurar
schwul *umg* homosexual
schwül sofocante, bochornoso; **es ist schwül** hace bochorno
Schwule(r) M *umg* gay; marica
Schwüle F bochorno *m*, calor *m* sofocante
Schwur M juramento
Science-Fiction F ciencia ficción
sechs seis
sechzehn dieciséis; **sechzig** sesenta
See[1] M lago
See[2] F mar *m,f*; **an die See fahren** ir a la playa; **auf hoher See** en alta mar
Seebad N balneario *m* marítimo; **Seeblick**: **mit Seeblick** *am Meer* con vista al mar; *am See* con vista al lago; **Seegang** M oleaje; **hoher Seegang** marejada *f*; **Seehecht** M merluza *f*; **Seehund** M foca *f*; **Seeigel** M erizo de mar; **seekrank** mareado; **seekrank werden** marearse
Seele F alma (*el*); *Gemüt* ánimo *m*
Seeluft F aire *m* de mar; **Seemeile** F milla marítima; **Seereise** F viaje *m* marítimo, crucero *m*; **Seerose** F nenúfar *m*; **Seestern** M estrella *f* de mar; **Seezunge** F lenguado *m*

Segel N vela *f*; **Segelboot** N barco *m* de vela, velero *m*; **Segelfliegen** N planeo *m*; **Segelflugzeug** N planeador *m*; **Segeljacht** F yate *m* de vela; **Segelklub** M club náutico
segeln navegar a vela
Segelregatta F regata a vela; **Segelschiff** N barco *m* de vela; **Segeltuch** N lona *f*
sehen ver
sehenswert digno de verse; **Sehenswürdigkeit** F monumento *m*, curiosidad turística
Sehne F tendón *m*
Sehnsucht F nostalgia, añoranza; anhelo *m*
sehr muy, mucho; **sehr gern** con mucho gusto; **sehr gut!** ¡muy bien!; **sehr oft** muy a menudo; **sehr viel** mucho; **bitte sehr!** ¡de nada!; **danke sehr!** ¡muchas gracias!
seicht *Wasser* poco profundo
Seide F seda
Seife F jabón *m*
Seil N cuerda *f*, soga *f*; **Seilbahn** F teleférico *m*; **Seilschaft** F cordada
sein ser; estar; **M. ist Spanier** M. es español; **M. ist krank** M. está enfermo; **wo sind die Toiletten?** ¿dónde están los servicios?
seine su; *pl* sus
seit desde; **seit gestern** desde ayer; **seit zwei Tagen** desde hace dos días; **seitdem** desde entonces
Seite F lado *m*; *Buch* página; **auf dieser Seite** de este lado

Seitenairbag M airbag lateral; **Seitenaltar** M altar lateral; **Seiteneingang** M entrada *f* lateral; **Seitenschiff** N nave *f* lateral; **Seitenstechen** N punzadas *fpl* en el costado; **Seitenstraße** F calle lateral; **Seitenstreifen** M arcén; **Seitenwind** M viento lateral
Sekretär M, **-in** F secretario *m*, -a *f*
Sekt M cava
Sekunde F segundo *m*; **Sekundenzeiger** M segundero
selbst mismo; *sogar* incluso; **ich selbst** yo mismo; **sie selbst** ella misma; **von selbst** por sí mismo
Selbstauslöser M disparador automático; **Selbstbedienung** F autoservicio *m*; **Selbstbedienungsrestaurant** N restaurante *m* autoservicio; **Selbstmord** M suicidio; **Selbstmordanschlag** M atentado suicida; **Selbstmordattentäter** M terrorista suicida; **selbstständig** independiente
selbstverständlich evidente; *adv* desde luego; **selbstverständlich!** ¡desde luego!, ¡claro que sí!; **das ist selbstverständlich** eso se entiende por sí mismo
Sellerie M apio
selten raro; **Seltenheit** F rareza
seltsam raro, curioso, extraño
Semester N semestre *m*; **Semesterferien** PL vacaciones *fpl* universitarias
Semmel F panecillo *m*; **Semmelbrösel** MPL, **Semmelmehl** N pan *m* rallado

senden mandar, enviar; TV emitir; *übertragen* transmitir; **Sender** M TV emisora *f*; **Sendung** F *Post* envío *m*; TV emisión; *Übertragung* transmisión
Senf M mostaza *f*
Senior M, **-in** F persona *f* mayor; **Seniorenheim** N residencia *f* para la tercera edad
senken bajar; **senkrecht** vertical; **Senkung** F *Preis* reducción
Sensation F sensación; **sensationell** sensacional
September M se(p)tiembre
Serie F serie; TV serial *m*
Serum N sero *m*
Service M servicio; AUTO asistencia *f* técnica; **Serviceprovider** M proveedor de servicios
servieren servir; **Serviette** F servilleta
Servolenkung F dirección asistida
Sessel M sillón; *Kino* butaca *f*; **Sessellift** M telesilla *f*
setzen poner, meter; *Spiel* apostar (**auf** sobre); **sich setzen** sentarse; **setzen Sie sich bitte!** ¡siéntese, por favor!
Seuche F epidemia; **Seuchengefahr** F peligro *m* de epidemia
Sex M sexo, sexualidad *f*; **sexuell** sexual; **sexy** sexy
Shampoo N champú *m*
Sherry M jerez
Shorts PL pantalones *mpl* cortos

Show F show *m*, espectáculo *m*; **Showmaster** M presentador *m*
Shuttlebus M lanzadera *f*
sich se; *betont* sí; **bei sich haben** llevar consigo
sicher seguro; **aber sicher**! ¡claro que sí!; **ganz sicher** con toda seguridad
Sicherheit F seguridad; **zur Sicherheit** por si acaso
Sicherheitsgurt M cinturón de seguridad; **Sicherheitsnadel** F imperdible *m*; **Sicherheitsschloss** N cerradura *f* de seguridad
sicherlich seguramente
Sicherung F ELEK fusible *m*
Sicht F vista; *Sichtbarkeit* visibilidad; **gute Sicht** buena visibilidad
sie ella; *mpl* ellos; *fpl* ellas; **ich sehe sie** la veo, *mpl* los veo, *fpl* las veo
Sie usted; *pl* ustedes; **ich sehe Sie** *m* le veo, *f* la veo, *mpl* les veo, *fpl* las veo
Sieb N colador *m*
sieben *Zahl* siete
siebzehn diecisiete; **siebzig** setenta
Sieg M victoria *f*, triunfo
Siegel N sello *m*; **Siegelring** M anillo de sello
siegen vencer (**über** a); SPORT ganar; **Sieger** M vencedor
Signal N señal *f*
Silber N plata *f*; **silbern** de plata
Silvester N Nochevieja *f*
SIM-Karte F TEL tarjeta SIM

simsen mandar un mensaje SMS
Sinfonie F sinfonía; **Sinfonieorchester** N orquesta *f* sinfónica
singen cantar
Single[1] M *Person* persona *f* sola
Single[2] F *Schallplatte* single *m*
Sinn M sentido; *Bedeutung* significado; **das hat keinen Sinn** es inútil, no tiene sentido; **sinnlos** *nutzlos* inútil; **sinnvoll** *zweckmäßig* oportuno
Sirup M jarabe
Sitte F *Brauch* costumbre; *Moral* moral
Situation F situación
Sitz M asiento; *Kino* butaca *f*; POL escaño; **sitzen** estar sentado (**auf** en); **gut sitzen** *Kleidung* sentar bien
Sitzplatz M asiento; **Sitzung** F sesión, reunión
Skandal M escándalo
Skateboard N monopatín *m*
Sketch M sketch
Ski M esquí; **Ski fahren** esquiar
Skianzug M traje de esquiador; **Skifahrer** M, **-in** F esquiador *m*, -a *f*; **Skikurs** M curso de esquí; **Skilanglauf** M esquí de fondo; **Skilaufen** N esquí *m*; **Skiläufer** M, **-in** F esquiador *m*, -a *f*; **Skilehrer** M, **-in** F profesor *m*, -a *f* de esquí; **Skilift** M telesquí; **Skistiefel** M bota *f* de esquiar; **Skistock** M bastón de esquí; **Skiträger** M AUTO portaesquís; **Skiverleih** M alquiler de esquís
Skizze F bosquejo *m*, esbozo *m*

Skorpion M escorpión; ASTROL Escorpio
Skrupel M escrúpulo
Skulptur F escultura
Slalom M slalom
Slip M slip; **Slipeinlage** F salva- slip *m*
Slums MPL barrios bajos
Smaragd M esmeralda *f*
Smartphone N teléfono *m* inteligente
Smog M smog
SMS F TEL SMS *m*; mensaje *m* corto
Snackbar F snack(-bar) *m*
so *auf diese Weise* así; *Zustand, Vergleich* tan; **so ist es** así es; **so ein Glück!** ¡qué suerte!; **so sehr** tanto; **sie ist so hübsch wie ihre Schwester** es tan guapa como su hermana; **es geht so (lala)** vamos tirando
Socke F calcetín *m*
sodass de modo que
Sodbrennen N pirosis *f*
Sofa N sofá *m*
sofort en seguida; **ich komme sofort!** ¡ya voy!
Software F software *m*
sogar hasta, incluso
sogenannt llamado; *angeblich* pretendido
Sohle F *Fuß* planta; *Schuh* suela
Sohn M hijo
Soja N soja *f*; **Sojaöl** N aceite *m* de soja
Solarium N solario *m*
solche tal
Soldat M, **-in** F soldado *m/f*
sollen deber

Sommer M verano; **im Sommer** en verano
Sommeranfang M comienzo del verano; **Sommerfahrplan** M horario de verano; **Sommerferien** PL vacaciones *fpl* de verano; **sommerlich** veraniego, de verano; **Sommerreifen** MPL neumáticos de verano; **Sommerschlussverkauf** M rebajas *fpl* de verano; **Sommersprosse** F peca; **Sommerurlaub** M vacaciones *fpl* de verano; **Sommerzeit** F horario *m* de verano
Sonderangebot N oferta *f* especial; **Sondermüll** M residuos *mpl* tóxicos
sondern sino
Sondertarif M tarifa *f* especial; **Sonderzug** M tren especial
Sonnabend M sábado; **am Sonnabend** el sábado; **sonnabends** los sábados
Sonne F sol *m*; **die Sonne scheint** hace sol
sonnen: **sich sonnen** tomar el sol
Sonnenaufgang M salida *f* del sol; **Sonnenblende** F AUTO parasol *m*; **Sonnenblume** F girasol *m*; **Sonnenbrand** M quemadura *f* del sol; **Sonnenbrille** F gafas *fpl* de sol; **Sonnencreme** F crema bronceadora; **Sonnenfinsternis** F eclipse *m* solar; **Sonnenhut** M sombrero; **Sonnenmilch** F leche bronceadora; **Sonnenöl** N aceite *m* solar; **Sonnenschirm** M sombrilla *f*; parasol; **Sonnenschutzmittel** N producto *m* solar, bronceador *m*; **Sonnenstich** M insolación *f*; **Sonnenuntergang** M puesta *f* del sol
sonnig soleado

Sonntag M domingo; **am Sonntag** el domingo; **an Sonn- und Feiertagen** los domingos y días festivos; **sonntags** los domingos
sonst *andernfalls* si no, en caso contrario; *gewöhnlich* de ordinario; **sonst nichts** nada más; **sonst noch etwas?** ¿algo más?; **sonst noch jemand?** ¿alguien más?
Sorge F preocupación; **sich Sorgen machen** preocuparse, estar preocupado (**um, wegen** por)
sorgen: **sorgen für** ocuparse de; *beschaffen* proporcionar; **sich sorgen** preocuparse (**um** por)
Sorgfalt F cuidado *m*; **sorgfältig** cuidadoso; **sorglos** sin preocupaciones; *leichtfertig* despreocupado
Sorte F clase; tipo *m*
soso así así
Soße F salsa
Souvenir N recuerdo *m*
soweit por lo que; **soweit ich weiß** por lo que sé
sowieso en todo caso, de todos modos
sowohl: **sowohl ... als auch** tanto ... como
sozial social; **Sozialversicherung** F seguridad social; **Sozialwohnung** F vivienda de protección oficial
Spa M, N spa *m*
Spaghetti PL espaguetis *mpl*
Spalte F raja; grieta; *Zeitung* columna; **spalten** dividir
Spam N correo *m* basura, spam *m*; **Spamfilter** M filtro de correo basura *od* de spam

Spanferkel N lechón *m*, cochinillo *m*
Spange F *Haar* pasador *m* *Zahn* aparato *m* ortodóncico
Spanien N España *f*; **Spanier** M, **-in** F español *m*, -a *f*; **spanisch** español; **Spanisch sprechen** hablar español
spannen estirar; *Leine* tender; *Kleid* apretar; **spannend** cautivador; *Film, Buch* de suspense; **Spanner** M *Schuh* extendedor *umg Voyeur* mirón; **Spannung** F tensión *a.* ELEK
Sparbuch N libreta *f* de ahorro
sparen ahorrar, economizar
Spargel M espárrago
sparsam *Sache* económico; *Person* ahorrador; **Sparsamkeit** F economía
Spaß M broma *f*, burla *f*; **Spaß verstehen** aguantar burlas; **aus Spaß, zum Spaß** en broma; **das macht mir Spaß** (eso) me gusta; **viel Spaß!** ¡que se divierta!
spät tarde; **wie spät ist es?** ¿qué hora es?; **zu spät** tarde; **bis später** hasta luego
spazieren: **spazieren fahren** dar una vuelta (en coche); **spazieren gehen** pasearse, dar un paseo; **Spaziergang** M paseo; **einen Spaziergang machen** dar un paseo
Speck M tocino
Spedition F empresa de transportes
Speer M lanza *f*; SPORT jabalina *f*
Speiche F SPORT rayo *m*; ANAT radio *m*
Speicher M almacén *m*; IT memoria *f*; **spei-**

chern IT almacenar, memorizar; *Text* guardar; **Speicherplatz** M IT espacio de memoria
Speise F comida, plato *m*; **Speisekarte** F carta, lista de platos; **Speisesaal** M comedor; **Speisewagen** M coche comedor
Spende F donación; *Geld* donativo *m*; **spenden** donar; **spendieren** pagar
sperren *Strom* cortar; *Straße* cerrar
Sperrstunde F hora de cierre
Spesen PL gastos *mpl*
Spezialist M, **-in** F especialista *m/f*
Spezialität F especialidad
Spiegel M espejo; **Spiegelei** N huevo *m* frito; **Spiegelreflexkamera** F cámara reflex, cámara de espejo
Spiel N juego *m*; THEAT interpretación *f*; SPORT *Match* partido *m*; *Schach* partida *f*; **Spielautomat** M tragaperras
spielen jugar; *Instrument* tocar; **spielen um** jugarse; **Karten spielen** jugar a los naipes *od* las cartas; **Spieler** M, **-in** F jugador *m*, -a
Spielfilm M largometraje; **Spielkasino** N casino *m* de juego; **Spielplatz** M parque infantil; **Spielzeug** N juguete *m*
Spieß M *Braten* asador
Spinat M espinaca *f*
Spinne F araña; **spinnen** hilar; *umg* estar chiflado; **Spinnwebe** F telaraña *f*
Spirituose F bebida alcohólica
Spiritus M alcohol; **Spirituskocher** M infiernillo

de alcohol
spitz agudo; **Spitze** F punta; *Berg* cima; *Gewebe* encaje *m*; **spitze!** *umg* ¡estupendo!
Spitzengeschwindigkeit F velocidad punta
Splitt M gravilla *f*; **Splitter** M astilla *f*
spontan espontáneo
Sport M deporte; **Sport treiben** practicar un deporte
Sportgeschäft N tienda *f* de artículos de deporte; **Sportler** M, **-in** F deportista *m/f*; **sportlich** deportivo; **Sportplatz** M campo de deportes; **Sportverein** M sociedad *f* deportiva
Spott M burla *f*; **spotten** burlarse (**über** de)
Sprache F lengua, idioma *m*
Sprachenschule F escuela de idiomas
Sprachkurs M curso de idioma; **Sprachunterricht** M enseñanza *f* de idiomas
Spray M,N spray *m*
sprechen hablar; **sprechen Sie Deutsch?** ¿habla usted alemán?; **kann ich Frau Gómez sprechen?** ¿puedo hablar con la señora Gómez?
Sprechstunde F hora de consulta; **Sprechzimmer** N consultorio *m*
Sprengstoff M explosivo **Sprengstoffanschlag** M atentado con explosivos
Springbrunnen M fuente *f*, surtidor
springen saltar; *Glas* resquebrajarse; **Springer** M SPORT saltador; *Schach* caballo
Sprit M *umg* gasolina *f*
Spritze F *Gerät* jeringa; **e-e Spritze geben** MED po-

ner una inyección
Sprudel M agua *f (el)* mineral con gas
Sprung M salto; *Riss* grieta *f*; *Glas* raja *f*; **es ist nur e-n Sprung von hier** está a dos pasos de aquí; **Sprungbrett** N trampolín *m*; **Sprungfeder** F muelle *m*
Spucke F saliva; **spucken** escupir
Spule F bobina; *Film* carrete *m*
Spüle F fregadero *m*, pila; **spülen** *Geschirr* lavar, fregar; *Mund* enjuagar; *Wäsche* aclarar
Spülmaschine F lavavajillas *m*, lavaplatos *m*
Spur F huella; *Straße* carril *m*; BAHN vía; *Langlauf, Tonband* pista; **e-e Spur Salz** una pizca de sal; **keine Spur!** ¡qué va!, ¡ni pensarlo!
spürbar sensible; **spüren** sentir
Spurweite F distancia entre ruedas
Staat M Estado; **staatlich** nacional, estatal
Staatsangehörigkeit F nacionalidad; **Staatsanwalt** M fiscal; **Staatsbürger** M ciudadano
stabil estable
Stachel M BOT espina *f*; ZOOL púa *f*; *Insekten* aguijón; **Stachelbeere** F grosella espinosa, uva espina; **Stacheldraht** M alambre de espino
Stadion N estadio *m*
Stadium N estad(i)o *m*, fase *f*
Stadt F ciudad
Städtepartnerschaft F hermanamiento *m* de ciudades; **städtisch** urbano; *Kommune* municipal
Stadtmauer F muralla; **Stadtmitte** F centro *m* de la ciudad; **Stadtplan** M plano de la ciudad;

Stadtrundfahrt F visita de la ciudad, vuelta por la ciudad; **Stadtteil** M barrio; **Stadtzentrum** N centro *m* (de la) ciudad
Stahl M acero
Stamm M *Baum* tronco; *Volk* tribu *f*
stammen: **stammen aus** proceder de; *Person* ser natural de
Stand M *Lage* situación *f*; estado; *Verkauf* puesto; *Messe* stand
Standesamt N registro *m* civil
ständig permanente, continuo; *Wohnsitz* fijo
Standlicht N luz *f* de cruce
Standpunkt M punto de vista
Standspur F arcén *m*
Stange F palo *m*; *Zigaretten* cartón *m*
Stapel M pila *f*, montón; **stapeln** apilar, amontonar
Star[1] M ZOOL estornino
Star[2] M *Film* estrella *f*
Star[3] M: MED **grauer Star** catarata *f*; **grüner Star** glaucoma
stark fuerte; vigoroso; *heftig* violento; *Regen, Verkehr* intenso; *Motor* potente
Stärke F fuerza; *starke Seite* fuerte *m*; **Stärkung** F *Imbiss* tentempié *m*; **Stärkungsmittel** N tónico *m*
starr rígido
Start M salida *f*; AUTO arranque; FLUG despegue; *Rakete* lanzamiento; **Startautomatik** F arranque *m* automático; **Startbahn** F FLUG pista de despe-

gue

starten salir, partir; AUTO arrancar; FLUG despegar; **Starthilfekabel** N cable *m* de arranque

Station F BAHN estación; *Haltestelle* parada; MED sección; **Station machen** detenerse; **stationär**: **stationäre Behandlung** F tratamiento *m* clínico

stattfinden celebrarse, tener lugar

Statue F estatua

Stau M *Verkehr* atasco

Staub M polvo; **Staub saugen** pasar la aspiradora; **staubig** polvoriento; **Staubsauger** M aspiradora *f*

Staudamm M presa *f*

stauen estancar; **sich stauen** *Verkehr* atascarse; *Wasser* estancarse

staunen asombrarse (**über** de)

Stausee M pantano, embalse

Steak N bistec *m*

stechen pinchar; *Insekten, Sonne* picar; **sich in den Finger stechen** pincharse el dedo

Stechmücke F mosquito *m*

Steckdose F enchufe *m*, tomacorriente *m*

stecken meter, poner; **stecken bleiben** atascarse; **stecken lassen** dejar puesto

Stecker M ELEK enchufe

Stecknadel F alfiler *m*

Steg M *Brücke* pasarela *f*; *Boot* embarcadero

stehen *aufrecht* estar de pie; *sich befinden* estar; *Uhr* estar parado; *Kleidung* sentar; **stehen bleiben** pararse, detenerse

Stehkragen M cuello alto. **Stehlampe** F lámpara de pie
stehlen robar, hurtar
Stehplatz M THEAT localidad *f* de pie
steif rígido; *Glieder* entumecido
steigen subir (**auf** a); *klettern* trepar (**auf** a); FLUG tomar altura; **auf e-e Leiter steigen** subirse a una escalera; **ins Auto steigen** subir al coche; **vom Rad steigen** apearse de la bicicleta
steigern aumentar; **Steigerung** F aumento *m*; **Steigung** F cuesta
steil escarpado; *Küste* acantilado; **Steilhang** M despeñadero; **Steilküste** F acantilado *m*
Stein M piedra *f*; MED cálculo; *Obst* hueso; **Steinbock** M cabra *f* montés; ASTROL Capricornio; **Steinbruch** M cantera *f*; **Steinbutt** M rodaballo; **Steingut** N gres *m*; **steinig** pedregoso; **Steinpilz** M boleto; **Steinschlag** M caída *f* de piedras
Stelle F *Ort* lugar *m*, sitio *m*; *Arbeit* empleo *m*, puesto *m*; *Amt* oficina
stellen poner, meter; *Uhr* poner en hora; **kalt stellen** poner a refrescar
Stellung F posición; *Arbeit* empleo *m*; **Stellungnahme** F toma de posición
Stellvertreter M, **-in** F sustituto *m*, -a *f*
Stempel M sello; **stempeln** sellar
Stepp(tanz) M claqué; **Stepptänzer** M, **-in** F bailador *m*, -a *f* de claqué
sterben morir (**an** de); **ich sterbe vor Hunger** me

muero de hambre
Stereoanlage F equipo *m* estéreo
Stern M estrella *f*; **Sternschnuppe** F estrella fugaz; **Sternzeichen** N signo *m* del zodíaco
Steuer[1] F *Abgabe* impuesto *m*
Steuer[2] N AUTO volante *m*; FLUG, SCHIFF timón *m*; **Steuermann** M timonel
steuern AUTO conducir; FLUG pilotar; **Steuerrad** N AUTO volante *m*; **Steuerung** F AUTO dirección; *Gerät* mando *m*
Steward M SCHIFF camarero; FLUG auxiliar de vuelo; **Stewardess** F SCHIFF camarera; FLUG azafata
Stich M *Insekt* picadura *f*; *Nadel* pinchazo; *Messer* cuchillada *f*; *beim Nähen* punto; **Stichprobe** F prueba al azar
Stickerei F bordado *m*
stickig sofocante
Stiefbruder M hermanastro
Stiefel M bota *f*
Stiefmutter F madrastra; **Stiefmütterchen** N BOT pensamiento *m*; **Stiefsohn** M hijastro; **Stieftochter** F hijastra; **Stiefvater** M padrastro
Stiel M *Handgriff* mango; BOT tallo
Stier M toro; ASTROL Tauro; **Stierkampf** M corrida *f* de toros; **Stierkampfarena** F plaza de toros; **Stierkämpfer** M, **-in** F torero *m*, -a *f*; **Stierkämpfertracht** F traje *m* de luces
Stift M espiga *f*; *Schreiben* lápiz
Stil M estilo

still *ruhig* tranquilo, silencioso; *schweigsam* callado; *See* en calma; **Stille** F tranquilidad, silencio *m*
stillen *Baby* amamantar; *Durst, Hunger* saciar; *Blutung* restañar; *Schmerz* mitigar
Stillleben N naturaleza *f* muerta
Stimme F voz
stimmen POL votar (**für** por); *zutreffen* ser exacto; **stimmt!** ¡exacto!, ¡eso es!; **stimmt so!** ¡está bien!
Stimmung F *Laune* humor *m*; *Atmosphäre* ambiente *m*; *Ausgelassenheit* animación; **in guter Stimmung sein** estar de buen humor
stinken oler mal, apestar (**nach** a)
Stirn F frente; **Stirnhöhlenentzündung** F sinusitis
Stock M palo; bastón; *Etage* piso, planta *f*; **im ersten Stock** en el primer piso; **Stockfisch** M bacalao; **Stockwerk** N piso *m*, planta *f*
Stoff M *Gewebe* tela *f*, tejido; *Substanz* sustancia *f*; *umg Droge* polvo
stolpern tropezar (**über** con, en)
stolz orgulloso (**auf** de)
Stolz M orgullo
stoppen parar; *Zeit* cronometrar; **Stoppschild** N señal *f* de stop; **Stoppuhr** F cronómetro *m*
Stöpsel M tapón
Storch M cigüeña *f*
stören estorbar, molestar; **lassen Sie sich nicht stören!** ¡no se moleste usted!; **störe ich?** ¿molesto?
stornieren anular

Störung F molestia; TECH avería
Stoß M golpe; *Haufen* pila *f*; **Stoßdämpfer** M amortiguador
stoßen empujar; chocar (**an, gegen** contra)
Stoßstange F parachoques *m*; **Stoßverkehr** M horas *fpl* punta
Strafe F castigo *m*; JUR pena; **strafen** castigar
Strafmandat N multa *f*; **Strafporto** N sobretasa *f* de franqueo; **Strafraum** M área *f* (*el*) de penalti; **Strafstoß** M penalti; **Strafzettel** M multa *f*
Strahl M *Licht* rayo; *Wasser* chorro
Strähne F *Haar* mechón *m*
Strand M playa *f*; **Strandbad** N playa *f*; **Strandkorb** M sillón de playa; **Strandnähe** F **in Strandnähe** cerca de la playa; **Strandpromenade** F paseo *m* marítimo
Strapaze F fatiga
Straße F *innerorts* calle; *außerorts* carretera; *Wasser* estrecho *m*; **auf der Straße** en la calle; en la carretera; **die Straße von Gibraltar** el estrecho de Gibraltar
Straßenarbeiten FPL obras; **Straßenbahn** F tranvía *m*; **Straßenbahnhaltestelle** F parada del tranvía; **Straßenbenutzungsgebühr** F peaje *m*; **Straßengraben** M cuneta *f*; **Straßenkarte** F mapa *m* de carreteras; **Straßenverhältnisse** PL condiciones *fpl* de las carreteras; **Straßenverkehrsordnung** F código *m* de la circulación

Strauß¹ M *Blumen* ramo
Strauß² M ZOOL avestruz
Strecke F *Entfernung* distancia; *Reise* trayecto *m*; *Verkehrslinie* línea; *Teilstück* trecho *m*
streichen *Farbe* pintar; *Brot etc* untar; *Flug* anular, cancelar; *von Liste* borrar, tachar
Streichholz N cerilla *f*; **Streichholzschachtel** F caja de cerillas
Streifen M raya *f*
Streik M huelga *f*; **streiken** estar en huelga
Streit M riña *f*, pelea *f*; *Meinung* disputa *f*; JUR litigio
streiten pelear; *mit Worten* discutir
streng severo; *hart* riguroso, intenso; **streng verboten** terminantemente prohibido
Stress M estrés; **stressen** estresar; **stressig** estresante
Strich M raya *f*, línea *f*
Strick M cuerda *f*
stricken hacer punto, tricotar
Strickjacke F chaqueta de punto
Striptease M destape, strip-tease
Stroh N paja *f*; **Strohhalm** M paja *f*; **Strohhut** M sombrero de paja
Strom M ELEK corriente *f*; *Fluss* río; **es gießt in Strömen** llueve a cántaros; **Stromanschluss** M toma *f* de corriente; **Stromausfall** M apagón
Strömung F corriente
Stromzähler M contador de corriente
Strumpf M media *f*; **Strumpfhose** F panty *m*

Stuck M estuco
Stück N pieza *f*; *Teil* trozo *m*, pedazo *m*; *Gepäck* bulto *m*; *Seife* pastilla *f*; *Zucker* terrón *m*; **ein Stück Brot** un pedazo de pan
Student M, **-in** F estudiante *m/f*; **Studentenausweis** M carné de estudiante
Studienreise F viaje *m* de estudios; **studieren** estudiar; **Studium** N estudios *mpl* universitarios, carrera *f*
Stufe F *Treppe* escalón *m*; *Ebene* nivel *m*
Stuhl M silla *f*; MED *Kot* heces *fpl*; **Stuhlgang** M defecación *f*; **Stuhlgang haben** hacer de vientre, defecar
stumm mudo
stumpf *Klinge* sin filo
Stunde F hora; *Unterricht* clase; **alle zwei Stunden** cada dos horas; **anderthalb Stunden** hora y media; **e-e halbe Stunde** media hora; **in e-r Stunde** en una hora; **vor e-r Stunde** hace una hora
Stundenkilometer M kilómetro por hora; **Stundenplan** M horario; **Stundenzeiger** M horario
stündlich cada hora; **zweimal stündlich** dos veces por hora
Sturm M tempestad *f*; tormenta *f*; **stürmisch** *Wetter* tempestuoso, borrascoso; *See* agitado; *Beifall* frenético; *Mensch* apasionado; **Sturmwarnung** F aviso *m* de tempestad
Sturz M caída *f*; **stürzen** *fallen* caer (**von** de); **zu Boden stürzen** caer al suelo; **sich stürzen** arrojarse (**auf** sobre; **in** a); **Sturzhelm** M casco protector

Stütze F apoyo *m*; **stützen** apoyar, sostener
subtropisch subtropical
Suche F busca; **auf der Suche nach** en busca de
suchen buscar; **Sucher** M FOTO visor
Sucht F manía; *Drogen* adicción; **süchtig** adicto
Südafrika N Sudáfrica *f*; **Südamerika** N Sudamérica *f*, América *f* del Sur
Süden M sur; **im Süden (von)** al sur (de); **nach Süden** hacia el sur
südlich del sur, meridional; **südlich von** al sur de
Südwind M viento del sur
Summe F suma; *Geld* importe *m*
Sumpf M pantano, ciénaga *f*
super *umg* de putamadre; **Super(benzin)** N gasolina *f* súper; **Supermarkt** M supermercado
Suppe F sopa; *klar* caldo *m*; **Suppenkelle** F cucharón *m*; **Suppenteller** M plato sopero
Surfbrett N tabla *f* de surf; **surfen** surfear, hacer surf; **Surfer** M, **-in** F surfista *m/f*
süß dulce; *niedlich* mono; **Süßigkeit** F dulce *m*
Süßspeise F dulce *m*; **Süßstoff** M edulcorante
Swimmingpool M piscina *f*
Symbol N símbolo *m*
Synagoge F sinagoga
System N sistema *m*; **systematisch** sistemático
Szene F escena; *Milieu* mundillo *m*

T

Tabak M tabaco; **Tabakladen** M estanco; **Tabakwaren** FPL tabacos *mpl*
Tabelle F tabla
Tablett N bandeja *f*
Tablette F comprimido *m*
tabu tabú; **Tabu** N tabú *m*
Tachometer M velocímetro
Tadel M reprimenda *f*; **tadellos** impecable; *vollkommen* perfecto
Tafel F placa; *Schule* pizarra; *Schokolade* tableta; *Schild* letrero *m*
Tag M día; *Datum* fecha *f*; **am Tag vorher** el día antes; **bei Tag** de día; **den ganzen Tag** todo el día; **guten Tag!** ¡buenos días!; *nachmittags* ¡buenas tardes!; *Verabschiedung* ¡adiós!; **in vierzehn Tagen** en quince días; **jeden Tag** cada día, todos los días; **vor einigen Tagen** hace algunos días; **was ist heute für ein Tag?** ¿a cuántos estamos?; ¿qué día es hoy?; **ihre Tage haben** *Menstruation* estar con el mes
Tagebuch N diario *m*; **tagelang** días enteros
Tagesausflug M excursión *f* de un día; **Tagescreme** F crema de día; **Tagesfahrt** F viaje *m* de un día; **Tagesgericht** N plato *m* del día; **Ta-**

geskarte F *Restaurant* carta *f* del día; BAHN billete *m* para un día; *Eintrittskarte* entrada para un día; **Tageslicht** N luz *f* del día; **bei Tageslicht** a la luz *f* del día; **Tagesschau** F telediario *m*; **Tagestemperatur** F temperatura diurna; **Tageszeit** F hora del día; **Tageszeitung** F diario *m*
täglich diario; *jeden Tag* diariamente, todos los días; **zweimal täglich** dos veces al día
tagsüber de día, durante el día
Taille F cintura
Taillenweite F medida del talle
Takt M tacto; MUS compás; TECH tiempo
Tal N valle *m*; **Talsperre** F presa; **Talstation** F estación de abajo
Tamburin N pandereta *f*
Tampon M tampón
Tank M depósito; **Tankanzeige** F indicador *m* de gasolina; **tanken** echar gasolina; **Tankstelle** F gasolinera, estación de servicio; **Tankwart** M gasolinero, empleado de gasolinera
Tanne F abeto *m*
Tanz M baile; MUS danza *f*; **Tanzabend** M velada *f* de baile; **tanzen** bailar
Tänzer M, **-in** F bailador *m*, -a *f*; *Beruf* bailarín *m*, bailarina *f*
Tanzlokal N sala *f* de baile
tapfer valiente
Tarif M tarifa *f*
Tasche F *Reise, Beutel* bolsa; *Handtasche* bolso *m*; *Akten* cartera; *in Kleidung* bolsillo *m*

Taschenbuch N libro *m* de bolsillo; **Taschendieb** M ratero; **Taschengeld** N dinero *m* de bolsillo; **Taschenlampe** F linterna; **Taschenmesser** N navaja *f*; **Taschenrechner** M calculadora *f* de bolsillo; **Taschentuch** N pañuelo *m*

Tasse F taza; **e-e Tasse Kaffee** una taza de café *od* un café

Tastatur F teclado *m*; **Taste** F tecla

Tat F acción; *Straftat* crimen *m*; **Täter** M autor del hecho

Tätigkeit F actividad

tätowieren tatuar

Tatsache F hecho *m*

tatsächlich real; **tatsächlich?** ¿de verdad?

Tau[1] M *Niederschlag* rocío

Tau[2] N *Seil* cuerda *f*

taub sordo

Taube F paloma

tauchen bucear

Taucher M SPORT buceador; **Taucheranzug** M traje de buceo; **Taucherausrüstung** F equipo *m* de buceo; **Taucherbrille** F gafas *fpl* de buceo

Taufbecken N pila *f* bautismal

Taufe F bautizo *m*; *Sakrament* bautismo *m*; **taufen** bautizar

Taufkapelle F baptisterio *m*

taugen valer, servir (**zu** para)

Tausch M cambio; **tauschen** cambiar (**gegen, für** por)

täuschen engañar; **sich täuschen** equivocarse, es-

tar equivocado
tausend mil; **tausendmal** mil veces
Tauwetter N deshielo *m*
Taxameter N taxímetro *m*
Taxi N taxi *m*; **Taxifahrer** M, **-in** F taxista *m/f*; **Taxistand** M parada *f* de taxis
Teak(holz) N teca *f*
Team N equipo *m*
Technik F técnica; **technisch** técnico
Tee M té; *Kräuter* tisana *f*, infusión *f*; **Teebeutel** M bolsita *f* de té; **Teekanne** F tetera; **Teelöffel** M cucharilla *f*
Teenager M adolescente *m/f*
Teer M alquitrán
Teich M estanque
Teig M pasta *f*; **Teigwaren** PL pastas *fpl* (alimenticias)
Teil M,N parte *f*; *Stück* pieza *f*; **zum Teil** en parte
Teilbetrag M suma *f* parcial
teilen dividir
Teilkasko(versicherung) F seguro *m* contra riesgos parciales
teilnehmen participar, tomar parte (**an** en); **Teilnehmer** M participante; TEL abonado
teilweise en parte
Teilzeit F tiempo *m* parcial; **Teilzeitjob** M trabajo a tiempo parcial; **Teilzeitkraft** F empleado *m* -a *f* a tiempo parcial
Telefon N teléfono *m*; **Sie werden am Telefon verlangt** le llaman al teléfono

Telefonanruf M llamada *f* telefónica; **Telefonbanking** N banca *f* telefónica; **Telefonbuch** N guía *f* telefónica; **Telefongespräch** N conversación *f* telefónica

telefonieren telefonear; *sprechen* hablar por teléfono; *anrufen* llamar por teléfono

Telefonkarte F tarjeta de teléfono; **Telefonnummer** F (número *m* de) teléfono *m*; **Telefonzelle** F cabina telefónica; **Telefonzentrale** F central telefónica

Telegramm N telegrama *m*

Teleobjektiv N teleobjetivo *m*

Teller M plato; **flacher Teller** plato llano; **tiefer Teller** plato hondo

Temperament N temperamento *m*

Temperatur F temperatura; **Temperatur haben** tener fiebre

Tempo N velocidad *f*; **Tempolimit** N límite *m* de velocidad

Tennis N tenis *m*; **Tennisplatz** M pista *f* de tenis; **Tennisschläger** M raqueta *f*; **Tennisspieler** M, **-in** F tenista *m/f*

Teppich M alfombra *f*; **Teppichboden** M moqueta *f*

Termin M *Datum* fecha *f*; *Frist* plazo; *beim Arzt* cita *f*; **um e-n Termin bitten** pedir hora

Terrasse F terraza; *Dach* azotea

Terror M terror; **Terroranschlag** M atentado terrorista

Terrorist M, **-in** F terrorista *m/f*

Tetanusimpfung F vacunación contra el tétano
teuer caro; **wie teuer ist das?** ¿cuánto cuesta?
Teufel M diablo; **zum Teufel!** ¡al diablo!
Text M texto; *zum Bild* leyenda *f*; MUS letra *f*
Textilien PL textiles *mpl*
Theater N teatro *m*; **ins Theater gehen** ir al teatro
Theke F *Laden* mostrador *m*; *Bar* barra
Thema N tema *m*
Thermalbad N estación *f* termal
Thermometer N termómetro *m*
Thron M trono
Thunfisch M atún
Thymian M tomillo
Ticket N ticket *m*, billete *m*; **elektronisches Ticket** billete *m* electrónico
tief hondo, profundo; MUS bajo; **Tief** N *Wetter* depresión *f* atmosférica; **Tiefdruckgebiet** N zona *f* de baja presión; **Tiefgarage** F aparcamiento *m* subterráneo; **tiefgefroren** congelado
Tiefkühlfach N congelador *m*; **Tiefkühlkost** F alimentos *mpl* congelados; **Tiefkühltruhe** F congelador *m*
Tier N animal *m*; **Tierarzt** M, **-ärztin** F veterinario *m*, -a *f*; **Tierpark** M zoológico; **Tierschutzgebiet** N reserva *f* zoológica; **Tierschutzverein** M asociación *f* protectora de animales
Tinte F tinta; **Tintenfisch** M sepia *f*; calamar; chipirón
Tipp M *Anregung* sugerencia *f*; *Hinweis* pista *f* umg; *Rat* consejo; **tippen** escribir a máquina; *im Toto*

jugar a las quinielas
Tisch M mesa *f*; **Tischdecke** F mantel *m*; *Zierdecke* tapete *m*; **Tischtennis** N pingpong *m*; **Tischtennisschläger** M pala *f* de ping-pong; **Tischtuch** N mantel *m*; **Tischwein** M vino de mesa
Titel M título
Toast M tostada *f*; *fig* brindis; **Toastbrot** N pan *m* para tostar; **Toaster** M tostador de pan
Tochter F hija
Tod M muerte *f*
tödlich mortal; **tödlich verletzt** herido de muerte; **tödlich verunglückt** perecido en un accidente
Toilette F *WC* servicios *mpl*; **Toilettenartikel** M artículo de tocador; **Toilettenpapier** N papel *m* higiénico
tolerant tolerante
Tollwut F rabia
Tomate F tomate *m*
Tomatenmark N puré *m* de tomate; **Tomatensaft** M jugo de tomate; **Tomatensalat** M ensalada *f* de tomate; **Tomatensuppe** F sopa de tomate
Ton M MUS tono; *Klang* sonido; *Töpfer* barro; **Tonband** N cinta *f* magnetofónica
tönen *färben* colorear; *Klang* sonar
Tonic(wasser) N tónica *f*
Topf M olla *f*, cazuela *f*; *Blumen* maceta *f*
Töpfer M, **-in** F alfarero *m*, -a *f*; **Töpferware** F loza

Tor N puerta *f*, portal *m*; SPORT portería *f*; **ein Tor schießen** marcar un gol
Torte F tarta
Torwart M portero, guardameta
tot muerto
total total; **Totalschaden** M daño total
Tote(r) M muerto, *f* muerta
töten matar
Toto N *Fußball* quiniela *f*
Tour F vuelta; *Ausflug* excursión; TECH revolución; **Tourenzähler** M cuentarrevoluciones
Tourismus M turismo; **Tourist** M, **-in** F turista *m/f*; **Touristenklasse** F clase turista
Tracht F *Region* traje *m* regional *od* nacional; *Beruf* uniforme *m*
Tradition F tradición
Trafo M transformador
träge *faul* perezoso; *langsam* lento
tragen llevar
Tragetasche F bolsa de la compra
Tragflügelboot N hidroala *m*
tragisch trágico; **Tragödie** F tragedia
Training N entrenamiento *m*; **Trainingsanzug** M chándal
Traktor M tractor
trampen hacer autostop; **Tramper** M, **-in** F auto(e)stopista *m/f*
Träne F lágrima
Transfer M transferencia *f*; **Transit** M tránsito; **Transport** M transporte; **transportieren**

transportar
Traube F *Wein* uva
Traubensaft M zumo de uva; **Traubenzucker** M glucosa *f*
trauen confiar; **sich trauen** atreverse (**zu** a)
Traum M sueño
träumen soñar (**von** con)
traurig triste
Travellerscheck M cheque de viaje
treffen *begegnen* encontrar; *Ziel* acertar
Treffpunkt M punto de encuentro
treiben *im Wasser* flotar; *Sport* practicar
Trekking N trekking *m*; **Trekkingrad** N bicicleta *f* de trekking
trennen separar; **Trennung** F separación
Treppe F escalera
Tresor M caja *f* fuerte; *Raum* cámara *f* acorazada
Tretboot N patín *m* de pedales
treten pisar (**auf** en, sobre); *Tritt versetzen* dar una patada
treu fiel
Tribüne F tribuna
Trichter M embudo; *Schall* bocina *f*
Trikot N malla *f*
Trimm-dich-Pfad M circuito gimnástico
trinkbar bebedizo; *Wasser* potable
trinken beber
Trinkgeld N propina *f*; **Trinkhalm** M pajita *f*; **Trinkwasser** N agua *f* (*el*) potable
trocken seco

trocknen secar; *trocken werden* secarse
Trödelmarkt M mercadillo, rastro
Trolley M maleta *f* trolley
Trommel F tambor *m*
Tropen PL trópicos *mpl*
tropfen gotear; **Tropfen** M gota *f*
Tropfsteinhöhle F cueva de estalactitas
tropisch tropical
trösten consolar
trostlos *Person* desconsolado; *Lage* desesperante
Trottel M papanatas, idiota
trotz a pesar de; **trotzdem** no obstante, con todo
trübe turbio; *Himmel* cubierto, nublado
Trubel M jaleo, barullo
Trüffel F trufa
Trumpf M triunfo
Trunkenheit F embriaguez; **wegen Trunkenheit am Steuer** por conducir en estado de embriaguez
Truthahn M pavo
tschüs(s) *umg*: **tschüs!** ¡hasta luego!, ¡chao!
T-Shirt N camiseta *f*
Tube F tubo *m*
Tuch N *Lappen* trapo *m*; *Kleidung* paño *m*; *Halstuch* pañuelo *m*
Tugend F virtud
Tulpe F tulipán *m*
tun hacer; **was kann ich für Sie tun?** ¿en qué puedo ayudarle?
Tunfisch M atún
Tunnel M túnel

Tür F puerta; **Türgriff** M manilla *f* de la puerta
Türkis M turquesa *f*; **türkis** turquí
Türklinke F picaporte *m*
Turm M torre *f*; *Glocken* campanario
turnen hacer gimnasia
Tüte F bolsa
TÜV M *etwa* inspección *f* técnica de vehículos
Typ M tipo; *umg* tío
Typhus M fiebre *f* tifoidea, tifus
typisch típico (**für** de)
Tyrann M tirano

U

U-Bahn F metro *m*; **U-Bahn-Station** F estación de metro
übel mal(o); **mir ist übel** me siento mal; **nicht übel!** no está mal; **übel nehmen** tomar a mal; **Übel** N mal *m*; **das kleinere Übel** el mal menor
Übelkeit F náuseas *fpl*
üben practicar, ejercer
über *räumlich* sobre, encima de; *während* durante; *mehr als* más de; *Richtung* por; **über den Rundfunk** por la radio; **über ein Jahr** más de un año; **über Madrid fahren** pasar por Madrid; **über Ostern** durante los días de Pascua; **ein Scheck über 1000 Eu-**

ro un cheque por valor de mil euros
überall en todas partes
überarbeiten: **sich überarbeiten** trabajar demasiado
überbacken gratinar
überbelichten sobreexponer
überdenken reflexionar sobre
überempfindlich hipersensible
überfahren *Person* atropellar; *Signal* saltarse
Überfahrt F travesía
Überfall M atraco; **überfallen** atracar
Überfluss M abundancia *f* (an en); **überflüssig** superfluo; *unnötig* innecesario; **überflüssig sein** estar de más
übergeben entregar; **sich übergeben** vomitar
Übergepäck N exceso *m* de equipaje; **Übergewicht** N exceso *m* de peso
überglücklich muy feliz
Übergröße F *Kleidung* talla grande
überhaupt *im Allgemeinen* en general; *eigentlich* en realidad; **überhaupt nicht** de ningún modo, en absoluto; **überhaupt nichts** absolutamente nada
überhöht excesivo
überholen adelantar; *überprüfen* revisar; **Überholen verboten** prohibido adelantar; **Überholspur** F carril *m* para adelantar; **Überholverbot** N prohibición *f* de adelantar
Überlandbus M autobús interurbano
überlassen dejar

überlaufen[1] *Gefäß* desbordarse
überlaufen[2] *Ort* muy frecuentado
überleben sobrevivir
überlegen[1] *nachdenken* reflexionar
überlegen[2] *besser* superior; **Überlegenheit** F superioridad (**über** sobre; **an, in** en)
übermorgen pasado mañana
übernachten pasar la noche; **Übernachtung** F pernoctación; **Übernachtung und Frühstück** habitación y desayuno
übernehmen tomar; *Auftrag* encargarse de; **die Kosten übernehmen** correr con los gastos
überprüfen examinar, revisar; **Überprüfung** F examen *m*, revisión
überqueren atravesar
überraschen sorprender
Überraschung F sorpresa
überreden persuadir
Überreste MPL restos; *Trümmer* ruinas *fpl*; *historisch* vestigios
Überschallflugzeug N avión *m* supersónico
überschlagen *weglassen*; saltar; **sich überschlagen** *Auto* voltearse
Überschrift F título *m*
überschwemmen inundar; **Überschwemmung** F inundación
übersehen *Gegend* abarcar con la vista; *nicht sehen* no ver; *absichtlich* pasar por alto
übersetzen *Fähre* pasar a la otra orilla; *Text* traducir; **Übersetzer** M, **-in** F traductor *m*, -a *f*;

Übersetzung F traducción
Überstunde F hora extra
überstürzen precipitar
übertragen *Aufgabe* confiar; TV, *Krankheit* transmitir; **in übertragener Bedeutung** en sentido figurado
Übertragung F TV transmisión
übertreiben exagerar; **Übertreibung** F exageración
überweisen *Betrag* transferir; *Patienten* mandar
Überweisung F WIRTSCH transferencia, giro m; **Überweisungsschein** M MED volante (para el especialista)
überzeugen convencer (**von** de)
überziehen *Mantel* ponerse; *Konto* dejar en descubierto
üblich usual; **das ist so üblich** es costumbre
übrig restante; **übrig sein** sobrar; **die Übrigen** los demás; **es ist nichts mehr übrig** no queda nada
übrigens a propósito
Übung F ejercicio *m*; *Praxis* práctica
Ufer N orilla *f*; **Uferpromenade** F paseo *m* marítimo
Uhr F reloj *m*; **es ist ein Uhr** es la una; **es ist halb drei Uhr** son las dos y media; **um wie viel Uhr?** ¿a qué hora?; **wie viel Uhr ist es?** ¿qué hora es?
Uhrarmband N pulsera *f*; **Uhrmacher** M, **-in** F relojero *m*, -a *f*; **Uhrzeiger** M manecilla *f*; **Uhrzeit** F hora
UKW FM

um *zeitlich* a; *räumlich* alrededor de; *ungefähr* cerca de; **um drei Prozent steigen** subir en un tres por ciento; **um zu** para; **um zwei Uhr** a las dos
umarmen abrazar; **Umarmung** F abrazo *m*
Umbau M reformas *fpl*
umbringen matar
umbuchen cambiar la reserva (de); **Umbuchung** F cambio de la reserva
umdrehen volver; *Schlüssel* dar vuelta a; **sich umdrehen** volverse (**nach** hacia)
umfallen caerse
Umfang M extensión *f*
Umfrage F encuesta
Umgangssprache F lenguaje *m* familiar; **umgangssprachlich** coloquial
Umgebung F *Stadt* alrededores *mpl*
umgehen *Gerücht* correr; **umgehen mit** *handhaben* manejar; *Person* tratar
Umgehungsstraße F carretera de circunvalación
Umhängetasche F bolso *m* de bandolera
umkehren volver
Umkleidekabine F caseta; **Umkleideraum** M vestuario
umkommen morir, perecer
Umlaufbahn F órbita
Umleitung F desviación
umquartieren dar otro alojamiento
umrechnen convertir; **Umrechnungskurs** M tipo de cambio

umrühren remover
Umsatz M volumen de ventas
Umschlag M *Brief* sobre; *Buch* cubierta *f*; MED compresa *f*; *Wetter* cambio brusco
umso tanto; **umso besser** tanto mejor
umsonst gratis; *vergeblich* en vano
Umstand M circunstancia *f*; **machen Sie sich keine Umstände** no se moleste usted; **unter diesen Umständen** en estas circunstancias
umständlich complicado; *mühsam* molesto; *förmlich* ceremonioso
umsteigen hacer transbordo
umstoßen volcar
Umsturz M POL golpe de estado
Umtausch M cambio; **umtauschen** cambiar
Umweg M rodeo
Umwelt F medio *m* ambiente; **umweltfreundlich** no contaminante, ecológico; **umweltschädlich** contaminante; **Umweltschutz** M protección *f* del medio ambiente; **Umweltschützer** M, **-in** F ecologista *m/f*; **Umweltverschmutzung** F contaminación del medio ambiente
umziehen *Wohnung* mudarse; **sich umziehen** cambiarse
Umzug M *Wohnung* mudanza *f*; *Festzug* desfile
unabhängig independiente; **Unabhängigkeit** F independencia
unabsichtlich involuntario
unangenehm desagradable

unanständig indecente; obsceno
unappetitlich asqueroso, repugnante
unaufmerksam *zerstreut* distraído; *unhöflich* descortés
unbedeutend insignificante
unbedingt absoluto; *auf jeden Fall* a toda costa
unbefahrbar intransitable
unbeholfen torpe
unbekannt desconocido
unbeliebt impopular, mal visto
unbequem incómodo; *lästig* molesto
unbeschrankt: **unbeschrankter Bahnübergang** M paso a nivel sin barrera
unbeschränkt ilimitado
unbesorgt despreocupado; **seien Sie unbesorgt!** ¡no se preocupe!
unbeständig inestable; *Wetter* variable
unbewacht no vigilado, sin guarda
unbewohnt *Gebäude* deshabitado; *Gegend* despoblado
und y; *vor i, hi* e
undeutlich impreciso; *Foto* borroso
undicht permeable; **undicht sein** tener un escape; *Wasserhahn* gotear
uneben *Straße* desigual; *Gelände* accidentado; **Unebenheit** F desigualdad
unecht falso; *Schmuck* de imitación
unehelich ilegítimo
unendlich infinito
unentschieden indeciso; *Angelegenheit* pendien-

te; SPORT empatado; **Unentschieden** N SPORT empate *m*
unerwartet inesperado; **das kommt mir unerwartet** no lo esperaba
unfähig incapaz; **Unfähigkeit** F incapacidad
unfair injusto; SPORT sucio
Unfall M accidente; **Unfallflucht** F huida en caso de accidente; **Unfallstation** F puesto *m* de socorro; **Unfallversicherung** F seguro *m* de accidentes
unfreundlich poco amable
ungefähr aproximado
ungefährlich no peligroso; *harmlos* inofensivo
ungeheuer enorme; **sich ungeheuer freuen** alegrarse sobremanera
Ungeheuer N monstruo *m*
ungehorsam desobediente
ungenießbar *Essen* incomible; *Getränk* imbebible
ungerecht injusto; **Ungerechtigkeit** F injusticia
ungeschickt torpe, desmañado
ungesetzlich ilegal
ungesund malsano; *schädlich* perjudicial; *Aussehen* enfermizo
ungewöhnlich extraordinario
Ungeziefer N bichos *mpl*
unglaublich increíble
Unglück N desgracia *f*; *Unfall* accidente *m*; **unglücklich** infeliz
ungültig no válido; *Pass* caducado; SPORT nulo

ungünstig desfavorable
unheimlich inquietante; **sich unheimlich freuen** *umg* alegrarse un montón
unhygienisch no higiénico
Uni F *umg* universidad
Union F unión; **Europäische Union** Unión Europea
Universität F universidad
Unkosten PL gastos *mpl*
unleserlich ilegible
unmenschlich inhumano
unmittelbar directo, inmediato
unmodern pasado de moda
unmöglich imposible
unnötig innecesario
unpersönlich impersonal
unpünktlich impuntual
Unrecht N injusticia *f*; **unrecht haben** no tener razón
unregelmäßig irregular
Unruhe F inquietud, intranquilidad; **unruhig** inquieto; *See* agitado
uns nos; *betont* (a) nosotros
unsauber desaseado, sucio
unscharf FOTO borroso
Unschuld F inocencia; **unschuldig** inocente (**an** de)
unser nuestro
unsicher inseguro; *ungewiss* incierto; **Unsicherheit** F inseguridad; incertidumbre
Unsinn M disparate

unsportlich poco deportivo; *unfair* antideportivo
unten abajo; **dort unten** allá abajo; **nach unten** hacia abajo; **von unten** desde abajo
unter debajo de, bajo; *zwischen* entre; *weniger als* menos de; **unterbelichtet** subexpuesto; **Unterbewusstsein** N subconsciente *m*
unterbrechen interrumpir; **Unterbrechung** F interrupción
unterbringen *Gast* alojar
untere inferior
Unterführung F paso *m* inferior
Untergang M SCHIFF hundimiento; *Sonne* puesta *f*; **untergehen** SCHIFF hundirse; *Sonne* ponerse
Untergeschoss N sótano *m*; **Untergrundbahn** F metro *m*
unterhalb debajo (de)
unterhalten *versorgen* mantener; *amüsieren* divertir, entretener; **sich unterhalten** *sprechen* conversar (**über** sobre); *amüsieren* divertirse
unterhaltsam divertido; **Unterhaltung** F *Gespräch* conversación; *Vergnügen* diversión, distracción; **gute Unterhaltung!** ¡que se divierta!
Unterhemd N camiseta *f*; **Unterhose** F calzoncillos *mpl*; *kurz* slip *m*
unterkommen alojarse; *Arbeit* colocarse; **Unterkunft** F alojamiento *m*
Unterleib M bajo vientre
unterliegen *verlieren* perder
unternehmen emprender; **Unternehmen** N empresa *f*; **Unternehmer** M, **-in** F empresario

m, -a *f*
Unterricht M enseñanza *f*; *Stunde* clase *f*; **unterrichten** enseñar, dar clases; *informieren* informar (über sobre, de)
Unterrock M combinación *f*
unterschätzen subestimar
unterscheiden distinguir; **Unterschied** M diferencia *f*; **unterschiedlich** diferente
unterschreiben firmar; **Unterschrift** F firma; *Bild* leyenda
Untersetzer M *Gläser* posavasos
unterstellen[1] *abstellen* dejar; **sich unterstellen** ponerse a cubierto
unterstellen[2] *annehmen* suponer
unterstreichen subrayar
unterstützen apoyar, socorrer
untersuchen examinar; *analysieren* analizar; **Untersuchung** F examen *m*; *Analyse* análisis *m*
Untertasse F platillo *m*
Unterwäsche F ropa interior
Unterwassersport M submarinismo
unterwegs en el camino; *während der Fahrt* durante el viaje
untreu infiel
unübersichtlich poco claro; *Kurve etc* con visibilidad reducida
unverbindlich sin compromiso
unverbleit sin plomo
unverschämt desvergonzado
unwahr falso, inexacto

unwahrscheinlich improbable, inverosímil
Unwetter N temporal *m*
unwichtig sin importancia
Unwissenheit F ignorancia
Urin M orina *f*
Urlaub M vacaciones *fpl*; **in Urlaub fahren** irse de vacaciones; **in Urlaub sein** estar de vacaciones; **Urlauber** M, **-in** F vacacionista *m/f*, turista *m/f*
Urlaubsort M lugar de vacaciones; **Urlaubsreise** F viaje *m* de vacaciones; **Urlaubszeit** F tiempo *m* de vacaciones
Urologie F urología
Ursache F causa; *Grund* razón
Ursprung M origen
Urteil N juicio *m*; JUR sentencia *f*
Uruguay N Uruguay *m*; **uruguayisch** uruguayo
Urwald M selva *f*
USA PL EE.UU. *mpl*
USB-Stick M stick USB, memoria *f* USB
User M, **-in** F usuario *m*, -a *f*
UV-Strahlen MPL rayos UV

V

Vanille F vainilla; **Vanilleeis** N helado *m* de vainilla; **Vanillezucker** M azúcar vainillado

Varieté N teatro *m* de variedades; music-hall *m*
Vase F florero *m*
Vater M padre
V-Ausschnitt M escote en pico
vegan vegano; **Veganer** M, **-in** F vegano *m*, -a *f*
Vegetarier M vegetariano; **vegetarisch** vegetariano
Vegetation F vegetación
Veilchen N violeta *f*
Vene F vena
Venenentzündung F flebitis
venezolanisch venezolano; **Venezuela** N Venezuela *f*
Ventil N válvula *f*; MUS pistón *m*; **Ventilator** M ventilador
verabreden *festlegen* fijar; **sich verabreden** citarse (**mit** con); **Verabredung** F cita
verabschieden: **sich verabschieden** despedirse (**von** de)
verachten despreciar; **Verachtung** F desprecio *m*
veränderlich variable; **verändern** cambiar; **Veränderung** F cambio *m*
veranlassen motivar; *anordnen* ordenar
veranstalten organizar; *Fest* celebrar; **Veranstaltung** F acto *m*; **Veranstaltungskalender** M cartelera *f* de espectáculos, calendario de actos
verantwortlich responsable (**für** de); **Verantwortung** F responsabilidad
verarzten tratar, curar

Verband M *Verein* asociación *f*; MED vendaje; **Verband(s)kasten** M botiquín; **Verband(s)zeug** N vendajes *mpl*
verbessern mejorar; *berichtigen* corregir; **Verbesserung** F mejora; *Berichtigung* corrección
verbieten prohibir
verbinden *zusammenfügen* unir, juntar; MED vendar; **verbinden Sie mich bitte mit ...** TEL póngame, por favor, con ...
Verbindung F contacto *m*; unión; *Verkehr*, TEL comunicación; enlace *m*
verbleit con plomo
verblüffen desconcertar
verborgen escondido, oculto; *geheim* secreto
Verbot N prohibición *f*; **verboten** prohibido; **Rauchen verboten** prohibido fumar; **Verbotsschild** N señal *f* de prohibición
Verbrauch M consumo (an de); **verbrauchen** consumir; *Geld* gastar; **Verbraucher** M consumidor
Verbrechen N crimen *m*
verbreiten *Nachricht* difundir; *Geruch* despedir; *Krankheit* propagar
verbrennen quemar; **Verbrennung** F MED quemadura
verbringen *Zeit* pasar
Verdacht M sospecha *f*
verdächtig sospechoso; **Verdächtige(r)** M/F(M) sospechoso *m*, -a *f*; **verdächtigen** sospechar
verdammt *umg verflixt* maldito; **verdammt!** ¡mal-

dita sea!
verdauen digerir; **Verdauung** F digestión
Verdeck N AUTO capota *f*
verderben *Lebensmittel* estropearse; *Moral* corromper; **sich den Magen verderben** coger una indigestión
verderblich *Lebensmittel* perecedero
verdienen *Geld* ganar; *Lob* merecer
verdoppeln doblar
verdreifachen triplicar
verdursten morirse de sed
Verein M asociación *f*, club
Vereinigte Staaten MPL **(von Amerika)** Estados Unidos (de América)
vereist cubierto de hielo
vereitert supurado
verfahren *vorgehen* proceder; *Benzin* gastar; **sich verfahren** perderse
Verfallsdatum N fecha *f* de caducidad
Verfassung F *körperlich* condición; POL constitución
verfault podrido
verflixt *umg* maldito, dichoso
verfluchen maldecir
verfolgen perseguir
verführen seducir
vergangen pasado; **Vergangenheit** F pasado *m*
Vergaser M carburador
vergeben *verzeihen* perdonar

vergeblich inútil; *adv* en vano, en balde
vergessen olvidar
vergesslich olvidadizo
vergewaltigen violar; **Vergewaltigung** F violación
Vergiftung F intoxicación
Vergleich M comparación *f* (**mit** con); **vergleichen** comparar
vergnügen: **sich vergnügen** divertirse, distraerse; **Vergnügen** N placer *m*; *Unterhaltung* diversión *f*, distracción *f*; **mit Vergnügen** con mucho gusto; **viel Vergnügen!** ¡que se divierta!, ¡que lo pase bien!; **vergnügt** alegre, divertido; **Vergnügungspark** M parque de atracciones
vergoldet dorado
Vergrößerung F ampliación
verhaften detener; **Verhaftung** F detención
verhalten: **sich verhalten** comportarse; **sich ruhig verhalten** quedarse quieto
Verhalten N comportamiento *m*
Verhältnis N relación *f*; **Verhältnisse** *npl Lage* condiciones *fpl*
verhältnismäßig ADV relativamente
verhandeln (**über**) negociar
Verhandlung F negociación
verheiratet casado
verhindern impedir
verhungern morirse de hambre
Verhütung F prevención; MED profilaxis; **Verhütungsmittel** N *Empfängnis* anticonceptivo *m*

verirren: **sich verirren** extraviarse, perderse
Verkauf M venta *f*; **verkaufen** vender; **zu verkaufen** se vende
Verkäufer M, **-in** F vendedor *m*, -a *f*
Verkehr M tráfico, circulación *f*; **verkehren** *Fahrzeuge* circular; *Lokal* frecuentar; **verkehren mit** *Person* tener trato con; **verkehrsberuhigt** F *Zone* de tráfico reducido
Verkehrsmittel N medio *m* de transporte; **öffentliche Verkehrsmittel** medios *mpl* de transporte públicos
Verkehrspolizei F policía de tráfico; **Verkehrspolizist** M, **-in** F policía *m/f* de tráfico; **Verkehrsregeln** FPL normas de tráfico; **Verkehrsschild** N señal *f* de tráfico; **Verkehrsunfall** M accidente de tráfico; **Verkehrsverbindungen** FPL comunicaciones
verkehrt *falsch* equivocado; *umgekehrt* al revés
verklagen entablar un pleito contra
verkleiden disfrazar; *Wand* revestir
verkleinern reducir, disminuir
verknacksen *umg*: **sich den Fuß verknacksen** torcerse el tobillo
verknallen *umg*: **sich verknallen** chalarse (**in** por)
verkorksen estropear; *umg* **sich den Magen verkorksen** empacharse
verkürzen acortar
Verladehafen M puerto de embarque; **Verladestelle** F lugar *m* de embarque
Verlag M editorial *f*, casa *f* editora

verlangen pedir; *fordern* exigir
verlängern prolongar; *Pass* renovar; *Frist* prorrogar
Verlängerung F prolongación; SPORT prórroga
Verlängerungskabel N, **-schnur** F cordón *m* de prolongación
verlassen *Ort* salir de; *Person* dejar; **sich verlassen auf** fiarse de, confiar en
Verlauf M *Zeit, Krankheit* curso
verlaufen *Zeit, Weg* pasar; *Butter* derretirse; **sich verlaufen** *verirren* extraviarse, perderse; *zerstreuen* dispersarse
verlegen[1] *verschieben* aplazar (**auf** para); *örtlich* trasladar (**nach** a); *nicht finden* extraviar
verlegen[2] *befangen, verwirrt* apurado, desconcertado; **Verlegenheit** F confusión; *missliche Lage* apuro *m*
Verleih M alquiler; **verleihen** prestar; *gegen Gebühr* alquilar
verlernen perder la práctica
verletzen herir; **Verletzte(r)** M/F(M) herido *m*, -a *f*; **Verletzung** F herida
verlieben: **sich verlieben** enamorarse (**in** de)
verlieren perder
verloben: **sich verloben** prometerse
Verlobte(r) M/F(M) prometido *m*, -a *f*
Verlobung F esponsales *mpl*
Verlosung F sorteo *m*
Verlust M pérdida *f*; **Verlustanzeige** F denuncia de pérdida

vermeiden evitar
vermieten alquilar; **zu vermieten** se alquila
Vermieter M dueño
vermissen echar de menos
Vermittlung F *Streit* mediación; TEL centralita
Vermögen N *Reichtum* fortuna *f*; *Können* capacidad *f*
vermuten suponer; **vermutlich** presunto; *adv* probablemente; **Vermutung** F suposición
vernachlässigen descuidar
verneinen decir que no
vernichten destruir; **Vernichtung** F destrucción
Vernunft F razón; **vernünftig** razonable; sensato
veröffentlichen publicar; **Veröffentlichung** F publicación
verordnen MED prescribir
verpacken embalar
verpassen *Zug* perder; *Gelegenheit* desaprovechar
Verpflegung F *Essen* comida; **volle Verpflegung** pensión completa
verprügeln dar una paliza
Verrat M traición *f*; **verraten** *jemanden* traicionar; *Geheimnis* revelar; **Verräter** M traidor
verrechnen compensar; **sich verrechnen** equivocarse en los cálculos
Verrechnungsscheck M cheque cruzado
verreisen irse de viaje (**nach** a)
verrenken: **sich den Arm verrenken** dislocarse el

brazo
verrostet oxidado
verrückt *unsinnig* disparatado; *Person* loco, chiflado *umg*
versagen TECH fallar; *Mensch* fracasar
versalzen salar demasiado
versammeln reunir
Versammlung F reunión
versäumen *Gelegenheit* desaprovechar; *Zug* perder
verschaffen procurar
verschicken enviar
verschieben *Termin* aplazar; *verrücken* desplazar
verschieden *unterschiedlich* distinto, diferente; **verschiedene** *mehrere* varios
verschimmelt enmohecido
verschlafen *schlaftrunken* medio dormido, adormilado; **ich habe verschlafen** se me han pegado las sábanas *umg*
verschließbar con cerradura
verschließen cerrar
verschlimmern: **sich verschlimmern** empeorarse, agravarse
verschlucken tragar; **sich verschlucken** atragantarse (**an** con)
Verschluss M cierre; FOTO obturador
verschreiben MED recetar, prescribir; **verschreibungspflichtig** de prescripción obligatoria
verschütten *Flüssigkeit* derramar, verter; *unter Er-*

de enterrar
verschwenden derrochar, despilfarrar; **Verschwendung** F derroche *m*, despilfarro *m*
verschwinden desaparecer
verschwommen *Foto* borroso
Versehen N *Unachtsamkeit* descuido *m*; *Irrtum* error *m*
versehentlich por descuido
versichern asegurar; **sich versichern** asegurarse (**gegen** contra); **Versicherung** F seguro *m*; *Bestätigung* afirmación; **Versicherungskarte** F **grüne Versicherungskarte** carta verde
versilbert plateado
versorgen proveer; **sich versorgen** proveerse (**mit** de)
verspäten: **sich verspäten** retrasarse, llegar tarde; **Verspätung** F retraso *m*; **eine halbe Stunde Verspätung haben** llevar media hora de retraso
versperren cortar; *Aussicht* quitar; *verschließen* cerrar
versprechen prometer; **sich versprechen** equivocarse al hablar
Versprechen N promesa *f*
Verstand M *Vernunft* razón *f*; *Urteilsfähigkeit* juicio
verständigen avisar; informar (**von** de); **sich auf Deutsch verständigen** entenderse en alemán; **Verständigung** F *Benachrichtigung* aviso *m*; *Kommunikation* comunicación
verständlich inteligible, comprensible; *deutlich* claro; **sich verständlich machen** hacerse entender

Verständnis N comprensión *f* (**für** por)
verstauchen: **sich den Fuß verstauchen** torcerse el pie
Versteck N escondrijo *m*, escondite *m*; **verstecken** esconder
verstehen entender, comprender
verstellen *einstellen* ajustar; *regulieren* regular; *falsch stellen* poner mal; *versperren* bloquear
verstopfen atascar; *Straße* congestionar; *Loch* tapar
verstopft obstruido
Verstopfung F MED estreñimiento *m*
Verstorbene(r) M/F(M) difunto *m*, -a *f*
Verstoß M infracción *f* (**gegen** de); **verstoßen** faltar (**gegen** a); *Gesetz* contravenir; *vertreiben* expulsar
Versuch M ensayo, prueba *f*; **versuchen** intentar; tratar (**zu** de); *kosten* probar
verteidigen defender; **Verteidiger** M, **-in** F defensor *m*, -a *f*; SPORT defensa *m/f*. **Verteidigung** F defensa
verteilen distribuir, repartir (**auf, unter** entre); **Verteiler** M *a.* TECH distribuidor
vertikal vertical
Vertrag M contrato; POL tratado
vertragen *aushalten* aguantar; **ich vertrage keinen Knoblauch** el ajo me sienta mal; **sich gut vertragen mit** llevarse bien con
verträglich *Essen* digestible; **gut verträglich** *Medikament* bien tolerado

Vertragswerkstatt F taller *m* concesionario
vertrauen confiar en; **Vertrauen** N confianza *f* (**auf** en)
vertreten representar; *ersetzen* sustituir; **Vertreter** M, **-in** F *Handel* representante *m/f*; *Ersatz* sustituto *m*, -a *f*
verunglücken sufrir un accidente; **tödlich verunglücken** perecer en un accidente
verursachen causar, ocasionar
verurteilen condenar (**zu** a)
verwackelt FOTO movido
verwählen: **sich verwählen** TEL marcar mal
verwahren guardar; **Verwahrung** F custodia; **in Verwahrung geben** dar en depósito
Verwaltung F administración
verwandt *Familie* pariente (**mit** de); *ähnlich* similar
Verwandte(r) M/F(M) pariente; **Verwandtschaft** F parentesco *m*; *die Verwandten* parientes *mpl*
verwechseln confundir; **Verwechslung** F confusión
verwenden utilizar, emplear; **Verwendung** F empleo *m*, uso *m*
verwüsten devastar
verzeihen perdonar; **verzeihen Sie!** ¡perdone!
Verzeihung F perdón *m*; **Verzeihung**! ¡perdón!
verzichten renunciar (**auf** a)
verzollen pagar aduana; **haben Sie etwas zu verzollen?** ¿tiene usted algo que declarar?
Vetter M primo
Video N vídeo *m*; **Videofilm** M videofilme; **Vi-**

deokamera F videocámara; **Videokassette** F videocasete; **Videorekorder** M vídeo; **Videothek** F videoteca
Vieh N ganado *m*
viel mucho; **viel Glück!** ¡mucha suerte!, ¡que tenga suerte!; **vielen Dank!** ¡muchas gracias!; **viel zu teuer** demasiado caro; **sehr viel** muchísimo; **ziemlich viel** bastante; **viele** muchos
vielleicht quizá(s), tal vez
vier cuatro; **Viereck** N cuadrilátero *m*; **vierspurig** de cuatro carriles
Viertel N cuarto *m*; *Stadt* barrio *m*; **Viertel vor drei Uhr** las tres menos cuarto; **Viertelstunde** F cuarto *m* de hora
vierzehn catorce; **vierzig** cuarenta
Vignette F pegatina del peaje
Villa F villa
violett violeta
Virus M,N virus *m*
Visum N visado *m*
Vitamin N vitamina *f*
Vogel M pájaro; **Vogelgrippe** F gripe aviar; **Vogelschutzgebiet** N reserva *f* ornitológica
Volk N pueblo *m*; *Nation* nación *f*
Volksfest N fiesta *f* popular; **Volkslied** N canción *f* popular; **Volkstanz** M baile popular; **Volkstracht** F traje *m* nacional, traje *m* regional
voll lleno (**von** de); **vollautomatisch** completamente automático
Volleyball M balonvolea, voleibol

Vollgas N: **mit Vollgas** *umg* a toda mecha
völlig completo; *adv* completamente
Vollkasko(versicherung) F seguro *m* a todo riesgo
vollkommen perfecto
Vollkornbrot N pan *m* integral; **Vollmilch** F leche entera
Vollmond M luna *f* llena
Vollpension F pensión completa
vollständig completo, entero
volltanken llenar el depósito
Volt N voltio *m*
von de; *Autor* por; **von … an** a partir de; **von … bis** de … a, desde … hasta; **von heute an** de hoy en adelante; **von mir aus** por mí; **ein Freund von mir** un amigo mío, uno de mis amigos; **grüßen Sie ihn von mir** salúdele de mi parte
vor *räumlich* delante de; *zeitlich* antes de; **vor acht Tagen** hace ocho días; **vor allem** sobre todo; **vor der Abreise** antes de partir; **vor Freude** de alegría; **es ist zwei vor vier Uhr** son las cuatro menos dos
vorangehen ir delante; **vorankommen** avanzar
Voranmeldung F preaviso *m*
voraus *vorne* delante; **im Voraus** de antemano
voraussetzen presuponer; *erfordern* requerir; **voraussichtlich** previsto; *adv* probablemente; **Vorauszahlung** F pago *m* adelantado
vorbei pasado; **vorbei an** por delante de
vorbeifahren pasar; **vorbeigehen** pasar; **vor-**

beikommen bei *Person* pasar por casa de; **vorbeilassen** dejar pasar
vorbereiten preparar (**auf** para); **Vorbereitung** F preparación; **Vorbereitungen treffen** hacer preparativos
vorbestellen reservar; **Vorbestellung** F reserva
Vorderachse F eje *m* delantero; **Vordergrund** M primer plano; **Vorderrad** N rueda *f* delantera; **Vordersitz** M asiento delantero
Vordruck M impreso, formulario
Vorfahrt F prioridad, preferencia; **Vorfahrt haben** tener la preferencia; **die Vorfahrt beachten** ceder el paso; **die Vorfahrt nehmen** quitar la prioridad
Vorfahrtsschild N señal *f* de prioridad; **Vorfahrtsstraße** F calle de prioridad; **Vorfahrtszeichen** N señal *f* de prioridad
Vorgang M *Ereignis* suceso, acontecimiento; *Verwaltung* expediente
Vorgänger M antecesor
vorgehen *vorausgehen* adelantarse; *Uhr* ir adelantado
vorgestern anteayer; **vorgestern Abend** anteanoche
vorhaben pensar hacer, proponerse; **schon etw vorhaben** tener un compromiso
Vorhang M cortina *f*; THEAT telón
vorher antes; *zuerst* primero; **Vorhersage** F pronóstico *m a. Wetter*
vorhin hace un momento

vorige anterior; **vorige Woche** la semana pasada; **voriges Mal** la última vez
vorkommen ocurrir, suceder
Vorlage F *Muster* modelo *m*; *Fußball* pase *m*; *Vorzeigen* presentación; **bei Vorlage** a la presentación
vorläufig provisional; *fürs Erste* por el momento
vorlesen leer en voz alta
vorletzte penúltimo
vormerken *reservieren* reservar
Vormittag M mañana *f*; **heute Vormittag** esta mañana; **morgen Vormittag** mañana por la mañana; **vormittags** por la mañana; **um zehn Uhr vormittags** a las diez de la mañana
vorn delante; **nach vorn** hacia delante; **von vorn** por delante
Vorname M nombre (de pila)
vornehmen: **sich vornehmen** proponerse
Vorort M suburbio, barrio periférico
Vorrat M provisión *f*; **vorrätig** *verfügbar* disponible; *am Lager* en almacén
Vorruhestand M prejubilación *f*
Vorsaison F temporada baja, pretemporada
Vorschlag M propuesta *f*; **vorschlagen** proponer
Vorschrift F prescripción
Vorschuss M anticipo
Vorsicht F precaución, cuidado *m*; **vorsichtig** prudente, cauteloso; *behutsam* cuidadoso; **vorsichtig sein** tener cuidado
Vorspeise F entrada, entremés *m*; **als Vorspeise**

de entrada
Vorsprung M ventaja *f* (**vor** sobre); *Mauer* saliente
vorstellen *Person* presentar; *Uhr* adelantar; **sich vorstellen** *bekannt machen* presentarse; *Fantasie* imaginarse
Vorstellung F presentación; *fig* idea; THEAT función; *Kino* sesión
Vorteil M ventaja *f*
Vortrag M conferencia *f*
vorüber pasado; **an ... vorüber** por delante de
vorübergehend pasajero
Vorurteil N prejuicio *m*
Vorverkauf M venta *f* anticipada; **Vorverkaufsstelle** F despacho *m* de venta anticipada
Vorwahl F TEL prefijo *m*
vorwärts adelante
vorwerfen *tadeln* reprochar; *füttern* echar de comer
vorwiegend ADV principalmente
Vorwort N prefacio *m*
Vorwurf M reproche
vorziehen *bevorzugen* preferir; *Vorhang* correr; *Termin* adelantar
vulgär vulgar
Vulkan M volcán; **Vulkanausbruch** M erupción *f* volcánica

W

Waage F balanza; ASTROL Libra
waagerecht horizontal
wach despierto; **wach werden** despertarse
Wachs N cera *f*
wachsen[1] *Größe* crecer; *zunehmen* aumentar
wachsen[2] *Skier* encerar
Wachsfigurenkabinett N museo *m* de cera, gabinete *m* de figuras de cera; **Wachstuch** N hule *m*, tela *f* encerada
Wachstum N crecimiento *m*
Wächter M guardia
wackelig *Tisch* cojo
Wackelkontakt M contacto flojo
wackeln tambalearse; *Möbel* cojear; *Zahn* moverse
Wade F pantorrilla; **Wadenkrampf** M calambre en la pantorrilla
Waffe F arma *(el)*
Waffel F barquillo *m*
wagen arriesgar; *sich getrauen* atreverse (**zu** a)
Wagen M coche; **Wagenheber** M gato; **Wagenpapiere** NPL documentación *f* del coche
Waggon M vagón
Wahl F elección; **erste Wahl** WIRTSCH primera calidad

wählen elegir; *auswählen* escoger; TEL marcar; **Wähler** M elector; **wählerisch** *anspruchsvoll* exigente
Wahlkampf M campaña f electoral
Wahnsinn M locura f; **wahnsinnig** loco
wahr verdadero; *wahrheitsgetreu* verídico; **nicht wahr?** ¿verdad?, ¿no es así?; **das ist wahr** es cierto, es verdad
während durante; *währenddessen* mientras
Wahrheit F verdad; **in Wahrheit** en realidad
Wahrsager M, **-in** F adivino m, -a f
wahrscheinlich probable; **Wahrscheinlichkeit** F probabilidad
Währung F moneda; **in ausländischer Währung** en moneda extranjera
Währungssystem N sistema m monetario
Wahrzeichen N símbolo m; *e-r Stadt* monumento m característico
Waise F huérfano m, -a f; **Waisenhaus** N orfanato m
Wal M ballena f
Wald M bosque; **Waldbrand** M incendio forestal; **Waldsterben** N muerte f de los bosques
Wallfahrt F peregrinación, romería; **Wallfahrtsort** M lugar de peregrinación
Walnuss F nuez
Walzer M vals; **Walzer tanzen** valsar
Wand F pared; *Mauer* muro m
Wanderkarte F mapa m de excursiones, mapa m de turismo; **wandern** caminar; hacer excursiones

a pie; **Wanderung** F caminata, excursión a pie; **Wanderweg** M sendero

wann cuando; **wann?** ¿cuándo?; **bis wann?** ¿hasta cuándo?; **seit wann?** ¿desde cuándo?

Wanze F ZOOL chinche *m*

Wappen N blasón *m*; escudo *m*

Ware F mercancía; **Warenhaus** N grandes almacenes *mpl*

warm caliente; *Wetter* caluroso; *Klima* cálido; *Kleidung* abrigador; **es ist warm** hace calor; **mir ist warm** tengo calor

Wärme F calor *m*; **wärmen** calentar

Wärmflasche F calentador *m*

Warmfront F frente *m* cálido; **Warmwasser** N agua *f* (*el*) caliente

Warnblinkanlage F dispositivo *m* de luces de aviso intermitentes; **Warndreieck** N triángulo *m* de emergencia

warnen advertir (**vor** de)

Warnschild N, **Warnsignal** N señal *f* de aviso; **Warnstreik** M huelga *f* de advertencia; **Warnung** F advertencia, aviso *m*; **Warnweste** F chaleco *m* reflectante

Wartehalle F sala de espera; **Wartehäuschen** N marquesina *f*

warten esperar; TECH mantener; inspeccionar

Warteraum M, **Wartesaal** M sala *f* de espera; **Warteschlange** F cola *f* (de espera); **Warteschleife** F *Flug* círculo *m*; **Wartezimmer** N sala *f* de espera

warum por que; **warum?** ¿por qué?
was que, lo que; *umg etwas* algo; **was?** ¿qué?; **was für e-e Farbe?** ¿qué color?; **was ist los?** ¿qué pasa?; **was ist mit Ihnen los?** ¿qué le pasa a usted?; **was kostet das?** ¿cuánto vale?; **na so was!** ¡vaya!
Waschanlage F túnel *m* de lavado **waschbar** lavable; **Waschbecken** N lavabo *m*
Wäsche F *Kleidung* ropa; *Waschen* lavado *m*
waschecht *waschbar* lavable; *umg fig* de pura cepa
Wäscheklammer F pinza (para la ropa)
waschen lavar; **waschen und legen** *Friseur* lavar y marcar
Wäscherei F lavandería
Waschmaschine F lavadora; **Waschpulver** N detergente *m*; **Waschraum** M cuarto de aseo; **Waschsalon** M lavandería *f* (de autoservicio)
Wasser N agua *f* (*el*); **Wasseranschluss** M toma *f* de agua; **wasserdicht** *Kleidung* impermeable; *Uhr* resistente al agua; **Wasserfall** M salto de agua, cascada *f*; catarata *f*; **Wasserhahn** M grifo; **Wasserknappheit** F escasez de agua; **Wasserkühlung** F refrigeración por agua; **Wasserleitung** F cañería de agua; **Wassermann** M ASTROL Acuario; **Wassermelone** F sandía; **Wasserski** M esquí náutico; **Wasserspülung** F *Toilette* depósito *m* de agua; **Wassertemperatur** F temperatura del agua; **Wasserturm** M torre *f* de agua; **Wasserverschmutzung** F contaminación del agua; **Wasservogel** M ave *f* (*el*)

acuática
Watt N ELEK vatio *m*
Watte F algodón *m*
WC N retrete *m*, wáter *m*, servicios *mpl*
Web N web *f*
Wechsel M cambio; **Wechselgeld** N vuelta *f*, cambio *m*; **wechselhaft** inestable, variable; **Wechselkurs** M tipo de cambio
wechseln cambiar; **können Sie wechseln?** ¿tiene usted cambio?
Wechselstrom M corriente *f* alterna; **Wechselstube** F casa de cambio
wecken despertar
Wecker M despertador
weder: **weder ... noch** ni ... ni
weg *verloren* perdido; *verschwunden* desaparecido; **der Bus ist schon weg** el autobús ha salido ya; **er ist schon weg** ya se ha marchado; **meine Handtasche ist weg** mi bolso ha desaparecido; **weit weg** muy lejos
Weg M camino; *Route* ruta *f*, itinerario; *Mittel* modo; **Wegbeschreibung** F ubicación
wegen por, a causa de; **von wegen!** ¡ni hablar!
wegfahren salir, irse, partir (**nach** para); **weggehen** irse, marcharse; *ausgehen* salir; *Fleck* desaparecer; **wegkommen** *verschwinden* desaparecer; perderse; **wegnehmen** quitar
Wegweiser M indicador (de camino)
wegwerfen echar, tirar
Wegwerfflasche F botella no recuperable

Wehrdienst M servicio militar, *umg* mili *f*; **Wehrdienstverweigerer** M objetor de conciencia
wehren: **sich wehren** defenderse (**gegen** contra)
wehtun: **hier tut es weh** me duele aquí; **sich wehtun** hacerse daño
weiblich femenino
weich blando; *zart* suave; *Ei* pasado por agua; **Weichspüler** M suavizante
Weide F *Wiese* pasto *m*; BOT sauce *m*
weigern: **sich weigern** negarse, resistirse (**zu** a)
Weigerung F negativa
Weihnachten N Navidad *f*; **fröhliche Weihnachten** feliz Navidad
Weihnachtsbaum M árbol de Navidad; **Weihnachtsferien** PL vacaciones *fpl* de Navidad; **Weihnachtsgeschenk** N regalo *m* de Navidad; **Weihnachtsgratifikation** F gratificación de Navidad; **Weihnachtsmann** M Papá Noel
weil porque
Weile F rato *m*; **vor einer Weile** hace un rato
Wein M vino; **Weinbau** M viticultura *f*; **Weinberg** M viña *f*, viñedo; **Weinbergschnecke** F caracol *m* de viñedo; **Weinbrand** M brandy
weinen llorar
Weingegend F región vinícola; **Weinglas** N copa *f* para vino, vaso *m* para vino; **Weinhandlung** F bodega; **Weinkarte** F carta de vinos; **Weinkeller** M bodega *f*; **Weinlese** F vendimia; **Weinprobe** F cata de vinos; **Weinstock** M ce-

pa *f*; **Weinstube** F taberna; **Weintraube** F uva

Weise F manera, modo *m*; **auf diese Weise** de este modo, de esta manera

Weisheit F sabiduría; **Weisheitszahn** M muela *f* del juicio

weiß blanco; **Weißbrot** N pan *m* blanco; **Weißkohl** M, **Weißkraut** N repollo *m*; **Weißwein** M vino blanco

weit amplio; *Kleidung* ancho; *Weg* largo; *entfernt* lejano; **ist es weit von hier?** ¿está lejos?; **wie weit ist es bis ...?** ¿a qué distancia está ...?; **weit verbreitet** muy frecuente; **von Weitem** desde lejos

weiter *zusätzlich* más; otro; **weiter nichts** nada más; **und so weiter** etcétera

Weiterfahrt F continuación del viaje; **Weiterflug** M continuación *f* del vuelo; **weitergeben** pasar; hacer circular; **Weiterreise** F continuación del viaje

weitsichtig présbita, présbite

Weitwinkelobjektiv N gran angular *m*

Weizen M trigo; **Weizenbier** N cerveza *f* de trigo

welche qué; cuál; **welche Freude!** ¡qué alegría!; **welcher von beiden?** ¿cuál de los dos?

welk marchito

Welle F ola; *Physik* onda

Wellenbad N piscina *f* de olas; **Wellenbrecher** M rompeolas; **Wellengang** M oleaje; **Wellenlänge** F longitud de onda; **Wellenreiten** N surf

m

Wellness F wellness; **Wellnessbereich** M spa; **Wellnesshotel** N spa *m*. **Wellnessurlaub** M vacaciones *fpl* en un spa *od* de bienestar

Welt F mundo *m*; **Weltall** N universo *m*; **Weltausstellung** F exposición mundial; **Weltkrieg** M guerra *f* mundial; **Weltmeister** M campeón mundial; **Weltmeisterschaft** F campeonato *m*) mundial *m*; **Weltraum** M espacio sideral; **Weltreise** F vuelta al mundo; **Weltrekord** M récord mundial; **Weltsprache** F lengua universal; **Weltstadt** F metrópoli

wem a quien; **wem?** ¿a quién?; **bei wem?** ¿con quién?; *zu Hause* ¿en casa de quién?; **mit wem?** ¿con quién? **von wem?** ¿de quién?

wen a quien; **wen?** ¿a quién?; **an wen?** ¿a quién?; **für wen?** ¿para quién?

wenden dar la vuelta; *Auto* girar; *Kopf* volver; **sich wenden an** dirigirse a

wenig poco; **weniger** menos; **ein wenig** un poco, algo; **wenigstens** por lo menos; **am wenigsten** lo menos

wenn si; *zeitlich* cuando; **selbst wenn** aun cuando

wer quien; **wer?** ¿quién?; **wer ist da?** ¿quién es?

Werbung F publicidad; propaganda

werden ponerse; volverse; hacerse; *Bildung von Passiv* ser; **Arzt werden** hacerse médico; **besser werden** mejorar; **es wird langsam spät** se va haciendo tarde; **rot werden** ponerse colorado; **in 5 Minuten wird es 8 Uhr** dentro de media hora serán

las ocho; **verrückt werden** volverse loco
werfen tirar, lanzar
Werft F astillero *m*
Werk N *Fabrik* fábrica *f*; *fig* obra *f*; **Werkstatt** F taller *m*; **Werktag** M día laborable; **werktags** los días laborables; **Werkzeug** N herramienta *f*
Wermut M vermut; BOT ajenjo
wert: **viel wert sein** valer mucho; **es ist nicht viel wert** no vale mucho
Wert M valor; *Preis* precio; **Wertbrief** M carta *f* con valor declarado; **Wertgegenstände** MPL objetos de valor; **wertlos** sin valor; **Wertsachen** FPL objetos *mpl* de valor; **wertvoll** valioso, precioso
Wesen N *Lebewesen* ser *m*; *Charakter* naturaleza *f*, carácter *m*
wesentlich esencial; **wesentlich besser** mucho mejor
weshalb por lo que; **weshalb?** ¿por qué?
Wespe F avispa
wessen cuyo, de quien; **wessen?** ¿de quién?
Weste F chaleco *m*
Westen M oeste; **im Westen (von)** al oeste (de); **nach Westen** hacia el oeste
Western M película *f* del Oeste, western
westlich occidental; **westlich von** al oeste de
Wettbewerb M concurso; WIRTSCH competencia *f*; SPORT competición *f*
Wette F apuesta; **e-e Wette abschließen** hacer una apuesta; **die Wette annehmen** aceptar la

apuesta
wetten apostar
Wetter N tiempo *m*; **Wetterbericht** M parte meteorológico; **wetterfest** *Kleidung* impermeable; **Wetterlage** F situación meteorológica; **Wetterleuchten** N relampagueo *m*; **Wettervorhersage** F pronóstico *m* del tiempo
Wettkampf M competición *f*; **Wettlauf** M, **Wettrennen** N carrera *f*
Whirlpool M bañera *f* de hidromasaje
Whisky M whisky, güisqui
wichtig importante; **wichtig nehmen** dar importancia a
Wichtigkeit F importancia
wickeln bobinar; *Knäuel* ovillar; *Baby* poner pañales
Widder M carnero; ASTROL Aries
widerlich repugnante, asqueroso
widersprechen contradecir; **Widerspruch** M *Gegensatz* contradicción *f*; *Protest* protesta *f*
Widerstand M resistencia *f*
wie *Vergleich* como; **wie ich** como yo, igual que yo; **wie alt sind Sie?** ¿cuántos años tiene usted?; **wie bitte?** ¿cómo dice?; **wie geht es Ihnen?** ¿cómo está usted?; **wie oft?** ¿cuántas veces?; **wie spät ist es?** ¿qué hora es?; **wie viel?** ¿cuánto?; **wie viel kostet das?** ¿cuánto vale (eso)?; **wie gut!** ¡qué bien!; **wie ich mich freue!** ¡cuánto me alegro!
wieder de nuevo; *noch einmal* otra vez; **ich bin gleich wieder da** vuelvo en seguida; **nie wieder!**

¡nunca más!
wiederholen repetir; **Wiederholung** F repetición
wiedersehen volver a ver; **Wiedersehen** N reencuentro *m*; **auf Wiedersehen!** ¡adiós!
wiegen *Gewicht* pesar
Wien N Viena *f*; **Wiener Schnitzel** *n* escalope *m* a la vienesa; **Wiener Würstchen** *n* salchicha *f* de Frankfurt
Wiese F prado *m*, pradera
wieso: **wieso?** ¿cómo? ¿por qué?; **wieso nicht?** ¿cómo que no?
wievielte: **der Wievielte ist heute?** ¿a cuántos estamos?
wild salvaje; BOT silvestre; **Wild** N caza *f*; **Wildbret** N venado *m*; **Wildleder** N gamuza *f*, ante *m*; **Wildschwein** N jabalí *m*
Wille M voluntad *f*
willkommen bienvenido; **seien Sie willkommen!** ¡sea usted bienvenido!
Wimper F pestaña; **Wimperntusche** F rímel *m*
Wind M viento; **Windbeutel** M GASTR buñuelo
Windel F pañal *m*
Windmühle F molino *m* de viento; **Windschutzscheibe** F parabrisas *m*; **Windstärke** F fuerza del viento; **Windstille** F calma; **völlige Windstille** calma chicha
Windsurfen N surf *m* a vela, windsurf *m*
Wink M indicación *f*; *Geste* seña *f*; **winken** hacer señas; *Taxi, Kellner* llamar

Winter M invierno; **im Winter** en invierno
Winteranfang M comienzo del invierno; **Winterfahrplan** M horario de invierno; **winterlich** invernal, de invierno; **Winterreifen** M neumático de invierno; **Winterschlussverkauf** M rebajas *fpl* de enero; **Winterurlaub** M vacaciones *fpl* de invierno
Winzer M, **-in** F viticultor *m*, -a *f*
winzig diminuto, minúsculo
wir nosotros
Wirbel M *Luft* remolino; ANAT vértebra *f*; **Wirbelsäule** F columna vertebral; **Wirbelsturm** M ciclón, tornado
wirken surtir efecto; *Medikament* obrar
wirklich real, verdadero; **Wirklichkeit** F realidad
wirksam eficaz
Wirkung F efecto *m*
Wirsing M col *f* rizada
Wirt M, **-in** F dueño *m*, -a *f*
Wirtschaft F economía; *Gastwirtschaft* restaurante *m*; **wirtschaftlich** económico
wischen *reinigen* limpiar; fregar
Wischerblatt N escobilla *f*
Wischlappen M bayeta *f*
Wisent M bisonte
wissen saber; **Wissen** N saber *m*, conocimiento *m*
Wissenschaft F ciencia; **Wissenschaftler** M, **-in** F científico *m*, -a *f*; **wissenschaftlich** cien-

tífico

Witterung F tiempo *m*

Witwe F viuda; **Witwer** M viudo

Witz M broma *f*, chiste; **witzig** divertido, gracioso

WM F mundial *m*

wo donde; **wo?** ¿dónde?; **wo ist ein(e) …?** ¿dónde hay un(a) …?; **wo ist der Bahnhof?** ¿dónde está la estación?; **ach wo!** ¡qué va!

woanders en otra parte

Woche F semana; **heute in e-r Woche** de hoy en ocho días; **in zwei Wochen** en quince días; **letzte Woche** la semana pasada; **nächste Woche** la semana que viene

Wochenende N fin *m* de semana; **Wochenkarte** F abono *m* semanal; **Wochenmarkt** M mercado semanal; **Wochentag** M día de la semana; *Werktag* día laborable

wöchentlich semanal; **dreimal wöchentlich** tres veces por semana

Wodka M vodka

wofür para que; para lo cual; por lo cual; **wofür?** ¿para qué?

woher de donde, de que; **woher?** ¿de dónde?

wohin adonde; **wohin?** ¿adónde?

wohl bien

Wohl N bien *m*; **zum Wohl!** ¡salud!

wohlfühlen: **ich fühle mich nicht wohl** no me siento bien

wohlhabend acomodado; **Wohlstand** M bienestar

wohnen vivir
Wohnmobil N autocaravana *f*; **Wohnort** M, **Wohnsitz** M domicilio
Wohnung F vivienda, piso *m*
Wohnwagen M caravana *f*
Wolf M lobo
Wolke F nube; **Wolkenbruch** M chaparrón, aguacero; **Wolkenkratzer** M rascacielos
wolkig nuboso
Wolldecke F manta de lana
Wolle F lana; **reine Wolle** lana pura
wollen querer; **wo wollen Sie hin?** ¿adónde quiere usted ir?
Wort N palabra *f*; **das Wort ergreifen** tomar la palabra
Wörterbuch N diccionario *m*
wovor de que; ante el cual; *zeitlich* antes de lo cual; **wovor?** ¿de qué?
wozu para que; **wozu?** ¿para qué?
Wrack N barco *m* naufragado
Wucherpreis M precio usurario
wund excoriado; **sich wund reiben** excoriarse
Wunde F herida
Wunder N milagro *m*; maravilla *f*; **wunderbar** maravilloso
wundern: **sich wundern** asombrarse, extrañarse (über de)
wundervoll maravilloso, magnífico
Wundstarrkrampf M tétano
Wunsch M deseo; **auf Wunsch** a petición

wünschen desear; **wie Sie wünschen** como usted quiera; **du darfst dir etw wünschen** puedes pedirte algo
Würde F dignidad; **würdevoll** digno
Würfel M *Spiel* dado; *math* cubo; *Zucker* terrón; **würfeln** jugar a los dados; **Würfelspiel** N juego *m* de dados; **Würfelzucker** M azúcar en terrones
Wurm M gusano
Wurst F embutido *m*; *Hartwurst* salchichón *m*; **Wurstbrötchen** N bocadillo *m* de salchichón; **Würstchen** N salchicha *f*
Wurzel F raíz; *Ursprung* origen *m*
würzen condimentar, sazonar; **würzig** aromático; *gewürzt* condimentado
Wüste F desierto *m*
Wut F rabia, furor *m*; **wütend** furioso; **wütend werden** ponerse furioso

X,Y

x-beliebig cualquiera; **ein x-beliebiges Buch** un libro cualquiera, cualquier libro
x-mal *umg* mil veces
Xylofon M xilófono
Yuppie M yuppie

Z

zäh *Fleisch* duro; *ausdauernd* resistente, tenaz; **zähflüssig** viscoso; *Verkehr* denso; **Zähigkeit** F resistencia

Zahl F número *m*

zahlen pagar; **zahlen bitte!** ¡la cuenta, por favor!; **was muss ich zahlen?** ¿qué le debo?, ¿cuánto es?

zählen contar; **Zähler** M TECH contador

Zahlkarte F impreso *m* para giro postal

zahllos innumerable; **zahlreich** numeroso

Zahlung F pago *m*

zahm manso

Zahn M diente; *Backenzahn* muela *f*; **Zahnarzt** M, **-ärztin** F dentista *m/f*; **Zahnbürste** F cepillo *m* de dientes; **Zahncreme** F pasta dentífrica

Zahnfleisch N encías *fpl*; **Zahnfleischbluten** N sangrado *m* de las encías

Zahnpasta F pasta dentífrica; **Zahnschmerzen** MPL dolor *m* de muelas; **Zahnseide** F seda dental; **Zahnspange** F aparato *m* ortodóncico; **Zahnstocher** M palillo

Zander M lucio

Zange F tenaza

Zank M disputa *f*; **Zankapfel** M manzana *f* de la discordia; **zanken (sich) zanken** pelearse

Zäpfchen N MED supositorio *m*
zapfen sacar; **Zapfhahn** M espita *f*; **Zapfsäule** F surtidor *m* (de gasolina)
zappen zapear
zart tierno
zärtlich cariñoso; **Zärtlichkeit** F ternura; *Liebkosung* caricia
Zauber M magia *f*; *Reiz* encanto; **Zauberer** M mago; *Künstler* prestidigitador; **zaubern** practicar la magia; *Künstler* hacer juegos de prestidigitador
Zaun M valla *f*, cerca *f*
Zebra N cebra *f*; **Zebrastreifen** M paso cebra
Zeche F *Bergwerk* mina; *Rechnung* cuenta
Zecke F garrapata
Zehe F dedo *m* del pie; *Knoblauch* diente *m*
zehn diez
Zeichen N signo *m*; *Signal* señal *f*; *Waren* marca *f*; **Zeichenblock** M bloc de dibujo; **Zeichenpapier** N papel *m* de dibujo; **Zeichensprache** F lenguaje *m* por señas; **Zeichentrickfilm** M dibujos *mpl* animados
zeichnen dibujar; **Zeichnung** F dibujo *m*
Zeigefinger M dedo índice
zeigen mostrar, enseñar; *angeben* indicar; *Film* proyectar; *ausstellen* exhibir; **zeigen auf** señalar
Zeiger M indicador; *Uhr* aguja *f*, manecilla *f*
Zeile F línea
Zeit F tiempo *m*; *Epoche* edad, época; *Spanne* período *m*; *Uhrzeit* hora; **die ganze Zeit über** todo el tiempo; **es ist Zeit** ya es hora; **ich habe keine**

Zeit no tengo tiempo; **um diese Zeit** a estas horas; **zur Zeit** por el momento
Zeitalter N edad *f*, época *f*; **zeitig** *rechtzeitig* a tiempo; *früh* temprano; **Zeitkarte** F abono *m*; **zeitlich** temporal; **Zeitlupe** F cámara lenta; **im Zeitlupentempo** a paso de tortuga; **Zeitplan** M horario; **Zeitpunkt** M momento; **Zeitschrift** F revista
Zeitung F periódico *m*, diario *m*
Zeitungsanzeige F anuncio *m*; **Zeitungsartikel** M, **Zeitungsbericht** M artículo periodístico; **Zeitungskiosk** M quiosco de periódicos
Zeitunterschied M diferencia *f* de la hora; **Zeitvertreib** M pasatiempo; **zeitweise** *gelegentlich* de vez en cuando; **Zeitzone** F huso *m* horario
Zelle F BIOL célula; *Gefängnis* celda; TEL cabina
Zelt N tienda *f* de campaña; *Zirkus* carpa *f*; **zelten** acampar, hacer camping
Zentimeter M centímetro; **Zentner** M medio quintal; *Österreich, Schweiz* quintal
zentral central; **in zentraler Lage** céntrico; **Zentrale** F central; TEL centralita; **Zentralheizung** F calefacción central
Zentrum N centro *m*
zerbrechen romper; *kaputtgehen* romperse; **zerbrechlich** frágil
zerreißen romper; *kaputtgehen* romperse
zerren tirar (an de); **sich e-e Sehne zerren** distenderse un tendón; **Zerrung** F distensión
zerschlagen romper; **sich zerschlagen** frustrarse

zerschneiden cortar
zersplittern *zerspringen* hacerse pedazos
zerstören destruir; **Zerstörung** F destrucción
zerstreuen dispersar; **sich zerstreuen** *unterhalten* distraerse; **zerstreut** *Person* distraído
zertrümmern destruir, demoler
Zettel M papel
Zeug N cosas *fpl*, chismes *mpl umg*
Zeuge M, **Zeugin** F testigo *m/f*; **Zeugnis** N certificado *m*
Zickzack M zigzag, eses *fpl*; **im Zickzack gehen** ir haciendo eses, zigzaguear
Ziege F cabra
Ziegel M ladrillo; *Dach* teja *f*
Ziegenkäse M queso de cabra
ziehen tirar (**an** de); *heraus* sacar; *Brettspiel* mover; *Linie* trazar; **es zieht** hay corriente
Ziehharmonika F acordeón *m*
Ziel N meta *f*; *Reise* destino *m*; *Zweck* fin *m*, objeto *m*; *Schießen* blanco *m*; **zielen** apuntar (**auf** a); **Ziel(flug)hafen** M (aero)puerto de destino
ziemlich bastante
zierlich grácil
Ziffer F cifra; **Ziffer(n)blatt** N esfera *f*
Zigarette F cigarrillo *m*, pitillo *m umg*
Zigarettenautomat M máquina *f* (expendedora) de cigarrillos; **Zigarettenetui** N pitillera *f*; **Zigarettenpapier** N papel *m* de liar; **Zigarettenschachtel** F cajetilla; **Zigarettenspitze** F boquilla

Zigarillo M purito; **Zigarre** F puro m
Zikade F cigarra
Zimmer N habitación *f*, cuarto *m*; **Zimmer frei** habitaciones libres; **Zimmer mit Bad/Frühstück** habitación con baño/desayuno
Zimmerkellner M camarero; **Zimmermädchen** N camarera *f*; **Zimmernummer** F número *m* de la habitación; **Zimmerschlüssel** M llave *f* de la habitación; **Zimmerservice** M servicio de habitaciones; **Zimmertemperatur** F temperatura ambiente
Zimt M canela *f*
Zins M interés
Zirkus M circo
zirpen cantar
Zitrone F limón *m*; **Zitronenlimonade** F limonada; **Zitronensaft** M zumo de limón; **Zitronenschale** F cáscara de limón
zittern temblar; tiritar; **vor Kälte zittern** temblar de frío
zivil civil; *Preis* módico; *gemäßigt* moderado; **in Zivil** (vestido) de paisano; **Zivilisation** F civilización; **Zivilist** M civil, paisano
zögern vacilar, titubear (**zu** en)
Zoll M aduana *f*; *Gebühren* derechos *mpl* de aduana; **Zollabfertigung** F *Büro* despacho *m* aduanero; *Vorgang* trámites *mpl* aduaneros; **Zollbeamte(r)** M, **Zollbeamtin** F funcionario *m*, -a *f* de aduanas; **zollfrei** exento de derechos de aduana; **Zollkontrolle** F control *m* aduanero

Zöllner M, **-in** F aduanero *m*, -a *f*
zollpflichtig sujeto a aduana
Zollstock M metro plegable
Zone F zona
Zoo M zoo
Zopf M trenza *f*
Zorn M cólera *f*; **zornig** encolerizado; furioso; **zornig werden** encolerizarse, ponerse furioso
zu *Richtung* a; *Zeit* en; *geschlossen* cerrado; *allzu* demasiado; **zu Fuß** a pie; **zu klein** demasiado pequeño; **zu viel** demasiado; **zu wenig** demasiado poco; **es sind zwei Euro zu wenig** faltan dos euros; **zu 100 Euro** a cien euros; **4 zu 2 gewinnen** SPORT ganar cuatro a dos; **zum Beispiel** por ejemplo; **zum Teil** en parte; **um zu** para
Zubehör N accesorios *mpl*
zubekommen *Koffer* lograr cerrar
zubereiten preparar; **Zubereitung** F preparación
zubinden atar; **sich die Schuhe zubinden** atarse los zapatos
zubringen *Zeit* pasar
Zubringer M *Straße* vía *f* de acceso; *Transport* enlace; **Zubringerbus** M autocar (del servicio de enlace)
Zucchini F calabacín *m*
züchten criar
Zucker M azúcar; **Zucker haben** *umg* MED tener diabetes; **Zuckerdose** F azucarero *m*; **zuckerkrank** diabético; **Zuckerkrankheit** F diabetes;

Zuckerstreuer M azucarero
zudecken cubrir, tapar (**mit** con)
zudrehen *Hahn* cerrar
zudringlich impertinente, pesado
zueinanderpassen armonizar
zuerst primero; *anfangs* al principio
Zufahrt F acceso *m*; **Zufahrtsstraße** F vía de acceso; carretera de acceso
Zufall M azar, casualidad *f*; **durch Zufall** por casualidad; **zufällig** casual
Zuflucht F refugio *m*
zufrieden contento, satisfecho (**mit** con, de); **Zufriedenheit** F satisfacción
zufrieren helarse
Zug M BAHN tren; *Ziehen* tirada *f*; *Luft* corriente *f* de aire; *Zigarette* calada *f*; *Schluck* trago; *Schach* jugada *f*; **mit dem Zug fahren** ir en tren
Zugabe F añadidura; MUS bis *m*; **Zugabe!** ¡otra!
Zugabteil N departamento *m*
Zugang M acceso; **zugänglich** accesible (**für** a)
zugeben *gestehen* confesar; *einräumen* admitir, reconocer; *hinzufügen* añadir
zugehen *sich schließen* cerrarse; **zugehen auf** dirigirse hacia
Zügel M rienda *f*
zugig: **es ist zugig** hay corriente
zügig rápido; *Verkehr* fluido
Zugmaschine F tractor *m*
zugreifen coger; *bei Tisch* servirse; *Gelegenheit* aprovechar la ocasión

Zugrestaurant N vagón *m* restaurante
zugrunde: **zugrunde gehen** perecer
Zugschaffner M, **-in** F revisor *m*, -a *f*; **Zugtelefon** N teléfono *m* (en el tren); **Zugunglück** N accidente *m* ferroviario
zugunsten a favor de, en beneficio de
Zugverbindung F enlace *m* ferroviario; **Zugverkehr** M tráfico ferroviario; servicio de trenes
Zugvogel M ave *f* (*el*) migratoria
zuhaben *geschlossen* estar cerrado
zuhalten *Tür etc* tener cerrado
Zuhälter M chulo
zuhören escuchar; **Zuhörer** M, **-in** F oyente *m/f*
zuknöpfen abotonar, abrochar
zukorken encorchar
Zukunft F futuro *m*, porvenir *m*; **in Zukunft** en el futuro; **zukünftig** futuro, venidero
zulassen *erlauben* tolerar, permitir; *geschlossen* dejar cerrado; *Auto anmelden* matricular
zulässig permitido; autorizado; **zulässige Höchstgeschwindigkeit** *f* velocidad límite
Zulassung F admisión; *Auto* matrícula
zuletzt *schließlich* finalmente; *als Letztes* por último; *als Letzter* el último; *das letzte Mal* la última vez
zumachen *schließen* cerrar; *sich beeilen* darse prisa
zumindest por lo menos
Zumutung F *Unverschämtheit* frescura *umg*
zunächst primero, en primer lugar
Zunahme F aumento *m*, incremento *m*
Zuname M apellido

Zündholz N cerilla *f*; **Zündkabel** N cable *m* de encendido; **Zündkerze** F bujía; **Zündschloss** N contacto *m*; **Zündschlüssel** M llave *f* de contacto
Zündung F encendido *m*
Zündverteiler M distribuidor de encendido
zunehmen aumentar (**an** de); *Mond* crecer; *Person* engordar; *sich verstärken* intensificarse
Zuneigung F simpatía, cariño *m*
Zunge F lengua; *am Schuh* lengüeta
zupacken coger; agarrar; *helfen* echar una mano
zurate: **zurate ziehen** consultar
zurechnungsfähig responsable (de sus actos)
zurechtfinden: **sich zurechtfinden** orientarse; **zurechtkommen** *mit Situation* arreglárselas (**mit** con); *mit Gerät* apañarse **zurechtmachen**: **sich zurechtmachen** arreglarse
Zürich N Zurich *m*
zurück atrás; **zurück sein** estar de vuelta (**von** de)
zurückbekommen recuperar; *Wechselgeld* recibir de vuelta; **zurückbringen** devolver; *begleiten* llevar; **zurückerstatten** devolver, restituir; **zurückfahren** volver, regresar; *rückwärtsfahren* dar marcha atrás; **zurückgeben** devolver; *Wechselgeld* dar la vuelta; **zurückgehen** *zurückkehren* volver; *weniger werden* disminuir; **zurückhalten** retener; **sich zurückhalten** contenerse
zurückkehren, **zurückkommen** volver, regresar; **zurücklegen** *an Platz* poner de nuevo en su sitio; *Ware* reservar; **zurücknehmen** *Bemerkung*

retirar; *Ware* recoger, admitir la devolución; **zurückschalten** *Auto* reducir la marcha; **in den ersten Gang zurückschalten** reducir a primera
zurückziehen retirar; *Vorhang* descorrer; **sich zurückziehen** retirarse
zurzeit actualmente, por el momento
zusammen juntos; *zugleich* a la vez; *insgesamt* en total; **zusammen mit** junto con; **alles zusammen** todo junto
Zusammenarbeit F cooperación; **zusammenarbeiten** cooperar
zusammenbrechen *Person* desmayarse; *Gebäude* derrumbarse; *Verkehr* colapsarse
Zusammenfassung F resumen *m*
zusammenhalten *Personen* ser solidarios
zusammenklappbar plegable; **zusammenklappen** plegar; *Buch* cerrar
Zusammenprall M choque, colisión *f*; **zusammenprallen** chocar (**mit** con)
zusammenschlagen moler a palos
Zusammenstoß M choque, colisión *f*; **zusammenstoßen** entrar en colisión, chocar (**mit** con)
zusammenzählen sumar
Zusatz M aditamento; *Lebensmittel* aditivo; **zusätzlich** adicional; *außerdem* además
zuschauen mirar; **Zuschauer** M, **-in** F espectador, -a *f*
Zuschlag M sobretasa *f*; BAHN suplemento
zuschlagen *Person* golpear; *Tür* cerrar de golpe
Zuschuss M ayuda *f* financiera; *Staat* subvención *f*

zusehen mirar
Zustand M estado
zustande: **zustande bringen** lograr; realizar; **zustande kommen** llevarse a cabo; realizarse
zuständig competente
zustellen entregar; *Post* repartir
Zustellgebühr F tasa de reparto
zustimmen estar de acuerdo; consentir; **Zustimmung** F consentimiento *m*, acuerdo *m*
zutreffen ser correcto, ser verdad
Zutritt M acceso; entrada *f*; **Zutritt verboten** prohibida la entrada
zuungunsten en perjuicio de
zuverlässig seguro; *Person* de confianza; TECH fiable; **Zuverlässigkeit** F seguridad; fiabilidad
zuziehen *Vorhang* correr; *Knoten* cerrar
Zwang M fuerza *f*; presión *f*; **zwanglos** desenvuelto; *Beisammensein* informal
zwanzig veinte
zwar: **und zwar** a saber, es decir; **zwar ... aber** es cierto que ... pero
Zweck M fin; **das hat keinen Zweck** eso es inútil; **für berufliche Zwecke** por motivos del trabajo
zwecklos inútil; **zweckmäßig** conveniente; adecuado; *ratsam* aconsejable
zwei dos
Zweibettkabine F camarote *m* doble; **Zweibettzimmer** N habitación *f* doble
Zweifel M duda *f*; **zweifelhaft** dudoso; **zweifellos** sin duda; **zweifeln** dudar (**an** de)

Zweig M ramo
zweimal dos veces; **zweisprachig** bilingüe; **zweispurig** *Straße* de dos carriles
Zweitaktmotor M motor de dos tiempos
zweite segundo; **jeden zweiten Tag** cada dos días
zweiteilig de dos partes; *Kleid* de dos piezas
Zwerg M, **-in** F enano *m*, -a *f*
zwicken pellizcar; *Kleid* apretar
Zwieback M bizcote
Zwiebel F cebolla; **Zwiebelsuppe** F sopa de cebolla
Zwillinge PL gemelos *mpl*, mellizos *mpl*; ASTROL Géminis *m*; **sie ist Zwilling** es Géminis
Zwillingsbruder M hermano gemelo; **Zwillingsschwester** F hermana gemela
zwingen obligar, forzar (**zu** a)
zwischen entre; **Zwischenaufenthalt** M parada *f*; FLUG, SCHIFF escala *f*; **Zwischendeck** N entrepuente *m*
Zwischenfall M incidente
zwischenlanden hacer escala; **Zwischenlandung** F escala
Zwischenstecker M adaptador
Zwischenzeit F **in der Zwischenzeit** entretanto
zwitschern gorjear
zwölf doce
Zylinder M TECH cilindro; *Hut* sombrero de copa; **Zylinderkopf** M culata *f*
Zypresse F ciprés *m*

Zahlen

Grundzahlen

0 cero [θ-]
1 uno, una
2 dos
3 tres
4 cuatro
5 cinco [θ-]
6 seis
7 siete
8 ocho ['otʃo]
9 nueve
10 diez [-θ]
11 once [-θe]
12 doce [-θe]
13 trece [-θe]
14 catorce [-θe]
15 quince ['kinθe]
16 dieciséis [-θ-]
17 diecisiete [-θ-]
18 dieciocho [-θĭotʃo]
19 diecinueve [-θ-]
20 veinte
21 veintiuno
22 veintidós
30 treinta
31 treinta y uno
40 cuarenta
50 cincuenta [θ-]
60 sesenta
70 setenta
80 ochenta [otʃ-]
90 noventa
100 cien [θ-], ciento [θ-]
101 ciento [θ-] uno
200 doscientos [-θ-]
311 trescientos [-θ-] once [-θe]
500 quinientos [-ki-]
700 setecientos [-θ-]
900 novecientos [-θ-]
1000 mil
2000 dos mil
2011 dos mil once [-θe]
100 000 cien [θ-] mil
1 000 000 un millón [-ʎ-] (de)

Ordnungszahlen

1.° primero (primer)
2.° segundo
3.° tercer(o) [-θ-]
4.° cuarto
5.° quinto [ki-]
6.° sexto
7.° sé(p)timo
8.° octavo
9.° noveno, nono
10.° décimo [-θ-]
11.° undécimo [-θ-]
12.° duodécimo [-θ-]
13.° décimo [-θ-] tercero [-θ-]
20.° vigésimo [-x-]
21.° vigésimo [-x-] primer
22.° vigésimo [-x-] segundo
30.° trigésimo [-x-]
40.° cuadragésimo [-x-]
50.° quincuagésimo [kiŋkŭax-]
60.° sexagésimo [-x-]
70.° septuagésimo [-x-]
80.° octogésimo [-x-]
90.° nonagésimo [-x-]
100.° centésimo [θ-]
500.° quingentésimo [kiŋx
1 000.° milésimo
10 000.° diez [-θ] milésimo

Weitere Zahlwörter

1/2 medio
1 1/2 uno y medio
1/3 un tercio [-θ-]
2/3 dos tercios [-θ-]
1/4 un cuarto
3/4 tres cuartos
1/8 un octavo
72 % el setenta y dos pc ciento [θ-]
0,3 cero [θ-] coma tre
2,75 dos coma setenta y cinco [θ

Die Uhrzeit

¿Qué hora es?		Wie spät ist es?
Es …		Es ist …
1:00	**la una.**	ein Uhr *od* eins.
12:00	**mediodía.**	zwölf Uhr (mittags).
00:00	**medianoche.**	Mitternacht.
Son las …		
2:00	**dos.**	zwei Uhr *od* zwei.
3:10	**tres y diez.**	zehn (Minuten) nach drei.
4:15	**cuatro y cuarto.**	Viertel nach vier.
6:30	**seis y media.**	halb sieben.
8:45	**nueve menos cuarto.**	Viertel vor neun.
9:55	**diez menos cinco.**	fünf (Minuten) vor zehn.

¿A qué hora?	Um wie viel Uhr?
A las diez.	Um zehn (Uhr).
Sobre las once.	Ungefähr um elf (Uhr).
A las nueve en punto.	Pünktlich um neun (Uhr).
Entre la una y las tres de la tarde.	Zwischen ein und drei Uhr nachmittags.

Feiertage in Spanien

Día del Año Nuevo	Neujahrstag *1. Januar*
Día de Reyes	Dreikönigsfest *6. Januar*
Domingo de Resurrección, (*a.* **de Pascua**)	Ostersonntag *März/April*
Lunes de Pascua	Ostermontag
Día del Trabajo	Tag der Arbeit *1. Mai*
Día de la Madre	Muttertag *erster Sonntag im Mai*
Pentecostés	Pfingsten *Mai/Juni*
Asunción	Mariä Himmelfahrt *15. August*
Día de la Hispanidad	Feiertag zum Gedenken an die Entdeckung Amerikas *12. Oktober*
Día de todos los Santos	Allerheiligen *1. November*
Día de la Constitución	Tag der Verfassung *6. Dezember*
Inmaculada Concepción	Mariä Empfängnis *8. Dezember*
Navidad	1. Weihnachtstag *25. Dezember*
Nochevieja	Silvester

Abkürzungen und Symbole

	auch
dv	Adverb
NAT	Anatomie
RCH	Architektur
UTO	Auto
AHN	Bahn
IOL	Biologie
OT	Botanik
zw	beziehungsweise
OMPUT	Computer
t.	deutsch
e	eine
EK	Elektrotechnik
n	einen
r	einer
tc	und so weiter
tw	etwas
	Femininum
g	figurativ
LUG	Luftfahrt
OTO	Fotografie
ASTR	Kochkunst und Gastronomie
EOG	Geografie
m	jemandem
n	jemanden

JUR	Rechtswesen
LAT	Lateinamerika
m	Maskulinum
MED	Medizin
m/f	Maskulinum und Femininum
m/f(m)	Maskulinum und Femininum (Mask. bei unbest. Artikel)
m,f	Maskulinum oder Femininum
m,n	Maskulinum oder Neutrum
MUS	Musik
n	Neutrum
od	oder
pl	Plural
POL	Politik
®	eingetragene Marke
REL	Religion
span.	spanisch
SPORT	Sport
TECH	Technik
TEL	Telefon, Telekommunikation
THEAT	Theater
TV	Fernsehen
u.	und
umg	umgangssprachlich
WIRTSCH	Wirtschaft
ZOOL	Zoologie
→	siehe